上市公司

控制权纠纷案例精析

谢会生 / 主编

SHANG SHI GONG SI
KONGZHIQUAN JIUFEN ANLI JINGXI

法律出版社 | LAW PRESS
北京

图书在版编目(CIP)数据

上市公司控制权纠纷案例精析 / 谢会生主编. -- 北京 : 法律出版社, 2022
ISBN 978-7-5197-6870-6

Ⅰ. ①上… Ⅱ. ①谢… Ⅲ. ①上市公司-控制权-经济纠纷-案例-中国 Ⅳ. ①D922.291.915

中国版本图书馆 CIP 数据核字(2022)第 113152 号

上市公司控制权纠纷案例精析
SHANGSHI GONGSI KONGZHIQUAN JIUFEN ANLI JINGXI

谢会生 主编

责任编辑 朱轶佳 韩梦超
装帧设计 汪奇峰

出版发行 法律出版社
编辑统筹 司法实务出版分社
责任校对 王 丰 郭艳萍
责任印制 胡晓雅
经　　销 新华书店

开本 710 毫米×1000 毫米 1/16
印张 24.5 **字数** 430 千
版本 2022 年 8 月第 1 版
印次 2022 年 8 月第 1 次印刷
印刷 永清县金鑫印刷有限公司

地址:北京市丰台区莲花池西里 7 号(100073)
网址:www.lawpress.com.cn
投稿邮箱:info@lawpress.com.cn
举报盗版邮箱:jbwq@lawpress.com.cn

销售电话:010-83938349
客服电话:010-83938350
咨询电话:010-63939796

书号:ISBN 978-7-5197-6870-6
定价:88.00 元

凡购买本社图书,如有印装错误,我社负责退换。电话:010-83938349

上市公司控制权纠纷案例精析

编委会

前　　言

历史给了我们答案，但当时的人却左右为难。

——亨利·基辛格《大外交》

新冠肺炎疫情影响下世界加速变化，风险挑战有增无减。

但从另一角度来看，这也是一个深入反思、致良知的契机，比如个体与组织的发展、同社会的互动，以及对时代的观察。

中国资本市场也正在经历变局之时期，疫情冲击下的态势相较过往更为波动。北京策略律师事务所深耕资本市场重大诉讼业务，在疫情期间，我们静下心来对近几年发生的跌宕起伏、惊心动魄的上市公司控制权争夺战进行了一次深入、系统的复盘，为的是在尘埃落定之后，在躲过了立场之争和蹭热点之嫌的时空之下，对这些热点案件的记叙和讨论不会成为一种介入、投入，舆论、传播、态度或者站队，而且还能从相对完整的资料信息中，以更为全面的视角来尽力看清来龙去脉，满足求知的欲望，继而在未来为上市公司决策者提供启迪和有效的指引。

真实的人总是非典型的，真实的案例也是如此。过于抽象、拔高、典型化地解读案例，或是空洞地将中国的资本市场和商业社会的未来描述成"向美好生活的迈进"，都会有意或者无意地忽视遭受进步之苦的企业、企业家、投资人、监管机构和司法机关，并掩埋案例中大量看似与控制权之争无关但实则至关重要的"隐蔽的角落"——"这是一个作家对读者做的最大的恶"。

因此，本书紧扣"精析"而非"简评"的写作主旨，只选取了 9 个案例。比起对"大胜"的点评，更注重"小胜"的挖掘。多关注具体的人和事，少着墨宏大叙事，"不以成败论英雄"。目光在整体战略与具体战术之间来回穿梭，关注各方之间的刀来剑往、对策与破解，在整个战局的框架下观察城池得失。为的是帮助笔者和各位在一个个具体的个案中，看到法律如何被践行又如何受到时局的影响。

每一个案例，首先还原全貌：从背景起源、各方立场、事实经过、攻守策略、出招拆招等角度展开，坚持有据可查。其次在案例的"解析攻守策略"部分，将案例各方采用的攻守战法进行归纳和深入分析。最后在每案例的“总结”部分,提纲挈领地介绍案例中特别值得实务关注的要点、重点、前沿和背后的法理,并解读当下的法律、政策和案例涉及的相关司法裁判,着重关注其事实认定标准、证据采信逻辑、论证思路和说理过程。希望既能接近事实、澄清真相,也能深度思考、提供指引。

例如,在家喻户晓的“宝万之争”中,本书关注攻守方的合纵连横、各种势力的登台和转场,关注“君万之争”的遗产和万科因此而形成的路径依赖、宝能“野蛮人”背后的精心谋划、华润和深圳地铁这两个主要涉事方的“若即若离”,关注“事业合伙人计划”从雏形到成熟的过程和对万科管理层的保护与争议,关注专家意见书与法院对于617董事会决议的分歧,以及允许企业家通过差异化表决权或其他方式来加强对企业控制的制度价值与背后的现实博弈等重点问题。

再如康达尔控制权争夺战中,本书既展示了守方的系列反收购措施,也剖析了攻方是如何将这个铜墙铁壁一一拆解,还将长达6年的胶着中所发生的近20起诉讼进行梳理,展示出双方系统化的诉讼策略和对战局的影响。本书对该案中的违规增持结合新《证券法》进行了实务分析。本书也在该案例中对“停牌”这个从“杀招”变成“鸡肋”的反收购制度的前世今生进行了完整的阐述。

又如堪称“要约收购成功第一案”的ST生化控制权争夺战中,本书不仅揭示要约收购事件中“用脚投票”和“临阵倒戈”的真相,还用更多的篇幅来讲述要约收购前后的“战事”,继而发现振兴艰难自救、深圳信达多方斡旋、浙民投“摘桃截胡”、三方共治的美好结局之下的残酷和无奈,以及债权人在控制权争夺战中的重要性。

此外,这些案例在保持各自的相对独立性和独特性的同时,也与其他案例产生了“联动”。例如,宝万之争案和康达尔案中的停牌制度,宝南之争案与成都路桥案中的章程修改,康达尔案、上海新梅案和西藏旅游案中的违规增持,康达尔案与鲁南制药案中的系统化诉讼,宝万之争案与格力电器案中的监管介入与合伙人制度,康达尔案与格力电器中的股权质押。相似的背景,同样的问题,却产生了不同的效果和结果。本书对这些异同也进行了逐一辨析。

不过,坚持史学视角的代价,便是让这些案例不可避免地出现了局部事实不明和法律模糊的特征,导致真相中也充满了不确定性。这里的不确定性既源自于参与者的局限性,也有法律本身的局限性,但更多的是关于这个世界的混沌的一面——一个有结果却未必有原因、有原因也未必有结果、多因多果复合联并、存有大量悬疑的世界。但也只有接受这一点,接受这样的一个混沌的世界,才能避免认知的缺陷。

也正是抱着这样的态度,在解剖这些控制权之争的案例中,会越来越深切地感受到:身为律师,要想通过法律服务来有效地帮助当事人解决争议,推动国家法治进步,以贯彻"法律必须被信仰"的理念,避免堕入"否则它将形同虚设"的深渊,就得不断从更为广阔的视角来认识法律。法律并非只有诉讼与非诉,更是对整个体系规则的梳理和完善,正如中国公司治理研究院院长李维安教授所言,"制约一个权力的不是另一个更大的权力,而是一套完善的系统。权力是不是过大是个伪问题,系统是不是不完善才是真问题"。

实际上,局限在诉讼抑或非诉里,无助于律师以当事人代理人的身份去妥善解决控制权之争问题,也无法在"国内反并购有种内因不足全靠外援的意思"的流行观点和"难进大门"的普遍现实中自圆其说,最终会使抱残守缺的法律工作者把控制权争夺的主要战场局限在股东大会和董事会,却不知如何才能让"对公司管理、运行和经营方面的控制"真正落地,动辄以埋怨制度供给不足和非法律领域为借口,最终让自己的业务范围越来越窄,与当事人的距离也越来越远。

大道当然。相信读过本书后,各位能对"内控完善、信誉优良、业绩出色,才是最好的反收购措施"有着更深刻的认同,能对"限于我国公司和证券法律制度,真正可以运用于资本市场的反收购措施并不多"作出属于自己的回应。

当然,即便如此,本书也避免不了"满纸荒唐言"的命运。《百年孤独》的作者加西亚·马尔克斯曾在一次访谈中提道:"如果有时间,我真想写一本回忆录,谈谈我作品中,每一事件、每一冒险的来龙去脉。这本回忆录,必将使得那些批评家和分析家觉得尴尬"。本书也不会例外,也许很多案件的亲历者和见证者可能会对本书嗤之以鼻。

况且,"A book is never finished, it is only abandoned"。限于学识、经验、视野、能力和精力,笔者深知自己的"道行尚浅",目前对这些案例的研究还只是初步的、阶段性的,对于案例中更深层的问题,尤其是公司治理结构的本土化问题还没有得到一个很满意的思考,部分章节写作时已感词不达意。例如,宝万之争中关于分业监管下产生的制度套利对控制权的影响,再如,鲁南制药中大量关键信息缺 失却无迹可寻……

所以,对于本书所有的疏漏、不足、瑕疵乃至缺陷,笔者诚挚地希望读者朋友给予批评、指正和建议,在日后有机会出修订版时进行完善,以更好的面目再次与各位见面。

主编　谢会生

2022 年 8 月 19 日

目　录

南玻与宝能控制权争夺战 …… 1

一、宝能“潜龙试水”,南玻嗅觉敏锐,双方“言和”(2015 年 3 ~ 4 月)/ 2
二、南玻“敞开大门”,宝能“得寸进尺”(2015 年 4 月 ~ 2016 年 1 月)/ 8
三、矛盾激化,南玻管理层“集体出走”(2016 年 1 ~ 11 月)/ 10
四、“血洗南玻”始末(2016 年 11 月 ~ 2019 年 11 月)/ 13
五、解析双方攻守策略 / 19
六、总结:敬畏法律,“与狼共舞” / 25

京基与华超控制权争夺战 …… 30

一、“盟友”林志的“潜伏”(2013 年 9 月 ~ 2015 年 8 月)/ 31
二、京基登台,康达尔“重装出击”(2015 年 8 月 ~ 2016 年 1 月)/ 37
三、京基加强攻势,双方“械斗”(2016 年 1 月 ~ 2017 年 2 月)/ 43
四、“厮杀”股东大会,公司“披星戴帽”(2017 年 2 月 ~ 2018 年 8 月)/ 55
五、战斗升级,戛然落幕(2018 年 8 月 ~ 2019 年 12 月)/ 65
六、解析双方攻守策略 / 70
七、总结:正义、“魔戒”与时代精神 / 82

ST 生化控制权争夺战 …… 89

一、“三九”退场,振兴接盘(1998 年 7 月 ~ 2006 年 5 月)/ 90
二、艰难自救,逐见曙光(2006 年 5 月 ~ 2017 年 6 月)/ 99
三、“黄雀衔环”,“五军混战”(2017 年 6 ~ 11 月)/ 112
四、“一山二虎”,在商言商(2017 年 12 月 ~ 2019 年 12 月)/ 123
五、解析双方攻守策略 / 132
六、总结:资本市场需要“觊觎之心” / 143

万科与宝能控制权争夺战 ………………………………………… 152

一、宝能“闪电”入侵,万科变“闪电战”为“持久战”(2015 年 6 ~ 12 月) / 153
二、万科引入“外援”,结果“祸起萧墙”(2015 年 12 月 ~2016 年 6 月) / 164
三、万科祭出“连环计”,宝能“引火烧身”(2016 年 6 ~ 12 月) / 177
四、攻守双方“伤痕累累”,“外援”成为最大赢家(2016 年 12 月 ~2019 年 12 月) / 190
五、解析双方攻守策略 / 192
六、总结:渔翁得利 / 209

胡氏兄弟与国风控制权争夺战 ………………………………………… 224

一、西藏旅游风雨飘摇,胡氏兄弟“闪电入侵”(2001 年 4 月 ~2015 年 7 月) / 224
二、控制权旁落之危,国风主动出击(2015 年 7 月 ~2016 年 5 月) / 233
三、胡氏兄弟退场,新对手接踵而至(2016 年 6 月 ~2018 年 7 月) / 246
四、解析双方攻守策略 / 252
五、总结 / 254

成都路桥控制权争夺战 ………………………………………… 256

一、实控人自由受限,李勤争夺控制权(2015 年 2 月 ~2016 年 2 月) / 257
二、董事会全面抵抗,两度限制表决权(2016 年 2 月 ~2017 年 1 月) / 261
三、付诸诉讼,对簿公堂(2017 年 1 ~ 2 月) / 264
四、戏剧性的剧情反转(2017 年 2 月 ~2018 年 1 月) / 265
五、系列诉讼尘埃落定、控制权花落他家(2018 年 1 月 ~2019 年 4 月) / 271
六、解析双方攻守策略 / 281
七、总结:积极、规范行使权利 / 287

鲁南制药控制权内部争夺 ………………………………………… 291

一、公司控制权的内部争夺(2014 年 11 月 ~2017 年 3 月) / 292
二、双方对簿公堂(2017 年 3 月 ~2019 年 2 月) / 297
三、漫长的诉讼过程(2019 年 2 ~ 11 月) / 303
四、两方持续对峙(2019 年 9 ~ 12 月) / 309
五、解析双方攻守策略 / 311

六、总结:合法依规,未雨绸缪 / 316

上海新梅控制权争夺之战 …………………………………………………… 320

一、开南举牌,股权之争大幕开启(2013 年 11 月 ~2014 年 3 月) / 321
二、上海新梅"焦土计划",六公司结成联盟(2014 年 5 ~6 月) / 326
三、双方僵持阶段(2014 年 7 月) / 330
四、北京正谋半路杀出,上海新梅遭"围猎"(2014 年 7 ~8 月) / 331
五、双方混战,斗争白热化(2015 年 1 ~6 月) / 333
六、举牌方自行召开股东会,谋建"双头董事会"相抗(2015 年 7 ~8 月) / 340
七、新梅董事试图"自救",行政监管频发问询(2015 年 12 月) / 341
八、暂停上市危机四伏,力求"自保"握手言和 / 346
九、解析双方攻守策略 / 348
十、总结 / 353

高瓴资本入主格力电器
——格力集团与格力集团管理层背后的博弈 ……………………………… 355

一、父弱子强,管理层久积怨(2003 年 10 月 ~2016 年 11 月) / 355
二、营销"女王",登顶格力电器(1990 年 1 月 ~2014 年 12 月) / 361
三、手机梦碎,折戟珠海银隆(2015 年 3 月 ~2016 年 11 月) / 363
四、有惊无险,"野蛮人"来敲门(2016 年 11 ~12 月) / 368
五、高瓴资本入局,谁的格力电器(2019 年 4 ~10 月) / 369
六、解析格力电器攻守策略 / 373
七、总结:短期共赢是否也意味着长久的安逸? / 374

后　记 ……………………………………………………………………… 381

南玻与宝能控制权争夺战

一、宝能“潜龙试水”，南玻嗅觉敏锐，双方“言和”(2015年3~4月)

二、南玻“敞开大门”，宝能“得寸进尺”(2015年4月~2016年1月)

三、矛盾激化，南玻管理层“集体出走”(2016年1~11月)

四、“血洗南玻”始末(2016年11月~2019年11月)

五、解析双方攻守策略

六、总结：敬畏法律，“与狼共舞”

和万科[①]控制权争夺战相比，宝能[②]与南玻[③]管理层的控制权之争既没有媒体舆论的强势围观和监管部门的高度关注，也没有华润[④]、安邦[⑤]、恒大[⑥]、深圳地铁[⑦]这样的第三方加入。从始至终都是双方的博弈。只不过，南玻管理层的修改公司章程、内部持股、停牌拖延、协商和解等方式并未保住自己的位置，其既没有找到“帮手”，也没有熬到监管出手的那一天，最终“集体出走”，彻底退场。

新资本方与上市公司的关系，理想的状态自然是“血型匹配的新鲜血液”[⑧]——资金、客户或者其他资源能够得到更充分的价值发挥，最终达到新资本方、公司、公司管理层“三赢”局面。但理想终究只是一个美好的愿景，资本方进驻后与管理层的剑拔弩张，致使公司陷入危难即便不是资本市场的常态，也是资本市场无法避免的问题。也许，资本方与管理层的关系还需要从“委托—代理”之外去寻找。

---

① 指万科企业股份有限公司。

② 指以深圳市宝能投资集团有限公司为中心的资本集团“宝能系”。

③ 指中国南玻集团股份有限公司。

④ 指华润(集团)有限公司。

⑤ 指安邦保险集团股份有限公司。

⑥ 指中国恒大集团。

⑦ 指深圳市地铁集团有限公司。

⑧ 《发行监管问答——关于上市公司非公开发行股票引入战略投资者有关事项的监管要求》，证监会2020年3月20日发布。

一、宝能“潜龙试水”，南玻嗅觉敏锐，双方“言和”（2015 年 3～4 月）

（一）南玻：玻璃行业的“黄埔军校”

南玻的前身是1984 年在深圳成立的中国南方玻璃公司（中外合资企业），创始人曾南任代理总经理，于1992 年2 月在深圳交易所上市，主营业务从以玻璃为主的进出口贸易转型玻璃加工制造，之后则打造出“石英砂矿→优质浮法玻璃→建筑节能玻璃”的产业链。

经过30 年的发展，南玻成为中国玻璃行业最具竞争力和影响力的大型企业，培育和引导了中国节能玻璃市场，并参与多项节能建筑、节能产品的国家标准和行业标准的制定与修订，因此被业界称为玻璃行业的“黄埔军校”，大批人才、技术被分流到其他大型玻璃企业，或自主独立成立中小玻璃加工企业。

（二）股权分散，大股东减持，宝能“潜入”

虽然都是80 年代成立的老企业，但和万科创始人“走正道、靠大树、傍财神”的“红帽子”情节相比，南玻自成立之日起就没有单一的控股股东，其4 家股东为：香港招商轮船股份有限公司、深圳市建材工业集团、广东国际信托投资公司和中国北方工业深圳分公司。1992 年南坡上市时，四大股东最高持股比例也仅为15.36%。2006 年，南坡股权分置改革完成，四大股东开始陆续减持，除北方工业[①]外，其他原始股东均已退出。

2014 年，南坡成立30 周年时，官网刊文称“今年随着创始股东的不断减持，南坡的股权结构已呈现公众化和分散化的股权结构，已成为名副其实的公众公司”。

根据南坡2014 年年报显示，截至2014 年年底，南坡的董监高和高管持股比例仅有0.64%，前三大股东为北方工业（3.62%）和深圳国资委通过在红筹企业深圳国际控股有限公司控制的新通产实业开发（深圳）有限公司（2.99%）与深国际控股（深圳）有限公司（2.66%），这两家深圳国资委背景的股东（以下统称深圳控股）合计持股比例在次年的2 月25 日从5.65% 降至4.97%，[②]随后进一步减持至3.37%。[③]

---

① 指中国北方工业公司。

② 南坡：《股东减持公告》，载巨潮资讯网2015 年2 月25 日，公告编号：2015－003。

③ 南坡：《股东减持公告》，载巨潮资讯网2015 年5 月28 日，公告编号：2015－032。

而与此同时,姚振华时任董事长的前海人寿保险股份有限公司[①]开始买入南坡股票,截至2015年3月31日,宝能持股比例达到4.19%。而此时,宝能与万科的控制权争夺战还未开启。

(三)南玻管理层反应迅速,意图"速战速决"

相比于万科管理层的"先礼后兵",南坡管理层则是参照新浪[②]阻击盛大[③]的思路,希望能"不战而屈人之兵"。不但在宝能持股未达到举牌标准时就公开披露,一开始采取的措施也极具有杀伤力:

第一个措施是停牌拖延,阻却宝能增持。2015年3月19日,南玻以"正在筹划非公开发行股票事项"为由实施紧急临时停牌。同万科一样,该方案起到了妨碍宝能增持,增加其资金成本压力,并掌握了主动权的"一箭三雕"作用。

第二个措施是寻求大股东支持。从南坡在复牌后公布的《非公开发行A股股票预案》及配套的与宝能和北方工业分别签订的《附条件生效的股份认购协议》[④]来看,南玻管理层在第一时间就和公司原有的大股东进行了沟通,甚至可能希望这些"老东家"能像后来在"宝万之争"中的华润一开始支持万科那样,通过增持的方式"重回第一大股东"的位置。

第三个措施是修改公司制度,意图让宝能"战略投资者"的目的落空。2015年3月27日,南玻召开第七届董事会第五次会议,通过了《〈公司章程〉及相关制度修正案》,其中包括修改公司章程、修改股东大会议事规则、修改董事会议议事规则和修改独立董事工作制度共四项议案,并拟于4月21日召开2014年年度股东大会对前述修改议案提请审议。[⑤] 意图通过增加反恶意并购条款,将宝能拒之门外。

(四)精心构思的《〈公司章程〉及相关制度修正案》

上述修正案的核心,在于对《公司章程》第八十二条的修改,其主要内容如下:

一是限制董事、监事每年的更换人数。增加了业界俗称的"董事会轮换制"条款——董事会每年更换和改选的董事人数不超过董事会总人数的1/5;董事会任期届满时,新的董事、监事人数不超过董事会、监事会组成人数的1/2。

---

① 为了方便行文和便于读者理解,以及鉴于姚振华控制的深圳市钜盛华股份有限公司在本案后续发展中也有参与的原因,本章与本书的"宝万之争"保持一致,以下统称为"宝能"。

② 指北京新浪互联信息服务有限公司。

③ 指上海盛大网络发展有限公司。

④ 南玻:《附条件生效的股份认购协议》,载巨潮资讯网2015年4月23日。

⑤ 南玻:《〈公司章程〉及相关制度修订案》,载巨潮资讯网。

二是限制股东对董事、监事的提名资格。将单独或者合计持有公司发行在外有表决权股份总数5%以上股东的连续持有时间从原有的“180日”的门槛上调到“12个月”。

三是限制大股东提名董事、监事的人数。要求连续12个月单独或者合计持有公司发行在外有表决权股份总数10%以上的股东向董事会提名董事候选人人数不得超过公司章程规定的董事会人数的1/4(也就是最多2名)。

四是限制大股东的增持。规定“任何持有或者通过协议、其他安排与其他人共同持有公司股份达到10%或达到10%后增持公司股份的股东”要在达到或增持后的3日内向公司披露其“后续增持计划及真实目的”,并“申请公司董事会同意其增持股份计划”,未及时披露、披露不完整或未经过董事会同意增持公司股份的,“不具有提名公司董事、监事候选人的权利”。①

五是限制独立董事提名主体。删除了原来的“监事会、单独或者合计持有上市公司已发行股份1%以上”这两个主体,仅保留“董事会可以提出独立董事候选人”,②《董事会会议议事规则》《独立董事工作制度》也做了相应的更改。

六是限制候选人提案移交股东大会审议。增加董事会和监事会“事先审核”的权力,对于不符合章程规定的候选人提案“不提交股东大会”。

这些条款如果发生法律效力,那么宝能增持到10%以上股份就要受到董事会限制,而且每年只能更换现有9名董事中的1/5,也就是1名。此外,由于3名独立董事先于南玻管理层的董事代表届满,于是根据上述条款,董事会可以提名新的独立董事候选人(不受名额限制),而宝能只能提名1名董事。这样,宝能就难以获得南玻的控制权,只能做一名财务投资者。

而除了对《公司章程》第八十二条的修改,上述修正案在其他方面的修改也起到了阻碍宝能系夺取控制权的作用:

一是增设职工董事。删除了《公司章程》第九十六条第三款最后一句“公司不设立由职工代表担任的董事”的规定。

二是限制对外担保。在《公司章程》第一百一十八条规定“涉及对外担保事项的决议,需取得出席董事会会议的三分之二以上董事同意”。

---

① 在李勤与成都市路桥工程股份有限公司公司决议效力确认纠纷一案,四川省成都市中级人民法院(2017)川01民终14529号民事判决书中,法院认为:“将投资者增持公司股份过程中违反信息披露义务的行为视为永久性‘放弃表决权’……应为无效”。

② 《关于在上市公司建立独立董事制度的指导意见》(证监发〔2001〕102号)第四条第一项:“上市公司董事会、监事会、单独或者合并持有上市公司已发行股份1%以上的股东可以提出独立董事候选人,并经股东大会选举决定。”

三是鼓励现金分红。在《公司章程》第一百六十四条第二项增加“在满足公司现金分配股利的条件下,优先选择现金分配方式”条款。在《股东大会议事规则》第四十四条中明确公司年度盈利但未现金分红的需要经过股东大会特别决议。在《董事会会议规则》第二十一条中增加“独立董事应当充分行使下列特别职权……(四)征集中小股东的意见,提出分红提案,并直接提交董事会审议”,在第二十二条增加“独立董事……对以下事项……发表独立意见……(四)公司现金分红政策的制定、调整、决策程序、执行情况及信息披露,以及利润分配政策是否损害中小投资者合法权益”。

四是明确中小股东单独计票。在《股东大会议事规则》第五十一条中增加第二款:“股东大会审议影响中小投资者利益的重大事项时,对中小投资者的表决应当单独计票。单独计票结果应当及时公开披露。”

五是支持公开征集股东投票权。在《股东大会议事规则》第五十一条增加第三款:“公司董事会、董事会和符合相关规定条件的股东可以公开征集股东投票权……公司不得对征集投票权提出最低持股比例限制。”

从上述条款可以看出,南玻管理层当时的反收购措施的考虑是很全面的:设置职工董事制度可以争取到公司员工的支持并减少宝能能够占据的董事会席位;限制对外担保则是降低南玻在宝能心中的投资价值;鼓励现金分红是为了更好地执行《关于进一步落实上市公司现金分红有关事项的通知》,明确中小股东单独计票与支持公开征集股东投票权则是响应了《上市公司章程指引》(2014 年修订)①的要求,这些修改能够争取广大中小投资者的支持(特别是对于南玻当时股权极度分散的状态来说),从而在股东大会上通过上述议案。

(五)宝能“将计就计”

宝能针对南坡管理层的三项措施,从南坡董事会公布的公司制度修正案的“漏洞”入手,利用其当时已持股 4.19% 超过 3% 从而享有的股东临时提案权,②将上述三个措施逐一化解,并让南坡管理层陷入了被动。

2015 年 4 月 10 日,宝能向南坡董事会书面提交了《〈公司章程〉及相关制度修

---

① 现行有效的是《上市公司章程指引》(2019 年修正)(证监会公告〔2022〕2 号,全书同)。

② 《公司法》(2018 年修正)第一百零二条第二款:“单独或者合计持有公司百分之三以上股份的股东,可以在股东大会召开十日前提出临时提案并书面提交董事会;董事会应当在收到提案后二日内通知其他股东,并将该临时提案提交股东大会审议。”

订案(股东临时提案)》,[①]首先是提请股东大会否决南坡董事会之前审议通过的《〈公司章程〉及相关制度修订案》中的全部四项议案。然后是提出了修改公司章程、修改股东大会议事规则、修改董事会议议事规则和修改独立董事工作制度四项议案。

关于否定的原因,宝能认为在该修订案中,“公司董事会通过对董事、监事提名规则和选举规则的修改,不合理地限制公司股东所享有的提名权和表决权,极端维护了现有董事的董事地位以及董事会对公司的控制权,导致公司股东无法正当行使股东在法律框架下正常享有的作为上市公司股东的权利、无法正当监督和管理公司的运营发展,严重违反了公司治理的基本原则,部分条款亦直接与法律、法规及证监会的相关规定相冲突”,具体指责了对《公司章程》第八十二条的四项修改内容:

一是关于限制董事更换人数。宝能提出,目前南玻董事会的全部 9 名董事都将于 2017 年任期届满,而其中的 3 名独立董事均已连任两届,按照相关规定必须更换。[②] 如果按照修正案的“任期届满需换届时,新的董事人数不超过 1/2”计算,南玻 2017 年一共只能更换 4 名董事,而其中 3 名董事都是独立董事。换言之,原有的 6 名非独立董事无论其任期内表现如何,最少 5 名都会得到留任。因此,该修订内容不合理地限制了股东改选公司董事的合法权利,过度维护了现有董事的董事地位,导致公司成为了“内部人”控制的公司。

二是关于限制股东对董事、监事的提名资格。宝能提出,从目前南玻的股权分布实际情况来看,南玻第一大股东深圳控股的持股比例为 4.97%,所以南玻的任一股东均不具备提名董事、监事的权利,而即便增持至 5% 以上,亦需连续持有超过 12 个月才能行使提名权,导致南玻有且仅有公司经营管理团队持股的法人股东可以提名董事、监事。这样的规定“仅仅是在维护谁的权利、谁的利益呢?”

三是关于限制大股东增持。宝能认为这部分修改内容违反了《上市公司收购管理办法》第八条关于“不得滥用职权对收购设置不适当的障碍”[③]的规定,限制了

---

① 《〈公司章程〉及相关制度修订案(股东临时提案)》,载巨潮资讯网。

② 《关于在上市公司建立独立董事制度的指导意见》(证监发〔2001〕102 号)第四条第四项:“独立董事每届任期与该上市公司其他董事任期相同,任期届满,连选可以连任,但是连任时间不得超过六年。”

③ 《上市公司收购管理办法》(2014 年修订)第八条:“被收购公司的董事、监事、高级管理人员对公司负有忠实义务和勤勉义务,应当公平对待收购本公司的所有收购人。被收购公司董事会针对收购所做出的决策及采取的措施,应当有利于维护公司及其股东的利益,不得滥用职权对收购设置不适当的障碍,不得利用公司资源向收购人提供任何形式的财务资助,不得损害公司及其股东的合法权益。”

公司未来潜在大股东无法行使其在法律项下的固有股东权利。

四是关于限制独立董事提名主体。宝能认为删除并剥夺监事会和持股1%以上的股东的独立董事提名权将使独立董事丧失独立性，导致南玻的独立董事制度形同虚设，也违反了《关于在上市公司建立独立董事制度的指导意见》第四条关于“……监事会、单独或者合并持有上市公司已发行股份1%以上的股东可以提出独立董事候选人，并经股东大会选举决定”的规定。

（六）宝能“反客为主”

除了指出南坡管理层通过董事会提出的修正案的“漏洞”，宝能还提出了自己的公司制度修正案，在该修正案中，宝能完全汲取了原修正案中所有有利于中小股东的修改——鼓励现金分红、明确中小股东单独计票、支持公开征集股东投票权。限制对外担保也得到了一字不落地保留，还恢复了原章程“不设置职工董事”的规定。删去了原修正案中关于《公司章程》第八十二条的全部修改内容。

除了上述保留和删除以外，宝能在提案中还提出了很多有利于股东的修改意见：

首先是降低股东对董事、监事的提名资格，从原来的“连续180”+“持股5%以上”的双重条件降低为仅需“持股3%以上”即可，还删去了“公司经营管理团队持股的法人股东”的提名资格。

其次是增加董事会席位，从现有的9名增加到13名，而独立董事从“不少于3名”提高到“不少于5名”，并且在《公司章程》第一百零六条明确：董事人数不足公司章程规定的人数且不足人数超过2名时，应当自该情形出现后1个月内启动增补程序。

最后支持累计投票制，在《股东大会议事规则》第三十九条第二款中增加累计投票制应当适用的情形——“在选举一名董事、监事时有两名以上（含两名）候选人时”。

上述三项修改建议都极具有杀伤力：降低股东提名资格虽然有利于宝能，但同时也有利于当时的其他持股超过3%的股东，如北方工业与深圳控股，也有利于其他潜在中小股东。而增加董事会席位与累计投票制更是对中小股东的重大利好。明确董事及时增补也有利于防止“内部人控制”。

宝能的上述修正案，保留了南坡管理层版本的有利于中小股东的全部优点，删掉了“漏洞”，还增添了更多有利于股东的提议。如果2014年股东大会如期召开，这项议案毫无疑问会得到大股东和中小股东的普遍支持。

（七）撤回各自议案，双方“握手言和”

宝能的应对让南玻管理层陷入了被动，就在宝能发出提案后的第3天，南玻宣布延期股东大会。紧接着又在2天后的4月15日，南玻以电话形式召开了临时董事会，9名董事全部赞成撤回议案。宝能也在此时同时撤销了自己的提案。双方的公司制度修正案均不再提交股东大会审议。

其实，从双方公布的修正案内容就可以看出。“握手言和”无疑是双方谈判妥协的结果，而不是部分媒体所称的“一大谜团”。而这场妥协的结果，便是一周之后的《非公开发行股票预案》。

二、南玻“敞开大门”，宝能“得寸进尺”（2015年4月~2016年1月）

（一）纠结的管理层

2015年4月22日，南玻再次召开董事会临时会议，通过了《关于公司向特定对象非公开发行A股股票方案的议案》，董事郭永春作为本议案的关联董事回避表决，董事曾南、吴国斌和严纲纲对该议案中的增发对象、发行数量、限售期部分持有异议，但均也只是选择了弃权（而非反对），其中严纲纲认为该议案“引发的结果可能具有不稳定因素”。

该议案的主要内容为：南玻以8.89元/股的价格向现有股东前海人寿和北方工业合计发行股份，后者采用现金方式认购。发行完成后，前海人寿的持股比例从4.19%增至8.84%，北方工业从3.62%增至6.33%，深圳控股则从4.97%稀释至4.57%。

2015年4月23日，南玻董事会公布了该定增议案及相应的《附条件生效股份认购合同》，并宣布复牌。

至此，宝能用了1个月的时间，“破解”了南坡管理层的“停牌拖延”“大股东增持”“修改公司制度”全部三项反收购措施。当然，这种“破解”是有代价的，那就是上述提到的撤回议案和认购协议。

宝能对南坡管理层的这些“支持”，也得到了南坡管理层的认可。2015年6月中国“股灾”爆发，南坡在一个月后的7月15日发布公告表示，宝能系在6月16日起陆续增持南坡股票的行为“维护了公司股价稳定，保护了广大中小投资者的利益”，间接肯定了宝能当时迎合“侠之大者，为国护盘”宣言。

(二)定增议案“难产”,宝能“二手准备”

根据法律规定,该定增方案尚需获得股东大会的批准①和证监会的核准。②2015年7月2日,南玻董事会召集召开2015年第一次临时股东大会,通过了上述定增议案,并授权董事会全权办理非公开发行股票的具体事宜,有效期为自股东大会审议通过之日起12个月。随后,南坡向证监会提交了许可申请材料。

2015年8月17日,证监会正式受理,并在3个月后的11月13日发出审查反馈意见,提到7个重点问题,包括:8.89元/股的定价是否公允;发行对象是否有减持情况或有减持计划;宝能认购的资金来源;募集资金的规模、用途是否合规;是否为变相通过此次定增来实施重大投资或资产购买;募集资金对应的升级扩改项目的收益率预测合理性;以及募集资金对应的新建项目的收益率预测合理性。

与此同时,宝能并未停止“买买买”的步伐,从2015年4月23日南坡公告定增方案到11月13日证监会发出审查反馈意见,宝能连续五次举牌,其中:2015年4月27日第一次举牌,持股比例为5.02%;2015年5月7日第二次举牌,持股比例为10.04%;2015年6月29日(股灾爆发之时)第三次举牌,持股比例为15.04%;2015年7月7日第四次举牌,持股比例为20%(含定增部分);2015年11月2日第五次举牌,持股比例为25.05%(含定增部分)。

南玻于12月8日公告了反馈意见的回复内容。其中,关于宝能认购资金来源的问题,南玻引用宝能出具的说明函表示,宝能本次认购资金来源于前海人寿万能保险产品。后来,该方案再未公布进展。2016年7月2日,定增方案仍未能获得证监会的书面核准文件,方案到期失效。③

此时,宝能在2015年11月2日的持股比例也相应调整为21.8%,加上2015年11月3日至2016年7月8日的增持,合计持股比例达到了26.36%。

而此刻的北方工业持股比例依然只有3.62%,④而且北方工业和深圳控股均在

---

① 《公司法》(2013年修正)第一百三十三条:“公司发行新股,股东大会应当对下列事项作出决议:(一)新股种类及数额;(二)新股发行价格;(三)新股发行的起止日期;(四)向原有股东发行新股的种类及数额。”

② 《证券法》(2014年修正)第十条第一项:“公开发行证券,必须符合法律、行政法规规定的条件,并依法报经国务院证券监督管理机构或者国务院授权的部门核准;未经依法核准,任何单位和个人不得公开发行证券。有下列情形之一的,为公开发行:(一)向不特定对象发行证券的。”

③ 南玻:《中国证监会行政许可申请终止审查通知书》(〔2017〕17号)。2017年2月7日,证监会根据《中国证券监督管理委员会行政许可实施程序规定》第二十条的有关规定,决定终止对该行政许可申请的审查。

④ 《关于公司持有公司股票情况的说明公告》,载巨潮资讯网,公告编号:2016-031。

定增方案失效后开始陆续减持。2016 年 8 月 17 日，深圳控股减持至 2.31%，9 月 8 日，北方工业减持至 3.37%。2016 年 11 月 8 日，也就是“血洗南玻”的前一周，北方工业进一步减持至 2.31%，深圳控股则在 12 月 10 日减持至 1.30%。

（三）南坡“内部动荡”，宝能“登堂入室”

定增方案到期失效的根本原因不得而知，但可以肯定的有多方面的因素，除了上述证监会审查的外部原因，也有内部原因——南玻管理层并不是“铁板一块”。

最早“动荡”的是高管。2015 年 3 月 27 日，即增发预案公布前夜。南玻以“鉴于公司业务发展需要，对部分管理人员进行调整”的原因解聘了具有北方工业方面背景的副总裁丁九如（但保留其总会计师/会计机构负责人/会计主管人员的职务），随后聘任了董事兼首席执行官吴国斌提名的柯汉奇。此后在 2015 年 5 月 22 日，副总裁张柏忠辞职。张柏忠在南玻集团历任成都南玻、天津南玻总经理，于 2014 年升任副总裁。董事会随后聘任了吴国斌提名的胡勇。丁九如和张柏忠又在 2016 年 8 月 12 日与 2016 年 5 月 20 日又被分别复聘为董事会秘书和副总裁。

之后“动荡”的是董事。张柏忠辞职的 6 个月后，也就是宝能第五次举牌南玻之际，具有北方工业背景的董事郭永春及具有深圳控股背景的董事李景奇于 11 月 4 日和 12 月 10 日相继辞职。而到了 2015 年 12 月 22 日，具有深圳控股背景的董事陈潮和具有律师背景的董事严纲纲同时辞职。此时，董事会中除去 3 名独立董事（张建军、杜文君、符启林），只剩下南玻管理层两位董事，即董事长曾南和首席执行官吴国斌。

2016 年 1 月 5 日，南坡召开董事会会议，以 5 票同意，0 票反对，0 票弃权表决结果通过了补选 4 名董事的议案，新任的 4 名董事中的 3 名为宝能代表（陈琳、叶伟青、程细宝），1 名为北方工业代表（王健，北方工业投资经营部总经理）。2016 年 1 月 21 日，2016 年第一次临时股东大会通过了上述议案。

此外，北方工业在次月就将减持南玻股票的计划列入其 2016 年年度预算。

至此，虽然距离第八届董事会还有一年半，但目前宝能已经占据一半的非独立董事席位，并持股 26.36%。

三、矛盾激化，南玻管理层“集体出走”（2016 年 1～11 月）

（一）“裂隙渐深”

据曾南向媒体的披露，宝能在成为第一大股东后（当时持股 4.19%，同时深圳控股减持至 3.37%），与南玻管理层“磕磕绊绊的事情举不胜举”。

先是“干预”南玻的内部治理。姚振华和陈琳在成为第一大股东后就前往南玻，要求撤换当时的南玻财务总监，改由宝能派人。曾南认为这不符合上市公司章程和法人治理结构的相关规定，因为这一权限应在董事会，而且财务总监罗友明在专业、视野、运作方面是合格的。随后，宝能又要求派驻财务经理，陈琳称保监会对此有明确规定，必须派人出任此职。陈琳还要求首席执行官凡是提交董事会讨论的文件必须先行报宝能审阅获准。

后是在经营活动中“作梗”。董事会曾批准同意将其子公司名下的科技园北区的导电膜大楼（南玻电子大厦）连同该子公司一起出售，并以高于当初曾给宝能报价（6.5 亿元）的 7.25 亿元与买家签订协议并收取了定金。但宝能“突然变卦，要求废除合同，强行收购此栋楼，使公司面临巨大的法律诉讼风险”（不过宝能否认了此说法）。[①] 还有一项经董事会审议通过的出售交易，被宝能事后要求与交易对方解约，南玻高管层未采纳而是将此交易如约完成。结果宝能就在未知会南玻的情况下起诉了相关高管，直至广东高院曾向南玻下通知要求缴纳诉讼费时，南玻才知道此事。

除了宝能，曾南对北方工业也薄有微词，“一方面网上出现这份征求意见稿，[②]另一方面北方工业抛售了两千多万股，这里面是否涉嫌内幕交易？”北方工业不仅是南玻最初的设立股东之一，更在 1999 年后长期作为上市公司第一大股东，直到 2015 年宝能的不断增持下，才退居到目前第二大股东位置。

（二）导火索：股权激励方案

2016 年 8 月初，南玻管理层根据宝能实际控制人姚振华的建议，拟定一份《2016 年 A 股限制性股票激励计划（草案）》，[③]曾南还称姚振华当时表示愿意帮他“解决行权对价的认购款贷款”。按照该计划，董事长曾南、首席执行官吴国斌、财务总监罗永明、四位副总裁、董事会秘书丁九如将有权以 6.02 元/股的价格认购南玻合计 1.57% 的股票，此前上述高管合计比例为 0.56%。

曾南和吴国斌在 8 月 11 日与宝能的代表董事陈琳面谈此事，并当场强调“按照证监会规定，如果以 2015 年作为行权考核，必须在 2016 年 9 月下旬的股东大会上

---

① 宝能表示，交易已经按照原定方案实施，参见《中国南玻集团股份有限公司澄清公告》（公告编号 2016－063）和相应的律师事务所的核查意见，载巨潮资讯网。

② 指《关于推动南玻可持续发展的若干意见（征求意见稿）》，署名人为前海人寿和北方工业，署名日期为 11 月 7 日。

③ 刘鹏：《独家披露备受争议的南玻 A 股权激励草案（附原文）》，载腾讯证券，https://stock.qq.com/a/20161117/031891.htm。

方可实施”。

不过,宝能直至2016年11月4日才向南玻管理层提出修改意见,继而引发了双方的冲突。

宝能的修改内容主要集中在五个方面:

一是缩减激励规模。从原来的总股本6.5%的激励比例,修改为3%。宝能称其聘请了市场独立第三方专业团队对市场和行业情况进行了专题调研,调研结果显示:“2013年以来制造业已实施的股权激励中,主板/中小板上市公司发行占比平均数为2.53%,发行比例超过3%的仅占26.94%”。因此,宝能认为南玻管理层提出的6.5%远超全行业上市公司及同行业上市公司一般水平。

二是缩减激励人数。将除中层管理人员、核心技术(业务)人员以外的高级管理人员的分配占比从约25%下降为20%。宝能称,南玻2008年股权激励计划中,中层管理人员、骨干250人合计分配约76.20%。而本次拟进行股权激励对象人数较2008年的人数已翻倍,因此应适当增加其他中层管理人员、核心技术(业务)人员的分配占比,激励比例从75%提升至80%。相应地,高级管理人员的分配占比就从约25%下降为20%。

三是延长解锁期。原计划的方案是自授予日起12个月后,满足解锁条件的,激励对象可以分三期申请解锁。宝能修改为分四期申请解锁,即从4年有效期(1年锁定期+3年解锁期)修改为5年有效期(1年锁定期+4年解锁期)。宝能认为5年的有效期符合市场和行业情况,也符合南玻历年的激励情况。

四是改变实施时间,从2016年变更为2017年。

五是提高业绩承诺,从原来的未来3年每年增长15%~20%,变为第2年增长100%,后2年分别增长50%。

这样的更改,在“血洗南坡”事件发生后引发了双方的口水战:①

曾南称,“陈琳当时拿走了这份方案,说回去研究,尽快给一个让大家满意的方案。这一走就是85天,其间许多经理人和骨干人员不断询问为什么没有股权激励方案。这期间,我曾给姚振华打电话,但他没接。让吴国斌联系陈琳,结果她说要出差。直到11月4日,前海人寿终于给出一个前后矛盾且今年不可能实施的方案。前海人寿给所有的董事都发了这份方案,唯独把我这个董事长给漏了。”

南玻管理层的其他部分高管更是认为,宝能的这种“前后矛盾”的修改是“步步紧逼,故意拖延、刁难公司股权激励计划,大幅提高业绩承诺,(使)公司管理层对公

① 陈健健:《南玻A高管集体辞职罗生门:告别信详述缘由宝能系一一否认》,载中国证券报2016年11月17日,http://www.cs.com.cn/ssgs/gsxw/201611/t20161117_5096701.html。

司的未来丧失信心”。

宝能则回应称，“9 月 30 日的节点非法律法规要求的时间节点，不存在 2016 年内无法实施的问题”，宝能“和其他股东多次沟通、多次磋商、多次协调，在激励比例、激励范围等部分修改后，原则上同意此股权激励计划，并一直和南玻管理层保持着良好有效的沟通，不存在‘找各种理由回避、拖延’，更不存在‘步步紧逼’”，而且股权激励计划“应更注重一线员工的利益，而非仅仅是公司高管层”“高管层要得太多”。

宝能进一步反击称“南玻高管已对辞职后到另一家公司就职做好了充分的准备，其辞职和入职在分计划、有步骤实施中。南玻高管是将此次股权激励计划作为其早已蓄谋辞职的借口，掩盖其涉嫌对外输送南玻核心技术、核心机密和核心人员的行为”。

而据媒体证实，自 2016 年 8 月起，南玻内部已经出现了人事变动，离职员工近百人，不乏公司中高层和骨干人员，其中部分离职人员加入了旗滨集团。吴国斌则表示，“旗滨集团的确在南玻挖了一批人，但员工离职是行业内正常的人才流动”。

最终，这份股权激励计划如同之前的定增方案一样搁浅，最终无疾而终。而紧接着而来的，便是南坡管理层“集体出走”，宝能“血洗南玻”的高潮。

四、“血洗南玻”始末（2016 年 11 月～2019 年 11 月）

（一）定格：2016 年 11 月 14 日

2016 年 11 月 7 日，4 名新任董事向董事会提交了 5 项议案，分别是：

议案一：《关于制定〈南玻“十三五”发展战略规划〉的议案》；

议案二：《关于要求管理层核查光伏电站投资项目的议案》；

议案三：《关于公司管理人员任免（注：指首席执行官吴国斌与财务总监罗友明）以及员工聘用相关事宜的议案》；

议案四：《关于调整董事会对总经理（注：即吴国斌）部分授权的议案》；

议案五：《关于要求公司就员工离职等事项作出澄清公告的议案》。

可以看出，上述五个议案，全都和管理层有关，其中议案二、三和四更是对南玻管理层的“清算”。

南玻董事会收到上述议案后，于 11 月 14 日召开了董事会临时会议。8 名董事出席，董事长曾南因健康原因委托董事兼首席执行官吴国斌出席会议并表决。柯汉奇、张凡、张柏忠、胡勇四位副总裁和多位公司高管也参加了当天的会议。

在会上，吴国斌受曾南委托，宣读了《关于对前海人寿与北方工业所提临时董事会会议议案的几点意见》，表达了他对议案的意见：①同意议案二，其余议案均反对。

关于议案一，曾南认为是“空话、套话，没有任何内容”，而且也应在董事会明年换届后再提，“现在讨论此案无意义”。

关于议案三，曾南认为“你们要不相信总经理，可以令其辞职嘛，让他在那里当摆设，实在虚伪，没有意思。他当 CEO 不是一两天了，你们有什么证据怀疑他，单凭一封所谓的匿名信，证据太苍白了吧。”

关于议案四，曾南认为“如果什么都要董事会审议，行吗？公司事情多，就算每个月审议一次，这个会开得起来吗？急事怎么办？这个董事长反正我也不干了，吴国斌无职无权只有被问责，难得做人。”

关于议案五，曾南认为“这个搞法”会加剧公司人心动荡，表示宝能“频繁而任性换人，早已在社会上广为流传，南玻走几个人你们慌什么？”还称宝能所说的“第三方主要是指所谓的旗滨集团吧？其实我们来去的人在中国几个大玻璃公司都有，你们打算告谁？再告谁，随后又告谁？所以，做不到的事，不如不说……”

另据媒体披露，会议中对上述 5 项议案持有异议的人不只是曾南，有人认为议案一做得太粗糙，议案二被管理层感觉不被信任，议案三、四、五涉嫌侵犯了管理层应有职权，如认为吴国斌遭匿名举报，就要求吴国斌与财务总监罗友明离职。

此时，戏剧性的一幕发生了，不过和万科的那次完全不一样，并非“独立董事要求主动回避”。而是 4 名新任董事撤回了上述 5 项议案，旋即在会上提出了《关于由董事陈琳代为履行董事长职权的议案》的临时提案。

更戏剧的一幕是，这个议案随后以全部 6 名非独立董事同意、1 名独立董事反对、2 名独立董事弃权的方式通过。曾南虽然对 5 份决议有保留意见，也认为宝能“虽不承认自己是实际控制人，但意图控制董事会的目的过于明显”，但依然委托吴国斌投了赞成票，吴国斌也投下赞成票。独立董事符启林和杜文君认为此议案存在程序瑕疵，不是董事会议题，均选择弃权（杜文君还提出该议案没有提前通知）。独立董事张建军除了上述理由以外，还认为董事长曾南一直在履行董事长职责，不需要由其他董事代为履行董事长职务，投了反对票。

2016 年 11 月 15 日，南玻管理层的董事长曾南、首席执行官吴国斌、四位副总裁（张凡、胡勇、张柏忠、柯汉奇）、财务总监罗友明辞职，次日，独立董事张建军与杜

---

① 欧阳凯、陈鹏丽、邱德坤：《南玻 A 原高管讲述集体离职原因：前海人寿 5 份议案也是导火索》，载每经网，http://www.nbd.com.cn/articles/2016-11-17/1053616.html。

文君辞职(根据公司章程,[①]在新任独立董事就任前,二人需继续履行职责),同日董事会秘书丁九如辞职。3 名监事也于次年 1 月 13 日离任。

而其中一位辞职高管对媒体表示,“从我本人感受而言,在这种氛围下,我不能这么耗下去,因为我要对我的职责负责,但我不能履行我的职责了。”

有知情人士向媒体披露称,离职的高管都是“曾南多年来最为信任的手下,同样不会留在公司为宝能效力,所以七高层联合去职的局面,倒是可以理解了”。而且整个南玻虽然经历了 2015 年宝能系的入股,且资本方已变为了姚振华所掌控的宝能,但“这一年多来曾南在南玻公司中的地位依然无人能撼动,经营及管理权限上前海人寿根本无法插手”“前海人寿成为大股东之后,能做的就是今年 1 月派人进入董事会,拿到了三个席位,但业务层面仍被曾南牢牢控制,各个板块的负责人都直接汇报给董事长。而前海人寿想要换掉曾南,也并非 14 日当天才出现的,可能早有考虑。”

(二)宝能忙于“稳定军心”,南玻管理层喊话希望“资本善待员工”

不管 2016 年 11 月 14 日是“意外收获”还是“早有预谋”,宝能必须得承受“硕果”后的“分身乏术”与“焦头烂额”:安抚南玻员工和留任高管、公告解释管理层离职情况、收到深圳证监局、深交所、债券评级机构的关注函、对各种流言进行澄清……

为了平稳过渡,最大限度地减少对公司正常经营生产和证券市场的影响,在南玻管理层“集体出走”后,宝能和留下的南玻管理层做了以下工作:

一是准备召开董事会和股东大会,补选空缺董事和高管;

二是落实深圳证监局等监管机构的指示;[②]

三是与监管机构和当地政府及时汇报;

四是与合作伙伴(金融机构、客户、供应商)等妥善沟通;

---

① 《关于在上市公司建立独立董事制度的指导意见》(证监发〔2001〕102 号)第一条第三项:“上市公司董事会成员中应当至少包括三分之一独立董事。”第一条第四项:“独立董事出现不符合独立性条件或其他不适宜履行独立董事职责的情形,由此造成上市公司独立董事达不到本《指导意见》要求的人数时,上市公司应按规定补足独立董事人数。”第四条第六项第二段:“如因独立董事辞职导致公司董事会中独立董事所占的比例低于本《指导意见》规定的最低要求时,该独立董事的辞职报告应当在下任独立董事填补其缺额后生效。”南玻《公司章程》(2015 年 6 月修正)第一百条第二款:“如因董事的辞职导致公司董事会低于法定最低人数时,在改选出的董事就任前,原董事仍应当依照法律、行政法规、部门规章和本章程规定,履行董事职务。”

② 南玻:《关于收到深圳证监局监管关注函的公告》,载巨潮资讯网 2016 年 11 月 18 日,公告编号:2016 - 064。

五是关注舆论动态并及时信息披露。

而就在“血洗南玻”后的16日，网络上开始流传一封以南玻为名义发布的《告中国南玻集团全体员工书》，[①]表达了三方面的内容：

一是指责原南玻管理层。称他们“某种势力为了一己私利，有计划、有组织地要把全部骨干拉出去脱离南玻体系，和某上市公司私下勾结，再造一个玻璃王国，抗衡南玻，置现在的南玻于死地，完全不顾我们大家的根本利益，不顾一万三千员工家庭的利益，不顾十万股东的利益，更不顾政府机构的监管及司法约束”。南玻未来会实施行业并购、扩展，“绝不会是近几年公司的卖卖卖”。

二是欢迎离职员工回来。“待遇不变，工作合适安排，工资补发，工龄延续计算”。

三是介绍南玻未来的四点规划：打造产业控股平台、推动员工激励机制和职业发展规划、加大研发创新力度、向总部管理机关职能转变。

南玻随即发表公告，表示该文并非公司发布，也不属实。

2016年11月16日，南玻召开董事会临时会议。短短3天，陈琳从“代为履行董事长职权”的普通董事，变成了董事长兼首席执行官。宝能的代表董事程细宝则代为履行董事会秘书职责。

已辞职但按照规定仍需履行独立董事职责的杜文君和张建军认为：鉴于到目前出现的紧急情况，为维护公司稳定，保护中小股东的利益，同意选举陈琳董事为第七届董事会董事长。但是，两位独立董事对首席执行官和董事会秘书的任职均持保留意见，认为由金融背景的陈琳代为履行首席执行官职责。

关于陈琳兼任首席执行官，两位独立董事均认为南玻作为一家规模较大、行业竞争激烈的生产型的工业企业，生产经营环环相扣，且所经营的业务和生产的产品对安全生产环境要求较高。所以在原公司高管全体辞职的情况下，不选择熟悉公司生产经营管理工作的人员担任或履行相关职务，而由金融背景的董事长陈琳代为履行首席执行官职责，能否维护公司生产经营稳定？是否会对公司造成影响？

而关于程细宝兼任董事会秘书，两位独立董事均认为其虽具有较为丰富的财务背景，但并未参加过交易所的董事会秘书培训。如由其代为履行董事会秘书职务，在目前的非常时期，能否较好地把握好信息披露等相关法规的尺度？能否做好投资者关系管理、维护公司股东特别是中小股东利益？

2016年11月24日，南玻和宝能回复了证交所的询问函，除了上述提到的对南

---

① 《宝能全面接管南玻　发告全体员工书“维稳”》，载新浪财经，http://finance.sina.com.cn/stock/s/2016-11-17/doc-ifxxwrwh4555621.shtml。

玻电子大厦出售的澄清以外，回复内容还涉及有 11 月 14 日董事会会议的合法合规性、股权激励计划草案的制定和信息披露、与“旗滨集团”合作情况以及原南玻管理层是否存在挪用公司资金和侵占公司财产情形、第二大股东北方工业减持是否涉嫌内幕交易、公司高管变化情况和公司控制权是否变更等。

就在同日，有媒体收到《中国南玻集团股份有限公司原 8 名高管致公司全体股东和员工的公开信》，[①]8 名离职高管在心中表示了与宝能的理念冲突——“我们尊重资本的市场行为。同时，我们亦希望得到资本的尊重”“虽然情非所愿，虽然情非得已，但唯有辞职，才是对我们深爱的员工最好的交代，才是对南玻集团平稳发展的最大爱护，才是对资本体现的最大诚意和尊重。”

在信中，离职高管们还表示自己从未实施任何违反法律规定损害南玻集团利益的行为，希望资本善待员工，全体员工安心工作，把南玻集团做大做强。

随后，南玻紧锣密鼓地开展南玻新一届管理层班子的搭建工作：

2016 年 11 月 26 日，南玻任命部分员工在未任命副总裁之前分管各事业部门、人力资源和开发研究院的工作。

2016 年 12 月 14 日，南玻召开 2016 年第二次临时股东大会，补选靳庆军、詹伟哉为独立董事。

2017 年 2 月 23 日，南玻召开第七届董事会临时会议，聘任潘永红为南玻首席执行官（曾任华润水泥控股有限公司执行董事兼总裁），任命本公司员工卢文辉、李卫南担任公司副总裁。2017 年 4 月 8 日，任命本公司员工何进和曾任北方工业投资部副总经理的李翠旭为副总裁。

2017 年 5 月 2 日，南玻召开 2017 年第三次临时股东大会，选举新一届的董事、监事。除了 4 名新任董事外，增添潘永红、和张金顺（历任宝能的前海人寿副董事长）被选举为新一届非独立董事，王健增添“副董事长兼党委书记”职务。朱桂龙接任符启林，与之前补选的靳庆军、詹伟哉一起被选举为新一届非独立董事。任命杨昕宇为董事会秘书。张宛东、李新军为非职工监事，赵鹏为职工监事。不设财务总监职位，潘永红兼管会计工作，[②]会计机构负责人为王文欣。

至此，南玻管理层焕然一新。这一年的高管人事变动次数，超过了前 3 年之和。

---

① 王兴亮：《南玻 A 八名离职高管再发声　否认携带核心技术与竞争对手合作》，载中国证券报，http://www.cs.com.cn/ssgs/gsxw/2016-11/t20161125_5102927.html。

② 2018 年 6 月 30 日，潘永红辞去董事及首席执行官职务，王健接任，至截稿时未再增补非独立董事。

（三）尾声："被逼无奈"还是"金蝉脱壳"？

2018 年 4 月 23 日，南玻公布 2017 年年报，营业收入 108.79 亿元，同比增长 21.23%，净利润 7.45 亿元，同比下降 4.06%，经营活动产生的现金流量净额 24.63 亿元，同比增长 9.93%。在其中的关键审计事项段中，2017 年年报披露了前期会计差错更正事项，继而有了原南玻管理层后续的一场"牢狱之灾"：

该事项发生在 2012 年 12 月 10 日，当时的南玻与宜昌市人民政府签订了《精细玻璃及超薄电子玻璃项目合作协议》，后续又签订了两个补充协议，约定：宜昌市人民政府高新区管委会将 1.71 亿元的人才基金，全额拨付给南玻的全资子公司（宜昌南玻硅材料有限公司）作为人才引进和人才住房安置的专项资金补助，南玻负责制定住房安置补助方案并监管该专项资金的使用。

按照协议约定，这 1.71 亿元属于政府给予南玻的"专款专用"资金，但宜昌南玻硅材料有限公司收到该笔款项后，在未经当时的南玻董事会和有关机关的审批下，即全额转给了宜昌鸿泰置业有限公司。而宜昌鸿泰置业有限公司与南玻并无股权关系，而是由深圳鹏城裕泉投资有限公司全资控股，深圳鹏城裕泉投资有限公司的大股东及法人代表均为南玻前董事长曾南（18.8%），其他股东则分别是前董事兼首席执行官吴国斌（15.31%）、前副总裁张凡（14.54%）、前财务总监罗友明（12%）、前副总裁柯汉奇（12%）、副总裁李卫南（11.77%）、前副总裁张柏忠（8.69%）和前董事会秘书丁九如（7.62%）。

2019 年 1 月 25 日晚，南玻发布公告称，深圳市经济犯罪侦查局根据深圳证监局移交的犯罪线索及深圳市人民检察院的相关建议，决定对曾南等前高管以背信损害上市公司利益罪立案侦查，并对相关人员采取刑事强制措施。次日，媒体透露，因涉嫌的罪行社会危害较小，曾南已缴纳保证金，处取保候审状态。①

2019 年 2 月 18 日，南玻召开第八届董事会临时会议，免去李卫南副总裁职务。

2019 年 4 月 17 日，南玻公布 2018 年年报，营业收入 106.09 亿元，同比下降 2.48%，净利润 3.67 亿元，同比下降 50.69%，经营活动产生的现金流量净额 21.30 亿元，同比下降 13.52%。

---

① 《独家电报丨南玻 A 前董事长曾南被取保候审》，载财联社 2019 年 1 月 26 日，https://www.cls.cn/roll/314789。

2019年10月24日，深圳证监局对曾南出具警示函。[①] 南玻在2013年8月16日与深圳市信实投资有限公司(以下简称信实投资)签署了《股权转让合同》和《补充合同》。《股权转让合同》约定信实投资以42,498万元受让南玻持有的深圳南玻显示器件科技有限公司19%的股权;《补充合同》主要约定了南玻与信实投资对上述股权回购的相关事项。而南玻未对《补充合同》履行审议程序且未及时披露。

这等于是会让投资者把南玻的这项融资活动误认为是投资活动，违反了《上市公司信息披露管理办法》[②]的相关规定，因此深圳证监局对时任董事长的曾南采取出具警示函的行政监管措施。

五、解析双方攻守策略

(一)宝能的"攻"

1. 善用股东权利，"点穴"南玻管理层

与股东代表诉讼权(持股1% +连续180天)不同，我国法律并未对股东提案权(持股3%)做持股期限的要求。而相比于股东大会召集权和解散权(持股10%)，股东提案权在收购大战中很少被重视。然而，宝能在此次收购战中完美地使用了这项权利，可谓收购案例的典范。

宝能抓住南玻管理层提出的公司制度修正议案中的反收购条款的漏洞大做文章，同时给出了对大股东和中小股东均有利的提案，让南玻管理层"搬起石头砸自己的脚"，结果不得不妥协:推迟股东大会、撤销修正议案、复牌、公布定增方案欢迎宝能入驻。

值得一提的是，即便南玻管理层没有提出这个修正案，或者修正案中的反收购条款没有漏洞，宝能还是有充分的理由提出自己的提案。因为在当时生效的《公司章程》(2012年修订)中依然存在对广大股东不利的反收购条款。

比如"黄金降落伞"条款:"公司因合并、分立、被收购及其他股份变动事由在聘任合同期内终止或变更合同，公司应当依照聘任合同规定对总经理或公司其他高级管理人员进行经济补偿，补偿的标准不低于被解聘人员上一年度年薪总和的十倍。"

再如"禁止无因解任"条款:"在任期届满以前，股东大会不能无故解除其职务。"

当然还有宝能这次"点穴"的限制股东对董事、监事的提名资格(持股5% +连

---

① 行政监管措施决定书〔2019〕201号，载证监会官网，http://www.csrc.gov.cn/pub/zjhpublicofsz/xzjgcs/201910/t20191028_365101.htm。

② 证监会令第40号，现已被修订。——编者注

续180 天),也是当时生效的《公司章程》(2012 年修订)中原有的内容。

上述条款中,每一个都是对南玻管理层的高度保护,而其中的"黄金降落伞"更是他们的"道德死穴"。[①] 所以,即便南玻不修改公司制度,宝能也会利用现有公司章程已经存在的歧视大股东和中小股东的条款主张提案权,从而让南玻管理层"就范"。

2. 多管齐下,善抓天机

宝能在定增方案出台后并未"掉以轻心",也许他们认为,这个方案的主导权毕竟还是在南玻管理层手里,远不如把主动权掌握在自己的手里的好。所以,定增方案的公布没有阻止宝能"买买买"的步伐。

而正当宝能第二次举牌后,中国股市爆发了有史以来最大的股灾,南坡公司的股价直接从 13 元/股左右跌破 9 元/股。而定增方案的发行价也不过只是 8.89 元/股。

这等于是说,宝能在定增方案公布后的 2 个月,就可以按照基本相同的价格拿到股份,而且没有数量限制(但总持股不得超过 30%,否则触发要约收购机制),还不用再等待定增方案那"玄学"般的审核流程。毫无疑问,这是宝能系收购南坡的绝佳机会,于是,也就又有了后续的三次举牌,在不到 5 个月的时间内持股从 10.04% 迅速增长至持股 25.05%(含定增部分)。

3. 孤立"敌人",与大股东"联手"

从"宝万之争"也能看到,宝能对于被收购公司的大股东是往往一种"积极拉拢"的态度,即便想"一股独大",也不会和原有大股东剑拔弩张。

在宝能的此次控制权争夺中,宝能先是与南玻大股东北方工业"分享"了定增方案。在定增方案无疾而终、宝能持股到 26.36%、北方工业持股陆续减持至 2.31% 时,双方也未"分道扬镳",而是"像石榴籽一样紧紧地抱在一起"。不但支持了北方工业的 1 名董事会席位,还在日后支持了北方工业的代表担任副董事长、首席执行官和副总裁。

这种支持也得到了北方工业的回报,2016 年 11 月 14 日的董事会便是宝能与北方工业联手的"杰作"。

---

① 最高院《关于适用〈中华人民共和国公司法〉若干问题的规定(五)》(法释〔2019〕7 号)第三条第二款规定,"董事职务被解除后,因补偿与公司发生纠纷提起诉讼的,人民法院应当依据法律、行政法规、公司章程的规定或者合同的约定,综合考虑解除的原因、剩余任期、董事薪酬等因素,确定是否补偿以及补偿的合理数额"。该条款强调了补偿的应当具备"合理性",即补偿回归到"填补"的本质,而非"惩罚",不能"有约定从约定",系对"黄金降落伞"的约束。该规定意味着法院很可能支持"降落伞条款"的效力,但会补偿的金额进行司法调整,从而大大降低对收购方的威慑力。

4. 完善治理结构,保护自身利益

宝能控制南玻后,在公司内部治理结构上下了很大功夫:

2017 年 8 月,南玻修订公司章程。

一是删除原南玻管理层时代设计的“黄金降落伞”条款。

二是增加“董事长认为必要时;独立董事提议并经全体独立董事 1/2 以上同意时”这两项应当召开董事会的情形。

三是增加了“明确中小股东单独计票”和“支持公开征集股东投票权”,这两个内容与宝能与原南玻管理层“对决股东大会”时提出的提案内容完全相同。

2019 年 8 月,南玻根据证监会 2019 年 4 月 17 日新修订的《上市公司章程指引》,①再次修订章程。

一是删除“禁止无因解任”条款,并明确“可在任期届满前由股东大会解除其职务”。②

二是强调集体决策,“禁止授权”。股东大会不得将法定由股东大会行使的职权授予董事会行使;公司重大事项应当由董事会集体决策,不得将法定由董事会行使的职权授予董事长、总经理等人行使,总经理列席董事会会议;独立董事不能委托非独立董事代为投票。

三是稳定股东大会召开地。发出股东大会通知后,无正当理由,股东大会现场会议召开地点不得变更。确需变更的,召集人应当在现场会议召开日前至少 2 个工作日公告并说明原因。

(二)南玻的“守”

1. 修改公司章程

南玻管理层的修正案也许是过度参考了远在美国上市的新浪与盛大控制权争夺案,忽略了我国法律环境和自己当下的情况。反收购条款的设计的确是考虑到了国家法域的不同,但是这样的设计,让人不得不怀疑,设计这些条款的人是不是忘了:所谓公司,不过就是“一群人拿了另一群人的钱进行生产活动,从而为后一群人赢得利润的组织”。更何况,南玻管理层的此次公司制度修正案的很多内容的合

---

① 《关于修改〈上市公司章程指引〉的决定》(证监会公告〔2019〕10 号)。

② 2019 年 4 月 17 日,《上市公司章程指引》中删去了“董事在任期届满以前,股东大会不能无故解除其职务”条款。2019 年 4 月 29 日,最高院发布《关于适用〈中华人民共和国公司法〉若干问题的规定(五)》(法释〔2019〕7 号),其第三条第一款规定,“董事任期届满前被股东会或者股东大会有效决议解除职务,其主张解除不发生法律效力的,人民法院不予支持”。而该司法解释出台之前就已有按此执行的案例,如(2018)闽 08 民终 493 号。

法合规性都存在疑问,《公司法》(2013 年修正)第四条明确规定,“公司股东依法享有资产收益、参与重大决策和选择管理者等权利”,以上权利是股权作为财产权及身份权的基本权利。而提案权、提名权无疑是实现股东“参与重大决策”和“选择管理者”的基础。

所以,正如宝能指出的那样,如果按照南玻的这个公司章程修正案,那么在 2 年后的股东大会选举中。一是 6 名非独立董事中 5 名将会“自动连任”,二是南玻的任一股东均不具备提名董事、监事的权利,只有南玻管理层自己可以提名董事、监事。这样的修改侵犯了股东选择管理者的基本权利。同时这种“自动连任”也实际上延长了董事的法定最长任期。违反了《公司法》(2013 年修正)第四十五条“每届任期不得超过三年”的规定。

而未经过董事会同意增持公司股份无权提名董事的设计不但剥夺了股东选择管理者的基本权利,也涉嫌内幕交易。董事会“事先审核”提案则是把股东大会对他们的“生杀大权”的法定权利“篡夺”到自己手中。只允许董事会提名独立董事候选人更是架空了独立董事制度,视证监会相关规定于无物。

2017 年 6 月,中证中小投资者服务中心(以下简称投服中心)对上海海利生物技术股份有限公司(以下简称海利生物)向上海市奉贤区人民法院提起诉讼,请求确认海利生物于 2015 年 6 月 29 日作出的 2015 年第一次临时股东大会决议通过的《公司章程》第八十二条第二款第一项关于“董事会、连续 90 天以上单独或合并持有公司 3% 以上股份的股东有权向董事会提出非独立董事候选人的提名,董事会经征求被提名人意见并对其任职资格进行审查后,向股东会提出提案”的内容无效。

法院于 2018 年 4 月 28 日作出判决,[①]支持了投服中心的诉讼请求。认为“只要具有公司股东身份,就有选择包括非独立董事候选人在内的管理者的权利,在权利的行使上并未附加任何的限制条件。被告……设定‘连续 90 天以上’的条件,违反了《公司法》的规定,限制了部分股东就非独立董事候选人提出临时提案的权利,该决议内容应认定为无效”。随后,海利生物召开股东大会修订了公司章程,取消了上述条款。

除了诉讼,投服中心也通过股东建议函等方式要求部分上市公司改正《公司章程》中的不当条款。主要集中在:额外增加股东义务、限制股东权利和保护现有董

---

① 中证中小投资者服务中心有限责任公司与上海海利生物技术股份有限公司公司决议效力确认纠纷案,上海市奉贤区人民法院(2017)沪 0120 民初 13112 号一审民事判决书。

事会。①

在李勤诉成都市路桥工程股份有限公司公司决议效力确认纠纷一案②中，一审法院明确："就公司章程自治的角度而言，虽然公司股东大会经法定程序表决具有订立、修改章程的自由，但股东的表决权、参与重大决策权和选择管理者的权利属于公司法赋予股东的法定权利，非依据法律规定或股东自行放弃，不应以资本多数决方式剥夺。

"《中华人民共和国公司法》的具体规定显示，公司章程可自行议定的内容包括公司法定代表人的选举；对外投资、对外担保；股东出资期限、红利分配、增资认缴、股权转让的条件；股东会职权、召集程序、是否按照出资比例行使表决权、议事规则、表决程序；董事长的任期；董事长、副董事长的产生；董事会职权、董事会的议事规则和表决程序；股东资格的继承；公司解散；执行董事的职权；监事会职工代表比例、监事会职权扩充等等，但均不包括剥夺股东的基本权利的内容。"

二审法院则进一步指出："股东参与重大决策权和选择管理者的权利属于公司法赋予股东的固有权利，而表决权是其中最重要内容。上述股东权利非依据法律规定或股东自行放弃，不得以章程或股东大会决议予以剥夺或限制。"

此外，二审法院还明确了"个案审查"的原则，"人民法院依照《公司法》相关规定对股东大会决议效力进行个案审查，证券交易所有无对上市公司股东大会决议提出异议，以及其他上市公司是否存在类似情形，不影响法院对案涉股东大会决议效力的判断"。

相比之下，宝能的章程修正提案以及在控制南玻之后的章程修正，虽然对宝能自己很有利，但是这些条款并非只能保护宝能自己的利益，并没有维护特定主体的利益或者地位，也并未限制股东的基本权利。

当然，这并不是说反收购条款在我国行不通。

从规范来看，我国的公司法律制度目前并未对上市公司章程中反收购条款设置予以规范和明确，而且现行适用于上市公司的各种规范的效力也存在争议（效力性、强制性、指引性），而监管机构的相关态度也不明朗。

从实践来看，大量的国内上市公司在其章程中设置了反收购条款，并得到了监管机构明示或者默示的认可，也未引发诉讼风险。

---

① 《投服中心连发建议函剑指〈公司章程〉三类不当条款》，载新华网2017年2月6日，http://www.xinhuanet.com/fortune/2017-02/06/c_1120414246.htm。

② 李勤与成都市路桥工程股份有限公司公司决议效力确认纠纷，四川省成都市中级人民法院(2017)川01民终14529号二审民事判决书。

因此,修订公司章程依然是有力的反收购措施。但是在具体操作过程中,需要专业律师团队的主导,从条款的必要性、合理性、合法合规性、可操作性等方面进行系统性地、有策略地设计。通俗点说,那就是“他们能用,我们不一定能用;之前能用,现在不一定能用;单独能用,合起来不一定能用”。

2. 停牌拖延 + 寻求大股东支持

南玻的停牌理由是“非公开增发股票”,万科用的则是“发行股份购买资产”,为了让停牌的理由成立,都得寻找能够认购股票的买家。万科最终找到了深圳地铁,也得到了深圳地铁的强力支持。南玻找到了北方工业,相信也应该找过深圳控股和深圳国资委。

可惜,作为和南玻相伴十几年的大股东,深圳控股“并未领情”,北方工业则是看到宝能抛出的橄榄枝就“反戈一击”了。其真正原因不得而知,也许是和股东的发展规划不符,也许是早已“貌合神离”。

或许,“宝万之争”中王石的态度能让我们有一些方向:管理层也好、公司也好,都是对股东有资本以外的需求的。那么,股东又何尝不是呢?

在万科那边,华润也好、深圳地铁也好,万科都能给他们带来股东回报之外的价值,万科从他们那里也能获取到促进自身发展的资源。而南玻这边,一个有深圳国资委背景、另一个则是国资委背景和军工背景。这些国有企业对于投资都有着资本回报之外的需求。双方除了“股东—公司”之间的简单法律关系,还得有更多的深入合作(而不只是嘴上说说当个噱头)。否则,只是一个“貌似大甩卖”的定增认购(实际上遇到股灾以后反而不如直接在股票市场“买买买”),是很难打动对方的。

3. 内部持股

从宝能举牌前的南玻章程的“公司经营管理团队持股的法人股东可以提名董事、监事”这个条款可以看出,南玻管理层当时是有考虑像万科的“事业管理人计划”那样搞一个内部持股的。不过直到“狼已经来了”,南玻管理层的持股比例合计也不过0.56%,更不要说还是自然人持股而非法人股东。

南玻管理层等到“狼住家里”了以后,根据“狼的建议”弄一个股权激励计划,却又因为“狼的修改”而愤怒与失望,继而成为很多人眼中“血洗南玻”的导火索。而从新闻媒体公布的宝能修改前的股权激励计划草案来看,南玻管理层的合计持股比例也不过是上升到2.13%,并不满足公司法相关规定中股东提案权3%的持股比例要求。

内部持股作为一项反收购措施,其合法性在法律上一直存在争议,从“宝万之争”也可以看出效果有限。而把它只作为一项“震慑措施”来看的话,“未雨绸缪”才能“有备无患”。就像万科那样,在宝能举牌前夕就已经有了成熟的体系而且已有超过3%的持股比例,在宝能举牌后还能迅速启动更进一步的内部持股计划并有充足而合规的资金和融资工具来实现。

说到底,内部持股是不能“亡羊补牢”的,而是“江心补漏、临渴掘井”。

4.“集体出走”

从情感上说难以接受,毕竟“一起扛过枪、一起负过伤”,不过从公司治理的角度来看,如果一个公司的非独立董事、独立董事、监事、董事会秘书、副总裁、财务总监都是“同进同退”。那这种集体出走,与其说是一种“悲壮”,不如说是一种“以退为进”的策略。

权力分置、权力制衡是治理的基本理念,“四大铁”的四句话是互为因果的,无数的实践和理论也都在证明:在一个组织结构中,如果一把手和二把手都是“一条船上的人”,那么这个组织很可能存在不小的问题,更不要说三把手、四把手……都是“一根绳上的蚂蚱”,而组织的所有者更是可能丧失了对组织的控制。

六、总结:敬畏法律,“与狼共舞”

(一)宝能

1.“善用规则”

在“宝万之争”中,已对宝能“善用规则”有所了解,不过都是在融资领域(用尽融资工具,找到市面上所有能找到的便宜钱,还不违反当时的法律法规)。实际上宝能对于规则的“物尽其用”不限于此:

在自身建设上,虽然舆论也好,本书也好,都在说“宝能”或者“宝能系”,但是从现行法律法规和监管政策来看,前海人寿在举牌南玻、万科等企业的时候,姚振华仅通过钜盛华对其持股20%,而且那时的前海人寿股东也不存在交叉持股、受同一主体控制或者受几个主体共同控制、或者大额的资金往来或者担保等法律法规意义上的关联关系。而且,前海人寿股东亦未通过签订一致行动协议,结成一致行动人,也没有通过签署委托协议,委托某一股东行使其他股东的权利等安排。因此从法律形式上来说,在姚振华受让前海人寿其他股东股权直至持股51%之前,前海人寿并不存在控股股东或实际控制人,也不构成一致行动人,前海人寿的举牌行为也只代表自己,而非姚振华或其他股东的个人意志。

而且,虽然现行规定早已明文要求:实际控制人或一致行动人的识别通常需要考虑持股比例以外的因素,比如,董事会任职、提名等对公司治理的影响,债权结构、资金渠道、核心技术，以及包括近亲属推定一致行动等影响。然而在实践中，这些“不够量化”因素往往很难适用，而宝能这样“善用规则”的企业也往往规避了这些辅助标准，现实中基本很难看到。

在对南玻的收购活动中，哪怕到了2016年7月9日，宝能持股比例已经高达26.36%，哪怕“血洗南玻”后，宝能安排了大量自己的人进驻南玻担任重要职务，但按照《证券法》的相关规定，宝能持股并未超过50%、实际能支配的表决权并未超过30%、其当时派出的代表董事也仅有3名，不超过当时的董事会成员总数的1/2，而且南玻当时的《公司章程》和《董事会议事规则》也规定董事决议过半数同意才能通过。于是，除非另有充足的证据表明宝能的表决权能够对南玻股东大会产生重大影响，或者证监会予以认定，否则南玻即便是在宝能进驻以后，也依然没有控股股东和实际控制人，不构成《上市公司收购管理办法》(2014年修订)的控制权变更情形。①

换言之，从法律形式上来说，此时的宝能依然没有控制南玻。所以也就同时不属于《保险资金投资股权暂行办法》(保监发〔2010〕79号)和《保险资金运用管理暂行办法》(保监发〔2014〕3号，已失效)中的“重大股权投资”，自然也不适用“重大股权投资”的相关条款。

在“血洗南玻”的董事会上的临时提案也是如此。

从程序上来说，虽然《公司法》对于股东的临时提案权的提案时间有限制——召开前10日内提出并提交董事会。之前也提到，在南玻管理层提出公司制度修正案并拟召开股东大会的时候，宝能“将计就计”“反客为主”地也提出了公司制度修正案的提案，这个提案临时股东就符合《公司法》的这个规定。然而，虽然不合情理，也不符合《罗伯特议事规则》所提倡的理念，但从法律上说，《公司法》《上市公司治理准则》等相关法律法规以及《公司章程》《董事会议事规则》未对此进行限制，所以在“血洗南玻”的董事会上临时提出陈琳“代为履行职责”虽然是“突然袭击”，但程序上并不违法。

从内容上来说，宝能充分利用了以“董事长曾南因健康原因”未参会和南玻管

---

① 《上市公司收购管理办法》(2014年修订)第八十四条(后续的修订中未修改此条)：有下列情形之一的，为拥有上市公司控制权：(一)投资者为上市公司持股50%以上的控股股东；(二)投资者可以实际支配上市公司股份表决权超过30%；(三)投资者通过实际支配上市公司股份表决权能够决定公司董事会半数以上成员选任；(四)投资者依其可实际支配的上市公司股份表决权足以对公司股东大会的决议产生重大影响；(五)中国证监会认定的其他情形。

理层时代设计的规定,[1]以曾南的健康原因导致其不能履行董事长职务为由,主张由半数以上董事共同推举一名董事"代为履行董事长职务",而且明确了代为履行职责的期限为"在曾南董事长回公司主持董事会事务前",还明确表示"如时任董事长曾南能够回公司履职,则代行的决定即不再有效",[2]所以这个临时提案的内容也并不违法,甚至还具备一定的合理性。

这种"严格遵守法律"但是有很多"小动作"的宝能,也许是很多上市公司管理层很不舒服的原因之一。只是不同的是,万科管理层选择了"打蛇打七寸",南玻管理层则只是在"诉诸委屈"。

2. 怎么收拾"烂摊子"

虽然宝能如愿以偿地得到了南玻,但他们还有很多的事情要做,而这些是没办法通过"钻法律的空子"来实现的。从现状来看,无论如何,原南玻管理层的"集体出走",没能让他们"站好最后一班岗",肯定是给宝能和南玻都带来了更多的麻烦。

在众多麻烦里面,最核心的就是技术,《告中国南玻集团全体员工书》多少表达了宝能的担忧。单凭《竞业禁止协议》这类文件并不能阻挡技术的流动,而用"恐吓"的方式更是法律所不允许。但是,本文一早就提到了,南玻公司是一家"黄埔军校",南玻的人才流动是其企业长期形成的文化,这既是南玻的价值,也是南玻的软肋。宝能能控制公司、控制员工,但他们并没有技术方面的经验,所以即便"携带核心技术人员和核心技术,与竞争对手合作,涉嫌存在违反竞业禁止规定"真的存在,处理起来也非常不容易。

产融结合是很难的,不是把钱投进去就能立刻盘活。还好,从澄清公告看,新南玻是知道这一点的[3]:"继续深耕壮大工程玻璃、节能玻璃、电子玻璃和光伏领域等公司的优势业务,实现产能转移,并不断扩充新业务领域,做大做强",将公司打造成为一个"综合性产业集团",而非《告中国南玻集团全体员工书》中所称的"综合性产业控股集团"。

这个愿望并不容易实现,这场控制权之战落幕以后,南玻的股价继续下跌,截至 2020 年 4 月 9 日,收盘价为 4.61 元/股,仅为当时定增方案时股价的一半。

也许,宝能的逻辑可能更符合马克思说的"资本是没有办法才从事物质生产这

---

① 《董事会议事规则》第四十三条:"董事长不能履行职务或者不履行职务的,由半数以上董事共同推举一名董事履行职务"。

② 南玻:《关于对深圳证券交易所〈关注函〉(公司部关注函〔2016〕第 187 号)回复的公告》,载巨潮资讯网 2016 年 11 月 24 日。

③ 南玻:《澄清公告》,载巨潮资讯网 2016 年 11 月 24 日。

种倒霉的事情，它也不愿意去从事物质生产，它总希望有更快、更轻松的赚钱手段。”

（二）南玻管理层

1. 无依无靠，难找“帮手”和“靠山”

南玻管理层的此次遭遇，给其他的上市公司的管理层都敲响了警钟。其中很重要的一点，便是公司和大股东的关系。宝万之争从表面看，是管理层撑到了监管部门出手，但那不过只是个结果。决定万科管理层成败的，不是监管部门站到了万科的一方，也不是宝能的“融资艺术”存在漏洞，而是万科积累的与大股东，与政府、央企、国企，以及与媒体打交道的经验。

其实，即便没有监管层的出手，宝能收购万科依然是难上加难。原因就是万科长期以来积累的与股东打交道的经验。不然也不会出现与老股东华润“交恶”后，却并未出现“敌人的敌人就是朋友”的情况，更不要说还有安邦、恒大、深圳地铁的进驻，最终形成了多方牵制，还有董明珠、胡舒立等的“助攻”，都对宝能形成了掣肘。

万科的这些“帮手”，都是管理层长期积累的经验和资源，也是他们“背水一战”的觉悟——毕竟拉了这么多人入场，自己不出点血是不可能的。最后的结果也是万科管理层的权力得到了削弱，但好歹是保住了大部分。而南玻管理层却往往展现出一种“宁为玉碎不为瓦全”和“患得患失”的态度，除了引发人的同情，并没有对他们起到多少帮助。

2. 对公司治理和资本市场的理解有偏差

在公司治理角度来看，姚振华对王石的欣赏，以及公开表示“王石是我非常尊敬的人”是真心的。尽管有“内部人控制”的指责，但王石一直极力推荐《罗伯特议事规则》，而且还为这本书作序——《规则为什么重要》。可能在姚振华和王石看来，集体决策是一件很重要的事，需要良好的规则作为保障，划清个体利益与群体利益的边界，固定和完善“动议—辩论—表决”的开会流程，能用法律解决的就不往道德上扯，防止会议变成“多数人暴政”或“一言堂”，最终“由不习惯变成习惯，从习惯形成规则，从规则进化为传统”。

而要解决“公说公有理、婆说婆有理”的困境，就得需要理解并尊重公司治理的相关理念和规则，用有效的议事决策方式去解决，在一次次的沟通中坚持各自的原则和相互妥协，而不是“只能给钱，不让过问”“你不同意，我就撂挑子”的态度来应对。

资本方与管理层矛盾是永远存在的，再“甩手”的资本方，对日常经营的不干涉不代表他们不希望对公司战略发展上有自己的想法。就算是“追求稳定利息和本金”的债主，还希望公司不要把他们的钱乱用——交叉保护、实现承诺、事先约束、控制权变更、偿债保证承诺、资产抵质押等保护条款轮番上阵，[①]更何况是“共担风险、共享收益”的股东呢？

不光是监管机构和广大股东，管理层更应当对公司治理和资本市场有一个全局性、系统性的认识，而不是振振有词地说“股东可以用脚投票”，架空了公司的基本含义，只想着“自肥”，而不尽应负的忠诚审慎义务。毕竟，这才是保护他们自身利益唯一的正当途径。

最后，用新加坡管理大学助理教授张巍在《伊利股份的章程修订究竟有几成合法性？》一文中的一段话作为本文的结束：[②]“假如管理层忘记自己是在打理别人交付的资产，是在为别人谋取利益，那么他们也就失去了作为公司管理者的资格。如果一心要将公司营建成自己的堡垒，那法律就不会容许其继续把控别人的资产。”

---

① 中国银行间市场交易商协会《投资人保护条款示范文本》(2019 年版)。

② 新财富杂志：《伊利为防止恶意收购也是拼了！可以告你恶意修改章程不?》，载搜狐网 2016 年 8 月 24 日，https://www.sohu.com/a/111915155_160818。

京基与华超控制权争夺战

一、"盟友"林志的"潜伏"(2013 年 9 月 ~2015 年 8 月)

二、京基登台,康达尔"重装出击"(2015 年 8 月 ~2016 年 1 月)

三、京基加强攻势,双方"械斗"(2016 年 1 月 ~2017 年 2 月)

四、"厮杀"股东大会,公司"披星戴帽"(2017 年 2 月 ~2018 年 8 月)

五、战斗升级,戛然落幕(2018 年 8 月 ~2019 年 12 月)

六、解析双方攻守策略

七、总结:正义、"魔戒"与时代精神

2020 年 4 月 9 日,康达尔①正式更名为"深圳市京基智农时代股份有限公司",证券简称也从"康达尔"变成了"京基智农"。自此,这场从历时 6 年之久的公司控制权之争,以"野蛮人"京基②如愿以偿地啃下了康达尔这块硬骨头,击败了原控股股东华超③而终场。

这场控制权之争始于 2013 年,先是"盟友"的林志长达一年的"潜伏",然后是京基登台亮相。华超随即与之开始了激烈的股权争夺战:举报、诉讼、四次停牌、罢免董事和高管,股东大会延期、拒绝提案、推迟年报审计……康达尔因为这样的争斗也被"披星戴帽"(退市风险警示)。

最终,在康达尔原董事长、第一大股东华超董事长罗爱华被刑事拘留后,京基势如破竹地在 1 个月内对原董监高团队大换血,拿下了京基的控制权。之后又通过要约收购、收购华超等方式,将持股比例拉升至 71.5%,奠定胜局。

---

① 指深圳市康达尔(集团)股份有限公司。

② 指京基集团有限公司。

③ 指深圳市华超投资集团。

一、"盟友"林志的"潜伏"(2013年9月~2015年8月)

(一)随风飘摆的康达尔

康达尔创立于1979年,前身为深圳市养鸡公司(后更名为深圳康达尔实业总公司),为香港市场供应活鸡,于1994年经当地政府批准进行股份制改组,由龙岗投资[①]作为独家发起人当年11月在深圳证交所挂牌上市。康达尔起初是做农业的,在30年的发展中陆续又开发了房地产、公共事业和金融投资三个主要业务,而房地产和公共事业逐渐成为康达尔的利润支柱。

因为"中科创业事件"[②]的影响,康达尔曾于1999年12月8日更名为深圳市中科创业(集团)股份有限公司,在2001年8月6日又变更回原名。"中科创业事件"堪称"操纵中国股市第一案",涉案资金超过54亿元,遍及全国20余个省、自治区、直辖市,100多家单位及个人、120余家证券营业部,[③]著名财经评论家吴晓波更是认为康达尔经历了"中国证券史上最为血腥和惊心动魄的往事"。

随后,龙岗投资便开始响应当时的"国有产权退出、民营经济进入"的"国退民进"政策,将其持有的全部的36.16%的股权,分别转让给华超(26.36%)和众泉[④](9.80%),于2002年9月12日签订相关的《股份转让合同》和《股份委托管理协议》。

此次转让当时受到了一些人的质疑,[⑤]一是此次转让交易的每股转让定价仅为0.13元,总价1800万元。与当时康达尔13亿元总资产相差太多。当时康达尔手中的土地储备价值潜力极大,旗下的各项业务也运行良好。1800万元转让控股权是否定价过低,有"贱卖国有资产"的嫌疑。二是华超的注册资金只有2000万元(其中1000万元还是2002年7月5日新增的),众泉更只有128万元。1800万元的投资额远远超过了这两个受让公司的合计注册资金(1064万元)。当时的《公司法》实行的还是实缴制,并且要求公司的累计投资额不得超过其净资产的一半,所以交

---

① 指深圳市龙岗区投资管理公司。

② 《崩裂的54亿元资金链——"中科创业"事件始末》,载央视财经新闻2002年6月11日,http://www.cctv.com/news/financial/20020611/284.html。

③ 北京市人民检察院第二分院诉上海华亚公司和丁福根等人操纵证券交易价格二审案,载《最高人民法院公报》2003年第4期(总第84期)。

④ 指深圳市众泉建设监理有限公司。

⑤ 彭夯:《从"康达尔贱卖"谈国有产权转让协议的合法性》,载《中国市场》2002年第11期。

易主体不适格（该条在2005年修正后删除，未再保留）。①

不过，尽管有上述争议，康达尔还是在2003年1月3日顺利地拿到了财政部同意转让的书面批复②。自此，公司的控股股东从龙岗投资变成了华超。

2006年1月，康达尔完成股权分置改革，全部股份都转为流通股。但直至2014年年底，华超未再增持。

（二）"控制欲强烈"的大股东华超

华超的前身是1996年5月28日成立的深圳市悦罗艺实业发展有限公司，创始人为罗爱华和陆伟民夫妇，2001年12月11日更名为"深圳市华超投资发展有限公司"，之后又更名为"深圳市华超投资集团有限公司"，最后在2012年7月24日更名为"深圳市华超投资控股集团有限公司"后一直使用该名，直至此次控制权争夺战结束。从更名的历史也可以看出华超的业务发展变化：从最早的"实业"变成了"投资"，从"发展"变成了"集团"再成为"控股"。

在更名为"控股公司"后，华超与康达尔的关系变得微妙了起来：

一方面，是监管机构一次又一次地调查出华超滥用股东权利损害康达尔或其他股东的行为。

2012年6月12日，深圳证监局对康达尔开展巡检，发现：康达尔和华超在人员、资金账户、信息系统方面均有混同，董事会形同虚设（先开工后审议，非现场开会、专委会未实际运作、会议通知和记录不规范），股东大会无律师或代表监票……深圳证监局在2013年4月22日向康达尔送达责令改正的行政监管措施决定书。③

2012年12月3日，康达尔因涉嫌虚假陈述被深圳证监局立案调查，随后移交深圳市公安局经侦支队立案侦查。公安局随后对罗爱华等4名高管在2008～2012年共五年间对经董事会批准给集团总部全体员工发放土地整合专项奖金一事，以涉嫌职务侵占罪为名移送深圳市罗湖区人民检察院审查起诉，4人均已办理取保候审，在公司正常履职。2014年8月12日，公司收到深圳市罗湖区人民检察院不起诉决定书。之后一直在等待监管部门的调查结论和处理决定。

---

① 《公司法》（1999年修正）第十二条第二款公司向其他有限责任公司、股份有限公司投资的，除国务院规定的投资公司和控股公司外，所累计投资额不得超过本公司净资产的百分之五十，在投资后，接受被投资公司以利润转增的资本，其增加额不包括在内。

② 《关于深圳市康达尔（集团）股份有限公司国有股转让有关问题的批复》（财政部财企〔2002〕638号）。

③ 《关于收到中国证券监督管理委员会深圳证监局行政监管措施决定书的公告》，载巨潮资讯网。

另一方面,则是华超不断升级控制康达尔的手段。

2012 年年底,陆伟民开始购入康达尔股份,截至 2013 年 6 月 18 日,陆伟民增持至约 1.0%,与华超成为一致行动人,合计持股比例达到了约 27.36%。

2013 年 6 月 18 日,康达尔召开 2013 年年度股东大会,通过了在《公司章程》中增加“董事轮换制”反收购条款:“为保持公司重大经营政策的连续性,董事会换届时所更换、增加的董事数额总计不得超过上届董事会董事名额的三分之一”。

在当时“章程自治主义”的背景下,这一修改对康达尔后来阻止京基的收购起到了极大的作用,即便后来康达尔管理层的核心人员身陷囹圄、华超退场。若不是“树倒猢狲散”,京基也不能将管理层立即“洗牌”。但也因为条款设计的“先天缺陷”,虽然能适用“举重以明轻”的类推解释,但在拒绝收购人“更换全体董事”的议案上少了一点依据。

2014 年 10 月 31 日,康达尔召开第七届董事会第七次临时会议,罗爱华辞任总裁,保留董事长及董事会相关委员会委员职务,其“85 后”的女婿董事季圣智接任。

2014 年 11 月 21 日,康达尔召开 2014 年第三次临时股东大会,通过了在《公司章程》中增加了限制提名董事提名资格:“持有或合并持有公司 5% 以上股份的股东(才)可以向公司董事会提名董事或监事候选人,但提名的人数必须符合《公司章程》的规定,并且不得多于拟选人数”。

于是,在此次控制权之争开始前,董事会就一直以罗爱华为核心,而董事会、监事会、经理层中的成员基本都是其“老部下”。

(三)“尖刀班”林志,康达尔管理层“后知后觉”

对康达尔首先产生兴趣的不是京基,而是林志。

林志通过 13 个股票账户(其中一个账户为林志本人),①自 2013 年 9 月 5 日开始陆续买入康达尔股票,在 2013 年 10 月 10 日、29 日和 12 月 11 日,合计持股比例分别达到了 5.12%、10.39% 和 15.08%,成交金额约 5.5 亿元,但均未按照《证券法》(2013 年修正)第八十六条的规定履行信息披露义务。2014 年,林志继续增持,至 2014 年 3 月 11 日,增持比例达到了 15.81%,不过林志通过其本人账户购入的股份比例仅为 1.34%。

随后,深圳证监局对林志的上述未履行信息披露的违规行为予以查处,于 2014

① 京基在 2016 年 6 月 18 日承认这 13 个账户中,有 2 人是其在职员工,有 3 人是其前员工。见《关于对深圳证券交易所关注函(注:指“公司部关注函〔2016〕第 101 号”)的回复的公告》,来源:巨潮资讯网。

年11月25日作出《行政处罚决定书》：责令改正、警告并处60万元罚款。林志随后在12月1日提交了权益变动报告书。

林志的身份一直是个谜，关于到底是"牛散"还是"马甲"的争议到现在也没有定论。根据工商资料显示，林志是一家房地产开发公司和两家房地产经纪的大股东（持股比例为90%、50%和50%）和法定代表人，三家公司的注册资金合计为800万元。而除了上述提到的其买入康达尔股票所用的部分账户是京基员工的这个"巧合"之外，另据媒体披露，林志与京基董事长陈华都是吴川人，而林志曾是吴川深圳商会（后更名为深圳市吴川商会）的会员，陈华则在该商会担任永久名誉会长。①

而2014年与林志同时期买入康达尔股票的，还有吴川投资②，占股1.94%。这家公司注册地址在京基100大厦×××楼×××房，其法定代表人与深圳市吴川商会的法定代表人一样。不过，京基集团对此表示，"本公司实际控制人陈华先生及其关联方、本公司及其关联方，与深圳市吴川联合企业家投资有限公司，并不存在依照相关法律规定应披露而未披露的资金往来关系"。

康达尔管理层此时的反应是"迟钝"的：可能只是想"投石问路"、或者与中粮集团（深圳）有限公司的历史遗留问题和其他重大经营事务牵扯了太多精力，抑或是觉得已经经过了两次的《公司章程》增加了反收购条款，并且当时已经持有27.36%的股份，自己"大权在握"，当然也可能确实是看不清林志的意图——毕竟2013年增持至15.08%，2014年却只增持至15.81%，中间还有大量的卖出行为，看出林志此后和京基"联手"实在是不容易……

总之，从康达尔当时公布的动态来看，在深圳证监局处罚之前，康达尔管理层并不知道林志的增持意图，甚至不知道林志的增持行为。在公告了林志的持股情况后，康达尔做了两件事：一是在2014年12月22日作出决议，以"短线交易"为由③要求13个账户的所有人向康达尔退回在增持期间通过买入和卖出交易所产生的收益及利息，但康达尔之后就搁置了此事，直到京基登场后才重启。二是"未雨绸缪"，在2015年一季度期间，华超增持0.51%，持股比例从近13年雷打不动的26.36%升至26.87%。

---

① 《京基掌舵者陈华联手"最牛散户"林志隐秘布局》，载中国房地产报2015年9月15日，https://guba.eastmoney.com/news,000048,202404955.html。

② 指深圳市吴川联合企业家投资有限公司。

③ 康达尔《公司章程》（2014年10月修正）第二十九条："董事、监事、高级管理人员、持有本公司股份5%以上的股东，将其6持有的本公司股票在买入后6个月内卖出，或者在卖出后6个月内又买入，由此所得收益归本公司所有，本公司董事会将收回其所得收益。"

（四）林志“初露锋芒”

双方“相安无事”了大约半年后，林志的“再一次试探”，让康达尔管理层立刻意识到，林志并非纯粹的“财务投机者”，而是“战略投资人”。而在这期间，康达管理层的一致行动人陆伟民又陆续增持至1.31%。此时康达尔管理层的持股比例合计28.62%。

2015年6月16日，即康达尔2014年年度股东大会召开前的第10日，林志向康达尔发送《关于提名董事候选人的议案》和《关于提请股东大会以累积投票制[①]选举第八届董事会董事的议案》两项临时议案，提名吴先生为康达尔第八届董事会的候选人，并提请股东大会采用累积投票的方式选举第八届董事会董事。

根据康达尔当时的《公司章程》的规定，董事会由11人组成，并且股东大会可以决议采用累计投票制选举董事。当时林志所控制的13个账户的合计持股比例则已达到了15.81%。所以，如果这两个提案被提交到股东大会，而股东大会通过了采取累计投票制的议案的话，林志肯定能拿到一个董事会席位。

而累计投票制是有利于中小股东而不利于大股东的，并且当时的康达尔管理层的持股比例虽然高达27.36%，但《公司章程》并未明确使用累计投票制应当是普通决议（1/2通过）还是特别决议（2/3通过），所以，林志如果在股东大会上争取到11.55%的表决权就有机会通过该项议案。康达尔管理层届时以“累积投票制应当适用特别决议”来否定是很难得到以保护中小股东为己任的监管部门和司法机关的认可的。

（五）管理层“如梦初醒”：首次停牌，与林志你来我往

康达尔管理层随即采取了以下应对措施：

一是搁置提案。以“林志个人持股1.34%，未达3%，虽实际操控13个账户但未获他人授权”为由拒绝将林志的两个临时提案提交股东大会审议。

二是内部增持。罗爱华的女婿，时任总裁的季圣智在公司收到林志的提案的当天购入0.44%的股份，并表示“将在未来的12个月内可能增持至1.81%”，而当季圣智增持到1.81%，那么康达尔管理层的持股比例将达到30%，触发要约收购的

---

① 累积投票制（“一股数权”）是相对于直接投票制（“一股一权”）的选举制度，指股东在股东大会选举董事或监事时，其所持的每一股股份都拥有与股东大会拟选举的董事或者监事数量相等的投票权，股东既可以把全部投票集中选举一个人，亦可以分散选举数人。这种投票方法能够使中小股东选举出代表自己利益的董事、监事，避免大股东垄断全部董事、监事的选任。

红线。①

不过，以上两个措施不但没有让林志“知难而退”，反而更加激发了他的“斗志”：

针对搁置提案的理由，林志直接“一步到位”：先是将自己名下账户的持股比例从1.34%激增至5.33%，然后是在6月25日与其他12个股票账户名义持有人签署《声明函》，确认林志为这12个股票账户的实际控制人及康达尔股票的完全权属人。至此，林志持股比例合计从15.81%升至19.80%。

在林志采取上述回应措施后，康达尔管理层马不停蹄地升级应对措施：

一是继续内部增持。季圣智在两周后的7月7日进一步增持至1.37%，此时康达尔管理层的持股比例达到了29.55%。

二是停牌（首次）。7月8日，康达尔以“筹划股权激励事项”为由停牌。不过与其他控制权之争不同的是，即便检察院已决定不起诉，但既是实际控制人又是董事长的罗爱华因2008年至2012年涉嫌虚假陈述的问题当时还正处于“被证监会立案调查中”的状态，不满足“发行股份购买资产”或“非公开发行股票”条件。② 于是此次的停牌时间很短，只有一周。

三是复牌后再次内部增持。先是在7月15日，也就是停牌后的一周。康达尔复牌，紧接着季圣智兑现了之前的“承诺”，分两次陆续增持至1.81%。至此，康达尔管理层持股比例增至30%。然后是一周后也就是7月23日，华超增持1.66%至28.54%。至此康达尔管理层持股比例上升至31.66%。

而在8月12日，康达尔终于等到了证监会的调查结果：责令改正。③ 至此，退市风险已解除，康达尔拥有了“以重大资产重组为由申请停牌”的筹码。

---

① 《上市公司收购管理办法》（2014年修订）第二十四条：“通过证券交易所的证券交易，收购人持有一个上市公司的股份达到该公司已发行股份的30%时，继续增持股份的，应当采取要约方式进行，发出全面要约或者部分要约。”第六十三条第二款第二项：“有下列情形之一的，相关投资者可以免于按照前款规定提交豁免申请，直接向证券交易所和证券登记结算机构申请办理股份转让和过户登记手续：（二）在一个上市公司中拥有权益的股份达到或者超过该公司已发行股份的30%的，自上述事实发生之日起一年后，每12个月内增持不超过该公司已发行的2%的股份……”

② 《上市公司证券发行管理办法》（2008年修正）第三十九条：“上市公司存在下列情形之一的，不得非公开发行股票：（五）上市公司或其现任董事、高级管理人员因……涉嫌违法违规正被中国证监会立案调查……”《上市公司重大资产重组管理办法》（2014年修正）第四十三条：“上市公司发行股份购买资产，应当符合下列规定：（三）上市公司及其现任董事、高级管理人员不存在因……涉嫌违法违规正被中国证监会立案调查的情形，但是，涉嫌犯罪或违法违规的行为已经终止满3年，交易方案有助于消除该行为可能造成的不良后果，且不影响对相关行为人追究责任的除外……”

③ 《关于对深圳市康达尔（集团）股份有限公司采取责令改正措施的决定》（深圳证监局行政监管措施决定书〔2015〕35号）。

在康达尔等到自己的筹码的同时,林志在 8 月 21 日也以“董事会拒绝将林志的两个临时提案提交股东大会审议”提起诉讼,要求法院撤销股东大会决议(以下简称撤销决议案①)。

二、京基登台,康达尔“重装出击”(2015 年 8 月 ~2016 年 1 月)

(一)京基登场

京基的前身是深圳市京基房地产开发有限公司,成立于 1994 年,创始人为多年蝉联“湛江首富”的陈华,主营业务为房地产(商品房开发、商业运营、物业管理等)。京基的房地产业务收入在 2014 年和 2015 年分别为 70 亿元和 104 亿元,在“2015 年中国典型房企销售金额排行榜”中排名第 92 位。

京基有三件事情为当地人所津津乐道:

一是 2011 年建成的京基 100 大厦(又称 KK100,原名京基金融中心),是当前深圳第二高楼,仅次于 2015 年建成的平安金融中心。

二是“克林顿营销”,京基在 2002 年邀请了刚卸任美国总统的克林顿出席“京基 WTO 经济论坛”并发表演讲,抓住了不少人的眼球。

三是京基的创始人陈华,既有曾任第十一届全国政协委员、中华见义勇为基金会理事,2001 年 9 月荣获“深圳市十大杰出青年企业家”,2002 年 9 月荣获“中国房地产十大新锐人物”等正面形象;也曾深陷过各种传言。

就在康达尔管理层拿到“停牌拖延”的“杀手锏”时,京基有条不紊地走向了前台:先是京基的副总裁王东河在 6 月至 7 月之间陆续买入和卖出康达尔股票,最终持股比例为 0.09%。然后到了 8 月,京基购入 4.84% 康达尔股票。最后在 8 月 31 日,京基、王东河和“排头兵”林志签署《一致行动人协议》。合计持股比例为 24.74%。

也许是早已通过其他渠道得知,也许是请了专业的反收购团队,在收到京基的“宣战书”后,康达尔管理层旋即展开了多项反收购措施,而其中的每一项措施,都堪称是国内上市公司控制权纠纷案例教科书般的典范:

---

① (2015)深罗法民初字第 5929 号。该案一波三折,先是康达尔提出管辖权异议,深圳罗湖法院裁定案件移送到深圳福田法院,林志不服后上诉,深圳中院维持原裁定。然后福田法院以“起诉时不具备股东资格”为由裁定驳回起诉,林志不服上诉到深圳中院后,深圳中院撤销驳回起诉的裁定并指令深圳福田法院重新审理。最后在 2018 年 9 月 7 日,林志撤回起诉。

（二）反收购措施一：再次停牌＋“出售冠珠”

2015年9月8日，康达尔以“筹划重大资产重组”为由停牌。称拟将其公用事业板块出售给自己的控股股东华超，同时通过发行股份或发行股份与现金相结合的方式取得华超位于深圳市罗湖区东门区域约1万平方米的商业物业和位于深圳市龙岗区布吉区域约3万平方米的物流用地。

据康达尔估算，此次交易成交金额合计约为8.9亿元，“刚刚好”达到了去年年度资产总额（1,982,938,749.22元）的一半，“恰好”达到了重大资产重组的标准，[①]而且将采用“发行股份”的方式，所以还需要证监会审核。[②]

换言之，与第一次停牌不同，上一次停牌受到了“正在被证监会立案调查”的影响，而此次不但没有影响，而且也至少从形式上满足了重大资产重组的情形和申请停牌的必要性（需要证监会核准）。也正因如此，这一次的停牌时间将会不短于2个月，起到了妨碍京基增持，让其资金成本压力，并掌握了主动权的“一箭三雕”作用。这是其一。

除了房地产，康达尔的公共事业板块是其最赚钱的业务，其中出租车客运的毛利率高达45.45%，自来水供应毛利率则是24.62%，两个业务2014年净利润合计超过了4400万元，占全年康达尔当年净利润的45%。[③] 这两项业务在当时的经营情况也是非常良好，更不要说这两个业务本来就是“稀缺资源”。所以康达尔管理层此举，等于是把自己的“皇冠上的珍珠”从康达尔剥离，然后装到了自己的腰包里，给未来的收购人一个“烂摊子”，从而让“野蛮人”知趣而退，打消收购目的。这是其二。

不过，与万科不同的是，这个交易“先天不足”。有太多可以被京基利用的“把柄”。在华超这边，1万平米的商业物业正在办理竣工决算，相关权属证书的取得还要很长的时间；3万平方米物流用地也正在办理搬迁置换土地的规划许可和权属证书。而在康达尔这边，自来水供应属于民营和国有合资，根据合资协议，康达尔转让

---

① 《上市公司重大资产重组管理办法》（2014年修正）第十二条第一项：“上市公司及其控股或者控制的公司购买、出售资产，达到下列标准之一的，构成重大资产重组：（一）购买、出售的资产总额占上市公司最近一个会计年度经审计的合并财务会计报告期末资产总额的比例达到50%以上……”

② 《上市公司重大资产重组管理办法》（2014年修正）第十条：“中国证监会在发行审核委员会中设立上市公司并购重组审核委员会（以下简称并购重组委），并购重组委以投票方式对提交其审议的重大资产重组或者发行股份购买资产申请进行表决，提出审核意见。”第四十七条：“上市公司申请发行股份购买资产，应当提交并购重组委审核。”

③ 数据取自康达尔公布的《2014年年度报告》，载巨潮资讯网2015年4月28日。

自己的股权还需取得国有股东的同意;运输公司则还有涉及交叉持股及股权诉讼问题未解决。所以这次交易的两个标的都存在“权属不清”的问题。这些问题被京基或监管机构发现只是时间问题,更何况这个交易还需要股东大会通过才可以继续履行,而当时的京基已经持股24.74%,基本已经具有“一票否决权”了。

于是,康达尔在3个月后的12月8日又复牌。而这3个月的缓冲时间里,华超和京基很可能私下面谈了很多次,但这场反收购大战并没有引起舆论和媒体的高度关注,所以无从得知双方的会谈是如何“不欢而散”的。当然,3个月的时间不光有“握手”,还有“扳手腕”和“厉兵秣马”,康达尔在停牌期间和复牌后又采取了三个反收购措施。

(三)反收购措施二:反复举报+诉诸舆论

2015年9月18日,康达尔董事会召开临时会议,通过了《关于依法向监管部门举报公司股东在买卖公司股票过程中存在严重违法行为的议案》。公司在当日和11月16日、12月21日和次年1月8日,四次向深圳证交所、深圳证监局和中国证监会举报。先是将矛头单独指向林志,然后把矛头指向林志和京基;涉及的“违法违规”行为也是方方面面:从持股到达举牌标准时未信息披露,到买卖股票中涉嫌内幕交易,再到林志与京基协议转让违规……不一而足。

同时,康达尔也在9月7日、9月22日、10月17日发布公告,称林志、京基集团披露的持股信息存在多处矛盾的情形。

此外,财新网、财经网和上海证券报等多家全国财经性媒体和深圳当地有影响力的媒体均在这段时间集中报道此事,如《京基涉嫌伏击康达尔,股权暗战渐明朗》《林志三度违规举牌康达尔,疑京基背后指挥》《违法增持案获法院受理,康达尔全力阻击“野蛮人”》《翻版宝万之争:京基“集团军”围攻康达尔》等,这些文字多以“有知情人向记者透露”口吻的方式“爆料”:①

“爆料”的主要内容有很多方面,但基本都指向了一点:暗示京基不具备收购上市公司的资格。

第一个方面,是暗示京基和林志及其他“潜在的一致行动人”存在“密切关系”,涉嫌“重大违法”。例如,“林志以前是陈华的司机,林志目前的三个公司不过是马甲”“林志所用的其他12人账户也都是京基旗下公司员工,其中部分员工有社保缴费记录为证,这些人既不具备出资能力也不具备融资持股能力”“2015年3月至5

① 如《翻版宝万之争:京基“集团军”围攻康达尔》,载证券时报2015年12月28日,http://www.cs.com.cn/sylm/cstop10/201512/t20151228_4871987.html。

月,林志的配偶曹艳梅买入0.01%,后悉数卖出”“陈华的胞弟的女儿陈佳慧在2015年6月至8月期间买入0.6%,之后也悉数卖出”“目前康达尔第六大股东罗豫西持股2.17%,几乎与林志同时买入,形迹十分可疑”“目前康达尔第九大股东吴川投资成立于2013年10月14日,与林志开始买入康达尔股票时间极为接近”“京基明明有监事但因为监事与12人账户中的某人有亲属关系所以谎称暂缺”……

第二个方面,是暗示京基在增持过程中存在信息披露、资金来源“严重失信”问题。例如,“目前康达尔前一百名股东中有部分股东与京基集团仍存在关联关系,京基实际控制股权不止目前公开的24.74%”“还通过资管计划继续增持”。

第三个方面,是京基公司存在“较大债务问题”,认为“京基集团的财务状况并不理想,拿下康达尔控制权可能还是其摆脱财务窘境的救命稻草”。

上述三个方面,正好对应着《上市公司收购管理办法》中不得收购上市公司的三种情形——财务状况不佳、涉嫌重大违法行为、3年内有严重的证券市场失信行为均可能导致收购人不能收购上市公司。①

于是,经过全国证券类媒体和在深圳范围影响力的媒体的报道,京基几乎所有的“捕风捉影”的信息都被公之于众。

上述的举报和舆论也立刻引发了监管部门的关注。深圳证监局对康达尔的上述四次举报分别出具书面回执,表示已收到举报材料,正在核查有关事项。② 深圳证交所也于2015年12月28日向林志和京基集团连续发出关注函,讯问媒体信息的真实性,是否借用自然人证券账户,信息披露是否真实、准确和完整。

2016年6月7日,华超更是通过康达尔公告了林志所用的其他12人账户的银行信誉记录和社保参缴记录,以及这12个人“在京基及其下属公司的任职情况”,以证明“京基在收购康达尔过程中利用个人账户买卖股票,隐瞒事实,不依法履行信息披露义务,存在重大违法行为”。而在这时,媒体也集中出现了《康达尔围城黑幕》等报道。

---

① 《上市公司收购管理办法》(2014年修正)第六条:“任何人不得利用上市公司的收购损害被收购公司及其股东的合法权益。有下列情形之一的,不得收购上市公司:(一)收购人负有数额较大债务,到期未清偿,且处于持续状态;(二)收购人最近3年有重大违法行为或者涉嫌有重大违法行为;(三)收购人最近3年有严重的证券市场失信行为;(四)收购人为自然人的,存在《公司法》第一百四十六条规定情形;(五)法律、行政法规规定以及中国证监会认定的不得收购上市公司的其他情形。”

② 康达尔2018年第一季度报告“重要事项进展情况及其影响和解决方案的分析说明”部分,载巨潮资讯网。

(四)反收购措施三:连环诉讼+先发制人

康达尔管理层在司法手段方面,试图通过环环相扣的两个案子来“扼住”京基:

第一个诉讼,是推进对林志的短线交易收益收缴。2015 年 9 月 2 日,也就是京基下达“宣战书”的前三天,康达尔召开董事会临时会议,通过了《关于依法向股东等 13 名自然人追缴短线交易收益的议案》,要求林志和其他 12 个账户名义所有人向康达尔返还短线交易收益约 5,725,446.12 元及相应利息 547,760.49 元。

公司在当天向深圳福田法院提交材料,法院在 4 天后受理该案(以下简称收益返还案)。①

这个诉讼虽然从表面上看只是“重启”,但对京基的反收购是有影响的:一是“挑拨离间”,分化林志和京基的关系;二是“打草惊蛇”,通过这个案子来捕捉林志和京基密切关系的“实锤”;三是“固定证据”,用该案的判决进一步确认林志违法的事实,继而为“林志所持的该部分股份不具有表决权”提供支持。

第二个诉讼,是阻却京基行使表决权。2015 年 11 月 26 日,康达尔再次召开董事会临时会议,通过了《关于依法对公司股东林志、京基集团有限公司及其一致行动人提起诉讼的议案》,要求林志、京基及其一致行动人(1)“在改正其违法行为前”不得对其持有的股份行使表决权、(2)持股比例应减至 5% 以下、(3)确认其不具备收购上市公司的主体资格。并授权公司采取举报、诉讼等措施促成上述要求的实施(以下简称“11·26”董事会决议)。

康达尔随后向广东高院起诉林志等 13 名自然人和京基,诉讼请求除了上述提到的三点以外,还要求被告将减持所得的收益支付给康达尔(暂计 5 亿元),12 月 8 日,广东高院受理该案(以下简称股东资格案)。②

第一个诉讼有“重启”的背景,而第二个诉讼则是精心设计的“瞒天过海”与“借刀杀人”。康达尔管理层采用概念“合并”的方式,把“股东权利”等同于“收购人资格”、把民事权利和行政责任“混同”,向法院提出“确认其不具备本公司的主体资

---

① (2016)深福法民二初字第 13157 号。2016 年 7 月 6 日首次开庭,2017 年 7 月 27 日再次开庭。法院判决被告林志应于本判决生效之日起十日内支付原告深康达尔短线交易收益 2,423,642.95 元及占用收益的利息,同时驳回原告康达尔的其他诉讼请求。

② (2015)粤高法民二初字第 36 号。本案在审理期间京基集团有限公司提出管辖权异议,请求法院裁定将本案移送至广东省深圳市罗湖区法院审理。2016 年 3 月 10 日广东高院裁定驳回被告京基集团有限公司对本案管辖权提出的异议。2016 年 9 月 18 日,公司收到最高院管辖权异议裁定书,裁定驳回上诉,维持原裁定。2018 年 3 月 5、6 日在广东高院开庭审理。2018 年 8 月 16 日,本公司收到广东高院下达的民事裁定书《(2015)粤高法民二初字第 36-1 号》,裁定准许本公司撤诉。

格”的诉讼请求。而一旦京基、林志和其他任何股东提起其他诉讼，康达尔都可以抗辩：“对方的起诉资格以其具备股东资格为前提，而关于对方的是否具备股东资格，广东高院目前正在审理中，因此在该案件发现生效判决之前，本案应当中止审理”，从而让京基日后发起的诉讼“刚立案就被中止审理”，减少自己的诉累。这是其一。

康达尔通过增加“5 亿元”的诉讼请求，让这个本来是深圳罗湖法院这个基层法院管辖的案子“又一次恰好”满足了最高院“刚发布”的广东高院管辖标准。① 为了这个诉讼请求，康达尔管理层可谓是“下了血本”，光诉讼费就预支了 254.18 万元。而且，虽然法律对所有级别的法院审理期限都作了统一的规定，但从司法实践来看，审理法院的级别越高，审理期限也就越长。更不要说这个案子的上诉法院是最高院，届时审理期限很可能是“没有最长，只有更长”。这是其二。

康达尔在启动该项诉讼的同时也申请了行为保全措施，即请求法院冻结林志、京基及其一致行动人所持有的股票，在本案判决确定前不得自行或通过第三方行使其持有或支配的申请人股份之表决权。就像在“胡氏兄弟与国风控制权争夺战”中，拉萨中院作出的裁定那样。②

不过，也许是本案的设计（以公司作为原告而非以控股股东作为原告）存在瑕疵，导致申请行为保全措施遇到障碍。总之，该案直到 3 年后撤诉，广东高院都未作出行为保全与否的裁定。③ 这个隐患不但让这个案子的价值大为削弱，为启动这个诉讼而召开的“11 · 26”董事会决议也在后来成为京基的极为关键的突破口。

（五）反收购措施四：“焦土政策” + “抱大树”

2015 年 10 月 13 日，康达尔的全资子公司与北京顺义科技创新有限公司签订《北京顺义丰收未来产业基金合作框架协议》，双方共同设立规模为 5.1 亿元的基

---

① 《关于调整高级人民法院和中级人民法院管辖第一审民商事案件标准的通知》（法发〔2015〕7 号）第一条：“当事人住所地均在受理法院所处省级行政辖区的第一审民商事案件……广东高级人民法院，管辖诉讼标的额 5 亿元以上一审民商事案件，所辖中级人民法院管辖诉讼标的额 1 亿元以上一审民商事案件。”

② 2015 年 10 月 11 日，拉萨中院向西藏旅游送达（2015）拉民二初字第 36 – 2 号《民事裁定书》，裁定禁止胡波、胡彪于本案判决生效前行使：自行或通过第三方行使其持有西藏旅游的股份的投票权、提案权、参加股东大会的权利、召集和主持股东大会的权利；禁止西藏旅游配合胡波、胡彪行使上述任一权利，并不得接受申请、不得向有关单位提交申请等行为。胡波、胡彪不服该裁定向拉萨中院申请复议，之后法院裁定维持复议。

③ 《深圳市康达尔（集团）股份有限公司 2017 年年度股东大会决议公告》，公告编号：2018 – 068，载巨潮资讯网。

金,期限为7年,其中康达尔出资2亿元。10月28日,董事会追认了上述交易。

2015年11月10日,康达尔公告称收到深圳市宝安区人民法院的应诉通知书及传票。深圳市沙井上寮股份合作公司(以下简称上寮股份),要求确认1983年7月8日双方签订的《凤凰种鸡场征地协议书》未生效,康达尔应向上寮股份返还615.19亩土地,上寮股份向康达尔返还当时支付的人民币500万元。[①] 上述615.19亩土地已于1992年6月6日进行了国有土地权属登记,产权人为康达尔。

据媒体透露,上述位于深圳市宝安区沙井区上寮的土地是被京基看中的资产之一。按2015年的市价折算,沙井区12.5万平方米的地块,其建成楼房销售价值可超过100,200亿元。而且在2015年11月26日深圳市宝安区人民法院公开审理的现场,康达尔未委派高管出席,也未对庭审情况进行公告说明。因此该案可能是由康达尔与上寮股份联手导演的"双簧",意图转移上市公司的土地资产。[②]

2015年12月1日,康达尔又与知名央企通用地产有限公司(以下简称通用地产)签署《全面战略合作伙伴协议》,[③]约定:康达尔将其在深圳土地资源优先与通用地产以联合开发、委托代建等方式展开合作。双方优势互补,加强在北、上、广、深等一线城市房地产领域的开发与合作,促进各自公司在房地产领域的增长。不过,该协议也明确:仅作为合作意向,所涉及的具体合作事宜需另行签订相关正式合同。

康达尔的上述三项重大经营活动传递了"焦土政策"的信号:如果"野蛮人"不"悬崖勒马",那么设立基金和地产合作的事情将会继续推进,届时公司将承担大笔债务,而手中的土地也会进入实质性开发阶段,万通地产说不定到时候也会像"宝万之争"中的深圳地铁那样成为控股股东。而公司所持有的土地资产也存在复杂的权属纠纷,京基到时候很可能就是"竹篮打水一场空"。

三、京基加强攻势,双方"械斗"(2016年1月~2017年2月)

(一)迎难而上,越战越勇

康达尔管理层的上述反收购策略可谓是"有礼有兵",既考虑了现在也顾及了

---

① 上寮股份次年3月初撤回民事起诉,转而向深圳市规划和国土资源委员会提起行政诉讼,最终历经一审、二审和再审[(2017)粤行申780-783号],法院以超过最长诉讼时效为由均未支持(《行政诉讼法》第四十六条:"因不动产提起诉讼的案件自行政行为作出之日起超过二十年……提起诉讼的,人民法院不予受理。")。

② 《争夺康达尔:从"十面埋伏"到"诉讼拉锯战"》,载新财富2016年8月15日,https://www.sohu.com/a/109277532_276759。

③ 《关于与通用地产有限公司签订全面战略合作伙伴协议的公告》,公告编号:2015-102,载巨潮资讯网。

未来,在很短的时间内将境外眼花缭乱的反收购手段"本土化"到了国内,足以吓跑和阻遏大部分收购人,怎么深入分析和学习都不过分。

不过,康达尔管理层这次遇到对手了。从京基在康达尔停牌到复盘期间没有公开的实质性收购措施这一点也可以推断,京基和康达尔管理层在此期间进行过很多次的谈判,只是最终双方又回到了起点。

"开弓没有回头箭",面对如此"铜墙铁壁"般的反收购措施,京基也充分听取了自己的"智囊团"的意见,采取了"防守反击"的收购策略。

(二)铜墙铁壁,化解反收购措施

在应对康达尔管理层的反收购措施方面,京基主要采取了三个策略:

一是增持股份。

一方面是自己继续增持。在康达尔复牌后,京基在 2015 年 12 月 11 日至 2016 年 1 月 13 日继续购入 5% 的股票,这样京基和其一致行动人的持股比例从24.74% 升至 29.74% ,与 31.66% 的华超仅相差不到 2% 。

另一方面是受让一致行动人手中的股份。2015 年 12 月 29 日至 2016 年 2 月 25 日期间,京基通过大宗交易[①]的方式,陆续参照市场价格受让了林志、王东河持有的全部康达尔股份。这个股权转让能让京基"安心",防止京基和一致行动人被"挑拨离间",还能与林志的违规行为进行"切割",即哪怕法院或者监管部门认定林志的违规披露行为应受到"限制表决权、责令转让"等处分,在没有充分证据证明林志是京基"马甲"的情况下,也不影响受让人京基的股东权利。巧的是,华超在一个月后也进行了同样的操作,受让了陆伟民所持的全部 1.31% 股票。

不过从某种角度来说,上述策略也是京基的无奈之举,增持是为了追上华超 31.66% 的股份;而受让林志的股份则是对康达尔管理层反复用林志的事情大做文章的回应,为此而不得不付出巨大的资金成本。[②] 京基不像宝能那样有金融许可资质,融资手段很少。应对现金短缺的手段极为有限,所以,京基只能将其持有的康达尔的股票又陆续质押,用于增持股票、股份受让和缓解资金压力。到 2016 年 3 月 16

---

① 原先采用的是协议转让的方式,可能出于协议价过高和审批流程的考虑,后来改成了四次大宗交易方式。

② 林志购买康达尔股票的时候,价格在 10 元/股之间,但是京基受让该笔股票的时候,康达尔股价涨到了 30~40 元/股。如果按照原本的一致行动人协议的方式,京基几乎不用付出多少成本。而现在通过协议转让的方式,京基得付出林志购买股票时 3 倍以上的成本。

日,京基将其全部 29.74% 的股票质押。①

京基此后继续增持股票,3 月 29 日增持 0.1% ,4 月 8 日增持 0.16% ,此时,京基增持至 30% ,按照规定,京基以后的增持需采用要约的方式进行。②

二是及时澄清。

对“爆料”和“关注函”中对其不利的内容中法律上“站不住”的地方,京基均予以否认。例如,对媒体中所称的“吴川投资也是京基集团的关联企业”,京基的回应就是三个字:“不属实”,之后又进一步回复“不存在依照相关法律规定应披露而未披露的资金往来关系”。

又如,关于 12 个人是否为京基员工的问题。京基先是回复“其中 2 人是京基员工,据林志反映,上述员工与林志很早就认识,是很好的朋友”。在康达尔公告“实锤”后,京基集团先是表示“本公司已按照法律法规的要求履行了信息披露义务”“积极配合相关监管部门的问询和调查”,然后表示 6 人在公司缴纳社保,但并非本公司员工,“社保费用均由上述人员自行承担”。

自始至终,京基都“不上套”,并不回应华超和康达尔提出的绝大部分问题,而对监管的关注则是在法律层面积极配合。

三是诉讼大战。

一方面是另起诉讼。2015 年 12 月中旬,京基及其一致行动人向深圳罗湖法院提起诉讼,请求法院确认“11 · 26”董事会决议无效(以下简称决议无效案)。

另一方面是积极应诉。在股东资格确认案中提出管辖权异议,指出“康达尔提出的第四项诉讼请求暂按 5 亿元计是为规避级别管辖规定而恶意虚设”,在决议无效案获受理后更是主张“相同争议在福田法院诉讼”为由请求合并审理。

不过,广东高院以“根据康达尔的诉讼请求,减持比例不低于 19.74% ,每股价格在 20 ~ 40 元之间,涉及金额已超过 5 亿元”以及“至于康达尔公司诉请的减持股票实际获益金额能否达到 5 亿元的争议,需经人民法院实体审理后作出裁判,不涉本案管辖权的认定”为由驳回了管辖权异议,最高院更是认为“本案涉及上市公司投资者增持股票的合法性审查、上市公司投资者表决权的行使等新类型法律问题,

① 《深圳市康达尔(集团)股份有限公司股东股份被质押的公告》,公告编号:2016 - 025,载巨潮资讯网。

② 《上市公司收购管理办法》第二十四条:“通过证券交易所的证券交易,收购人持有一个上市公司的股份达到该公司已发行股份的 30% 时,继续增持股份的,应当采取要约方式进行,发出全面要约或者部分要约。”

人民法院的相关裁判可能对资本市场产生重大深远影响”,①因此驳回上诉,案件仍由广东高院审理。

(三)发起总攻,力争中小股东

在应对好康达尔管理层的反收购措施后,京基发起了更猛烈的进攻:

首先依然是继续增持。2016 年 4 月 29 日,京基利用监管规则的“例外”和“股灾”时监管部门为了稳定股价而给予上市公司大股东的“福利”,②以免于要约的方式继续增持 1% 的康达尔股票,并声称未来 6 个月内将可能增持至 32% 。此时京基的持股比例增至 31% ,与华超的 31.66% 仅相差 0.66% 。

其次是以股东身份“发难”。2016 年 6 月 12 日,也就是康达尔管理层拟定的 2015 年年度股东大会召开时间的前 17 天,京基首次向康达尔提交了三份股东临时提案。提请股东大会:终止履行康达尔在 4 月 24 日签署的两份施工合同;修改《股东大会议事规则》;修改《董事会议事规则》。每一份提案都是“正中靶心”。

关于终止施工合同的原因,京基有四点理由:

一是决策程序违规,合同总价款达到 239 亿元,根据深圳证交所的相关规定,应当经董事会通过后提交股东大会审议;③

二是工程项目不经济,建造成本远远超过市场正常水平,工程造价明显虚高;

三是工程不具备可行性。合同所涉项目存在未完成设计、建设工程规划许可证和施工许可证、未取得土地使用权等问题,不具备工程定价和开工条件;

四是施工合同中明确按照康达尔控股股东华超的全资控股的子公司中外建公

---

① 《民事诉讼法》(2012 年修正)第十九条:“高级人民法院管辖在本辖区有重大影响的第一审民事案件。”第三十八条第一款:“上级人民法院有权审理下级人民法院管辖的第一审民事案件。”

② 《上市公司收购管理办法》(2014 年修正)第六十三条第二款第二项:“有下列情形之一的,相关投资者可以免于按照前款规定提交豁免申请,直接向证券交易所和证券登记结算机构申请办理股份转让和过户登记手续……(二)在一个上市公司中拥有权益的股份达到或者超过该公司已发行股份的 30% 的,自上述事实发生之日起一年后,每 12 个月内增持不超过该公司已发行的 2% 的股份。”《关于上市公司大股东及董事、监事、高级管理人员增持本公司股票相关事项的通知》(证监发〔2015〕51 号)第三条:“在一个上市公司中拥有权益的股份达到或超过该公司已发行股份的 30% 的,每 12 个月内增持不超过该公司已发行的 2% 的股份,不受《上市公司收购管理办法》六十三条第二款第(二)项‘自上述事实发生之日起一年后’的限制。”

③ 《深圳证券交易所股票上市规则》(2014 年修订)第 9.3 条:“上市公司发生的交易(上市公司受赠现金资产除外)达到下列标准之一的,上市公司除应当及时披露外,还应当提交股东大会审议:……(四)交易的成交金额(含承担债务和费用)占上市公司最近一期经审计净资产的 50% 以上,且绝对金额超过五千万元……”

司①的设计进行施工,而该信息之前董事会并未披露,涉嫌关联交易及利益输送。

最后,京基还“图穷匕首见”,提请股东大会对董事长罗爱华追责,并以“本次交易属于关联交易”为由要求华超回避表决。

关于修改《股东大会议事规则》,京基认为现行规则中规定的“股东自行召集的临时股东大会由公司董事会作为召集人负责召集,由董事长作为主持人”违反法律规定和公司章程。②

关于修改《董事长工作细则》,京基认为现行细则中规定的“公司董事长可以直接决定聘任或者解聘财务负责人”违反法律规定和公司章程。③

京基这两个修改公司制度的提案可谓是目前国内公司的通病:把董事长和总经理搞混了。把董事会这个“元老院”当成了“一言堂”,把“集体决策”异化为“独断专行”,把董事长这个只负责“召集和主持董事会会议,检查董事会决议的实施情况”的“特殊成员”变成了“特权老大”。

不过,从另一个角度看,京基的这个提案也有点“为赋新词强说愁”的味道,例如,关于《股东大会议事规则》修正案的问题,原来的版本的第六条第二款和第十九条第五款都规定了“连续 90 日以上单独或者合计持有公司 10% 以上股份的股东可以自行召集和主持”。京基指责的问题可以通过法理解释得以解决,或者是“善意”地表示存在冲突,要求董事会解释或者就这一点提请股东大会讨论审议。根本不需要一上来就“上纲上线”地主张“违反法律规定和公司章程”。京基这种做法,引起康达尔管理层的反感和强烈的抵触是在所难免的。

2016 年 6 月 17 日,京基向康达尔又提交了 18 项临时提案。提请股东大会:免去公司现任全体 7 名非独立董事、3 名独立董事及 3 名股东代表监事,提议重新选举第八届非独立董事、独立董事及股东代表监事,撤销“11 · 26”董事会决议并撤回相关起诉。这是京基首次要求罢免罗爱华和季圣智。

不过,与“宝南之争”不同的是,华超当时已持有 31.66% 的股份,基本等于有了

---

① 指深圳市中外建建筑设计有限公司。

② 《公司法》(2013 年修正)第四十条第三款:“董事会或者执行董事不能履行或者不履行召集股东会会议职责的,由监事会或者不设监事会的公司的监事召集和主持;监事会或者监事不召集和主持的,代表十分之一以上表决权的股东可以自行召集和主持。”

③ 《公司法》(2013 年修正)第四十六条:“董事会对股东会负责,行使下列职权:……(九)……根据经理的提名决定聘任或者解聘公司副经理、财务负责人及其报酬事项……”《深圳证券交易所主板上市公司规范运作指引》(2015 年修订)第 2.3.7 条:“《公司法》规定的董事会各项具体职权应当由董事会集体行使,不得授权他人行使,并不得以公司章程、股东大会决议等方式加以变更或者剥夺。公司章程规定的董事会其他职权涉及重大业务和事项的,应当实行集体决策审批,不得授权单个或者几个董事单独决策。”

“一票否决权”,上述提案中大部分很难得到股东大会的通过。所以上述提案从股东大会的角度更多的是“宣誓性”的。但从并购大战的角度看,能够扰乱对手思路,逼迫对手“赶紧”出招,然后利用对手不成熟的应对来找到新的突破口。

(四)饮鸩止渴的康达尔管理层

雪上加霜的是,就在此时,决议无效案的一审判决在6月8日第二次开庭后的一周就出来了:法院不但支持了京基大部分的诉讼请求,而且还在判决书中认为“本案系公司决议纠纷,而广东高院(股东资格案)审查的是京基是否存在证券违法行为及承担怎样的民事责任问题,两案之间并不冲突……故被告(康达尔)要求本案中止审理……本院不予采纳”。[①] 这可以说是让康达尔管理层之前设计的“刚立案就被中止审理”的如意算盘宣告破产。

2015年年度股东大会召开在即,面对京基的增持和提案,康达尔管理层面临前所未有的压力。康达尔管理层来不及思考更妥善的应对方式,于是就采取了以下四种方案:

一是“强化”舆论。虽然京基已经在6月18日向深圳证交所进行了相关回复,但康达尔在“被迫”发出召开年度股东大会的通知后至当年年底,陆续11次通过巨潮资讯网等监管部门指定的信息披露平台方式继续质询京基(之后更是直接质询陈华本人),要求其说明与林志、12个账户的名义所有人、吴川投资等“疑似一致行动人”的关系。并要求京基回答是否有向这些人提供资金,是否存在直接或者间接的资金往来。

而在此刻,《股市动态分析》(2016年第33期)在8月27日刊发新闻《康达尔,能否逃脱“野蛮人”的虎口》,和讯网、东方财富网、中财网等多家媒体进行了转载,文章称,吴川投资的300万元注册资金全部为陈华通过个人账户支付。

康达尔声称,深圳证交所针对上述问题对京基下发了关注函(公司部关注函〔2016〕第161号),要求京基回答向吴川投资提供资金,并要求提供律师出具的法律意见书。10月10日,深圳证交所披露了京基的书面回复。不过,笔者未在深交所网站、巨潮资讯网上查询到该回复,也未查询到关注函的原文。

康达尔类似的“套路”还很多。例如,对于深圳证交所在2016年7月4日出具《监管函》(公司部监管函〔2016〕第88号)的监管措施,认定了其中京基存在信息披露内容不完整,违反《深圳证券交易所股票上市规则》第1.4条和第2.1条规定的

---

① (2016)粤0304民初7145号,载裁判文书网。

情形。但笔者也未在深交所网站、巨潮资讯网等证券指定媒体中发现该监管函的全文。

二是穷尽诉讼。一方面是通过公告的方式表达了自己对“决议无效案”判决结果的不满，并启动上诉程序。另一方面是利用京基提供的《详式权益变动报告书》，以其中“显示2015年3月至8月有买入卖出股票的行为，涉嫌短线交易”为由在8月15日向京基等发送《关于要求股东上缴短线交易收益的函》，要求在8月20日之前上缴收益，逾期将提起诉讼。不过不知何故，该诉讼并未启动。

三是拒绝提案。康达尔董事会以“不符合法律、行政法规和《公司章程》等相关规定”和“京基违规持股”为理由，拒绝向2015年年度股东大会提交京基的临时提案。①

例如，关于修改《股东大会议事规则》的议案，董事会一方面表示“《股东大会议事规则》为《公司章程》的附件，其相关内容的修订需要提交股东大会审议”，另一方面又认为“鉴于《公司章程》规定股东大会议事规则应由董事会拟定，因此，股东在提案中修改并拟定《股东大会议事规则》不符合章程规定”。

换言之，康达尔管理层的意思是“股东大会的议事规则，用不用，股东大会决定；用哪个，董事会决定；单个股东无上述任何权利”。这个逻辑是非常奇妙的，如果说董事会的议事规则是董事自治范畴，股东大会应给予尊重倒是可以理解。但是作为董事会“父母”的股东大会，“父母”在“如何讨论教育子女”的问题上，却自己做不了主，得让“子女”来定。

至于京基“施工合同中明确按照华超全资控股的子公司的设计进行施工”的质疑，康达尔管理层的回应是“本公司与中外建公司尚未签署相关设计合同”，针对“建安成本远远超过市场正常水平，工程造价明显虚高”的问题，罗爱华则在股东大会现场表示“工程造价高是因为合同属于总包合同，且后期项目为精装修交房”。

四是延迟股东大会。在预定的召开2015年年度股东大会的前两天（6月27日），康达尔发布公告，以“京基集团在收购康达尔股票过程中的一系列违法行为尚在调查之中”为由延期，并表示“暂定为8月30日，待中国证监会及深圳证监局对京基集团是否存在虚假陈述和其他违法行为的调查得出结论后，董事会将另行发出召开2015年年度股东大会通知”。

---

① 《公司法》（2013年修正）第一百零二条第二款：单独或者合计持有公司百分之三以上股份的股东，可以在股东大会召开十日前提出临时提案并书面提交董事会；董事会应当在收到提案后二日内通知其他股东，并将该临时提案提交股东大会审议。临时提案的内容应当属于股东大会职权范围，并有明确议题和具体决议事项。

可能康达尔管理层很难想到，自己大半年的举报没有什么动静，结果上述两项措施瞬间就让监管部门坐不住了。深圳证交所在康达尔发布延期股东大会公告的当天下午出具关注函，就其延期召开年度股东大会、多项应提交股东大会审议的议案未召开股东大会审议等问题问询。深圳证监局则是在7月4日作出“责令改正”的行政监管措施，要求康达尔在收到处罚决定后5日内发出召开2015年年度股东大会的通知，并在7月31日之前召开年度股东大会。①

因而，康达尔管理层不得不在7月9日发出召开年度股东大会的通知，日期定在了7月29日。而另一方面，康达尔并不服气，向证监会提出了行政复议（4个月后的11月21日，证监会维持深圳证监局的决定，②随后康达尔又在12月16日向深圳中院提起行政诉讼，要求撤销深圳证监局的决定和证监会的复议③）。

不过，即便是“不得不”召开股东大会，康达尔管理层也不愿像南玻那样向京基妥协，而选择在股东大会上继续“做文章”。所以，康达尔只是按照证监局责令改正的要求把股东大会召开了，但继续拒绝京基的所有提案提交股东大会审议（第三次），并且还设计了“分别计票+不确认效力”规则，④即在监管部门作出认定前，分别按照林志19.80%有效和无效两种情况，分别统计表决结果，不确认决议效力。

这种方法看似“公平合理”，但一是把皮球踢给了监管部门，二是进一步拖延京基行使表决权，三是让本来很多应该在股东大会明确结论的决议事项陷入了不确定状态。

（五）京基持续增压，却跳不出法律程序

康达尔公告延迟举办股东大会也给了京基很大的压力，京基立即利用其股东身份采取了三个措施，继续给康达尔管理层施压。

---

① 深圳证交所就该情况于2017年2月15日对康达尔及其全体董事会成员作出通报批评的纪律处罚决定，认定康达尔全体董事违反了《深圳证券交易所股票上市规则》（2014年修订）的相关规定，并将该等人员上述违规行为及所受处分记入证券期货市场违法违规失信者档案。

② 中国证券监督管理委员会《行政复议决定书［深圳市康达尔（集团）股份有限公司］》（〔2016〕123号）。

③ （2016）粤03行初197号，1年后的2017年12月19日，深圳中院送达行政判决书，驳回康达尔的诉讼请求。

④ 康达尔《第八届董事会2016年第六次临时会议决议公告》（公告编号：2016－071），公告称“在监管部门就京基的涉嫌违法违规的行为作出明确结论，及对京基及其疑似一致行动人深圳市吴川联合企业家投资有限公司所持有公司股票表决权作出效力认定之前，2015年年度股东大会将记录各与会股东的表决结果，待监管部门作出明确认定后，依据监管部门的结论认定前述股东大会的决议效力，并遵照生效决议执行相关决议内容”，载巨潮资讯网2016年8月1日。

一是继续“不上套”，自6月18日对深交所关注函的回复“相关账户买卖康达尔股票的资金并不直接或间接来源于京基集团，相关账户买卖股票不受京基集团控制”后再未对康达尔的相关质询进行进一步解答。并且反复强调“监管部门从未限制本公司行使作为康达尔股东的任何股东权利”“无权滥用上市公司信息披露平台以任何非法获取、未经证实的信息责问、诋毁本公司”。

二是追加诉讼。在决议无效案的基础上，京基在2016年6月底又以康达尔全体董事为被告向深圳罗湖法院提起诉讼。称“11·26”董事会决议非法剥夺其表决权、处分权、收益权以及继续增持的交易权。要求法院确认全体董事侵权；判决全体董事赔偿原告股东权益4900万元（以下简称诉管理层案①）。与此同时，京基申请了财产保全并获得法院裁定，即将罗爱华、季圣智、曾江虹以外的其余8位董事名下共12套房产财产进行查封，查封期限为3年。

三是召开临时股东大会。② 京基在第二次提交股东大会临时议案被拒后，向康达尔发出的《关于提请召开深圳市康达尔（集团）股份有限公司临时股东大会的通知》，要求就其之前提出的提案提请股东大会进行审议。在康达尔董事会拒绝后，京基又提请康达尔监事会提请召开临时股东会议，监事会也表示提案不合法不合理，不应提交股东大会表决，但又以“基于谨慎原则”的利益，“暂同意”在9月14日召集（并主持）临时股东大会（以下简称2016年第一次临时股东大会），审议京基提出的全部议案。

这样的“利好”结果，在京基看来不过是“黄鼠狼给鸡拜年”。京基已经预感到：一旦监事会主持临时股东大会，等到大会真正召开时还会出现各种“意外”。所以京基更希望把主动权掌握在自己手中。

于是，在深圳证交所对监事会的决定召开临时股东大会下发关注函后，京基并未通过康达尔进行回应，而是自行联系深圳证交所提交了回复并附带了律师法律意见书。在该法律意见书中，律师认为监事会“暂同意”的实质就“是不同意召开”，监事会很可能在临时股东大会召开前夕“变卦”，延迟甚至取消临时股东大会，或者认为临时股东大会没有有效表决或者没有形成有效表决的可能性。监事会的召集和主持只不过是“徒有形式”而已，应当属于《公司法》（2013年修正）第一百零一条

---

① （2016）粤0303民初11806号。

② 《公司法》（2013年修正）第三十九条第二款：“……代表十分之一以上表决权的股东，三分之一以上的董事，监事会或者不设监事会的公司的监事提议召开临时会议的，应当召开临时会议。”第四十条第三款：“董事会或者执行董事不能履行或者不履行召集股东会会议职责的，由监事会或者不设监事会的公司的监事召集和主持；监事会或者监事不召集和主持的，代表十分之一以上表决权的股东可以自行召集和主持。”

第二款规定的“监事会不召集和主持的”的情形，因此，股东依法有权自行召集临时股东大会。[①]

(六)趁火打劫，将“焦土政策”进行到底

康达尔管理层抓住京基已将自己持有的康达尔股票几乎全部质押，资金压力巨大，急切想要通过自行召开股东大会等方式“结束战斗”的“软肋”，在京基向其发出自行召开的书面通知后，反戈一击，并“扩大战果”。

康达尔发出公告强调：监事会已经同意京基召开临时股东大会的请求，并两次进行了公告。然后以“京基在监事会已同意召开的情况下仍自行召开的行为违反和公司法律制度和《公司章程》的有关规定”为由向监管部门举报，并在最后继续诉诸舆论支持“京基上述行为给本公司及广大投资者权益造成损害”，完成“倒打两耙”。

随后，康达尔管理层以华超的名义向康达尔提交了临时提案，授权董事会38.72亿元的融资额度向银行等金融机构申请贷款并为申请前述贷款以公司资产提供担保。

2016 年 9 月 14 日，临时股东大会如期召开，监事会担任召集人，主持人则为监事会主席何光明(兼法务总监)。在会上，京基持有的从林志受让的 19.80% 股份被要求“不得行使表决权，暂不计入有效表决权股份总数”。会议以此为由统计表决权股份总数，通过了授权董事会 38.72 亿元的融资额度的议案，否决了京基提出的所有议案。

康达尔管理层的这一招既“阴险”又“贪婪”，2015 年年度股东大会尚且是“分别计票 + 不确认效力”，即把 19.80% 作为有效票做了额外的统计，而且将决议结果全部“待定”。这一次则是直接把 19.80% 在没有任何监管部门作出违法认定、仅仅只是“已受理举报材料”的情况下径直排除在外。[②] 而且，直接通过了“授权董事会 38.72 亿元融资额度”的议案，更是可以让其“为所欲为”——内部增持、公司回购、关联交易、处置核心资产等，到时候再像抗辩之前提到的 239 亿元施工合同一样，以“这是公司日常经营，不需要提请股东大会审议”而直接“先斩后奏”。

---

① 《公司法》(2013 年修正)第一百零一条第二款：“董事会不能履行或者不履行召集股东大会会议职责的，监事会应当及时召集和主持；监事会不召集和主持的，连续九十日以上单独或者合计持有公司百分之十以上股份的股东可以自行召集和主持。”

② 截至本书截稿之日，在监管部门指定的信息披露平台上并未发现这些举报的进展情况，很可能均不了了之，甚至可能没有立案调查。

也自此开始，直至罗爱华、何光明因涉嫌背信损害上市公司利益罪被刑事拘留。这2年期间康达尔所出具的11份法律意见书，均不再是之前律师行业比较知名、律师数量上千的大型律师事务所，而是出自4家律师人数在30以下的律师事务所。

这里还有一个值得一提的“魔鬼细节”：召集人和主持人不同。2015年年度股东大会的召集人和主持人是董事会与董事长，2016年第一次临时股东大会的召集人和主持人是监事会与监事会主席。两次股东大会的召集人和主持人不同，于是对法律的理解的不同也就变得“理所应当”，继而导致了“标准”的不同。康达尔这种方式无疑加重了京基诉诸司法途径的难度。至少不能再完全指望自己之前的决议无效案就能让自己轻松“上位”。

管理层之所以这么做，除了刚才提到的“将计就计、趁火打劫”之外，管理层还在试探监管部门的尺度。这就像在篮球比赛中，一些专业球员会通过“不断升级”的“小动作”来判断裁判容忍的范围。如果被判定犯规了（哪怕是技术犯规），也不过是个“黄牌警告”，不至于退场，但是这样的试探能确认自己的“活动范围”，继而在自己的“权力边界”内“有所作为”。

就此次的“监事会改变表决标准”来说，这是试探自己以后能不能“得寸进尺”关键一步，如果监管部门不会对其采取严厉的监管措施，那么以后的股东大会都可以继续采用这个标准。而如果遭到了监管部门的严厉的监管措施，也有“召集人不同，监事会和董事会认定标准不一在所难免，公司即刻改正”的回旋余地。

事实上，深圳证交所在收到了关注函的答复后就没有新的动作了，深圳证监局也没有进一步行动。于是，康达尔日后的股东大会直接按照监事会的“新标准”计算表决票，如果不是京基费尽心思想到的“围魏救赵”，康达尔以后的股东大会可能均不会再有京基19.80%的计票结果。

所以从这个角度来看，之前的“延迟召开2015年年度股东大会”也是对监管部门这个“裁判”的一次试探。而在吃到监管部门“迅雷不及掩耳之势”的黄牌警告后。康达尔管理层再也没有延期召开股东大会。对于年度股东大会，直接“如期召开”，而关于京基提请的临时股东大会，则是走“董事会拒绝→京基提请监事会→监事会召集并主持”的三板斧——这也是康达尔“试探”出来的“活动范围”。

自此，监管部门的“退场”，让双方之间的控制权之战变成了一场“没有监狱长在场的械斗”。

（七）三次停牌，将“拖延政策”进行到底

不过，康达尔一面“洋洋得意，你奈我何”的同时，却陆续接到了两个不利消息：

一是在2016年11月16日，京基向康达尔送达增持进展，称其早已在6月3日增持至31.65%，与华超仅相差0.01%；二是之前提到的关于之前不服深圳证监局“责令改正”的行政监管措施，2016年11月30日，证监会向其送达了“维持”的复议决定。

可能是感受到了京基“不抛弃、不放弃”和监管部门的不满，也可能是为了给自己“补充弹药”增加时间，或者是为了继续让京基积累股票质押的资金压力和平仓风险，也可能是单纯的想缓口气、掌握主动权，也可能集中考虑都有……总之，康达尔决定第三次祭出停牌这一招，在2016年12月1日再一次以筹划重大资产为由停牌。

12月8日，康达尔再次“雪上加霜”。深圳中院向其送达了决议无效案的终审判决：2016年12月8日收到二审判决，判决驳回上诉，维持一审判决。随后深圳证交所向其发送关注函，要求其说明，在法院判决生效的情况下，2015年年度股东大会和2016年第一届临时股东大会的决议结果是否需要进行调整和重新认定。

康达尔的应对是“三板斧”：一是继续穷尽诉讼途径，康达尔表示深圳中院的终审判决事实认定错误，已申请再审。二是再次表示“19.80%暂不计入有效表决权股份总数”是根据这19.80%系林志违规且已受到证监会处罚，并依据《上市公司收购管理办法》（2014年修正）的相关规定而作出，“有事实依据和法律依据”。三是表示“11·26”董事会决议与两次股东大会决议并不相关。

不过在这个时候，监管部门在行政复议决定书中已经明确，“认定京基是否存在违法行为，其所持股份的表决权是否因此受到限制，应当是由有权机关依据事实和法律规定作出的，没有任何法律、行政法规授权上市公司的董事会以任何方式行使这一公法项下的权力”。深圳中院则在终审判决书中也认为，“《上市公司收购管理办法》第七十五条明确了作出相应处罚的机关系‘中国证监会’，而非公司董事会”。①

于是，目前的情况是：监管部门和司法机关强调“限制股东权利是证监会的法定职权，董事会没这个权力”。管理层则一面表示“我已经举报了，监管部门还在调查中；我也起诉了，司法机关还在审理中”，另一面则是以此为由“理直气壮”地拒绝京基行使提案权、表决权等股东权利，还在各种场合暗示京基已经满足“涉嫌有重大违法行为”的情形，“暂”不具备收购上市公司的主体资格，“不得收购上市公司”。

---

① 《上市公司收购管理办法》第七十五条：“上市公司的收购及相关股份权益变动活动中的信息披露义务人，未按照本办法的规定履行报告、公告以及其他相关义务的，中国证监会责令改正，采取监管谈话、出具警示函、责令暂停或者停止收购等监管措施。在改正前，相关信息披露义务人不得对其持有或者实际支配的股份行使表决权。”

有趣的是，在深圳证监局因康达尔迟延召开2015年年度股东大会而出具了“责令改正”的《行政监管措施决定书》，康达尔将其“物尽其用”，用其中“京基违法违规事项深圳证监局正在依法调查过程中”这个措辞作为京基“涉嫌有违法重大行为”的佐证。而只字不提这个决定书本来就是要求康达尔管理层“责令改正”的监管措施，更没有提其因此事被纳入证券期货市场违法违规失信者档案的事实。

康达尔这第三次的停牌到复牌，又是3个月过去了。

四、“厮杀”股东大会，公司“披星戴帽”(2017年2月~2018年8月)

(一)京基“新盟友”登场

2017年2月9日，也就是康达尔停牌的第二个月，持股1800股的小股东孙勤将康达尔告上法庭，提出21项诉讼请求，主要内容为请求法院撤销2016年第一次临时股东大会决议，并确认京基在当天提出的所有议案已获通过(终止履行239亿元施工合同、罢免现有全部董事和监事并提名董事和监事候选人)，董事会提出的融资授权议案未获通过。而在国家实施新的《公司法》司法解释[①]后，孙勤变更诉讼请求，请求法院：确认2016年第一次临时股东大会决议中将19.80%排除在外的行为违法；判令康达尔将这19.80%全部计入有效表决权股份总数；确认京基提交的议案通过审议；确认董事会提交的融资议案不成立；判令康达尔在证监会指定的信息披露平台发布更正公告；判令康达尔办理董事、监事变更登记手续。[②]

孙勤的起诉是非常有专业水平的，抓住了康达尔前两次股东大会的“得寸进尺”这一关键点。如上所述，面对京基19.80%的态度，康达尔在2015年年度股东大会时认为“在等到监管部门对京基‘涉嫌违法违规行为’得出结论之前，如实记录表决结果但暂不确认决议效力”。而到了2016年第一次临时股东大会变成“暂不计入有效表决权股份总数”，继而通过了对康达尔管理层有利的融资议案。这种“双重标准”背后的原因，无论是深圳证交所还是京基都发出了询问，但是都被康达尔以车轱辘话的方式“应付”过去了。

孙勤的起诉抓住了这一点，直指2016年第一次临时股东大会而不提2015年年度股东大会，“一次只说一件事”，把问题聚焦得越清楚，法院也越好审理。康达尔也越难“浑水摸鱼”。

---

① 即最高院《关于适用〈中华人民共和国公司法〉若干问题的规定(四)》(法释〔2017〕16号)，2016年12月5日通过，2017年9月1日起施行。

② 令人不解的是，一年后的2018年5月5日，孙勤撤诉，其间并未开庭。

关于本案,康达尔并没有任何的动作,及时履行了披露义务。

而京基方面,也许是出于策略的考虑,在康达尔停牌期间,除了在康达尔召开2017年第一次临时股东大会之前第四次提交临时提案之外,并无任何动作。而提案内容也不过是之前屡次提出的"修改股东大会议事规则"和"调整2015年年度股东大会与2016年第一次股东大会的表决结果"。康达尔董事会也依然以之前提到的理由拒绝提请股东大会审议。

(二)京基重整旗鼓,康达尔管理层故步自封

也许是对手"搅成一锅粥"的强大能力,让京基在康达尔第三次停牌后,用了4个月时间来反思自己之前做的收购措施是否妥当。自此以后,京基的收购策略发生了重大变化,变得更加让康达尔管理层捉摸不透,变得更加"稳、准、狠"。

2017年3月31日,也就是康达尔复牌一个月后,京基发起了三个新的诉讼,①共计56项诉讼请求。这三个诉讼"借鉴"了孙勤的诉讼思路,一改之前"指望一个诉讼解决争议"的思路,而是"一事一诉"。

第一个诉讼是"面向未来"的。请求法院判令康达尔在监管部门或司法机关未作出限制京基股东权利的生效法律文书之前,不得剥夺、限制、妨碍京基的任何股东权利。

第二个和第三个诉讼则是"指向过去"的。一个是针对2016年第一次临时股东大会,诉讼请求的内容和孙勤的起诉基本一致。另一个则是针对2015年年度股东大会,诉讼请求的内容与前一个诉讼类似。

而在这四个月的时间里,康达尔管理层也反思了很多。

也许是决议无效案的再审申请被驳回。② 康达尔管理层已经"不指望"通过诉讼来解决自己面临的危机,但也不打算被诉讼"牵着鼻子走"。所以,这一次康达尔管理层应对京基的诉讼并不是很积极。没有像之前那样对走"管辖权异议→二审→再审"全套程序。除此之外,康达尔管理层也不再希冀监管部门的处理结果和舆论导向,不再利用证监会指定的信息披露平台来质询京基或公告举报进展。

相反,两次股东大会让康达尔"尝到了甜头",于是康达尔之后的策略,就是一再坚持"提案不上会,表决权不计入"。2017年6月16日,京基在2016年年度股东大会召开前夕,第五次提交股东大会临时议案,在议案中再次要求罢免罗爱华、季圣智,康达尔再次以"不符合有关规定""不属于股东大会职权范围"为由拒绝提交

---

① (2017)粤0304民初7767号、7768号、7769号。

② 2017年4月13日,广东高院送达(2016)粤民申8073号民事裁定书,驳回康达尔的再审申请。

股东大会审议。

提交五次,拒绝五次,康达尔可能还以为,自己的这些行为是不会付出任何代价的。

此外,康达尔董事会在2016年年度股东大会上提交了自己的《股东大会议事规则》修改议案。猛一看这个修正案,可谓是"大刀阔斧",但其实大部分内容不过是按照当时的公司证券相关法律规定和监管指引进行的补充,以及对原有内容的结构调整。而对康达尔董事会真正有利的关键修改就深藏其中——第五十二条,"本规则进行修改时,由董事会提出修正案"。

言下之意,就是继续强调"股东自己是不可以提交修正案的"。

(三)京基"望闻问切",精准打击,诉讼系统化

也许在当时的康达尔看来,京基今年两次临时提案和三个诉讼都不过是"病急乱投医",并没有看到京基的这些举动都是为日后的"七寸打蛇"铺路。为的就是针对康达尔今年召开的两次股东大会。

2017年9月1日,康达尔收到法院行为保全的裁定:在案件终审前,禁止深圳市康达尔(集团)股份有限公司执行2016年年度股东大会决议。原来,京基在2016年度股东大会召开后,利用其今年3月底起诉的"面向未来"案,启动了诉中行为保全。如此一来,董事会和监事会的年度工作报告、利润分配方案、修改《股东大会议事规则》等议案全部都悬置了起来。

一个多月后的10月底,京基启动本年度第四场诉讼,[①]也是第三个"面向过去"案,请求法院确认京基的19.80%应计入2017年第一次临时股东大会的有效表决权股份总数;确认康达尔不计入的行为侵权了原告的表决权;判令康达尔在证监会指定的信息披露平台发布更正公告。

之后,京基还把之前的诉管理层案物尽其用,12月8日,法院向康达尔送达《变更诉讼请求申请书》,将原来抽象的"股东权利"和侵害场合进行细化:请求法院确认康达尔全体董事在2015年年度股东大会、2017年第一次临时股东大会、2016年年度股东大会侵犯其提案权、表决权;排除京基行使表决权、提案权、请求、召集、主持康达尔股东大会等股东权利的妨碍。

至此,京基对康达尔管理层发动了6起诉讼,形成闭环:决议无效案的胜诉为京基其他的5起诉讼打下了坚实基础。"面向未来"案为京基针对管理层日后的任何

---

① (2017)深福法民初字第46828号。

限制其行使股东权利的行为提供司法救济途径。“面向过去”的两个诉讼与今年的第四场诉讼则在决议无效案基础上进一步巩固京基股东权利——“非经监管部门和司法机关的生效法律文书,任何人无权限制”。诉管理层案则在冻结京基管理层名下财产的基础上,不断累积京基管理层的民事责任,而只查封罗爱华、其女婿季圣智以及独立董事曾江虹这三人以外的其余八位董事,还增大京基管理层“后院起火”的可能性。

按照上述布局,康达尔日后的股东大会如果还有“小动作”,那么京基首先看股东大会是否计算其全部表决权并作出相关决议。如果不是,那么京基则:先申请行为保全,禁止决议的执行;然后追加“面向过去”的诉讼,请求法院确认该次股东大会侵犯其股东权利;最后再在“诉管理层案”中追加诉讼请求积累康达尔管理层的民事责任。

不过,如果仅仅是上述的方案,也只不过是“事后追责”。对康达尔管理层来说“不疼不痒”,他们可以继续在股东大会上作出没有京基19.80%的决议,京基依然难以保障其股东权利。

所以,京基不但要做好“事后追责”,还得最好“事前预防”。

(四)角逐会计师事务所选聘,互不让步

终于,京基的机会来了。

2018年1月24日,康达尔董事会拟定召开2018年第一次临时股东的大会。几天后,康达尔管理层收到的不是京基的“临时提案”,却是法院的裁定书:康达尔不得在2018年2月8日举行的公司2018年第一次临时股东大会上剥夺京基表决权,并应当将京基所持康达尔股票全部计入该次会议的有效表决权总数。

法院在裁定书中指出:[1]生效的决议无效案已认定康达尔在司法机关、监管部门等有权机关对京基作出限制之前,不得以公司决议的方式限制京基行使股东权利。康达尔已在2015年年度股东大会、2016年年度股东大会、2016年第一次临时股东大会中多次拒绝将京基公司所持股份计入股东大会有效票数。从上述事实来看,即将举行的2018年第一次临时股东大会,康达尔有极大可能继续这么做,该行为以及该行为而产生的股东大会决议,将会使判决难以执行或造成当事人其他损害,故本院准许京基的行为保全申请。

这就是京基的“事前预防”。之前所有的诉讼,所有的提案,所有的被限制,汇

---

① (2017)粤0304民初7767号之四,康达尔《诉讼进展公告》(公告编号:2018-013)的附件,载巨潮资讯网。

聚成了法院的“痛下决心”。而康达尔管理层直至这场控制权之战结束,直至自行申请撤诉,都没有等到法院的行为保全裁定。

康达尔董事会无奈,之前监事会确立的“不得行使表决权,暂不计入有效表决权股份总数”和法院裁定是冲突的,但是他们又极其不愿意实现京基“19.80%全部计入+确认效力”的愿望,于是,他们将标准又退回到之前的“分别计票+不确认效力”。这样的结果其实京基不得不接受,毕竟法院很难对决议效力的确认作出行为保全的裁定,京基只能等着股东大会的表决结果出来之后拿着这个表决结果去找法院确认效力。

不过,机会既是争取得来的,也是等待而来的。行为保全裁定只不过是争取得来的,只能算是“一半的机会”,必须与等待而来的“另一半的机会”相结合,才能真正产生威力,扭转战局。

2018年2月9日,2018年第一次临时股东大会如期召开,在京基的表决权全部计入的情况下,所有议案均未获通过。而其中关于更换会计师事务所的议案,便是京基等待而来的“另一半机会”。

康达尔之前的年度财务报告和内部控制是由瑞华[①]审计,只是在2017年3月,瑞华因被财政部和证监会责令暂停承接新的业务并限期整改,康达尔不得不转而聘请中审亚太[②]。瑞华整改完毕后,康达尔管理层还是希望继续与瑞华签约,[③]所以在与中审亚太聘期届满后未再续聘。而是想通过2018年第一次临时股东大会换回瑞华。

结果,法院的这个行为裁定,让京基的表决权必须计入此次股东大会中。董事会只有两个选择,或者确认效力,决议不通过;或者是现在这样,只计结果不确认效力,搁置议案。但无论是哪种选择,董事会都无法聘请瑞华,而中审亚太聘期届满。所以康达尔目前变成了“无会计师事务所”的状态。

对于康达尔董事会来说更麻烦的还有监管层对这方面的高度关注:当时的深圳证交所正在反复强调“上市公司聘请或解聘会计师事务所必须由股东大会决定”,还在2018年4月21日修改《深圳证券交易所股票上市规则》进行了明确。[④]

如果康达尔不能按时披露包含经审计财务会计报告的2017年年度报告,将会

---

① 指瑞华会计师事务所。

② 指中审亚太会计师事务所。

③ 《深圳市康达尔(集团)股份有限公司关于聘请会计师事务所公告》,公告编号:2017-063,载巨潮资讯网。

④ 《深圳证券交易所股票上市规则》(2014年修订)第6.7条第二款:“公司聘请或者解聘会计师事务所必须由股东大会决定,董事会不得在股东大会决定前委任会计师事务所……”

被深圳证交所实施“停牌→复牌后退市风险警示→暂停上市→退市”的措施。①

这下,终于轮到康达尔管理层头疼了。

(五)公司“披星戴帽”,四次停牌

当然,康达尔管理层也清楚地知道,京基比他们更不愿意看到康达尔退市。所以,虽然议案未通过,但也仅仅是头疼而已。他们依然不放在心上。

当时的实际情况是,瑞华早已于2017年11月23日就开始预审工作,康达尔则在2018年1月3日便与瑞华签订了年报审计业务约定书及内控审计业务约定书,瑞华后来在2018年4月9日向公司提交审计报告初稿,并于2018年4月20日向公司提交了最终的审计报告修改稿。

上述情况虽说符合行业惯例,但符合管理层“先斩后奏”“先上车再补票”的一贯表现,或许他们认为,反正“生米煮成熟饭”,这离出具审计报告的日期只有两个多月了,换一个新所哪里来得及。

所以,在2018年第一次临时股东大会后,康达尔管理层不慌不忙,又是“等”了两个月,直到2018年4月10日公告,拟定在4月25日——也就是离披露审计报告的法定日期仅有五天的情况下,召开2018年第二次临时股东大会。会议的议案只有一个:聘用瑞华。值得一提的是,这一次召开公告用满了法定披露的最长期限。即在4月3日召开已决议召开的情况下,7天之后才公告。给人以“这个议案不通过也得通过”的紧迫感。

京基随后第六次提交了临时提案,先是提请聘用立信会计师事务所,康达尔董事会以“独立董事兼审计委员会主任曾江虹为立信合伙人”为由拒绝上会。京基后又提请聘用信永中和②,康达尔董事会以“未提供主体资格证明等委托前手续”“程序上和时间上不具备可操作性”为由拒绝。

有趣的是,康达尔董事会的公告中,先说公司是在2018年4月14日收到聘请信永中和的临时提案,此时离召开股东大会还有12天。但结果到文章末尾,又称京基书面提交的临时提案时间为2018年4月16日,不满足公司法关于“在股东大会召开10日前提出临时提案并书面提交召集人”的规定。似乎康达尔的逻辑是:给

---

① 《上市公司信息披露管理办法》第二十条:“年度报告应当在每个会计年度结束之日起4个月内……编制完成并披露。”《深圳证券交易所股票上市规则》(2014年修订)第12.2.1条第六项:“上市公司出现下列情形之一的,本所有权对其股票交易实行退市风险警示:(六)未在法定期限内披露年度报告或者半年度报告,且公司股票已停牌两个月……”

② 指信永中和会计师事务所。

公司不等同于送达给董事会(召集人),而且“10日”这个时间是“送达”时间而非“发出”时间。

康达尔的“漫不经心”很快得到了结果:2018年4月24日,也就是2018年第二次临时股东的大会前一天,法院送达了行为保全的裁定书:康达尔不得在2018年4月25日举行的公司2018年第二次临时股东大会上剥夺京基表决权,并应当将京基所持康达尔股票全部计入该次会议的有效表决权总数。在京基的表决权全部计入的情况下,聘请瑞华的议案再次未获通过。前两次的行为保全,康达尔都提起了复议申请均被驳回,而这一次及以后,康达尔再也没提起。

随后,康达尔第四次申请停牌,时间自2018年5月2日至7月2日,不过这一次的停牌不是主动性的“技术性停牌”,而是“被”停牌。[①]

(六)“故技重施”与故技重施

2018年5月4日和17日,也就是停牌后的第二天和第十五天,京基连续两次提请召开两次临时股东大会,议案的内容为罢免罗爱华、季圣智和聘请会计师事务所。这也是京基第三次要求罢免罗爱华、季圣智和聘请会计师事务所。

京基首次提请召开股东大会,还是两年前,那个时候被康达尔管理层“趁火打劫”——拒绝了京基的提案,通过了自己的提案,试探了监管的底线。只不过,康达尔管理层还是那个管理层,但京基却不是两年前的那个京基。

这一次,京基将罢免议案和聘请会计师事务所议案分开,分别作为两次提请召开临时股东大会的理由。“借鉴”了孙勤“一次只说一件事”后的表现出的“稳、准、狠”风格,最大的好处就在于不会像以前一样被康达尔管理层以“一竿子打翻一船人”的方式应对。康达尔管理层需要对每一个议案都要做出“不上会”的理由。

于是,康达尔在面对罢免议案时,除了继续以“董事在任期届满以前,股东大会不能无故解除其职务”等似是而非的理由拒绝召开股东大会,还给京基“加戏”,例如,京基只是要求罢免季圣智的董事职务,并没有要求罢免他的总裁职务。康达尔董事会却非要说“总裁季圣智作为公司主要的经营管理者如若被无故罢免,公司将

---

① 《深圳证券交易所股票上市规则》(2014年修订)第12.1条:“上市公司发生本章规定的停牌事项,应当向本所申请……停牌与复牌。”

第12.6条:“上市公司未在法定期限内公布年度报告……本所于相关定期报告披露期限届满后次一交易日,对该公司股票……实施停牌……期限不超过两个月。”

第13.2.4条:“上市公司出现本规则13.2.1条……第(六)项规定情形的,本所自公司股票及其衍生品种停牌两个月期限届满的次一交易日对其股票及其衍生品种复牌,并自复牌之日起对公司股票交易实行退市风险警示。”

无法持续正常稳定经营,不符合全体股东的共同利益,从而给公司及其股东特别是中小投资者的利益带来重大不利影响",然后再强调一下京基的"涉嫌违法行为"正在被"监管部门核查,司法机关尚未作出生效判决"。

而在面对聘请会计师事务所的议案,康达尔董事会就没有合适的"推辞理由"了:目前公司没有会计师事务所是事实,京基提供一个备选项的行为很难和其"涉嫌违法违规""对公司和中小投资者带来重大不利影响"联系起来。于是,康达尔董事会最终以"经综合考虑"为由,继续不同意召开临时股东大会。①

"经综合考虑"这个词,比"莫须有"还显得"蛮横",只是不知为何,这一次并没有用"不具有可行性"作为拒绝的理由。同时,康达尔董事会召集 2018 年第四次临时股东大会,第三次提交聘请瑞华的议案。

京基在两次提请召开股东会都被拒后,依照法律规定再次向监事会提请召开,监事会也依然如故,先表示提案不合法不合理,不应提交股东大会表决,然后由以"基于谨慎原则"的利益,"暂同意"召集(并主持)临时股东大会(第三次和第五次)。

康达尔管理层或许没有注意到,这一次,京基并没有发出"要求自行召开"临时股东大会的公告。而且京基的股票虽然依然是几乎全部质押的状态,但是这些质押股票的质押到期日已经从原来的确定日期变为了"办理解除质押手续之日"。也就是说,质押公司已经不是那么着急了,京基的资金压力也没有两年前那么大了。甚至可能比以前更"不差钱",不然也不会有即将到来的"要约收购"了。

(七)瑞华退出,但管理层永不放弃

也许是意外惊喜,也许是早有预感。5 月底,瑞华向康达尔书面发函,决定不承接康达尔 2017 年的审计工作。

如此一来,康达尔管理层的节奏被完全打乱了:本来瑞华已经在 4 月 20 日就提交了最终的审计报告修改稿,所以只需要股东大会一通过,就可以顺利披露。这也是康达尔一直坚持用瑞华最好的理由,还可以顺带指责京基频繁要求更换的"无可操作性"和"不良居心"。而现在,瑞华主动退出了,康达尔管理层之前一直坚持瑞华反而成为了可以苛责的最好理由——"人家京基都推荐了三次其他家会计师事务所,结果你都不乐意,非要选瑞华,可明明瑞华自己就不愿意,你为什么这么坚持?当时早早和其他的会计师事务所签约,现在披露早都做出来了。这未及时披露的

---

① 《第八届董事会 2018 年第七次临时会议决议公告》,公告编号:2018-042,载巨潮资讯网。

锅不你背谁背?"

于是,2018 年第四次临时股东大会的召开瞬间变得毫无意义,康达尔董事会不得不取消。而另一方面,瑞华的退出也给了监管部门介入更充分的理由,6 月 7 日,证监会下发对康达尔调查通知书。① 证监会的这个调查对康达尔管理层是十分不利的,因为按照相关规定,康达尔未及时披露 2017 年年度报告,董事长罗爱华和总经理季圣智应当承担主要责任,是直接负责的主管人员。②

所以,现在京基手里多了两个筹码:瑞华的退出可以让其聘请会计师事务所的议案具有合理性和正当性。证监会的调查也让其多次要求罢免罗爱华和季圣智有了更强的支撑。

可惜的是,京基还是小瞧了康达尔管理层"永不服输"的坚定态度,6 月 11 日,京基第四次向董事会提交聘请会计师事务所的议案,被董事会再次拒绝。不过从后续的进展来看,康达尔管理层这一次的拒绝更多不是"蛮横",而是"讨价还价"的邀约。

(八)互相妥协,京基终进董事会

对于京基来说,虽然现在的局势对他们有好转,但他们对于提案"不上会"的问题始终没有更好的解决办法,法院虽然多次裁定行为保全,但也仅仅是"暂时"解决

---

① 《调查通知书》(深证调查通字〔2018〕105 号),2020 年 2 月 17 日,证监会出具《行政处罚决定书(康达尔)》(〔2020〕3 号),对康达尔给予警告并处以 40 万元罚款;对罗爱华给予警告并处以 20 万元罚款;对季圣智给予警告并处以 10 万元罚款。

② 《上市公司信息披露管理办法》第三条:"发行人、上市公司的董事、监事、高级管理人员应当忠实、勤勉地履行职责,保证披露信息的真实、准确、完整、及时、公平。"第三十八条:"上市公司董事、监事、高级管理人员应当勤勉尽责,关注信息披露文件的编制情况,保证定期报告、临时报告在规定期限内披露,配合上市公司及其他信息披露义务人履行信息披露义务。"第五十八条第一款:"上市公司董事、监事、高级管理人员应当对公司信息披露的真实性、准确性、完整性、及时性、公平性负责,但有充分证据表明其已经履行勤勉尽责义务的除外。"第五十八条第三款:"上市公司董事长、经理、财务负责人应对公司财务报告的真实性、准确性、完整性、及时性、公平性承担主要责任。"第六十一条:"信息披露义务人未在规定期限内履行信息披露义务,或者所披露的信息有虚假记载、误导性陈述或者重大遗漏的,中国证监会按照《证券法》第一百九十三条处罚。"《证券法》(2014 年修正)第一百九十三条:"发行人、上市公司或者其他信息披露义务人未按照规定披露信息,或者所披露的信息有虚假记载、误导性陈述或者重大遗漏的,责令改正,给予警告,并处以三十万元以上六十万元以下的罚款。对直接负责的主管人员和其他直接责任人员给予警告,并处以三万元以上三十万元以下的罚款。发行人、上市公司或者其他信息披露义务人未按照规定报送有关报告,或者报送的报告有虚假记载、误导性陈述或者重大遗漏的,责令改正,给予警告,并处以三十万元以上六十万元以下的罚款。对直接负责的主管人员和其他直接责任人员给予警告,并处以三万元以上三十万元以下的罚款。发行人、上市公司或者其他信息披露义务人的控股股东、实际控制人指使从事前两款违法行为的,依照前两款的规定处罚。"

了表决权的问题,而非提案权。提案权这个问题不解决,京基就无法派驻代表进驻董事会继而对公司产生影响,更谈不上实质上控制董事会。所以,这一次的2017年年度股东大会,对于他们来说是不可错失的机会,他们也只能让步。

从另一个角度来说,2017年年度股东大会,也是京基等待而来的“另一半机会”,配合着层层递进行为,保全裁定这个争取而来的机会在此时发挥了真正的作用。2017年年度股东大会之所以重要,是因为此时原有的管理层任期届满,要在这一次的股东大会上进行换届选举。之前京基或者是急于求胜,或者是虚张声势,多次提出“罢免全体董事”的议案,结果并没有起到实质性的进展(董事会基本以“任期期间不得无故罢免”为由而拒绝)。而现在,管理层任期到期,或去或留,都需要表决。管理层这时无法再以“任期未满不得无故解除”为由拒绝。

管理层之前再怎么“蛮横”,这时候也得让步:第一,在前三次的失利之后,康达尔管理层不能指望2017年年度股东大会上不会第四次出现行为保全的裁定。所以,只要京基弃权或者反对,康达尔管理层基本不可能留任。第二,鉴于2016年年度股东大会已经有行为保全禁止执行的情况,如果康达尔管理层想在2017年年度股东大会上“强行”留任(拒绝提案、排除表决权),也可能遭到同样的“事后打击”。第三,会计师事务所的选聘迫在眉睫,也还需要京基的支持才能通过。所以,为保自己的位置,他们目前得暂时放下一点之前的“蛮横”姿态。

京基想进驻,管理层想留任,公司需要存续。这几个事情,“只能谈,没法打”。

于是,我们在2017年年度股东大会的决议公告看到,京基主动承认了《公司章程》中反收购条款——“董事轮换制”,认可本届股东大会只选举两名独立董事和一名非独立董事。管理层则认可了京基提交的候选人临时提案并提交股东大会审议,管理层的独立董事还专门为此发表了认可的独立意见。

当然,京基毕竟吃过“趁火打劫”的亏。于是为防生变,依然向法院申请了行为保全:康达尔不得在2018年6月29日召开的公司2017年年度股东大会上剥夺京基表决权,并应当将京基所持股份全部计入该次会议的有效表决权总数,并按照表决规则计算京基相应的选举票数。京基同意取消了2018年第三次临时股东大会。康达尔管理层也在7月3日撤掉了5亿元的股东资格案。

最终,在累计投票制①的加持下,京基拿到了1个非独立董事席位、1个独立董事席位和2个非职工监事席位。华超则拿到了6个非独立董事、3个独立董事和1个非职工监事席位,其中,祝九胜在股东大会当天发函表示不再留任非独立董事,

① 《深圳证券交易所主板上市公司规范运作指引》(2015年修订)第2.2.11条:“控股股东控股比例在30%以上的公司,应当采用累积投票制。”

于是华超实际在位的非独立董事为5位。

不过，双方妥协结果，也仅此而已。而关于聘请会计师事务所，双方此时依旧互不让步，结果在7月2日复牌后，康达尔被实行退市风险警示处理（“披星戴帽”）。康达尔管理层也依旧极为排斥京基对公司管理权的染指。

五、战斗升级，戛然落幕（2018年8月～2019年12月）

（一）妥协并非“言和”，双方边打边谈

管理层在2017年年度股东大会召开后，立即在当天召开了董事会会议与监事会会议，并以京基提名并经股东大会当选的董事、监事的任职资格“尚需待监管机构核查确认”为由，将京基的代表董事和代表监事排除在董事会与监事会之外。管理层在这两场会议上，确认董事长依然为罗爱华（并兼任总裁）、4名副总裁、财务总监、董事会秘书和监事会主席也均由管理层的代表出任。京基的代表董事和监事，目前都只是“有名无实”，无法参加董事会，连董事会的各个委员会也均无其位置。

7月10日，京基向监事会提交临时提案，认为非独立董事祝九胜不再留任，导致监事会席位出现空缺，应在2018年第五次临时股东大会上补选。董事会以“换届选举不得超过三分之一”“目前董事人数未低于法定人数，不影响董事会运作”为由拒绝提交。7月16日，京基再次向监事会提交临时提案，要求免去罗爱华的董事职务（第四次）和华超的代表监事占爱民。监事会以罗爱华与占爱民刚当选第九届董事与监事，未被司法机关认定违反相关义务为由拒绝提交。

可能是管理层不想再和京基“口水仗”，直接釜底抽薪。7月25日，监事会又召开第二次临时会议，在京基的代表监事未出席的情况下，以3票同意、0票反对、0票弃权的表决结果取消了2018年第五次临时股东大会，还为此特地出具了法律意见书。

一面是“针尖对麦芒”，一面是共同面对的悬而未决的难题——会计师事务所。据媒体透露，深圳证监局早在5月31日就出面调停年报审计一事。康达尔也曾找过普华永道、德勤、毕马威等多家会计师事务所，但均被谢绝或婉拒。[①] 最终，选择范围落在了亚太、大华和信永中和这三家。2018年7月24日，康达尔召开董事会，全票通过选聘信永中和，随后董事会召集2016年第六次临时股东大会，通过了上述议案。

---

① 屈慧：《暂时搁置年报争议＊ST康达有望摘帽》，载财新网，http://companies.caixin.com/2018－08－11/101314011.html。

在这次临时股东大会召开之前，京基第七次提交临时提案，要求补选非独立董事，董事会以与监事会同样的理由不予提交。

（二）京基要约收购，康达尔再启5亿元诉讼，双方孤注一掷

也许是“有名无实”成为下定决心的关键，也许是早有准备。总之，京基决定总决战了——继续增持，成为控股股东。2017年7月31日，京基决定用其自有资金，以要约收购的形式和24元/股的价格（溢价约24%），增持10%的康达尔股权。

“打仗就是打后勤”，康达尔管理层此时已经没有什么“炮弹”了：

舆论方面，因为自己“提案不上会，表决权不计入”的策略，早已从“同情”变为“众叛亲离”；举报方面，监管部门回复“正在核查”后，已有两年半的时间再未有新进展；诉讼方面，股东资格案直至其撤诉，都没有拿到想要的行为保全；也没有起到中止对方诉讼的效果，更不要说两年半的时间里法院都未作出一审判决；“抱大树”方面，康达尔最终还是没能像万科那样找到合适的靠山，与万通地产合作再没有下文，而与中建一局的项目开发进展得也极其缓慢。

或许是京基是看准了这个时机才发起的要约收购，因为管理层目前没办法以“重大资产重组”等理由进行第五次停牌：

首先，按照相关规定，被监管部门立案调查的上市公司是不能进行重大资产重组的，而如上所述，康达尔刚刚在6月7日因未及时披露2017年年度报告而被证监会立案调查。所以康达尔管理层很难再以“重大资产为由”停牌。

其次，康达尔才刚刚复盘，且被实施了退市风险警示，在年度报告作出之前就再次停牌很容易受到监管部门更严厉的制裁，所以再次长时间停牌的难度很大，而如果停牌时间只有几天，不足以达到拖延的目的。

如果康达尔资金充裕的话，也许还可以发出竞争要约，即以高出24元/股的价格来增持，这样做起码也能“拖延一阵子”。[①] 但或许是真的“没余粮”了，[②]管理层没有这么做。

---

① 《上市公司收购管理办法》第三十七条：“收购要约约定的收购期限不得少于30日，并不得超过60日；但是出现竞争要约的除外。”

② 《上市公司收购管理办法》第三十六条第二款：“……收购人应当……提供以下至少一项安排保证其具备履约能力：（一）以现金支付收购价款的，将不少于收购价款总额的20%作为履约保证金存入证券登记结算机构指定的银行；收购人以在证券交易所上市交易的证券支付收购价款的，将用于支付的全部证券交由证券登记结算机构保管，但上市公司发行新股的除外；（二）银行对要约收购所需价款出具保函；（三）财务顾问出具承担连带保证责任的书面承诺，明确如要约期满收购人不支付收购价款，财务顾问进行支付。”

于是,管理层在祥林嫂式地絮叨“京基集团暂不具备收购上市公司的主体资格,不得收购上市公司”下,再次围绕着 19.80% 的股权,向广东高院提交起诉林志等 13 名自然人和京基,诉讼请求标的金额依然“刚好”是 5 亿元。

只不过,这一次的起诉原告主体从康达尔换成了华超,除 5 亿元之外的诉讼请求则从“违法行为改正前不得行使表决权”“不具备收购上市公司的主体资格”“减持至5% 以下”三个,变成了“不享有股东权利”和“不计入有效表决权总数”这两个。

(三)管理层核心再被刑事拘留,此次却“树倒猢狲散”

2018 年 8 月 11 日,2016 年第六次临时股东大会召开,罕见的是,董事长罗爱华(兼总裁)、董事李力夫(兼副总裁和财务总监)、监事会主席张明华三人缺席。董事会秘书兼副总裁胡琴对此表示,这三人集体告假。[①] 随后深圳市公安局向康达尔告知,上述三人因涉嫌背信损害上市公司利益、挪用资金和职务侵占犯罪而被刑事拘留。[②]

关于这一次的刑事拘留,有媒体透露,知情者向其表示,罗爱华等人还涉嫌占用上市公司资金,规模巨大,深圳市公安局已为此成立专案组。京基则否认其曾向公安机关报案,表示其在 8 月 13 日才知道罗爱华被捕的消息。[③]

一般来说,刑事拘留是一个不利影响,但对控制权之争的影响有限:

虽然三名高管被捕,华超依然控制着大部分的管理层席位。除去这三人,康达尔董事会目前的非独立董事还有 4 名,仅有 1 名熊伟为京基代表,独立董事在曾江虹辞任后也还有 3 名,2 名还是“老成员”,监事会还有 4 个席位。

而且,刑事拘留并不当然影响犯罪嫌疑人的公司职务,罗爱华等 4 名高管在 2013 年年底就因涉嫌职务侵占问题被深圳市公安局刑事侦查,但也未影响这些人的董事职务。罗爱华等人完全可以参照国美控制权之争那样延续这一场控制权之战。

然而,罗爱华这一次的刑事拘留,宣告了控制权之争胜负已定:

---

① 屈慧:《暂时搁置年报争议 * ST 康达有望摘帽》,载财新网,http://companies. caixin. com/2018 - 08 - 11/101314011. html。

② 2019 年 3 月底,深圳市公安局移送检察院审查起诉,2019 年 4 月,检察院向康达尔发送《被害人诉讼权利义务告知书》。2019 年 8 月,深圳市检察院对罗爱华之外的三人作出不起诉决。至于针对罗爱华的审查起诉,截至本书截稿之日还在审理中。

③ 王婧、屈慧、林金冰:《独家|康达尔原董事长遭刑拘股权之争将落幕》,载财新网,http://companies. caixin. com/2018 - 08 - 13/101314610. html。

就在确认罗爱华被捕的当天，康达尔董事会召开临时会议，熊伟担任董事长，京基的高管巴根、蔡新平、黄益武分别出任总裁、副总裁、副总裁兼财务总监。而在确认张明华被捕的前一天，监事会召开临时会议，易文谦出任监事会主席。上述议案均在所有应出席者均到场的情况下，获得全票通过。

会议结束后，非独立董事李邑宁与李力夫、股东代表监事占爱民、职工代表监事夏希忠陆续辞职。康达尔与张明华解除劳动合同关系，张明华自动解除职工代表监事职务。康达尔新董事会随后在 2018 年 9 月 4 日召开第七次临时股东大会，京基第五次提交免去罗爱华董事职务的议案，并补选巴根、蔡新平、黄益武为非独立董事，李东明为独立董事，王鸿鹤为股东代表监事。最终，罗爱华被免去董事职务。

紧接着，非独立董事黄馨与陈扬名、独立董事徐国平、副总裁苏亚菲相继辞职。康达尔董事会随后在 2018 年 9 月 12 日召开第八次临时股东大会，补选黄明祥、杨玉雄、靳庆军为非独立董事，陈东为非独立董事。

至此，除了独立董事栾胜基，副总裁廖益平和胡琴（兼董事会秘书），剩余的全部管理层成员均为京基代表或提名。从 8 月 13 日至 9 月 12 日，京基用了不到 1 个月的时间，以摧枯拉朽之势，完成了“洗牌”。

（四）尾声 · 京基清扫战场

虽然已获胜利，京基还有非常多的收尾工作要做：

第一，是之前发起的连环诉讼。2018 年 9 月 6 日，京基对“面向过去”的 3 起诉讼和“面向未来”案申请撤诉；颇为巧合的是，一天之后，林志对其撤销决议案也申请了撤诉。9 月 18 日，京基又对诉管理层案申请撤诉。至此，针对康达尔原管理层的所有诉讼均已被撤销。

第二，是之前发出的要约收购。国家市场监督管理总局于 9 月 18 日出具了允许收购的书面批复，①京基随后正式开展了要约收购活动，于 11 月 23 日办理完毕，此时，京基持股 41.65%，成为康达尔第一大股东，实际控制人也从罗爱华变为陈华。

第三，是康达尔之前的土地开发业务。2019 年 1 月 19 日，康达尔一是与中建一局终止了之前签订的 239 亿元的施工合同，并将其中部分项目总承包给广西建工。二是与华超的控股子公司中外建解除设计合同。

---

① 《经营者集中反垄断审查不实施进一步审查决定书》（反垄断初审函〔2018〕第 188 号）。

第四，与华超这个前控股股东，现第二大股东的“合作”。2018年12月6日，华超撤回了5亿元诉讼。8个月后的2019年8月15日，京基集团以18.97元/股的价格（无溢价），受让罗爱华陆伟民夫妇合计持有的华超投资100%股权。股权转让完成后，京基将通过华超投资间接持有康达尔29.85%的股权。随后，华超更名为深圳市京基时代实业有限公司，注册资金从6000万元猛增至8亿元，办公场所也从福田区竹子林教育科技大厦搬到了罗湖区的京基100大厦。

自此，华超从罗爱华陆伟民夫妇的“夫妻店”，变成了京基的全资子公司。京基对康达尔的持股比例达到了41.65% +29.85% =71.5%。按照证券交易所现行的上市规则，注册资本小于4亿元且控股股东持股比例达到75%的上市公司，不再具备上市条件。京基为了规避这一点，在2020年3月将康达尔注册资本从3.90亿元增至4.02亿元。于是按照现行规则，京基只有持股超过90%，才属于股权分布发生变化不再具备上市条件的情况。

至于罗爱华陆伟明夫妇，则在股权转让完成后的一个月成立了一家新的“夫妻店”——深圳市华超国际投资集团有限公司，全资控股中外建公司即“老华超”的全资子公司，也是康达尔自2002年（也就是华超拿到康达尔控制权之后）起就一直开始“深度合作”的公司，也是在京基拿到控制权后第一时间与其解除合同的公司。

2020年4月13日，康达尔又与罗爱华签署《伟江发展有限公司股权转让协议》，康达尔将其持有的伟江发展有限公司全部的100%股权以人民币210万元的价格转让给罗爱华。

第五，是解决退市风险。2019年9月23日，康达尔申请撤销退市风险警示。2019年10月15日，深交所予以核准，股票简称由“*ST康达”变回“康达尔”。

第六，是完善公司治理。2019年3月24日，康达尔召开2020年第一次临时股东大会，根据证监会2019年4月17日新修订的《上市公司章程指引》修改了《公司章程》《股东大会议事规则》《董事会议事规则》《监事会议事规则》：

一是明确“禁止授权”，股东大会不得将法定由股东大会行使的职权授予董事会行使，相比于南玻的修改，并未限制董事会对董事长、总经理的授权。

二是删除“禁止无因解任”条款，并明确“可在任期届满前由股东大会解除其职务”，同南玻一样。

三是规范议事决策，包括：董事会应当按规定的时间事先通知所有董事；两名及以上独立董事认为资料不完整或者论证不充分的，可以联名书面向董事会提出延期召开会议或者延期审议该事项、董事会应当予以采纳，公司应当及时披露相关情况；会议记录应当真实、准确、完整。

四是保护董事会秘书职权,董事会及其他高级管理人员应当支持董事会秘书的工作。任何机构及个人不得干预董事会秘书的正常履职行为。

与南玻不同的是,京基之前修改公司制度的提案,均未在此次修改中予以体现。例如,之前京基提出"股东自行召集的临时股东大会由公司董事会作为召集人负责召集,由董事长作为主持人"与"公司董事长可以直接决定聘任或者解聘财务负责人"违反法律规定和公司章程。但是此次的修改中,这两个条款均得到保留。

第七,是"辞旧迎新"。2019 年 12 月 26 日,公司拟改名为"深圳市京基智农时代股份有限公司",回归本业,证券简称也从"康达尔"变成了"京基智农"。2020 年 4 月 9 日,更名完成。康达尔从此成为了历史。而罗豫西、吴川投资、季圣智依然是京基智农的前十大股东。

六、解析双方攻守策略

(一)京基的"攻"

1. 防守反击,不留把柄

通常来说,新晋资本是控制权之战中的攻击方,使出浑身解数来试图取得上市公司控制权,原始资本及其管理层代表则是防守方,采用一切手段来阻止新晋资本的意图。一般情况下,防守方主要是采取被动防御的方式。但在这一场战斗中,康达尔管理层的主动防御要远远多过被动防御。无论是诉讼还是舆论,无论是对林志、吴川投资还是陈华,最终都集中在控诉京基"违法""恶意""串通"。

为了实现"说了一千遍便成为真理",有在短短半年内通过监管部门指定的信息披露平台的 11 次质询;有在全国性的证券媒体和深圳当地媒体在同一时间里刊发的"京基涉嫌伏击""疑京基背后指挥""违法增持案获法院受理""全力阻击'野蛮人'""翻版宝万之争""围攻康达尔"等吸引眼球的"知情人透露";有针对林志和京基的连环诉讼;还有社保缴费记录、300 万元注册资金来源等很难拿到的"实锤"证据;更不要说无数次向监管部门(甚至还有刑事侦查、监察、纪检、人大、政协等机关)的举报……这些手段除却管理层的行事风格、心理状态等主观原因,以及公关策略这个客观原因之外,还有投石问路的作用。

在商战中,"激将法"屡试不爽。"祸从口出""越描越黑",最终落了个"解释就是掩饰,掩饰就是确有其事"的下场是常见而难以避免的,于是,管住自己的言论也便成了"敌意收购公关战"中的关键。从事后诸葛亮的角度来看,针对京基的各种负面信息都是"捕风捉影",不值一驳。但对于当时的状况来说,比起专家的苦口婆心,更重要的是京基自身的定力:能否看清战局,能否应对舆论、监管甚至自身内部的压力。

当然，管住言论并非要做“埋头的鸵鸟”。过度的沉默也等于是中了对方的“陷阱”——对方可以以“沉默就是承认”来进一步大做文章。因此，及时且恰到好处地澄清是极其必要的。

京基在这一点上，坚持“不上套”的原则。对其言论的范围，严格限缩在监管规定的范畴中，宁可“挤牙膏”，也不主动多给，但也不越雷池一步。尤其是在与林志、吴川投资的关系，林志的持股资金来源等问题上更是慎之又慎。对华超和康达尔提出的绝大部分问题不予回应，而对监管的关注则是坚持在法律层面积极配合。对法律上站不住的地方和对其不利的内容，简短、坚定地予以否认，但又不把话说死。对没有确凿依据的质疑，不解释，不提供任何进一步信息，防止出现任何的误解或不当解读。

另外，京基在行动方面也极其谨慎，也没有让康达尔管理层抓到其“违法”“恶意”“串通”等主张的证据。最终，管理层排山倒海式地施压，只是得到了京基“监管部门从未限制本公司行使作为康达尔股东的任何股东权利”“无权滥用上市公司信息披露平台以任何非法获取、未经证实的信息责问、诋毁本公司”的回应。最终，康达尔管理层没有在京基的言论回应和后续行动中找到新的突破口。

而与之相对的是，康达尔管理层的这些尺度过大的施压措施，加上其他的种种任性行为，为京基寻求舆论媒体、监管部门和司法机关的支持铺平了道路。

2. 灵活调整，“七寸打蛇”

京基一开始采取的收购措施颇有“火天大有”①的味道，例如，提请股东大会免去全体董事和股东代表监事、罢免罗爱华和季圣智、终止履行239亿元施工合同、修改公司制度等，气势汹汹，一股子“山雨欲来风满楼”的气势。

但是，如前文所述，当时的华超已经基本拥有了一票否决权，京基的这些提案很难得到股东大会通过。而从当时鲜见新闻报道的情况来看，京基也没有利用这些提案诉诸舆论的意图。更何况，罢免全体管理层这样的提案一旦诉诸舆论，反而会引火烧身，坐实“野蛮人”的身份。所以这一招虚张声势，主要还是打乱对手阵脚，然后利用对手的仓促应对来反客为主——或者找到新的攻击点，或者增加谈判筹码。

可能让京基意想不到的是，康达尔管理层是一个“不按套路出牌”的对手。既不开辟新的战场，也不作出一点让步。俗话说，“再一再二不再三”，康达尔管理层

---

① “火天大有”一般指大有卦，为《易经》第六十四卦之第十四卦。——编者注

却是连续三次采用“提案不上会 + 不计表决权”这样饮鸩止渴的方式来硬碰硬，拒绝将京基公司所持股份计入股东大会有效票，限制京基行使股东权利。为此不惜付出舆论向背、监管问责、市值下降、司法禁令的代价。

面对这种“意外”，京基也是花了至少 4 个月的时间来消化和反思。然后，京基改变了进攻策略，不再期待“一决胜负”，而是夕惕若厉，变“歼灭战”为“攻坚战”。“借鉴”孙勤的诉讼设计思路，从原来的“一揽子买卖”变成了静待时机、“定点爆破”，然后“火烧连营”。一方面是争取机会，把之前的“受挫”变成了司法机关支持其行为保全的理由，使管理层再难忽略京基而恣意决策。另一方面是等待机会，抓住了康达尔换届选举和会计师事务所选聘这两个关键时刻，使康达尔管理层终于坐到了谈判桌前。

3. 手段叠加，不断施压

京基对康达尔管理层发起的 6 起诉讼，形成“事前预防 + 事后追责”完整的闭环，其经典程度不亚于管理层一开始采取的反收购措施：

决议无效案胜诉，并完整走完了“管辖权异议→一审→二审→再审”的司法程序，为京基其他的 5 起诉讼打下了坚实基础。

其中，法院确认的“本案系公司决议纠纷，而广东高院（股东资格案）审查的是京基是否存在证券违法行为及承担怎样的民事责任问题，两案之间并不冲突……故被告（康达尔）要求本案中止审理……本院不予采纳”让康达尔管理层设计的“刚立案就被中止审理”策略失效。而法院“作出相应处罚的机关系‘中国证监会’，而非公司董事会”的观点，与监管部门的“认定京基是否存在违法行为，其所持股份的表决权是否因此受到限制，应当是由有权机关依据事实和法律规定作出的，没有任何法律、行政法规授权上市公司的董事会以任何方式行使这一公法项下的权力”相映成趣。让康达尔日后“不上会 + 不计入表决权”的反收购手段的合法性成为很大的问题，很难再得到舆论同情。“面向过去”的 3 起诉讼，则可以在决议无效案的基础上进一步巩固京基的股东权利——“非经监管部门和司法机关的生效法律文书，任何人无权限制”。

诉管理层案不断累积康达尔管理层的民事责任。而且，只查封董事长罗爱华、罗爱华的女婿季圣智、独立董事曾江虹这三人以外的其余八位董事名下的财产，也能增大康达尔管理层“后院起火”的可能性。

“面向未来”案则能让京基针对康达尔日后的任何限制股东权利的行为及时申请司法救济（行为保全）。

上述 6 起诉讼相互叠加、共同作用，使得康达尔日后的每一次股东大会，京基均可以开启“四步走”方案：

第一步，申请法院作出行为保全裁定，通过司法强制手段要求管理层禁止剥夺京基的表决权，并将京基所持股票全部计入该会议的有效表决权总数。

第二步，看管理层在此次股东大会上是否还有“小动作”影响京基的股东权利，如果是，那么京基还可以请求法院作出裁定，禁止决议的执行。

第三步，追加“面向过去”的诉讼，请求法院确认该次股东大会侵犯其股东权利。

第四步，在诉管理层案中追加诉讼请求积累康达尔管理层的民事责任。

京基的这6起诉讼，无疑给管理层形成了巨大压力，而由这6起诉讼衍生出来的“四步走”方案，对康达尔管理层则构形成了约束和震慑。

若没有这上述的6起诉讼和“四步走”方案，康达尔管理层可以按照之前“不上会+不计表决权”的方式聘请会计师事务所与董事会换届留任。而有了这6起诉讼和“四步走”方案之后，康达尔管理层在这两个事情上就不得不考虑京基的态度。换言之，正是这6起诉讼和“四步走”方案，京基才激活了自己的这两个筹码。也许换成其他的严格遵纪守法的被收购公司，这6起诉讼和“四步走”方案毫无必要，但对于康达尔这个例外，京基用自己的例子告诉了我们怎么运用法律武器让纠纷回归到法律的舞台上解决。

4. 边打边谈，能屈能伸

京基通过3年多的争取和等待，终于做成了“管理层想留任，公司需要保持上市资格，而二者都需要京基配合”的这个局面。而如前所述，此时的京基只是“暂时”解决了表决权问题，但未解决提案权问题，更不要说为此所付出的成本（如6起诉讼、4次行为保全所支付的诉讼费用，增持和质押的资金成本和爆仓压力）。所以，京基离其控制康达尔的目标还有很远。

换成其他收购方，可能会利用这个局面向康达尔管理层寻求更多的筹码，如在提案权、管理层席位上再争取一下。但是，或许是看出了华超“树倒猢狲散”的本质，京基暂时接受了自己目前的状态，然后在与康达尔管理层在管理层席位的谈判中也只是拿到了2个董事会席位和2个监事席位。华超则拿到了9个席位和3个监事席位，并且在祝九胜辞任后还占着位置。而新管理层组建后，华超直接绕过京基的董事代表和监事代表召开董事会和监事会，迅速任免了董事长、专委会委员、监事会主席、总裁、财务总监、董事会秘书等。

这时候的京基，没有口水战，没有直接对峙，而是“直捣黄龙”，继续增持，即通过要约收购的方式再次增持10%康达尔股票。在增持完成后成为控股股东，继而绕过董事会直接通过股东大会拥有法律意义上的一票否决权，影响公司的经营管理。

在机会未来之时,选择隐忍地步步为营;在机会来临之际,则是踔疾猛进、迅速奠定胜局。在罗爱华、张明华被刑事拘留后不到1个月的时间内,京基将除董事会秘书、1位独立董事、2名副总裁和1名职工代表监事之外的其他全部管理层,换上了自己的人,以迅雷不及掩耳之势完成了对康达尔的控制。

（二）康达尔的“守”

1. 事前防御:反收购条款有用,但越来越有限

康达尔管理层在这场控制权大战之前所设计的“禁止无因解除”“董事轮换制”“提高董事提名资格”,与“董事资格限制”“增设职工董事”“黄金降落伞”等在当时均属于国内常见和流行的事前防御措施。关于“提高董事提名资格”的法律效力,已经有越来越多的司法案例给予了明确的否定,这些已经在本书的“宝南之争”中进行了分析,在此不再赘述。这里主要分析一下管理层采用的“禁止无因解除”与“董事轮换制”。

在这场控制权大战中,“禁止无因解除”与“董事轮换制”的设计,让管理层有了拒绝京基提请罢免董事的理由。而其中的“禁止无因解除”与证监会1997年12月16日发布的《上市公司章程指引》（证监会〔1997〕16号）中的表述方式完全一致。①这样的设计有着其复杂的历史背景和政策考虑,而且证监会在2006年、2014年和2016年对该指引的三次修订中均保留了该条款。于是,国内上市公司在《公司章程》等制度中大量设计保护现有董事会的条款也就不足为奇。

不过,随着时代的发展,监管的立场在转变。例如,经证监会批准设立并直接管理的投服中心,自2014年12月5日成立以来就一直在关注国内上市公司的《公司章程》等制度对现有董事会“过度保护”的问题,并采取了一系列的积极行动。除了本书“宝南之争”中提到的通过诉讼途径确认“提高董事提名资格”的条款无效并获胜诉以外。还通过直接向上市公司发出建议函的方式要求改正其章程中不利于保障广大中小股东合法权益的条款。

关于康达尔所设计的“董事会换届时所更换、增加的董事数额总计不得超过上届董事会董事名额的三分之一”的“董事轮换制”条款。在此次收购大战中派上了用场,成为康达尔与京基谈判的底线。最终,京基接受了该条款,认可2017年年度股东大会只选举3名董事（不超过全部11名董事的1/3）,继而保住了自己的大部分席位。

① “董事在任期届满以前,股东大会不能无故解除其职务。”

但是，投服中心对该条款给出了明确的否定态度，认为这“极易催生控制权交接障碍以及导致公司治理混乱，存在侵害中小股东权利的可能”。[①] 股东大会是董事产生或更换的必经程序，虽然法律允许连选连任，但依然得以通过了股东大会选举为前提。法律并未强加股东大会对董事会成员选举的比例限制，更未允许在这方面允许董事会可以作出限制。而上述条款的设置，会使得“在新投资者成为上市公司大股东后，原控制者仍能通过控制董事会来控制上市公司。这种情况，极易导致上市公司陷入新旧控制人争斗、公司治理混乱及上市公司无法正常运转等不利境地，进而侵害中小投资者的合法权益”。

而此后，监管部门和司法机关也陆续明确表态，不再支持“禁止无因解除”。在2019年4月17日，证监会第四次修订《上市公司章程指引》时，删去了“董事在任期届满以前，股东大会不能无故解除其职务”的“禁止无因解除”条款，并且明确董事“可在任期届满前由股东大会解除其职务”。[②] 12天之后的4月29日，最高院发布了《关于适用〈中华人民共和国公司法〉若干问题的规定（五）》（法释〔2019〕7号，已被修改），其中第三条第一款规定，“董事任期届满前被股东会或者股东大会有效决议解除职务，其主张解除不发生法律效力的，人民法院不予支持”。最高院在答记者问时对该条进行了解读，[③]指出该条明确了董事职务“无因解除”的规则，廓清了公司与董事实为委托关系，而在委托关系下，根据现行法律规定，双方均有任意解除权，并且没有“当事人另有约定除外”的但书规定[④]。因此，无论任期是否届满，董事可以随时辞职、公司也可以随时解除董事职务，且均不受公司章程、董事聘用合同的影响。

而其实，早在新指引和新规定出台之前就已经有了支持“无因解除”的案例，如在“刘华平、张永健小额借款合同纠纷、公司决议撤销纠纷”一案[⑤]中，该案的公司章程也明确规定了“董事任期届满前，股东大会不得无故解除其职务”，但一审法院和二审法院均认为“《公司章程》约定股东大会无权解除董事职务，与《公司法》关于股

---

① 《投服中心连发建议函剑指〈公司章程〉三类不当条款》，载上海证券报，http://www.xinhuanet.com/fortune/2017-02/06/c_1120414246.htm。

② 《上市公司章程指引》（证监会公告〔2019〕10号）第九十六条第一款。

③ 《依法保护股东权益服务保障营商环境——最高人民法院民二庭相关负责人就〈关于适用《中华人民共和国公司法》若干问题的规定（五）〉答记者问》，载《人民法院报》2019年4月29日第3版。

④ 原《合同法》第四百一十条，另外在2019年12月16日公布的《民法典（草案）》中，相关条款在第九百三十三条得到了完全保留，且依然没有“当事人另有约定除外”的但书规定。

⑤ （2018）闽08民终493号，载中国裁判文书网。

东大会的职权规定[①]冲突,应属无效条款”,并且“股东大会在未违反法律法规和公司章程规定的前提下,解聘原公司董事的决议所依据的事实是否属实,理由是否成立,不属司法审查的范围”。

不过,如同在本书其他章节提到的那样,“禁止无因解除”与“董事轮换制”并非不能发挥其作用。只不过这两个制度不再是董事会的“保护伞”,但依然能够成为在角逐股东大会时争取中小股东、与大股东谈判的“胜负手”。在此次控制权大战中,收购方因这些“魔戒”(这两个反收购条款以及“不上会 + 不计入表决权”)而耗费了大量的时间成本和资金成本,同时也只是承担了很小的代价(详细分析参见本文最后一节)。而更重要的是:保持董事会的稳定,对于公司、股东、监管和市场都是有其合理性的,如果能以此为理由争取到中小股东的理解和支持,继而获得留任,可谓是回归到了“受人之托、忠人之事”的董事职务本质。

说到底,在战局中,除非危险性极大,否则“武器”和“棋子”还是越多越好,起码能保持自身实力,隐藏自身策略,干扰对手思路、增加对手的消耗、延缓对手的行动。

2. 事后防御:环环相扣,但打铁还需自身硬

康达尔在京基登场时所采取的反收购措施是很有章法的,核心是围绕着《上市公司收购管理办法》(2014 年修正)中不得收购上市公司的三种情形——财务状况不佳、涉嫌重大违法行为以及有严重的证券市场失信行为,试图让监管部门对京基采取“停止收购”等监管措施;寻求司法机关对京基作出如“不得对其持有或者实际支配的股份行使表决权”的裁定或判决;在舆论中引发大众关注,获得道义上的支持(对自己)和谴责(对京基);“焦土”与“白衣”则用来表明自己反击和抵制的决心和能力。

虽然已败,但康达尔管理层的这一套反收购措施的组合拳设计得非常巧妙,非常具备借鉴意义。但是,若要使其发挥更有效、更充分的作用,监管层面和司法层面的个案差异很大,所以只能参考其思路,而在“白衣骑士/白衣卫士”方面和舆论方面,康达尔管理层还为我们提供了教训和经验:

表面上看,“白衣骑士/白衣卫士”是一个事后防御措施,但实际上,这些是事前防御措施。在“宝南之争”与“宝万之争”中也提到,不能等到“火烧眉毛”了才想着去到处找救兵,这些资源都是“养兵千日、用兵一时”。管理层两次寻求资产重组未果,除了将其作为技术手段的原因之外,找不到合适的重组伙伴才是根本原因——

---

① 《公司法》(2018 年修正)第三十七条第一款:“(有限责任公司)股东会行使下列职权:(二)选举和更换非由职工代表担任的董事。”第九十九条:“本法第三十七条第一款关于有限责任公司股东会职权的规定,适用于股份有限公司股东大会。”

别人为你帮忙,一是精力和成本,二是得罪收购方,凭什么呢?

而在舆论方面。管理层对于舆论的使用还是相当专业的,而且比起合作伙伴,管理层在媒体上的确是下足了功夫:权威性够足够高,报道时机精准,文章本身的可读性、易扩散程度、对事实的剪裁和“借题发挥但不过界”的拿捏都能游刃有余。而且始终只是将舆论作为辅助而非主攻手段,所以没有像“宝万之争”能那样弄得引火烧身且余波不止。

可惜的是,舆论使用得再怎么专业,也是“巧妇难为无米之炊”——没有料,炒不起来。舆论是为公众服务的,不是为个人服务的,要想把这件事情弄得“众人皆知”甚至于己有利,最根本的还是要给出一个极其充分的理由:得是“以小见大”——找到纠纷中能够上升到国家层面高度的问题,而且这种问题的紧急程度、危险程度都要足够的高。说得直白一点的话,那就是“先是社会诉求,然后才是个人诉求”。

“宝万之争”的时候,各种八卦和口水战只是表面,背后则是宝能大肆收购多家实体企业却没有相关行业经验以及收购资金是“用尽了市面上所有的融资手段而来”的事实,继而引发了大众、商界、学界、政府等的持续、广泛地关注和深刻反思:监管套利是否损害了国家经济秩序、是否危害了国家金融安全、是否应当给予“战略投资者”明确的定义以避免“外行领导内行”和“避实就虚”……所以有人说监管部门在“宝万之争”中当了万科的助攻,有人又说监管部门从始至终是中立的。这两个说法只不过是同一件事情的不同角度。裁判在一场比赛中发现了事关所有比赛甚至比赛之外的问题,自然会站出来,它绝不是为了某一方而站出来,有时候甚至也不是为了某一场比赛而站出来,而是为了所有比赛的未来而站出来。站出来的结果难免对当时正在具体进行的某一场比赛中的某一方有利,而对另一方不利,但从所有比赛和从长远来看,是在朝着对所有人有利的方向在前进。

相比之下,康达尔管理层在京基身上找不到类似宝能那样有“多点开花”“融资艺术”等问题,于是也只能靠着“捕风捉影”的信息将林志和京基拉到一起,再加点吴川投资、财务危机等辅料,炒一个仅供当事人享用的私房菜。管理层或许也深知这一点,所以尽管媒体资源丰富、文字功底了得,也只能“点到为止”。

3. 因违规增持而引发的表决权争议,不会因为新法的实施而“一锤定音”

康达尔管理层的七次举报和两个5亿元的诉讼,主要都是围绕着19.80%的持股比例来进行:

简单来说,关于这19.80%的股份,各方均无异议的是:林志在持股5.12%、10.39%和15.08%的时候没有按照规定进行披露,属于违法行为,已被深圳证监局查证属实并处以了“责令改正”的行政处罚，而按照相关规定，在改正之前，相关信息披露义务人不得对其持有或者实际支配的股份行使表决权。

各方的争议，一开始是集中在“责令改正”中“改正”的含义：信息义务披露人只有完成了哪些工作，才算是改正完毕了，可以正常行使表决权了？林志认为，自己在收到处罚之后进行了披露，就算是改正完毕了。康达尔则认为这还不够，林志还得将其15.08%股票减持在5%以下，才算是改正完毕。否则，不但这15.08%无法行使表决权；而且林志后续增持的4.72%股票也无法行使表决权——哪怕是积极地、及时地进行信息披露。当然，这与其说是管理层的观点，不如说是诉求，康达尔希望自己能得到“宝万之争”和“西藏旅游”那样的结果。

在京基登场并与林志签署一致行动协议后，康达尔管理层做了两手准备：

一方面是强化之前的主张，表示一致行动协议不改变股票的所有权权属关系，既然林志还未将15.08%减持至5%以下，那么林志依然无法对这19.80%行使表决权，京基也就无法以林志的名义代为行使这19.80%表决权。

另一方面是提出新的主张，声称林志就是京基的“马甲”，并提供了各式各样捕风捉影的信息来佐证，以证明这19.80%的股份实际上是京基提供资金，通过林志等14个自然人账户而非京基的名义购买，其目的是以更低的资金成本来完成收购（若是京基直接以其名义购买，则股价会大幅上升，就像京基刚登场时的股价波动一样）。这种行为在民法上系恶意串通，无论是林志的持股行为，还是一致行动协议，抑或是股权转让，均是无效，在行政法上属于重大违法行为和证券市场失信行为，按照《上市公司收购管理办法》第六条的规定“不具备收购上市公司的主体资格”。

京基的应对方式简单直接：参照当时的市场价格（在法律意义上，这个价格属于“合理价格”）受让了林志的19.80%的股份。这样做，首先绕开了“责令改正”这个争议问题，即林志的股票已经通过合理价格受让给了京基，讨论“怎么才算是改正完毕了”在本案中就没有意义了。而参照转让时的市场价格的方式，也让“以更低的资金成本来完成收购”的“恶意串通”目的不攻自破。所以说到底，这整场收购战，京基是拿出了真金白银进行了收购，某种程度上说还吃了亏——毕竟如果从2013年年底开始购买，可能收购总价格会比现在更低。

2020年3月1日，新修订的《证券法》正式施行，按照新法的规定，投资者如果在增减5%的股份后未履行信息披露义务,其违规增减比例部分将被限制行使表决权,①2020年3月20日,《上市公司收购管理办法》进行了修订,吸收了该规定。这一条无疑能起到增强信息公开、避免短线交易和敌意收购的作用,对违法者形成了威慑。但是从康达尔这个案子中也能看到,新法落地后的实际适用还需要进一步的考验,这对监管部门和司法机关提出了新的要求和挑战。

例如,如果这个案子是在新《证券法》的背景下:管理层还会不会限制林志和京基提案权,如果限制的话如何解决?法律规定只是针对违规增持部分限制表决权,那么就本案来说,这19.80%的股份有多少属于违规部分,有多少属于合法部分,怎么计算,以谁为准,如果到时候就这个合法和违法各自比例产生了争议如何解决?监管部门和司法机关还能否继续认为"是否有违法行为、表决权是否因此受到限制,属于公法权力,应当是由有权机关依据事实和法律规定作出?"

最后,关于两个5亿元的诉讼,这里做一个简单的比较:

从实质上来看,康达尔管理层(华超)的这一次诉讼,和上一次想要达到的目的基本是一样的:一是中止京基目前诉讼的审理;二是拖延;三是申请行为保全,即在这个案子的生效判决出来之前,京基"不享有股东权利""不计入有效表决权总数"。

从法律角度看,第二个诉讼是"有备而来"而非"紧急救火"。鉴于这两年半的案情新变化、名义原告的不同和诉讼请求的细微差别,以及管理层目前"弹尽粮绝"的窘境,使得这一次的诉讼的意义更侧重于胜诉,而非作为反收购措施之一:事实重点从"林志违规增持"变成了"林志与京基恶意串通",诉求则从"违反行政监管规定"变成了"民事法律行为无效",于是让案件胜诉的关键从法律适用变成了证据认定。

从证据角度看,这个案子华超更难胜诉,因为原来案子的"林志违规增持"的事实是得到深圳证监局的确认,板上钉钉了。而"林志与京基恶意串通"则需要华超举证证明这一点,况且按照我国法律制度的相关规定,对于恶意串通的证明标准要高于民事诉讼的一般证明标准,需达到"排除合理怀疑"才可以认定——与刑事诉

---

① 《证券法》(2019年修订)第六十三条第一款:"通过证券交易所的证券交易,投资者持有或者通过协议、其他安排与他人共同持有一个上市公司已发行的有表决权股份达到百分之五时,应当在该事实发生之日起三日内,向国务院证券监督管理机构、证券交易所作出书面报告,通知该上市公司,并予公告,在上述期限内不得再行买卖该上市公司的股票,但国务院证券监督管理机构规定的情形除外。"第二款:"投资者持有或者通过协议、其他安排与他人共同持有一个上市公司已发行的有表决权股份达到百分之五后,其所持该上市公司已发行的有表决权股份比例每增加或者减少百分之五,应当依照前款规定进行报告和公告,在该事实发生之日起至公告后三日内,不得再行买卖该上市公司的股票,但国务院证券监督管理机构规定的情形除外。"第四款:"违反第一款、第二款规定买入上市公司有表决权的股份的,在买入后的三十六个月内,对该超过规定比例部分的股份不得行使表决权。"

讼中证明被告人有罪的证明标准一样。[①]

从两个案件的比较来说，这一次的案件法院会更加容易处理，因为回避了行政责任和民事责任的认定方式，理论上也就更可能作出行为保全裁定。当然，管理层这次诉讼也让他们没有了任何的回旋余地：赢了，只是多了一点喘息的时间，京基发出要约已证明其增持的决心和实力，现在的康达尔股价也比林志增持时便宜了1/3。而输了，那管理层之前的"努力"全部付诸东流，辛辛苦苦搜集的"违法犯罪材料"全部打了水漂。

而管理层直至这场控制权之战结束，自行申请撤诉，都没有等到法院的行为保全裁定。

值得一提的是，2020 年 5 月 1 日之后实行的《关于民事诉讼证据的若干规定》，降低了认定保全有关事实的证明标准，即低于民事诉讼的一般证明标准，只需要"可能性较大"即可。[②] 所以，如果康达尔管理层能坚持到这个时候，虽然败诉的概率还是比第一个诉讼更高，但是获得保全的可能性则因为这个新规定而更大。

4. 三次停牌成历史，再难当作抵御手段

停牌是颇具中国特色的反收购措施：一"关闸"，既进不去，也退不出来，少则 3 个月，多则 6 个月。时间一到，隔上一段时间以后再如法炮制，拖垮现金流受到压迫的收购方，让管理层赢得了时间，继而争取上（政府）下（舆论）活动、左（媒体）右（合作伙伴）求援的机会。

而关于滥用停牌的问题，其实监管部门的态度很坚定："原则上不鼓励申请停牌"，并且出台了各种规定，明确对滥用停牌的公司采取强制复牌、监管措施、记录处分等规制措施。然而，上有政策，下有对策，部分上市公司把这些规定视为"规避线路图"。于是，随意停牌、长期停牌、信息披露不充分不清晰，以及利用停复牌进行控制权之争等不当行为在实践中屡见不鲜。康达尔的主动 3 次停牌就是一个典型。

康达尔的首次停牌是在 2015 年 7 月 8 日，用的是"筹划股权激励事项"的理由，由于当时还没有《上市公司停复牌业务备忘录》，[③]证交所对于停牌复牌的监管主要

---

① 最高院《关于民事诉讼证据的若干规定》（法释〔2019〕19 号）第八十六条第一款："当事人对于……恶意串通事实的证明……人民法院确信该待证事实存在的可能性能够排除合理怀疑的，应当认定该事实存在。"

② 最高院《关于民事诉讼证据的若干规定》（法释〔2019〕19 号）第八十六条第二款："与诉讼保全……有关的事实，人民法院结合当事人的说明及相关证据，认为有关事实存在的可能性较大的，可以认定该事实存在。"

③ 深圳证交所《主板信息披露业务备忘录第 9 号——上市公司停复牌业务》，2016 年 5 月 27 日公布。

依据的是《股票上市规则》第十二章的相关内容，因此当时的上市公司经常可以用“合理的理由”[①]来申请停牌，为期一般不超过10个交易日。后来备忘录在2016年5月27日公布，明确了筹划股权激励事项无须申请停牌。

康达尔的第二次停牌与第三次停牌分别在2015年9月8日与2016年12月1日，理由均是“筹划重大资产重组”。按照备忘录的规定：首次申请停牌的时间不超过1个月，且只需要提交交易对方盖章确认的意向性文件申请材料；若在1个月内无法披露重组预案的，可以延长1个月并公告交易方式（发行股份购买资产、现金购买或出售资产、资产置换或其他重组方式）、标的资产的行业类型、公司股票停牌前1个交易日的主要股东持股情况等；若在2个月内无法披露重组预案的，则需召开董事会会议审议，通过后可以再延长1个月并公告标的资产及其控股股东和实际控制人的具体情况、交易的具体情况、与交易对方的沟通协商情况、重组设计的中介结构、事先审批（如需）情况等；若在3个月内无法披露重组预案的，则需召开股东大会审议，通过后可以再延长3个月。

因此按照当时的备忘录“1+1+1+3”的设计，重大资产重组的停牌时间最长可以达到6个月，若未获得股东大会支持的话，停牌时间也可以达到3个月。万科当时停牌达到6个月就是因为召开了股东大会并获得了当时的宝能、华润等股东一致通过。这就是为什么管理层每次停复牌的时间都“刚刚好”达到3个月：华超控制的董事会可以轻松实现停牌3个月（反正也不限次数）。但要想再延长3个月，则要召开股东大会并披露重组框架协议的主要内容。而且当时的京基持股比例已经与华超相差无几，还需要2/3以上表决权才可以通过，[②]当时即便继续采用“不计入表决权”的策略，也难免引起中小股东的集体反对而陷入被动。

---

① 《股票上市规则》（2014年修正，2019年修订时未修改）第12.1条第2款：“公司可以以本所认为合理的理由向本所申请对其股票及其衍生品种停牌与复牌，本所视情况决定公司股票及其衍生品种的停牌与复牌事宜。”

② 《公司法》（2018年修正）第一百二十一条：“上市公司在一年内购买、出售重大资产或者担保金额超过公司资产总额百分之三十的，应当由股东大会作出决议，并经出席会议的股东所持表决权的三分之二以上通过。”《上市公司重大资产重组管理办法》（2014年公布，2016年、2019年两次修订时未涉及该条）第十二条：“上市公司及其控股或者控制的公司购买、出售资产，达到下列标准之一的，构成重大资产重组：（一）购买、出售的资产总额占上市公司最近一个会计年度经审计的合并财务会计报告期末资产总额的比例达到50%以上；（二）购买、出售的资产在最近一个会计年度所产生的营业收入占上市公司同期经审计的合并财务会计报告营业收入的比例达到50%以上；（三）购买、出售的资产净额占上市公司最近一个会计年度经审计的合并财务会计报告期末净资产额的比例达到50%以上，且超过5000万元人民币。购买、出售资产未达到前款规定标准，但中国证监会发现存在可能损害上市公司或者投资者合法权益的重大问题的，可以根据审慎监管原则，责令上市公司按照本办法的规定补充披露相关信息、暂停交易、聘请独立财务顾问或者其他证券服务机构补充核查并披露专业意见。”

针对停复牌制度在现实中存在的各种问题，监管部门进行了大力改革。2018年11月6日，证监会出台了《关于完善上市公司股票停复牌制度的指导意见》(证监会公告〔2018〕34号)，本着“保护投资者交易权、减少交易阻力、增强市场流动性”的立场，明确“以不停牌为原则、停牌为例外，短期停牌为原则、长期停牌为例外，间断性停牌为原则、连续性停牌为例外”，并强调“不得以相关事项不确定为由随意申请股票停牌”。为落实上述指导意见，深圳证交所于2018年12月28日发布《深圳证券交易所上市公司信息披露指引第2号——停复牌业务》，取代了之前发布的备忘录。

该指引对当时国内证券市场普遍存在的停牌事由多、停牌期限长、停牌避险等问题进行了大刀阔斧式的改革：首先是大幅减少了停牌事由，明确《股票上市规则》第12.1条第2款中的“合理的理由”仅指本指引所列情形，取消了不涉及发行股份的重大资产重组、非公开发行股票、对外投资、签订重大合同等事由的停牌。除了《股票上市规则》已经明确规定之外，将停牌事项限缩在发行股份购买资产、发行定向可转债购买资产、破产重整、控制权变更和要约收购；二是大幅缩短了停牌期限，比如将重大资产重组的最长停牌期限由原来的6个月缩短到10个交易日；三是提高了停牌信息披露标准，如设计重组的，应当披露重组标的名称、主要交易对手方、交易方式、本次重组的意向性文件或框架协议等基本信息。深圳证交所将对停牌时间过长或频次过多的公司在官网公示，对不符合该指引申请停牌的将不予受理；停牌后发现停牌事由不成立的，可以要求立即复牌；拒不复牌的，可以强制复牌。

在上述监管规则的影响下，滥用停牌制度的情况得到了明显的改善。从3个月变成最长10天(并且提高了披露标准，让停牌事由更难以“无中生有”)，使这个反收购措施变得非常“鸡肋”。于是，康达尔这3次停牌，累计时间长达半年多的反收购措施，在以后的收购大战中再难看到。而监管规则的出台，也给公司管理层的反收购方案提出了新的巨大挑战——不可、不能，也不应该通过依赖套利规则的方式来保住自己的位置。

七、总结：正义、“魔戒”与时代精神

(一)京基

1. 资本布局

京基拿下康达尔的半年后也拿下另一家上市公司：阳光股份(股票代码：000608)。2020年4月28日晚间，阳光股份披露其第一大股东(Eternal Prosperity Development Pte. Ltd.)将全部持有的29.12%股份以6.6元/股的价格(总对价

14.41亿元)转让给京基。虽然京基拿下阳光股份用了将近3年的时间,用时也很长,不过相比于康达尔来说,京基和阳光股份的原控股股东的火药味很淡,3年的时间基本用在了谈价格。

此外,据媒体报道,京基还曾在2018年1月5日通过平台威日创投有限公司,以8.8亿港元的价格受让了香港上市公司酷派集团(股票代码:02369,以下简称酷派)第一大股东Leview Mobile HK Limited(贾跃亭旗下的公司)17.83%的股票,跃升为第一大股东。① 京基随后又顺利地罢免了酷派的执行董事、总裁和财务总监并换上了自己的人,继而实现了对酷派的控制。② 与康达尔类似,酷派的主业也不是地产,而是互联网和手机,与京基的地产"风马牛不相及",部分人认为京基看中的是为位于深圳南山区的酷派信息港城市更新项目和东莞松山湖的500亩产业基地。

与万科不同的是,这几家上市公司的市值规模都不大,如康达尔总股本在京基登场时只有3.91亿股,总市值也仅有百亿元左右,除华超之外的约70%股权极为分散。具有收购成本低、流通股少的特点。前者可以为收购者降低资金压力,后者则减少"黄雀在后"的风险。此前京基自行增持11.85%和受让林志19.80%的股票共计付出代价约为25.3亿元,加上此次收购10%股份的9.4亿元,京基取得康达尔41.65%的收购成本约为34.7亿元。这和"宝万之争"中宝能减持10%的万科股票就获利约260亿元相比,的确是小巫见大巫。

所以,从收购的角度来看,这样的公司对于收购方更简单,并不需要"蛇吞象"一般的操作。所以,本次收购成本与"宝万之争"并不在一个数量级。京基的这种选择也是根据自身实际情况来的:自己不是上市公司,也没有金融牌照,所以融资渠道极其有限,除了2019年5月发行的资产管理计划③之外,京基再无用过其他公开融资工具。所以京基来说,"借鸡下蛋"基本不可行,只能通过股票质押等非公开融资手段。

而从应对反收购的角度来看,这样做也有两点好处:一是避免因为被收购方的强烈抵制而在"持久战"中败北,京基能耗时6年而没有被银行强行平仓,和康达尔

---

① 2015年6月28日,Leview Mobile HK Limited以21.8亿元代价持有酷派17.90%股权;2016年6月17日,Leview Mobile HK Limited又以10.47亿港元的价格增持酷派股份至28.90%,成第一大股东。在其2018年1月5日将其中的17.83%卖给威日创投后,剩余的10.95%在1月11日也以8.08亿元全部卖给开曼渠道注册成立的Zeal Limited,不再成为酷派的股东,也不再拥有酷派的任何权益,该转让公告发布日后3日,贾跃亭妻子甘薇发微博表示,该转让价款8.08亿港元直接被招商银行抵销对应的部分债务。

② 《从31岁干到48岁,出了趟差,CEO发现自己遭罢免了!京基集团"二公子"浮出水面》,载南方都市报,https://m.21jingji.com/article/20190115/herald/f187d4428434cf3ded39ead74e53ce96.html。

③ ABS"平安不动产－招创－京基集团酒店资产支持专项计划"。

本身的公司规模、和京基本身的资金储备有着莫大的关系。二是被收购方很难像“宝万之争”那样从收购资金来源的角度大做文章。

于是，加上这次拿下的康达尔，京基目前拥有了两家国内上市公司和一家境外上市公司的控制权，手握三个“壳资源”。

2. 产业布局

一些人认为，京基收购康达尔的目的是“借壳上市”，即将自己的房地产业务注入康达尔，剥离其农业和公共事业的业务，然后将康达尔更名“京基地产”，但实际可能完全相反。

京基在控制康达尔后，先是逐步削减了房地产与公共事业这两块康达尔在罗爱华时代最赚钱的业务。

在房地产方面，2019 年 5 月 14 日，京基通过关联交易接管了康达尔山海上园项目的后续开发和销售，收取建设总价 5% 的代建费、销售收入 5% 的佣金和 25% 的超额收益，之后还承接了这个项目三期酒店的室内装饰设计工作。2020 年 1 月 13 日，康达尔就其位于西乡街道的 A108 – 1159、A108 – 1160 宗地土地闲置事宜，与深圳市规划和自然资源局宝安管理局签订《土地使用权出让补充合同书》，将其应于 2020 年 12 月 30 日前按规定完善有关手续并按批准的施工设计图动土施工两宗地块分别延期至 2022 年 12 月 30 日与 2023 年 5 月 30 日前竣工。

在公共事业方面，2019 年 8 月 16 日，京基将康达尔公共事业板块中的出租车业务剥离，以 2.13 亿元的价格转让给东海国际。2020 年 4 月 13 日，康达尔与深圳市众鹏实业有限公司签署《关于深圳市布吉供水有限公司之合作协议》，将其持有的布吉供水有限公司全部的 70% 股权对应的表决权及由此产生的相关股东权利委托给众鹏实业。

此外，在 2019 年 12 月 26 日，康达尔终止并注销了在其受罗爱华控制的时期与北京顺义科技创新有限公司设立的“丰收未来基金”。

然后，京基不断加强康达尔的农业板块，特别是生猪养殖业务。

自 2019 年 8 月 21 日至 2020 年 1 月 20 日，康达尔就生猪养殖产业链项目陆续与广东省的高州市人民政府、湛江市徐闻县人民政府、茂名市电白区人民政府、开平市人民政府、新会区人民政府、台山市人民政府、江门市农业农村局、梅州市农业农村局，以及海南省文昌市人民政府、广西壮族自治区贺州市人民政府等 10 家政府机关签订了合作框架协议，投资额总计约 173 亿元。

而且，京基还与教育科研单位展开合作，在 2019 年 10 月 18 日与华南农业大学签署《战略合作框架协议书》，双方将在生猪健康养殖方向进行科研攻关、人才资源和产业化的合作,合作期限为5年。

如果再考虑到近期生猪养殖行业的火热,房地产行业的疲软,以及京基与康达尔需要避免同业竞争关系的话,京基并没有选择“借壳上市”,而康达尔更名为“京基智农”就显得很理所应当了。2020年4月30日,京基智农发布2019年年度报告称,2019年营收49.19亿元,同比增长43.11%;净利润11.01亿元,同比增长151.68%,扣除非经常性净损益后净利率为9.87亿元,同比增长125.34%。

(二)康达尔管理层

1.为何“树倒猢狲散”

敌意收购的背后常常牵扯私人恩怨。据媒体透露,陈华和罗爱华相识20余年,也曾有业务往来。双方的关系恶化,始于2013年年底罗爱华涉嫌职务侵占罪而被审查起诉一事(本文开头有提到),当时罗爱华向陈华求助,并答应陈华:若她能从刑事案件中脱身,愿与陈华有项目上的合作。双方为此还立字为证。但罗爱华从刑事案件脱身后却认为,自己之所以身陷囹圄,根本就是陈华“设局”所致,陈华则认为自己在罗爱华身陷囹圄时已提供了最大帮助,但罗爱华重获自由后“背信弃义”,因此他誓要获得康达尔的控制权。①

私人恩怨是每一个收购战中的“常客”,而这场收购大战却在中介机构和专业人士方面有着两个比较少见的细节:

一个是关于律师事务所的。康达尔董事会在2016年4月24日决议延期召开2015年年度股东大会时收到了深圳证交所的关注函,随后其聘请的律师发表了“本次延期召开年度股东大会的程序合规”的法律意见。② 而后深圳证监局很快做出了行政监管措施,责令康达尔以最快的速度立即召开2015年年度股东大会,这等于是否定了康达尔的律师的法律意见。在此之后直至京基拿下康达尔这段时间,为康达尔出具法律意见书的均为4家律师人数在30以下的律师事务所。在京基拿下康达尔后,为康达尔出具法律意见书的又变回了以前在律师行业比较知名、律师数量上千的大型律师事务所。

另一个是关于京基控制康达尔以后更换管理层成员的。京基在罗爱华身陷囹圄后将原管理层几乎都换了,但是却留任了独立董事和董事会秘书。然后在修改

---

① 《独家|康达尔原董事长遭刑拘 股权之争将落幕》,载财新网,http://companies.caixin.com/2018-08-13/101314610.html。

② 《北京市中银(深圳)律师事务所关于公司关注函复函专项核查的法律意见书》,载巨潮资讯网2016年6月30日。

公司章程的时候加入了很多保障独立董事和董事会秘书依法履职的条款。结合此次收购大战中频频出现的董事会怪象和披露乱象,颇有这些条款是在留任人员“强烈要求”的情况下所修改的意味。

这场收购大战是一个典型的悲剧——把合规仅仅视为“底线思维”,结果却产生了“合法外衣掩盖非法行为”的治理形态。[①] 中介机构、独立董事和董事会秘书,要让这些人真的发挥作用,可能光“有钱、有权、有闲、有家”还不够,应给予其充分的尊重和保障。

除了私人恩怨和对专业的不尊重,还有康达尔这十几年波澜不惊的业绩。

康达尔原管理层在收购大战期间总是指责是京基让公司“流失大量优质客户、失去了与潜在重要合作伙伴的合作机会并导致公司在日常商业谈判中处于严重不利的地位,由此导致公司业绩严重下滑”,并以“若对该情形不予以遏制,公司将无法持续正常稳定经营”为由来开展长达6年之久的反收购活动。

然而,和京基拿下康达尔后的产业布局相比,康达尔原管理层对自2003年取得控制权以来又对公司做了什么呢?不像南玻和万科,管理层说不出“创业艰辛”的情怀话,发展了十多年,公司一直是在“吃老本”,股价长期徘徊在10元/股以下,更不要说长期存在的“大股东滥用权利”问题、内部控制问题、信息披露问题、财务管理和会计核算问题、财务会计基础工作问题等违反证券法律的行为,而被监管机构多次立案调查……而在京基登场后,股价一路飙升至30~40元/股,现在回落到了约25元/股。

私人恩怨让收购战很难以理性的方式结束,对专业的不尊重导致反收购措施逐渐失效和屡遭监管,对业绩的不重视则失去了合作伙伴的支援和股东与员工的支持。说到底,之所以“墙倒众人推”,还是“失道寡助”。

作家亦舒说“姿态难看,赢了也是输了”。作家陈艳涛则补充道:“输了,亦会输得更加彻底”。[②]

2. 从某种角度看,法律是被“坏人”设计的

根据古希腊学者希罗多德在《历史》的记载,吕底亚(Lydia)王国的国王坎道列斯(Candaules)[③]向自己的侍卫巨吉斯(Gyges)炫耀自己妻子(王后Nyssia)的美丽,要巨吉斯来偷窥自己妻子洗澡,或者趁其就寝时来偷窥。巨吉斯不想因此侮辱到王后,但更不想因此受到国王坎道列斯的惩罚,于是从命,但在偷窥时被王后发现,

---

① 曾斌:《资本治理的逻辑》,中国法制出版社2020年版,第70页。

② 陈艳涛:《红楼未完　人间有戏》,江苏凤凰文艺出版社2018年版。

③ 又被称为米尔西洛斯(Myrsilos)。

第二天，王后召见了巨吉斯，告诉他除非杀掉并取代国王坎道列斯，否则将被她杀死，于是巨吉斯趁坎道列斯睡着时杀掉了他，并且当上了吕底亚的国王。

这段记载后来被古希腊哲学家柏拉图所借鉴，变成了其著作《理想国》中的一个传说：牧羊人巨吉斯一天在深渊里发现了一枚可以使自己隐身的戒指，然后他心生一计，设法在国王旁边谋得一个职位，接着勾引王后，与她同谋杀死国王，夺了王位。几千年过去后，英国作家托尔金借鉴了柏拉图的这个传说，创作了《指环王》（又名《魔戒》）和其前传《霍比特人》，后来被分为了 6 部电影搬上了大荧幕，火爆全球。①

其实，无论是《历史》也好，《理想国》也好，还是电影的三部曲与电影前传的三部曲也好，都表达了一个很朴素但又容易被遗忘的道理，柏拉图借着堂弟格劳孔的口吻在《理想国》将这个道理和盘托出：

“一个人如果可以为不正义的事而不遭惩罚（隐身），那他就会去做不正义的事”。

法律是人与人之间的行为准则，不可避免地要涉及对人性的基本假定。于是“性善论”和“性恶论”的区分就变得十分必要。如果没有从“人性本恶”的角度去设计法律，那么必然会有人从坏人的角度去与理解和运用法律，继而损害好人的利益，违背了法律的设计初衷。这也是为什么著名大法官小奥利弗·温德尔·霍姆斯会说：

“如果你只想知道法律而非其他什么，你必得将人当作一个只在乎法律知识允许其得以预测之物质后果的坏人，而非一个好人”“因为坏人只关心他所掌握的法律知识能使他预见的实质性后果，而好人则总是在较为模糊的良知约束状态中去寻求其行为的理由，不论这种理由是法律之内，还是在法律之外”。②

这里的“坏人”指的是一个不注重道德和良知但精于计算的人，既有指道德意义上的“小人”的成分，也有经济意义上趋利避害的“理性人”的成分。“坏人”的眼光里没有良知、正义甚至逻辑，也不会为自己的行为寻求根据，而他只想知道行为的后果，不对行为的目的和动机进行任何的自我审视。

只有从“坏人”眼光出发，才能构建出一个有效的规则和一套合理的制度，而不是一个“规避路线图”或“赚钱大法”，导致“以暴制暴”在现实中更难以避免。毕竟，对“坏人”而言，只有当不利的违法后果能被迅速认定并对其造成的即时损失远

---

① 《指环王 1：护戒使者》《指环王 2：双塔奇兵》《指环王 3：王者归来》《霍比特人 1：意外之旅》《霍比特人 2：史矛革之战》《霍比特人 3：五军之战》。

② ［美］奥利弗·温德尔·霍姆斯：《法律的道路》，李俊烨译，法制出版社 2018 年版。

远大于守法的代价时,他才会选择遵守法律。或许,这也是霍姆斯为什么在那句经典的"法律的生命不在于逻辑,而在于经验"之后紧接着说道:

"对时代必然性的感知,流行的道德和政治理论,对公共政策的直觉,不管你承认与否,甚至法官和他的同僚所共有的偏见对人们决定是否遵守规则所起的作用都远远大于三段论。"①

在美国律政剧《傲骨之战》的第四季第一集中,女主角(律师)说道:

"正义等于法律乘以时代思潮——光靠法律本身是站不住脚的,你还需要时代思潮站在你这边。"

① [美]奥利弗·温德尔·霍姆斯:《普通法》,冉昊、姚中秋译,中国政法大学出版社2006年版。

ST 生化控制权争夺战

一、"三九"退场,振兴接盘(1998 年 7 月 ~2006 年 5 月)

二、艰难自救,逐见曙光(2006 年 5 月 ~2017 年 6 月)

三、"黄雀衔环","五军混战"(2017 年 6 ~11 月)

四、"一山二虎",在商言商(2017 年 12 月 ~2019 年 12 月)

五、解析双方攻守策略

六、总结:资本市场需要"觊觎之心"

2019 年 9 月 19 日,"振兴生化股份有限公司"更名为"南方双林生物制药股份有限公司",证券简称也从"振兴生化"变成了"双林生物"。

很多人认为这场控制权之争始于 2017 年 6 月,终于 2018 年 1 月。但实际上,这段时间不过是控制权之战的下半场。原控股股东振兴集团①在这之前长达十几年的"自救"及与债权人和中小股东的博弈则是这次控制权之战的上半场。也正是这十几年的上半场的"救赎"与"鏖战",最终左右了下半场的结局,让振兴集团的所有心血付之一炬,最终惨淡退场。

在债主深圳信达②的撮合下,振兴集团将接力棒交给佳兆业③。于是在下半场之后,佳兆业与浙民投④又展开了为时一年的"加时赛",结果还是浙民投赢了。但最终浙民投却未独享战果,而是与佳兆业一同举起了胜利的奖杯。

---

① 指振兴集团有限公司。

② 指中国信达资产管理股份有限公司深圳市分公司。

③ 指佳兆业集团(深圳)有限公司。

④ 指浙江民营企业联合投资股份有限公司。

一、"三九"退场,振兴接盘(1998年7月~2006年5月)

(一)"三九"时代,疯狂扩张(1998年7月~2003年9月)

双林生物[①](000403.SZ)的前身,系始建于1969年的宜春机械[②],1972年开始生产轮式装载机及配套产品,是当时的机械工业部定点生产轮式装载机的重点企业江西省重点骨干企业和国家大型二类企业。宜春机械后来根据江西省股份制改革联审小组(1993)13号《关于同意设立宜春工程机械股份有限公司的批复》改组为股份有限公司,之后于1996年6月28日在深交所上市。

1998年7月,以"三九胃泰"而闻名天下的三九集团[③]用1亿元购买了宜春机械全部的80,682,000国家股(占比43.95%),成为第一大股东,随后又将这部分股份全部转让给了自己的子公司三九医股[④](000999.SZ)。至此,三九集团手中拥有了宜春机械、三九医股和三九发展[⑤](600614.SH)三家上市公司。

2000年3月31日,宜春机械更名为三九生化[⑥],但没有放弃其原有的机械制造业务,而是通过自建、收购母公司资产增加了医药领域业务,主要包括:

主营血制品的广东双林[⑦];

主营基因药物的上海唯科[⑧];

主营中医药制剂的昆明白马[⑨];

主营新进原料药和制剂的四川长征[⑩];

主营药膏和医疗器械的湖南唯康[⑪]。

三九生化如此扩张的背后,是母公司三九集团激进的多元化政策。三九集团在20世纪90年代中期就已经在医疗领域展开了相关多元化并购,而到了2000年则开始了非相关多元化并购,意图再将"汽车、食品、酒类、旅游饭店、商业、农业、房地产"都囊括怀中。

---

① 指南方双林生物制药股份有限公司。

② 指宜春工程机械厂。

③ 指三九企业集团,又名深圳南方制药厂。

④ 指三九医药股份有限公司。

⑤ 指上海三九科技发展股份有限公司。

⑥ 指三九宜工生化股份有限公司。

⑦ 指广东双林生物制药有限公司,原为三九集团湛江开发区双林药业有限公司。

⑧ 指上海唯科生物制药有限公司。

⑨ 指昆明白马制药有限公司。

⑩ 指四川省长征药业股份有限公司,原为乐山三九长征药业股份有限公司。

⑪ 指湖南三九唯康生物制药有限公司。

由于盲目多元化和过度投资，对辅业缺乏有效管理和监管，辅业资产投资的低效率，造成资金的严重流失。资金流失诱发了集团内部大量的关联担保，和违规占用上市公司资金。而医药主业缺乏可持续发展能力、辅业短期内又无法有起色，导致资金状况进一步恶化。加之关联担保和违规占用，引发了多米诺骨牌效应，导致集团的整体危机。这些盲目新扩展的项目很快影响到了集团的资金流转，继而使得集团“拆东墙补西墙”，引发“隧道效应”。[①] 其中最为严重的就是通过子公司的资产进行抵押贷款、获取资金。[②] 2001 年 8 月 27 日，证监会作出通报批评并正式立案调查，指出三九集团占用上市公司资金高达 25 亿元，占公司净资产的 96%，严重地侵害了广大中小投资者的利益，直接威胁到上市公司资产安全。[③]

而在这之后，三九集团的境况更加糟糕，2002 年年底，三九集团的经营净利润只有 2271.3 万元，资产负债率高达 92%，债务总额为 191 亿元。[④] 三九生化则出现了“营业收入不断上升，净利润不断下降、股价连创新低”的怪象。其中，三九生化的营业收入从 2000 年的 3.8 亿元上升到 2003 年的 6.5 亿元，净利润却从 2000 年的 1.2 亿元下降到 2003 年的 0.24 亿元。

有专家认为，出现这种原因很可能是因为三九集团创始人赵新先利用旗下的三家上市公司通过各种“财技”将利益输送给了自己，[⑤]知名经济学家郎咸之则将之总结为“捞钱六招鲜”——截、借、垫、挪、套、赖：

截——直接截流上市公司从市场上融资所得的资金。上文中提到的证监会谴责三九集团占用上市公司 25 亿元即为一例。

借——三九集团向上市公司借钱，然后往往是有借无还。2002 年，集团向三九医股借款 21.9 亿元。还要求其为另外一家公司“代垫费用”近 0.5 亿元。

垫——以集团名义投资项目，却让上市公司垫付投资款项，等到项目成熟后再

---

① 贾玉宝：《三九系财务管理严重失控　贷款总额飙升至 180 亿》，载 21 世纪经济报道 2005 年 12 月 14 日，http://futures.money.hexun.com/1449011.shtml。

② 曲兆佳：《三九集团悄演“偷梁计”三九发展资产挪成空壳》，载新文化报，http://news.sina.com.cn/c/2005-12-20/05087752104s.shtml。

③ 2002 年 7 月 11 日，证监会作出《行政处罚决定书》（证监罚字〔2002〕12 号），认定三九医股未就其余控股股东的巨额资金网络、互开汇票、投资收益、金融租赁等行为予以披露，根据《证券法》第一百七十七条的规定，对三九医股处以罚款 50 万元，对三九医股董事长赵新先处以警告并处罚款 10 万元，对董事兼董事会秘书许宁处以警告并处罚款 5 万元，对其他董事处以警告并处罚款 3 万元。

④ 吴晓波：《三九：中药的“最后一次失败”》，载《大败局 II：探寻著名企业“中国式失败”的基因》，浙江大学出版社 2019 年版。

⑤ 张恬：《金字塔结构、国有控股与公司治理——老三九集团巨亏的背后》，中山大学 2009 年硕士学位论文，第 17 页。

卖给上市公司。三九集团曾令三九医股为其一医药调配柜项目垫资 0.3 亿元，随后在项目成熟后以产业调整为名将其剥离，以 0.42 亿元的价格出售给集团内另一家公司。这一场买卖下来，控股股东没出 1 分钱，空手套得 0.12 亿元。上市公司付出资本，却颗粒无收。

挪——挪用上市公司募集来的投资资金，资金投向计划频频更改或者取消。2002 年，三九医股以投资新型人重肿瘤坏死因子新药为名，先后募资 3.2 亿元。但是在 3 年后该项目正式投产时，投资金额却变成了 1 亿元，其余 2.2 亿元不明去处。

套——集团与上市公司发生各种关联交易，集团低买高卖、上市公司则刚好相反。三九集团在 2000 年投资 400 万元创建三九健康网，随后在网络泡沫破灭时又将其中 65% 的股权以 0.78 亿元卖给了三九医股。

赖——三九集团被证监会查出挪用三九医股资金后，称将“999”商标作价 6.3 亿元用于还款。但实际上，三九医股早已拥有了这个商标的使用权，所以这一次还款其实就是赖账。再如三九生化通过三九集团控制的深圳三九医股贸易有限公司对外销售，但迟迟未收到销售货款。

（二）危机爆发，连锁反应（2003 年 9 月 ~2005 年 4 月）

无论是否有“隧道效应”，三九集团的状况在持续恶化。2003 年 9 月 28 日，媒体爆料称，截至 2002 年年底，三九集团共欠银行贷款 98 亿元人民币，而资产回报率仅约 0.1%，①整个三九系企业陷入债务困境。这篇报道引发了各大媒体的转载和进一步深入报道，3 家上市公司此时股价也是应声下跌，引发了 21 家银行和其他债权人的“挤兑”，开始集中向三九集团及下属企业追讨到期或未到期贷款。

2004 年春节过后，多家银行总行发文，对三九集团所有企业采取“只收不贷”政策。整个一季度，各债权银行已收回贷款 5 亿多元。虽然与 98 亿元相比连零头都算不上，但这 5 亿元足以导致三九集团及下属企业资金枯竭，无法正常运营。同时，三九集团对上市公司三九医股的资金占用增加。而在 2004 年 5 月，三九集团本部员工工资拖欠近 5 个月，员工社保费欠缴已 4 个多月，三九集团本部账面可用资金一度仅剩 480 余元，员工处于恐慌之中。此时，三九集团面临 260 余起司法诉讼案件，所有资产均被法院查封冻结，集团已到了崩溃的边缘。

也许换成小型的民营企业，这样的问题可以通过破产来解决，但是三九集团是一个大型国有企业，若令其“死亡”，则会遗留三大社会问题：一是三九集团重组涉

---

① 《98 亿贷款：银行逼债三九集团》，载 21 世纪经济报道 2003 年 9 月 28 日，https://business.sohu.com/72/69/article214816972.shtml。

及 113 亿元的金融债权,30 多家债权银行,情况比较复杂;二是三九集团下属有 400 多家企业,控股三个上市公司,特别是存在巨额资金占用情况,直接关系到上市公司的稳定;三是在员工安置方面,除了 32,000 多名普通员工,三九集团是部队移交企业,涉及 3000 多名复转军人,非国有企业介入很可能诱发企业文化和职工观念方面的冲突,易产生不稳定因素,而且如外资企业或民营企业控股三九集团,按国家政策需要转换职工身份,需要 10 亿 ~ 15 亿元的职工转换身份支出,会大大增加重组成本。

因此,三九集团的债务危机引起了监管层的高度重视。

2004 年 5 月 16 日,三九集团召开中层以上干部会议,时任国资委王勇副主任在会上宣读了任免通知:免去赵新先同志三九集团总经理、党委书记职务。① 2004 年 7 月,国资委向国务院递交了《关于解决三九企业集团债务危机和实施资产债务重组有关问题的紧急请示》,报告中提出,为有利于三九集团摆脱困境,保持企业和社会稳定,建议由国资委会同财政部、银监会等部门加强对三九集团和各债权人的协调,制定解决三九集团债务问题的具体方案。该请示报告得到了国家领导的批准。

2004 年 7 月 23 日,国资委向最高院报送了《关于商请对三九企业集团被债务诉讼案件给予司法保护的函》。2004 年 11 月 19 日,最高院以密传电报的形式下发了《关于涉及三九企业集团重组工作中有关民商事案件问题的通知》(附《三九企业集团及其所属各级子企业名单 196 家》),要求各高级人民法院对三九集团及所属各级子企业实施"三暂缓"司法保护——暂缓受理、暂缓审理、暂缓执行。同时,国资委与证监会沟通,在三九医股高达 37.8 亿元资金被占用未清欠且没有明确偿还方案的前提下,准许其正常开盘(不停牌),也不计提坏账准备,防止股票出现重大波动。

两个月后,国资委会商银监会、财政部,协助 21 家金融债权人成立了三九集团债权人委员会。

2004 年年底,国资委委托天职孜信会计师事务所对三九集团清产核资,结果是三九集团总资产为 115.79 亿元,负债高达 151.15 亿元(其中银行 113 亿元),所有

---

① 2007 年 6 月 27 日,赵新先因"国有公司人员滥用职权罪"被深圳市罗湖区法院一审判处有期徒刑一年零十个月。案由是在 2000 年决策收购香港昌腾公司股权进而控股位于深圳龙岗区的梅沙海景高尔夫项目(三九大龙健康城项目)时"未作评估、未经集团党委讨论、未报上级审批,未进行可行性论证的情况下,超越职权决定或积极推动涉案股权收购协议的签订、履行,致使三九企业集团遭受重大损失,造成了恶劣的影响"。出狱后,赵新先重新在医药界复出,现为深圳市新先医药生物有限公司和深圳市新先生物科技有限公司的实际控制人。

者权益-49.55亿元。而三九集团这时对上市公司资金占用情况更加严重，经深圳信永中和会计师事务所审计，截至2006年6月30日，三九集团对下属三家上市公司的非经营性资金占用额为40亿元，其中，三九医股的资金被占用37.8亿元，在全国上市公司中排名第一，分别占到全国和深圳上市公司占用总额的11.80%和96.73%，[①]见图3-1。

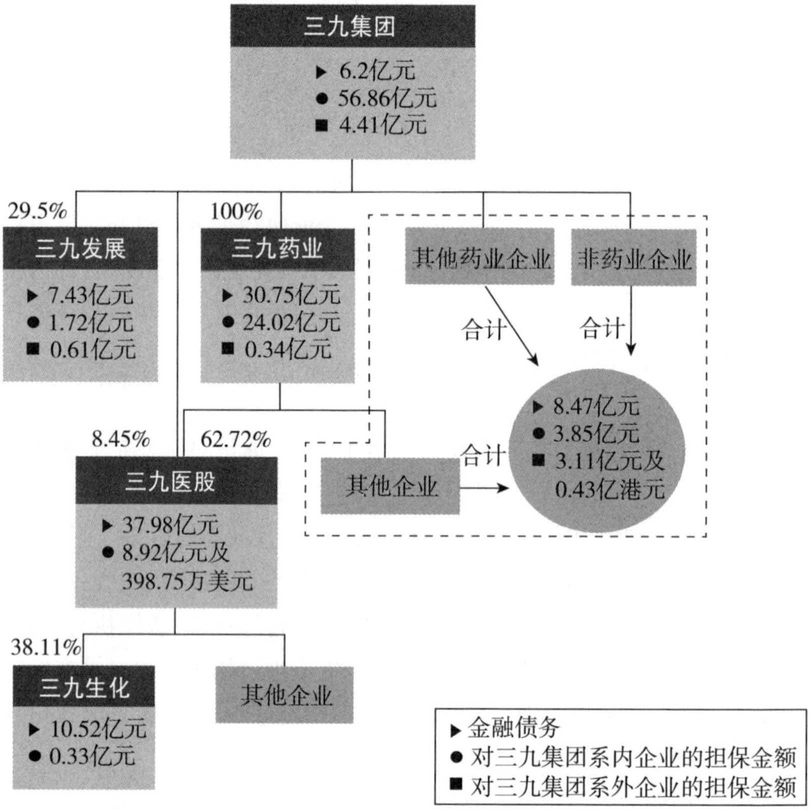

图3-1　三九集团金融债务及担保情况

来源：正和岛《资不抵债的特大问题国企三九集团，是如何转危为安的?》。

雪上加霜的是，三九生化的债务危机不只来自母公司。2003年，三九生化的主营业务收入为6.5亿元，净利润超过了2400万元。结果到了2004年，主营业务收入小幅上涨到约6.7亿元，净利润却大幅下滑至-1.9亿元。主要原因是大量计提坏账准备（1.3亿元）。而当年，三九生化还发生了违规对外担保和关联方占用资金

① 本节下述内容引自刘海奕《三九集团重组实录》一书，中国发展出版社2013年版。

的问题。在违规对外担保方面,当时三九生化的子公司上海维科、昆明白马、四川乐山和湖南唯康的资产负债率均已经超过了 70%,但三九生化在这一年为这 4 家公司提供了近 4 亿元的担保,违反了证监会的相关规定。① 在关联方占用资金方面,2004 年应收关联方往来款达到了 1.67 亿元。

此外,三九生化的上述问题只是表面,实际问题要更复杂。例如,子公司四川长征曾在 1988 年取得委托贷款 525 万元,约定于 1993 年前归还,但仅在 1999 年归还 50 万后便再无还款。结果到了 2004 年 12 月,债权人中国建设银行向其寄发 2004 年(委贷字)第 004 号催还逾期贷款通知书,要求归还本金 475 万元,利息近 606 万元,而这笔贷款的利息直至 2005 年年底也未纳入财务核算中。

在国资委的主导下,经多轮谈判后,债权人对三九集团形成了初步共识:直接债权总体受偿率在 2006 年 9 月 30 日确定为 60%;将三九发展和三九生化卖给民营企业;②三九医股和三九集团的问题慢慢解决。后经报国务院批准,三九集团并入华润成为其全资子企业,③至此,国资委履行出资人职责的企业(俗称的"央企")由 152 户调整为 151 户。④

"三九寒流"下,振兴集团出面接盘。2005 年 4 月 28 日,三九集团将其持有三九生化全部 80,682,000 股(占比 38.11%)中的29.11%以 2.55 元/股(当时股价为 2.2 元/股,溢价 20%),总对价 1.57 亿元的价格转让给振兴集团,将剩下的 9%的股份转让给任彦堂(之后又改为转让给山西恒源煤业有限公司,实际控制人仍为任彦堂)。⑤

而根据三九集团债权人委员会的意见,此次转让有附加条件:一是在转让后,三九医股和三九集团占用三九生化的资金将"一笔勾销",三九集团也不再对三九生化的债务承担任何直接或担保责任,继而"一揽子"解决关联方占用资金的问题和违规担保问题。二是振兴集团需在支付首期股权转让款后的 3 个月内将其拥有的资产与三九生化的资产互换,还负责三九生化及其控股子公司的员工安置并承

---

① 《关于规范上市公司与关联方资金往来及上市公司对外担保若干问题的通知》(证监发〔2003〕56 号)第二条第二款第三项:"不得直接或间接为资产负债率超过 70% 的被担保对象提供债务担保。"

② 三九发展随后卖给了同样民营企业的鼎立建设集团股份有限公司,后在 2006 年年中更名为"上海鼎立科技发展(集团)股份有限公司",2017 年年初又更名为"鹏起科技发展股份有限公司",因 2018 年年度财务报告被出具无法表示意见而被实施退市风险警示。

③ 载国资委官网,http://www.sasac.gov.cn/n2588035/n2641579/n2641660/c3753929/content.html。

④ 截至 2020 年 6 月 5 日,国资委公布的中央企业名录共有 97 家。

⑤ 这笔股权转让历时 2 年之久,直至 2007 年 12 月 26 日才完成股权转让过户手续。

担相关费用。①

（三）振兴集团接盘，荣登福布斯

振兴集团的前身是河津市振兴焦化厂，最早可以追溯到1981年，在1991年建成全国第一家民营发电厂，1997年，建成2万吨的电解铝生产线。在“《福布斯》2001中国大陆100首富”排名中，史珉志位列第72位。

2002年，史跃武从父亲史珉志处接班，此时的振兴集团经过十几年的发展，成为一家“煤→电→铝”产业链的家族民营企业，注册资本为10亿元（当时的公司制度还是实缴制）。振兴集团先后被评为“全国民营企业500强”“全国大型民营企业”“全国最佳经济效益民营企业”“全国民营企业管理先进单位”“重合同守信用企业”。其中的“跃胜”牌铝锭产品被中国技术监督情报协会授予“中国质量过硬放心品牌”荣誉。

在当时的很多人看来，振兴集团溢价20%购买三九生化是为了“借壳上市”。而且当时的电解铝行业正值热势，煤炭行业也进入了发展的十年黄金周期，“电煤告急”成为流行声音，全国各地频频发生因电力紧张拉闸停电现象。② 所以振兴集团的入驻，对三九生化无疑是一个重大利好，③能够有效解决三九生化当时的窘境。

与此同时，国家出台了对振兴集团和三九生化均产生巨大影响的行业政策：2003年11月19日，发改委等部门出台《关于制止电解铝行业违规建设盲目投资的若干意见》；④2004年5月17日，国务院办公厅《非法采供血液和单采血浆专项整治工作方案》，⑤进一步规范采供血液（浆）机构的管理；2005年9月8日，国务院出台《关于促进煤炭工业健康发展的若干意见》，⑥规范的煤炭资源开发秩序。

在政策严格落地的前提下，国家的行业政策往往是一把“双刃剑”，让“幸存者”在淘汰和净化后，盆满钵满。不过，哪些政策会严格落地？而谁又会成为幸存者？

---

① 同日，三九集团将其持有三九发展全部29.50%股份3500万元的价格转让给湖北鼎立建设集团有限公司。

② 《煤炭业黄金十年》，载《中国经济和信息化》2013年7月25日。

③ 谭锡文：《“电解铝大王”借壳上市引发暴利机遇》，载和讯网2006年12月7日，http://futures.money.hexun.com/1950410.shtml。

④ 《国务院办公厅转发发展改革委等部门关于制止钢铁电解铝水泥行业盲目投资若干意见的通知》（国办发〔2003〕103号）。

⑤ 《国务院办公厅关于印发非法采供血液和单采血浆专项整治工作方案的通知》（国办发〔2004〕44号）。

⑥ 《国务院关于促进煤炭工业健康发展的若干意见》（国发〔2005〕18号）。

当时所能看到的三九生化，是一个债务缠身、内部控制混乱、严重亏损、急于纾困的上市公司。子公司广东双林的血制品业务在 2003 年 SARS 疫情利好后不到 1 年，国家就出台了相关整治政策，广东省的血站全部停采，血浆供应受到严重影响，导致当时的年净利润不过 40 万元，其他业务更是严重亏损；四川长征亏损 600 万元、湖南唯康亏损近 1600 万元、昆明白马亏损近 2000 万元、上海唯科亏损近 5900 万元。

而当时所能看到的振兴集团，是一个希望做大做强、大干一场的“全国民营企业 500 强”，立志建成“具有中国特色‘煤 + 电 + 氧化铝 + 电解铝 + 铝镁合金 + 生物制药 + 机械加工 + 通用航空 + 信息产业’的多元化的民族工业集团”。

于是，当时大部分人还是把希望和赌注压在了振兴集团的资产注入，而非三九生化的资产盘活。

（四）开战序幕，“披星戴帽”（2005 年 4 月 ~2006 年 5 月）

也许是预感，也许是此次重组方案的组成部分，三九集团公布股权转让方案的当天，三九生化召开董事会，全票通过了修改《公司章程》的议案，[①]随后提请 2004 年年度股东大会审议并获得通过。

《公司章程》除了强化控股股东诚信义务外，还增加“公司重大资产重组，购买的资产总价较所购买资产经审计的账面净值溢价大于 20%”等对社会公众股股东利益有重大影响的相关事项“须经公司股东大会表决通过，并经参加表决的社会公众股股东所持表决权的半数以上通过，方可实施或提出申请”条款。

在控制三九生化两个月后，振兴集团开始自己的“借壳上市”的计划：先是将三九生化 2.06 亿元的应收关联方往来款和昆明白马的 90% 股权等资产打包出售，然后把自己持股 65.2% 的山西振兴集团电业有限公司（以下简称振兴电业）置入上市公司，[②]振兴电业在 2004 年的主营业务收入为 9500 万元，净利润则超过了 2500 万元。2005 年一季度的主营业务收入接近 3000 万元，净利润则达到了近 800 万元，[③]完成资产置换后，三九生化在账目上记应付振兴集团资产置换差价 1.07 亿元。而按照既定计划，振兴集团还会将其电解铝资产和煤炭资产以定向增发的方式陆续注入三九生化。

---

① 《三九宜工生化股份有限公司董事会决议公告》，载巨潮资讯网，公告编号：2005 - 005。

② 《三九宜工生化股份有限公司关于资产置换的关联交易公告》，公告编号：2005 - 017，载巨潮资讯网。

③ 载三九生化 2005 年年度报告，中和正信审字〔2005〕第 3 - 017 号。

随后在2005年8月至11月,振兴集团陆续推荐董事进驻三九生化,完成控制,当时只有32岁的史跃武出任三九生化的董事长兼总经理。

不过,虽然很多人看好振兴集团的进驻,但也有人表达了不欢迎的态度。振兴集团入驻三九生化后的第一年,三九生化的财务状况并未明显好转,依旧亏损。三九生化的独立董事叶全良甚至认为振兴集团的入驻让三九生化的情况更加糟糕:

一是振兴集团在过渡期期间即进驻董事会,严重违反了《关于规范上市公司实际控制权转移有关问题的通知》(证监公司字〔2004〕1号)中的第二条第二项关于"在过渡期间,收购人原则上不得通过控股股东提议改选上市公司董事会"的规定。

二是按照《公司章程》应有9名董事,但目前实际只有8名董事,其中5名还是振兴集团推荐。导致"振兴集团完全掌控了董事会,三九生化失去了独立性"。

三是自从振兴集团控制董事会以后,董事会和公司运作缺乏透明度,董事会所作出的重大决策、决定"完全受振兴集团控制,导致其无法履行独立董事的职责"。

四是三九生化的股权转让目的是解决目前三九生化的经营性亏损问题。然而,自从振兴集团掌控董事会后不仅没有注入资金或担保贷款,又未能采取切实有效措施,导致本报告期亏损更加严重。

不过从法律角度来看,振兴集团的上述行为是在试图打"擦边球"。首先《关于规范上市公司实际控制权转移有关问题的通知》也规定了"确有充分理由改选董事会的,来自收购人的董事不得超过董事会三分之一",而振兴集团推荐的5名董事中2名是独立董事,所以振兴集团或许认为"来自收购人的董事"实际上只有3名,并未超过《公司章程》规定的9名董事的1/3,所以在董事会派驻问题上,并没有"严重违反"规定。① 至于振兴集团与三九医股的股权转让协议,其中只约定了资产置换和员工安置,并没有要求振兴集团有注入资金或担保贷款的义务。当然,即便资产置换和员工安置难以一蹴而就,振兴集团对报告期亏损更加严重的问题的确是难辞其咎的。

叶全良的态度代表了当时三九生化一些人的看法,反映了三九生化和振兴集团的矛盾,也预示着未来双方之间的冲突。例如,三九生化的监事会披露:"振兴集团直接向各二级公司派董事长、财务总监及其他高级管理人员,未履行法定程序;收购方非法派驻管理人员后,严重影响正常生产经营和员工稳定,使企业效益大幅

---

① 不过,这样的"擦边球"行为并未得到监管部门的认同,在证监会2014年12月12日出具的《行政处罚决定书》(〔2014〕104号)中,证监会指出:"振兴集团已经通过推荐派驻5位董事占据了三九生化董事会多数席位。此举有违'在过渡期间,收购人原则上不得通过控股股东提议改选上市公司董事会;确有充分理由改选董事会的,来自收购人的董事不得超过董事会三分之一'的规定"。

下降”。

这些反对意见就像预言和诅咒一样，未来的 12 年在三九生化和振兴集团身上都屡屡应验。

在 2004 年亏损后，新聘任的会计师事务所对三九生化的大额盘亏会计处理提出了质疑，认为“三九生化未能建立健全内部控制以保证公司资产的安全、完整，相关的交易事项得到恰当记录；我们也无法以可信赖的会计证据作为审计基础实施有效的审计程序”，除此之外，会计师事务所还发现一笔 2005 年之前未入账的 2.2 亿元银行借款，用途和去向均不明，于是会计师事务所对 2005 年年度财务报表出具无法表示意见。

2006 年 5 月 9 日，因连续两年亏损，三九生化被实行退市风险警示的特别处理，股票简称由“三九生化”变更为“*ST 生化”。故以下简称为 *ST 生化。

二、艰难自救，逐见曙光（2006 年 5 月 ~2017 年 6 月）

（一）推进缓慢，终被暂停上市（2006 年 5 月 ~2008 年 4 月）

*ST 生化通过与振兴集团资产置换的方式，解决了昆明白马的问题，而接下来要解决的则是另外两个亏损源头：上海唯科和自成立之初便一直保留的工程机械业务（以下简称宜工机械）。2006 年 7 月 9 日，《中国证券报》报道称，上海唯科将会转给三九集团或其下属公司，宜工机械则会转给当地政府，受让方承担这两个公司的所有资产和负债。① 半年后 2006 年 12 月 23 日，*ST 生化将其全部持有上海唯科的 55.26% 股权以 1 元钱的价格转让给三九集团旗下的深圳市三九精细化工有限公司（以下简称三九精化）。②

当时有人认为，三九精化原本是 *ST 生化的子公司，当时经营状况很好，但后来三九集团用旗下的昆明白马与之资产互换。昆明白马置入 *ST 生化后“水土不服”，连年亏损，直至被后来的控股股东振兴集团置换出去。所以从某种程度来说，这一次 1 块钱的交易，算是三九集团对 *ST 生化之前资产置换的一种“补偿”。

不过，振兴集团的上述努力虽然让三九生化有所改善，但终究积重难返。三九生化公司 2006 年的净利润从前一年的 -6.63 亿元上升到了 -0.76 亿元，但此时的流动负债超过流动资产近 10 亿元，尚未偿还的逾期银行借款 7.45 亿元。

---

① 《不良资产有望剥离　振兴集团欲轻装入主 *ST 生化》，载中国证券报，https://business.sohu.com/20060907/n245213737.shtml。

② 2011 年 10 月 18 日，三九精化与四川恒康发展有限责任公司签订协议书，约定由后者承继三九精化购买上海唯科的所有权利和义务。2012 年 10 月 23 日，上海唯科已完成股权变更的工商登记手续。

2007 年 4 月 27 日，因连续 3 年亏损，*ST 生化被证交所暂停上市。而按照相关规定，如果*ST 生化 2007 年依然亏损的话，将被强制退市。[①] 因此，振兴集团得想尽一切办法来保证*ST 生化在 2007 年盈利。结果，虽然在 2007 年各个控股子公司都实现了盈利，其中振兴电业净利润 1.09 亿元，广西双林净利润 5099 万元，湖南唯康净利润 213 万元，四川长征净利润 189 万元。不过*ST 生化常年高企的营业成本和三项费用让*ST 生化在当年却亏损 4422 万元。

于是，振兴集团不得不考虑更为激进的措施：先是在 2007 年 12 月 13 日将*ST 生化的宜工机械相关资产和负债以 1 元钱的价格"转"给宜春国资[②]，希望由后者行使相关权利，承接相关债务，将这部分业务"出表"。然后是在两周后的 12 月 28 日免去了*ST 生化应付振兴集团资产置换的差价 1.07 亿元。最终使*ST 生化在 2007 年的净利润一跃成为盈利 7500 万元，从而暂时避免了退市的风险。

按照振兴集团原本的计划，避免退市风险以后就可以正常申请恢复上市。结果一经暂停上市，再想恢复上市却是"难于上青天"，前前后后用了近 5 年的时间。[③]

（二）急转直下，资产变负债（2008 年 4 月 ~2011 年 6 月）

2003 年年底发布《关于制止电解铝行业违规建设盲目投资的若干意见》并未阻止电解铝产能在随后的 4 年半中迅猛增长，这和当时国际铝价一直攀升有着莫大的关系。而在价格上涨和产能增长的带动下，2004 年至 2007 年，铝业利润总额从 106 亿元攀升至 369 亿元。[④]

但好景不长，"煤→电→铝"逐一"断崖"：

2007 年年底，由美国次贷危机引发的世界金融危机开始向全球蔓延，2008 年二

---

① 《深圳证券交易所股票上市规则》（2006 年 5 月修订）第 13.2.1 条："上市公司出现以下情形之一的，本所对其股票交易实行退市风险警示：（一）最近两年连续亏损；（二）因财务会计报告存在重大会计差错或虚假记载，公司主动改正或被中国证监会责令改正，对以前年度财务会计报告进行追溯调整，导致最近两年连续亏损……"第 14.1.1 条："上市公司出现下列情形之一的，本所暂停其股票上市：（一）因 13.2.1条第（一）项情形股票交易被实行退市风险警示后，首个会计年度审计结果表明公司继续亏损……"第 14.3.1 条："上市公司出现下列情形之一的，本所终止其股票上市：（二）因 14.1.1 条第（一）项情形股票被暂停上市后，在法定期限内披露的暂停上市后首个年度报告显示公司出现亏损……"

② 指宜春市国有资产运营有限公司。

③ 《深圳证券交易所股票上市规则》（2006 年 5 月修订）第 14.2.14 条："上市公司提出恢复上市申请时，应当向本所提交下列文件：（四）管理层从公司主营业务、经营活动、财务状况、或有事项、期后事项和其他重大事项等角度对公司实现盈利的情况、经营能力和盈利能力的持续性和稳定性作出的分析报告……"

④ 《内地电解铝产能大幅飙升超 6 成属黑户　地方政府助推》，载《第一财经日报》2011 年 4 月 25 日，第 1 版。

季度开始波及中国,电解铝行业“首当其冲”,需求量急剧下滑。至 2008 年年底,93% 的电解铝企业严重亏损,[①]而振兴电业 95% 的电力产品均销售给振兴电解铝业务,因此在当年暂停了 95% 的发电机组的生产,仅实现净利润 256 万元,四川长征更是直接亏损 5779 万元。湖南唯康则仅实现净利润 12.5 万元。

到了 2009 年 1 月 4 日,山西省经济委员会于 2009 年 1 月 4 日印发了《关于关停山西振兴集团电业公司 3×6MW 小火电机组的批复》(晋经电力字〔2009〕2 号),运城市人民政府关停小火电领导办公室在 8 月更是下发了《关于督促山西振兴集团有限公司拆除其小火电机组的通知》(运政关电办字〔2009〕1 号),拆除了振兴电业剩余的 5% 发电机组,自此,振兴电业全部发电机组停产。

而随着国务院《关于促进煤炭工业健康发展的若干意见》的配套细则的出台,[②]煤炭资源的整合也开始落地。2009 年 9 月 28 日,山西省煤矿企业兼并重组整合工作领导组办公室下发了《关于运城市市直(部分)和河津市煤矿企业兼并重组整合方案的批复》(晋煤重组办发〔2009〕46 号),由于振兴集团的煤炭业务在上述重组整合方案范围内,振兴集团旗下的煤炭业务停产。

振兴集团煤炭业务断崖,而外购原煤成本过高,电业全部停产、铝业也在停产改造中。自此振兴集团的“煤→电→铝”产业链全线崩盘。振兴电业 2009 年亏损 6877 万元。而四川长征继续亏损 6232 万元,湖南唯康继续微利 11.45 万元。

早在 2003 年年底,*ST 生化和其控股股东就因为营利能力差和负债率过高而被债权人“挤兑”。如今,这一幕又再现了。振兴集团自身的危机和*ST 生化的危机相互叠加,其持有的对*ST 生化的股权被债权人多轮冻结,随时都有失去控制*ST生化的可能。而且此时的*ST 生化已经不是三九集团的子公司,享受不到国资委争取到的“暂缓受理、暂缓审理、暂缓执行”等特殊待遇。

振兴集团和*ST 生化目前唯一的希望,就是经营状态越来越好的广东双林。2008 年,广东双林的血液制品技术改造工程项目获得广东省经贸委批准备案,因此而获得政府 2100 万元的拨款,全年净利润 6969 万元。2009 年更是大幅上涨 60%,达到 1.12 亿元。其中,狂犬病人免疫球蛋白的市场份额由 36.46% 增长到 62.12%,居国内第一位;人血白蛋白销售量在国内厂家排名在一年内从第九位上升

---

① 王伟、李章存:《世界金融危机后中国电解铝工业蓬勃发展的节能减排技术》,载《轻金属》2011 年增刊。

② 2006 年 6 月 15 日,国务院发布《关于同意山西省开展煤炭工业可持续发展政策措施试点意见的批复》(国函〔2006〕52 号),2007 年 11 月 13 日,发改委出台《煤炭产业政策》(公告 2007 年第 80 号),2008 年 9 月 2 日,山西省人民政府出台《关于加快推进煤矿企业兼并重组的实施意见》(晋政发〔2008〕23 号)。

到第三位;静注人免疫球蛋白的市场份额从3.71%上升到5.84%;乙型肝炎人免疫球蛋白开始销售,占市场份额的8.32%。广东双林公司入选广东省“百强创新型示范企业”,“双林”商标被评为广东省著名商标。

换言之,振兴集团首先要做的是保证广东双林持续向好的态势,以此作为和*ST生化恢复上市和未来摘星脱帽的资本。然后在*ST生化摘星脱帽后通过二级市场进行再融资。最终解决*ST生化和振兴集团自身的债务危机。为此,振兴集团在免除资产置换1.07亿元差价后,又在2009年4月10日和17日作出决定:承接*ST生化对上海唯科与昆明白马的担保。

可惜的是,这条路相当漫长、艰难,还随时处于生死边缘。而且,可能也正是因为长期处于“濒死”的状态,让振兴集团并没有时间和精力去考虑如何将*ST生化和广东双林牢牢地控制在自己手中,这也为多年后的下半场控制权之战留下了严重的隐患。

2010年,*ST生化又被会计师事务所出具无法表示意见的审计报告,①第二次站到了终止上市的悬崖边上。而在这段时间,*ST生化未及时清理的历史遗留问题,再一次引发了连锁反应:

自2008年起,多家债权人就宜工机械相关业务向*ST生化提起诉讼,要求*ST生化承担还款义务,涉及金额合计超过0.9亿元,而其中大部分诉讼法院都判决*ST生化承担还款义务,致使*ST生化不得不再联合宜春机械的承接人与胜诉的债权人②进行谈判协商、达成和解。

另外,虽然*ST生化将上海唯科卖给了三九精化,但其在被三九集团控股的时期为上海唯科提供的借款担保还未处理。结果在2010年12月15日,法院将*ST生化持有的四川长征的全部70.42%的股权拍卖,所得的6500万元拍卖款用于偿还上海唯科的债权人。而在*ST生化失去四川长征的10天后,四川长征因不能偿还到期债务,被多个债权人申请破产清算,法院在3个月后作出破产重整的裁定。③

振兴集团这时能听到的唯一的好消息,是在*ST生化被出具无法表示意见的审计报告的两个月后,*ST生化终于在2010年6月25日完成了更名,从“三九宜工

① 载三九生化2011年年度报告,天健正信审(2011)GF字第160006号。

② 宜春国资在2009年8月31日将宜工机械的相关资产、负债挂牌,浙江鑫隆创投有限公司在2009年9月29日通过电子竞价方式竞买成功;2009年10月10日,宜春国资、浙江鑫隆创投有限公司、江西省银海产权经纪有限公司、江西省产权交易所签订产权交易合同;2009年12月19日上述资产过户完毕,资产被过户至宜春重工有限公司。

③ 乐山市中级人民法院民事裁定书,(2010)乐民破(裁)字第2-3号。

生化股份有限公司”更名为“振兴生化股份有限公司”。

振兴集团对*ST 生化的这些眼花缭乱般的操作,归根结底其实就是三招:清欠逾期款项、债务转移,以及资产置换。本来如果不是因为金融危机和产业政策的影响,振兴集团本计划把自己的电解铝和煤炭置入*ST 生化,并视情况置换出四川长征和湖南唯康。然而“煤→电→铝”的全线崩盘,不但堵死了资产置换这条路,还让振兴集团不得不面对振兴电业这个“毒”资产。这样,只剩下清欠款项和债务转移这两条路。

到了 2011 年 4 月 30 日,*ST 生化恢复上市的压力骤增。年度财务报表再次被出具无法表示意见,但此时情况远比 2005 年首次被出具无法表示意见的时候要凶险得多:累计亏损近 3 亿元;逾期未偿还的银行借款本金近 2 亿元,其中多数已涉及诉讼;部分对外担保事项被法院判决承担连带保证责任,导致资金压力增大;振兴电业停产,连续两年发生大额亏损;所持四川长征的股权被拍卖。而且在 1 个月后的 5 月 23 日,监管部门在对*ST 生化现场检查后出具了责令改正的决定书,要求*ST生化尽快解决对原子公司的担保和振兴电业停产的问题。①

这时的振兴集团,需要借助专业人士的力量,深圳信达登场了。

(三)火烧赤壁,“流血上市”后即停牌(2011 年 6 月 ~2013 年 5 月)

深圳信达与*ST 生化的“不打不相识”始于 2009 年。当时的深圳信达在受让了债权人对*ST 生化 1.65 亿元的本金债权②后,于 9 月 28 日提起诉讼,要求*ST 生化归还其中的 0.8 亿元的本金和 0.36 亿元的利息,并冻结了*ST 生化对振兴电业的约 65.22% 股份和对广东双林的 100% 股份。之后在 2011 年 6 月 27 日,*ST 生化与深圳信达签署《合作框架协议》,约定深圳信达通过三种方式来帮助*ST 生化恢复上市:一是利用诉讼、谈判、和解、收购、归集等方式清理*ST 生化的债权债务;二是在股权结构调整、股改承诺修改、法律文件谈判等方面提供专业咨询与策划;三是提供增发(含债转股)、收购兼并、融资租赁和投融资业务。

深圳信达加入后,*ST 生化的恢复上市进程开始加快了。而*ST 生化首先要

---

① 《关于责令振兴生化股份有限公司改正决定书》(晋证监函〔2011〕106 号),载巨潮资讯网,公告编号:2011-036。

② 2007 年 5 月 15 日,深圳市商业银行与深圳信达签订了编号为“(深信商)第 972 号”的《债权转让协议》,深圳市商业银行将其对三九生化 1495 万元的贷款债权转让给信达资产。2008 年 4 月 18 日,光大银行深圳分行与深圳信达签订了编号为“第 SZ00131 号”的《债权转让协议》,光大银行深圳分行将其对三九生化 1.5 亿元的债权转让给深圳信达。由此,ST 生化共欠信达资产借款本金 16,495 万元及相应的利息。

解决的，是山西证监局在今年初要求整改的对原子公司（昆明白马和上海唯科）担保和振兴电业停产的问题。

2011 年 11 月 28 日，*ST 生化提起诉讼，请求法院判决振兴集团赔偿其因履行在 2009 年 4 月作出的承诺（承接*ST 生化对上海唯科与昆明白马的担保）而对*ST 生化造成的损失约 1.1 亿元，并对振兴集团所有的“山西金兴大酒店”提请财产保全。① 两天后，振兴集团终于动摇了之前一直力图让振兴电业“重振雄风”的想法，不再对自己的“老本行”充满自信，决定回购振兴电业约 28% 的股份，将振兴电业从*ST生化的控股子公司变为参股公司，从而在财务上完成“出表”的操作，美化业绩。

2012 年 4 月 6 日，*ST 生化公告其收到的监管部门对其恢复上市的意见，②要求振兴集团在明确的期限内：(1)解决宜工机械的债务纠纷问题；(2)解除*ST 生化对上海唯科和昆明白马的全部债务担保，并自行承担全部责任和损失；(3)解决振兴电业的持续经营问题；(4)做好信息披露和投资者关系工作。

*ST 生化随后展开了针对性的整改工作：2012 年 8 月 14 日，*ST 生化拿到了宜春国资出具的《债务履行承诺函》（宜国运字〔2012〕24 号），宜春国资明确承诺宜工机械所涉及的所有未履行债务由其承担。2012 年 11 月 30 日，振兴集团决定以其所有的山西金兴大酒店偿还其未履行承接上海唯科和昆明白马担保而对*ST 生化造成的损失。同日，振兴集团更改之前“出表”的思路，承诺全部回购振兴电业股份，并且不再注入振兴集团的电解铝资产和煤炭资产。在前述操作下，*ST 生化通过上述操作很快拿到了恢复上市的批文，③随后在 2013 年 2 月 8 日正式恢复上市，而振兴集团因*ST 生化执行股权分置改革方案，④持股比例从 29.11% 降至 22.61%。

不过，*ST 生化的前述操作又为自己埋下了新的“定时炸弹”。一方面是没有把“做好信息披露和投资者关系工作”当回事，致使与中小股东结怨。另一方面是整改工作不彻底：《债务履行承诺函》不当然免除*ST 生化承担宜工机械的责任；山西金兴大酒店已停工多年，且还未办理土地使用权证，“以房抵债”落地困难；回购

① 2012 年 2 月 17 日，运城中院作出(2012)运中商初字第 5 号、6 号民事判决书，支持了*ST 生化的全部诉讼请求。2012 年 3 月 19 日，案件进入强制执行阶段。2012 年 5 月 2 日，山西金兴大酒店（不含土地使用权）评估值为 1.3 亿元。载巨潮资讯网，公告编号：2012－032。

② 《关于督促振兴集团尽快履行承诺并恢复振兴生化上市的监管函》（晋证监函〔2012〕29 号），载巨潮资讯网，公告编号 2012－022。

③ 2012 年 12 月 31 日，*ST 生化受到了深圳证交所的《关于同意振兴生化股份有限公司股票恢复上市的决定》（深证上〔2012〕475 号）。来源：巨潮资讯网，公告编号：2012－095。

④ 以*ST 生化资本公积中的 6089.4108 万元向本次股权分置改革股权登记日（2013 年 1 月 8 日）登记在册的流通股股东定向转增股本，每 10 股流通股股东获得转增 6 股，公司总股本增加至 272,577,599股。参见*ST 生化 2013 年年度报告。

振兴电业更是一张信誓旦旦的“大饼”，大大高估了自己平衡债权人利益的能力。

另外，天下没有免费的午餐。深圳信达积极推进*ST 生化恢复上市的目的就是*ST 生化在上市后能利用上市平台来清偿其债务。于是在*ST 生化被允许恢复上市 3 个月前的 9 月 29 日，*ST 生化与深圳信达签订《债务重组合同》，确认*ST生化欠深圳信达本金约 1.65 亿元，利息约 1.35 亿元，共计约 3 亿元。*ST 生化需要在恢复上市后通过自筹 1 亿元现金和定向增发 1500 万股票（约 7.5%）的方式偿还上述金额，在 2013 年 12 月 30 日前将前述义务履行完毕。① 然而，该方案后来迟迟未提交给董事会和股东大会审议，在*ST 生化后来陆续爆出违规担保、监管部门惩戒、董监高被立案调查、财务报表被出具非无保留意见等问题后更是在法律上存在实质性障碍，②最终无疾而终。*ST 生化还是得按照重组前的债权文件向深圳信达偿还相关债务及逾期利息。

振兴集团在推进*ST 生化的恢复上市的工作同时，还得收拾自己因“煤→电→铝”全产业链崩盘而引发的债务危机，保住自己对*ST 生化的控制。2012 年 12 月 10 日，振兴集团持有*ST 生化的股份将被司法拍卖，而一旦拍卖成功，公司实际控制权将变更，虽然后经争取，拍卖暂缓。但“旧困未解又添新愁”，截至 2013 年 4 月 30 日，振兴集团对*ST 生化的股权已经被轮候冻结了 6 次，*ST 生化对振兴电业的 65.22% 的股权也因深圳信达、宜工机械和昆明白马三宗债务纠纷被轮候冻结了 3 次。

这些债务盘根错节，相互交织。如中行运城③的 7 亿元债务是一个典型。2007 年 11 月 26 日至 2008 年 4 月 18 日，也就是金融危机到来前夕，振兴集团也许是预感到了即将到来的风暴，为自己的煤炭业务向中行运城借款 4.3 亿元。而振兴集团之所以能借到这么多钱，是因为其早在 2006 年 6 月 29 日就用振兴集团、铝业子公司和振兴电业 3 家公司主体提供了最高额抵押担保并办理了相应登记，其中的振兴电业的担保额度为本金 2 亿元和相应利息，随后史跃武也以自然人的身份提供了保证。结果后来煤炭业务全部停产，4.3 亿元无力偿还，到了 2012 年 4 月 30 日，利息

---

① 《关于签署债务重组合同的提示性公告》（公告编号:2012－068），载巨潮资讯网。

② 《上市公司证券发行管理办法》（2006 年版）第三十九条：“市公司存在下列情形之一的，不得非公开发行股票：（一）本次发行申请文件有虚假记载、误导性陈述或重大遗漏；（二）上市公司的权益被控股股东或实际控制人严重损害且尚未消除；（三）上市公司及其附属公司违规对外提供担保且尚未解除；（四）现任董事、高级管理人员最近三十六个月内受到过中国证监会的行政处罚，或者最近十二个月内受到过证券交易所公开谴责；（五）上市公司或其现任董事、高级管理人员因涉嫌犯罪正被司法机关立案侦查或涉嫌违法违规正被中国证监会立案调查；（六）最近一年及一期财务报表被注册会计师出具保留意见、否定意见或无法表示意见的审计报告。保留意见、否定意见或无法表示意见所涉及事项的重大影响已经消除或者本次发行涉及重大重组的除外；（七）严重损害投资者合法权益和社会公共利益的其他情形。”

③ 指中国银行运城市分行。

已滚到了2.56亿元。债权人提起诉讼并冻结了振兴集团对*ST生化的股权。①

而因为*ST生化对振兴电业的股权被多轮冻结，所以只要任何一个申请人(债权人)不同意解除冻结，振兴集团便无法实现回购。于是，*ST生化在恢复上市3个月后的5月7日宣布停牌，然后在29日宣布暂停振兴电业的回购并复牌。②

*ST生化的这一举动，把刚刚埋下的“定时炸弹”立刻倒计时清零，引起了中小股东和监管部门的注意。

(四)引燃众怒，“鞭赶之驴”(2013年5月~2015年1月)

当时的市场对*ST生化非常看好，有人认为*ST生化的股价应在35元/股左右，“恢复上市后相当于一只新股，而在现今多家恢复上市的公司中，能够具备如此优秀的一类产业者十分难觅”“摘帽是明摆的事情”“明显有着盘小的比较优势”“长期耐心持有，必有不错的稳定回报”，③而早在2008年，广东双林的收入就突破了4.5亿元，远超同行业的江西博雅(0.9亿元)、上海莱士(3.1亿元)和山东泰邦(3.2亿元)。

*ST生化恢复上市首日的开盘价为19.99元/股，涨跌幅282.02%，④成交量7784万股，成交金额15.5亿元，⑤*ST生化的前十大股东也完成了洗牌，大量基金进驻。结果，希望越大，失望也越大。中小股东在进场后就被套牢了，振兴电业承担2亿元担保之事被曝光后更是情况恶化，截至5月7日停牌，股价已“破发”至17.59元。

*ST生化的未披露担保和暂停回购行为引发了中小股东和监管部门的强烈不满。在*ST生化宣布暂停回购后，部分中小股东组建维权群，每天向证监会、深交所市场监察部、山西证监局、中央电视台的“经济半小时”和“焦点访谈”栏目电话投诉，书面提交了《关于举报*ST生化及山西振兴集团欺诈投资者、欺诈上市的报

---

① 赵晓琳:《*ST生化深陷债务黑洞7亿担保官司遭曝光》，载上海证券报2013年4月25日:http://www.chinanews.com/stock/2013/04-25/4762668.shtml。

② 《关于申请公司股票临时停牌的提示性公告》，公告编号:2013-019，载巨潮资讯网。

③ “十进官”:《振兴生化深度基本面分析》，载股吧2013年2月11日，http://guba.eastmoney.com/news,000403,62739261.html。

④ 《关于暂停上市公司恢复上市首日股票交易不设涨跌幅限制的通知》:经报中国证监会批准，本所对暂停上市公司恢复上市首日的股票交易不设涨跌幅限制，恢复上市首日后的下一个交易日起，仍按交易规则规定设置涨跌幅限制。深圳证交所2002年6月28日公布。

⑤ “天空湛蓝”:《今天上市的ST股。就000403ST生化有操作价值》，载淘股吧2013年2月8日，https://www.taoguba.com.cn/Article/746757/1。

告》。[①] 山西证监局和深交所也立即发出监管函，要求尽快消除回购障碍，并加强投资者关系管理工作，并要求在6月5日给予恢复。[②] 然而，*ST生化直到6月28日才提交回复，且未严格按照问询函要求回复相关问题，也未提交会计师专项说明、相关合同、单据等书面材料。7月10日，深交所再次发出监管函，要求*ST生化在两日内严格按照其要求予以回复，结果这一次*ST生化虽然提交了回复，但因会计师与保荐机构就公司与振兴集团之间资金往来的相关意见相矛盾，拖延提供回复函件以及会计师专项说明的盖章页，且未提交相关文件的盖章页。

3个月后，振兴集团持有*ST生化22.61%的股份将再次被司法拍卖，再次面临失去*ST生化控制权的风险。紧接着10天后，媒体刊文《*ST生化的乌龙年报涉嫌虚增收入》，质疑*ST生化有计提存货准备不足、虚增营业收入、虚构银行存款利息等行为。[③] 为此，振兴集团又得去和法院沟通解除拍卖风险，*ST生化则是对其年报的质疑进行澄清。

2013年10月14日，深交所对*ST生化拒不按照要求回复的行为进行了处分。[④] 一个月后的11月4日，证监会指派与*ST生化住所地并无关联的甘肃证监局进行立案调查，[⑤]4天后，证监会召开新闻发布会，明确表示*ST生化未及时披露其子公司2006年为大股东的关联公司借款提供担保及后续涉诉等情况，涉嫌违法违规。

1个月后的2013年12月27日，证监会发布55号公告，进一步规范上市公司履行承诺行为。[⑥] 如果振兴集团的实际控制人史家父子超期未履行承诺或违反承诺，

---

① "龙之股"：《st生化(000403)维权召集令》，载新浪博客2013年5月29日，http://blog.sina.com.cn/s/blog_4dc3b0f20102ejmn.html。

② 《关于兑现股改承诺事项的监管函》(晋证监函〔2013〕171号)，《关于对振兴生化股份有限公司的监管函》(深交所公司部监管函〔2013〕第35号)，载巨潮资讯网，公告编号:2013-029。

③ 田刚：《*ST生化的乌龙年报 涉嫌虚增收入》，载证券市场红周刊2013年9月1日，http://finance.eastmoney.com/news/1354,20130901319390993.html。

④ 《关于对振兴生化股份有限公司及相关当事人给予处分的决定》(深证上〔2013〕356号)，载网易财经2013年10月14日，http://quotes.money.163.com/f10/ggmx_000403_1238956.html。

⑤ 《中国证券监督管理委员会立案调查通知书》(编号:宁稽调查通字001号)，公告编号:2013-059。

⑥ 《上市公司监管指引第4号——上市公司实际控制人、股东、关联方、收购人以及上市公司承诺及履行》"六、除因相关法律法规、政策变化、自然灾害等承诺相关方自身无法控制的客观原因外，超期未履行承诺或违反承诺的，我会依据《证券期货市场诚信监督管理暂行办法》将相关情况记入诚信档案，并对承诺相关方采取监管谈话、责令公开说明、责令改正、出具警示函、将承诺相关方主要决策者认定为不适当担任上市公司董事、监事、高管人选等监管措施。七、有证据表明承诺相关方在作出承诺时已知承诺不可履行的，我会将对承诺相关方依据《证券法》等有关规定予以处理。相关问题查实后，在对责任人作出处理前及按本指引进行整改前，依据《证券法》、《上市公司收购管理办法》的有关规定，限制承诺相关方对其持有或者实际支配的股份行使表决权。"

除了会被采取记入诚信档案等监管措施，还会被认定为不适当担任*ST生化董事、监事或高级管理人员，而且振兴集团还可能会被限制对*ST生化行使表决权。如此一来，振兴集团再一次“站到了悬崖边上”，随时可能失去*ST生化的经营管理权和股东表决权。

证监会55号公告后，监管部门加快了节奏。在2014年连发8道《行政监管措施决定书》，持续敦促振兴电业回购和担保解除的问题。*ST生化经过一年的努力，解除了昆明白马和上海唯科的担保，继而解除了因昆明白马纠纷而对振兴电业65.22%股权的查封，但由于振兴电业对振兴集团的担保尚未解除，以及主要银行账户被冻结等问题，所以在2014年11月7日，*ST生化解除退市风险，但被实施其他风险警示，①股票简称由“*ST生化”变更为“ST生化”。2014年11月7日后该公司简称为ST生化。

不过在这一年年初，继昆明白马、上海唯科、四川长征、宜工机械后，*ST生化的湖南唯康在连年亏损后也陷入了停业危机。2014年1月22日，湖南唯康的药品GMP证书到期，但其部分设备已属于强制报废对象，所以药监局拒绝证书延期的请求，湖南唯康开始停产，新厂竣工时间遥遥无期。于是，*ST生化仅剩下广东双林的血制品业务正常运营。

2014年12月19日，最高院与证监会联合发布《关于加强信用信息共享及司法协助机制建设的通知》(法〔2014〕312号)，*ST生化因宜工机械的三期债务纠纷而成为首批被列入失信被执行人名单的上市公司。而步入2015年，ST生化开局不利，收到了证监会的立案调查结果：振兴电业为振兴集团的关联方山西振兴提供担保，实质上构成上市公司控股子公司为实际控制人的关联方提供担保，应按照规定②履行内部决策程序，并按《股票上市规则》的要求对外披露。*ST生化未将此事项和后续涉诉事项在证券市场上及时披露，违反了《证券法》(2014年修正)第一百

---

① 《深圳证券交易所股票上市规则》(2014年修订)(深证上〔2014〕378号)第13.3.1条上市公司出现下列情形之一的，本所有权对其股票交易实行其他风险警示：(一)公司生产经营活动受到严重影响且预计在三个月以内不能恢复正常；(二)公司主要银行账号被冻结；(三)公司董事会无法正常召开会议并形成董事会决议；(四)公司向控股股东或者其关联人提供资金或者违反规定程序对外提供担保且情形严重的；(五)本所认定的其他情形。

② 《关于规范上市公司与关联方资金往来及上市公司对外担保若干问题的通知》(证监发〔2003〕56号)第五条：“纳入上市公司合并会计报表范围的子公司对外担保、与关联方之间进行的资金往来适用本《通知》规定。”《关于规范上市公司对外担保行为的通知》(证监发〔2005〕120号)第一条第七项：“上市公司控股子公司的对外担保，比照上述规定执行。上市公司控股子公司应在其董事会或股东大会做出决议后及时通知上市公司履行有关信息披露义务。”

九十三条的规定,[1]决定*ST 生化和董事给予警告和罚款。[2]

证监会的这个行政处罚决定书,是中小股东的一场胜利,开启了他们可以向 ST 生化主张证券虚假陈述民事赔偿案件的大门。[3]

(五)迷之重组,不了了之(2015 年 1 月~2016 年 12 月)

也许是债务压力太大,“煤→电→铝”的经营也没有任何好转,抑或是想加强对 ST 生化特别是广东双林的控制,振兴集团总是在想着用“空手套白狼”的方式来解决回购承诺和担保解除的问题。为此,振兴集团反反复复地想了很多方案:

首先想到的是“发行股份购买资产”,1 月 27 日,ST 生化停牌,拟向史家父子购买宁波普奥思生物科技有限公司和山西润生大业生物材料有限公司。交易一旦完成,振兴集团和史家父子构成一致行动人,对 ST 生化的持股比例将会增高,并稀释和摊薄中小股东的权益。

这个方案后来 10 月 30 日被否定,换成了让贵州交通建设集团有限公司“借壳上市”,振兴集团彻底退出——就像当初从三九集团接盘那样。或许是广东双林和上市公司平台对振兴集团的诱惑力太大,第二个方案在两周后又被推翻。

振兴集团最后选择了更为简单粗暴的“定向增发”:以 22.81 元/股的价格向振兴集团增发 100,832,967 股,交易完成后,振兴集团对 ST 生化的持股比例将达到 43.51%,并稀释和摊薄中小股东的权益。

振兴集团在方案上的摇摆不定,导致 ST 生化在 2015 年的绝大部分时间处于停牌状态,激化了与中小股东的矛盾。11 月 9 日上午,十余名股民穿贴有标语的白色 T 恤聚集在深交所门口抗议,认为 ST 生化存在“恶意重组”“官商勾结”的情况。山

---

① 《证券法》(2013 年修正)第一百九十三条:“发行人、上市公司或者其他信息披露义务人未按照规定披露信息,或者所披露的信息有虚假记载、误导性陈述或者重大遗漏的,责令改正,给予警告,并处以三十万元以上六十万元以下的罚款。对直接负责的主管人员和其他直接责任人员给予警告,并处以三万元以上三十万元以下的罚款。发行人、上市公司或者其他信息披露义务人未按照规定报送有关报告,或者报送的报告有虚假记载、误导性陈述或者重大遗漏的,责令改正,给予警告,并处以三十万元以上六十万元以下的罚款。对直接负责的主管人员和其他直接责任人员给予警告,并处以三万元以上三十万元以下的罚款。发行人、上市公司或者其他信息披露义务人的控股股东、实际控制人指使从事前两款违法行为的,依照前两款的规定处罚。”

② 证监会《行政处罚决定书》(〔2014〕104 号),来源:巨潮资讯网,公告编号:2015-001。

③ 最高院《关于审理证券市场因虚假陈述引发的民事赔偿案件的若干规定》(法释〔2003〕2 号)第五条第一项:“投资人对虚假陈述行为人提起民事赔偿的诉讼时效期间……:(一)中国证券监督管理委员会或其派出机构公布对虚假陈述行为人作出处罚决定之日……”

西证监局随后对ST生化重组方案披露不及时、不准确等问题出具警示函。[①]

为了给定向增发的通过扫清障碍，振兴集团在公布方案后并未着急提交股东大会，而是采取一系列措施以推动方案的通过：

一是推进广东双林的新建血浆项目批复，以增加通过定向增发来募集资金的必要性、正当性和合理性。随后，廉江双林、东源双林、鹤山双林和遂溪双林四家单采血浆站陆续获得了省级卫生部门批复；

二是因为此次交易后振兴集团持股比例将升至43.51%，超过30%，构成上市公司收购行为，因此需要同深圳信达等资金提供方商谈，降低振兴集团的债务规模，以满足收购人资格；[②]

三是修改《公司章程》，删去早在2004年设计的"公司重大资产重组，购买的资产总价较所购买资产经审计的账面净值溢价大于20%"等对社会公众股股东利益有重大影响的相关事项"须经公司股东大会表决通过，并经参加表决的社会公众股股东所持表决权的半数以上通过，方可实施或提出申请"与"因涉嫌犯罪被司法机关立案侦查或涉嫌违法违规被中国证监会立案调查，尚未有明确结论意见"作为不得担任董事的情形，并增加董事"禁止无因解除"条款。

振兴集团做了这么多工作，但唯一没有做的，就是给中小股东一个交代，从未解释为何"能借钱定增，但不能借钱履行回购承诺"，却还需要中小股东们投票支持。有小股东直接质疑，公司披露的募集项目中有三个项目与现有项目重复，而按照规定不能在同一个县/区出现两家血浆站；[③]另一些小股东则认为目前的募集项目"都是为了定增而凑出来的。其实建设血浆站根本用不了这么多钱"。更有ST生化小股东猜测，公司大股东定向增发有可能是为了"拿到1亿股之后再质押出去筹钱来还债，而23亿元的定增资金能否到位就不一定了"。[④]

于是，在接下来的四次股东大会，振兴集团屡次提交章程修正案但均未通过，

---

① 《关于对振兴生化股份有限公司采取出具警示函措施的决定》(〔2015〕22号)，载巨潮资讯网，公告编号:2015-120。

② 《上市公司收购管理办法》(2014年修订)第六条第二款:"有下列情形之一的，不得收购上市公司:(一)收购人负有数额较大债务，到期未清偿，且处于持续状态;(二)收购人最近3年有重大违法行为或者涉嫌有重大违法行为;(三)收购人最近3年有严重的证券市场失信行为;(四)收购人为自然人的，存在《公司法》第一百四十六条规定情形;(五)法律、行政法规规定以及中国证监会认定的不得收购上市公司的其他情形。"

③ 《血站管理办法》(2016年修正)第十一条第三款:"同一行政区域内不得重复设置血液中心、中心血站。"

④ 《ST生化23亿元定增有隐情？小股东疑大股东"空手套白狼"》，载证券日报2015年12月21日，http://guba.eastmoney.com/news,000403,233533522.html。

而反对票数也越来越多，从最初 2937 万股（占比 11%）增加到了 8312 万股（占比 30.5%），而定增方案也在 2016 年第二次临时股东大会上被否决。而且奇怪的是，定增方案在股东大会召开前夕，根据一年半来所发生的变化进行了多处更新，但唯独没有变更定增价格，即依然是按照一年半之前 22.81 元/股。而此时的 ST 生化的股价早已达到了 32 元/股，于是有人质疑："股价 32 块钱的时候，你搞一个 22 块的增发，这不是把别人都当傻子么？"①

到了 2016 年年底，共计 321 名自然人股东通过诉讼来追究 ST 生化的证券虚假陈述责任，其中 252 起已获判决，共计金额 2771.63 万元。ST 生化的内部控制也被会计师事务所连续 3 年出具了否定意见，主要原因是 ST 生化的账号被冻结，致使其不得不使用个人账户替代公司账户进行现金管理，继而违反了《现金管理暂行条例实施细则》第十二条"不准将单位收入的现金以个人名义存入储蓄"的规定。

（六）十年挣扎，曙光初现（2016 年 12 月 ~2017 年 6 月）

振兴定增失败，让自己更加地被动，不得不求助其他人的帮助来解决振兴电业回购和担保解除的问题。

一个是宜工机械的债务。宜春市莫名实业投资有限公司出面收购宜工机械的债务，成为新的债权人，然后免除了对 ST 生化的相应债务，并解除相关查封、冻结等财产保全措施，以及撤销相关案件的受理、审理和执行。截至 2017 年 6 月，已陆续收购了 97 户对 ST 生化的债权。②

另一个则是回购。包括振兴电业的回购和酒店的回购。关于振兴电业的回购，得先解除 65.22% 的冻结，然后支付股权转让款。而关于酒店的回购，由于土地使用权证未办理，酒店也未完工，"以资抵债"终无法落地。因此振兴集团得通过回购酒店的方式来承担因未履行 2009 年 4 月作出的承诺（承接 * ST 生化对上海唯科与昆明白马的担保）而对 * ST 生化造成的损失。

在深圳信达的支持下，ST 生化对振兴电业的 65.22% 的股权得以解冻。2016 年 12 月 20 日，ST 生化召开股东大会决定将出售振兴电业和酒店而产生的对振兴集团享有的全部债权转让给深圳信达，其中酒店对价为 1.16 亿元，振兴电业对价为 1.04 亿元（0.46 亿元为振兴电业评估价，0.86 亿元为振兴电业对 ST 生化的应付款债务，振兴集团支付 0.28 亿元），3 天后，深圳信达全额支付，振兴集团支付了 0.13

---

① 朱亮韬：《要约收购 ST 生化：得散户者得胜利》，载《财新周刊》2018 年第 1 期，http://weekly.caixin.com/2017-12-30/101191633.html。

② 莫名公司随后又收购了两户债权，载巨潮资讯网 2018 年 1 月 9 日，公告编号：2018-003。

亿元,剩余0.15亿元未支付。

2017年6月19日,振兴集团支付了剩下的0.15亿元。① 自此,ST生化的振兴电业真正完成剥离(2017年9月5日完成股东变更登记)。再加上之前剥离的上海唯科、昆明白马、四川长征和宜工机械。目前ST生化只剩下广东双林和湖南唯康两项资产。

经过了12年的时间,ST生化终于基本解决了历史遗留问题。这时候的振兴集团或许以为自己能够"轻装上阵,砥砺前行"。为此,振兴集团不但在5月11日公告了自己的增持方案,还拟将ST生化更名为"振兴生物制药股份有限公司",希望依靠广东双林和湖南唯康这两项资产,用3~5年的时间让血制品业务"进入一线梯队"。

不过,此时的广东双林已经远远落后于同行,上海莱士和山东泰邦2016年的营业收入已经超过了20亿元,江西博雅也超过了10亿元。而广东双林的销售收入在2008年就达到了4.5亿元,结果到2016年,销售收入仅增长到5.7亿元,年化增长率仅3%。

而且,这不过是控制权之战的上半场。在仅仅2天的中场休息后,下半场开始。

三、"黄雀衔环","五军混战"(2017年6~11月)

(一)"叩门人"浙民投

2017年6月21日,浙民投通过旗下的杭州浙民投天弘投资合伙企业(有限合伙)向ST生化要约收购:拟以36元/股的价格(溢价28.11%)收购ST生化最多74,920,360股(占比27.49%),总对价近27亿元。而在此之前,浙民投已经通过自己和旗下的杭州浙民投实业有限公司合计持有了ST生化6,852,820股(占比2.51%)。因此,一旦此次的要约收购成功,浙民投的持股总数将达到81,773,180股,持股比例为29.99%,距离30%仅差100股,成为ST生化的第一大股东。

浙民投是由浙江省工商联牵头,浙江省金融办指导,工商银行浙江分行配合落实,由八家浙江民营企业②于2015年4月发起创立的资产管理公司,主要领域为金融服务、医疗健康服务、节能环保、先进制造及高端装备和国有企业改革,其股权结构见图3-2。浙民投的总经理陈耿在资本市场有着多年的经验,曾担任深交所上

① 《关于收到振兴集团股权转让款的公告》,公告编号:2017-030,载巨潮资讯网。

② 八家分别为:正泰集团股份有限公司、富通集团有限公司、巨星控股集团有限公司、卧龙控股集团有限公司、万丰奥特控股集团有限公司、奥克斯集团有限公司、圣奥集团有限公司、杭州锦江集团有限公司。

市部总经理,参与了中国第一部上市规则的起草;后来转入证券业,从君安投行部总经理一职做到国泰君安的总裁;后因其子女持有外国护照的"裸官"问题而离开。而 8 家民营企业控制十余家国内外上市公司,总市值超过 1500 亿元。

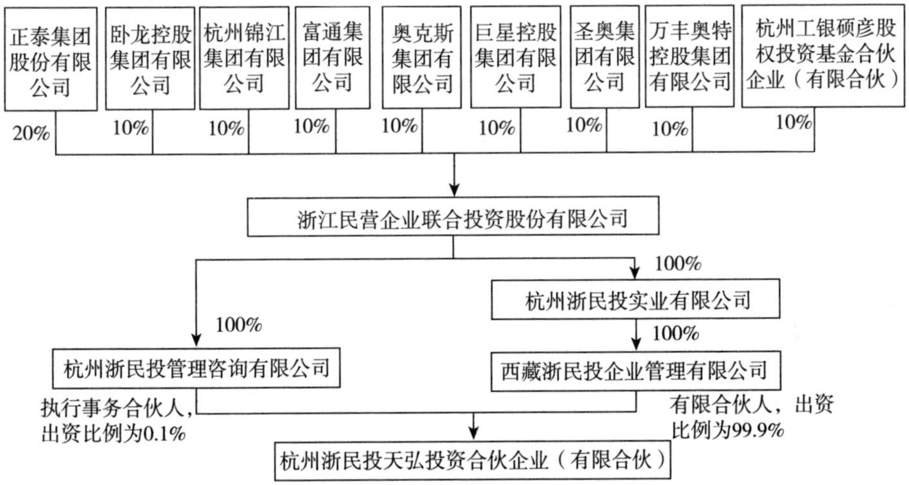

图 3 – 2　浙民投的股权结构

注:截止日为 2016 年 6 月 21 日,载巨潮资讯网《振兴生化股份有限公司要约收购报告书摘要》。

而与其他收购方"犹抱琵琶半遮面"的态度不同,浙民投在要约收购的摘要中充分展现出自己"不成功便成仁"的气魄,亮出收购目的——取得 ST 生化的控制权,还表示一旦要约不成功(未能收到 22.5% 以上的股票导致其无法成为第一大股东)就会完全退出,即不但本次要约收购自始不生效,浙民投前期持有的 2.51% 也将会通过集中竞价、大宗交易等方式全部减持,充分表达了自己不是"野蛮人","有意愿"(看好血制品行业的发展前景以及 ST 生化的发展潜力),也"有能力"(浙民投的八家民营企业股东积累的企业运营经验和浙民投高管丰富的资本市场运作经验),把 ST 生化经营好。

浙民投选择的收购时机刚好卡在 ST 生化完成振兴电业资产剥离时,可谓精准。但世界上没有完美的时机。此时的广东双林 100% 股权这一核心资产还在被深圳信达冻结着。一旦被司法处置——特别是在要约成功、成为控股股东后被司法处置,浙民投那就是"赔了夫人又折兵"。所以,浙民投选择此时发起进攻,也算是一场"豪赌"。

浙民投的"摘桃"、"截胡"和"突袭",让刚缓过劲的振兴集团猝不及防,他们已经耗费了大量的精力去解决各种历史遗留问题,很难在短时间内组织出有效的反收购措施。因此,现在首先要做的是给自己争取到更多时间,用缓冲措施来让自己有精力和机会找到有效的防御和反攻手段。

(二)缓冲措施一:停牌+举报

ST生化的管理层在收到浙民投的要约收购材料后的当日并没有立刻披露,而是先以“有重大事项待公告”为由停牌,然后拖至28日才披露要约收购报告书摘要,并公告“因筹划重大资产重组”而继续停牌。管理层之所以“不披露,先停牌”,是为了规避《上市公司收购管理办法》(2014年修订)第三十三条关于“收购人作出提示性公告后至要约收购完成前……未经股东大会批准,被收购公司董事会不得通过处置公司资产、对外投资、调整公司主要业务、担保、贷款等方式,对公司的资产、负债、权益或者经营成果造成重大影响。”换言之,按照规定,要约收购发出后,除非股东大会批准,董事会不可以筹划重大资产为由重组。但如果是“先筹划重组,再收到要约收购”则不受此限制。

深交所旋即在当日向浙民投和ST生化分别发送关注函。要求ST生化对信息披露的及时性、筹划重组事项的真实性和合规性,以及投资者权益保护等方面进行说明,之后又要求说明停牌前董事、监事的增持行为是否构成内幕交易;要求浙民投就其股权结构、收购资金来源、风险提示、收购目的、一致行动人、同业竞争及关联交易等内容补充披露。

7月7日,ST生化公告称,振兴集团向“有权机关”实名举报,认为浙民投的要约收购材料中未披露其持有ST生化的股票,原因是浙民投通过深交所“股东业务专区”提交了关注函回复及补充披露文件,而“股东业务专区”的用户必须具备股东身份,且需提供中证结算公司出具的股份查询信息扫描文件。因此这说明浙民投是ST生化的股东,持有ST生化股票,而浙民投并未在要约收购材料中披露其已经是ST生化的股东,因此浙民投“严重违反了《上市公司收购管理办法》第三条的规定,不具备收购人资格,应立即终止其要约收购振兴生化的行为”。①

实际上,虽然此次要约收购的收购人是浙民投天弘,要约收购资料里面也的确写了“收购人未持有ST生化股份”,但紧接着又写了“一致行动人浙民投、浙民投实业合计持ST生化2.51%”。所以浙民投完全可以一致行动人的名义在“股东业务专区”提交材料。

而且,即便收购人在发出要约收购时就已经持有了目标公司的股权,并且在要

---

① 《ST生化:关于收到对浙民投天弘实名举报函的公告》,公告编号:2017-049,载东方财富网2017年7月7日,http://guba.eastmoney.com/news,000403,667820024.html。

约收购材料中作出了相反的陈述,也无法成为阻却收购行为的法定理由。收购行为系资本市场运作所必需,所以只有收购人具备《上市公司收购管理办法》第六条第二款规定的五种禁止性行为才能阻却其收购行为。而且《上市公司收购管理办法》第三十五条规定:"收购人按照本办法规定进行要约收购的,对同一种类股票的要约价格,不得低于要约收购提示性公告日前6个月内收购人取得该种股票所支付的最高价格",说明立法者允许收购人在要约收购之前拥有目标公司的股票。

而就在同日,深交所公开批评 ST 生化。一是 ST 生化在 21 日收到浙民投要约收购文件后迟至28 日才披露;二是浙民投将关注函回函及补充披露文件提交至 ST 生化后,ST 生化无合理理由拒绝披露,导致浙民投不得不通过深交所"股东业务专区"披露前述文件。[①] 深交所强调,"任何一方都不得利用不当手段对相关方履行披露义务制造障碍,损害广大投资者的合法权益"。

有趣的是,针对要约收购不成功则全部减持的原因,浙民投在关注函中的答复是:"如果本次要约收购不能生效,则本企业及一致行动人无法获得上市公司的控制权。根据近期上市公司经营业绩相关的公告,本企业及一致行动人认为,在上市公司现有的治理结构和经营管理能力下,继续持有上市公司股票可能存在较大的投资风险"。

浙民投这样的回应,讽刺之意溢于言表。

按照当时有效的《主板信息披露业务备忘录第 9 号——上市公司停复牌业务》对停牌"1 +1 +1 +3"的设计,[②]ST 生化能控制的停牌最长时间是 3 个月,即除非获得股东大会的批准,ST 生化最迟得在 9 月 21 日复牌。而当时的 ST 生化股权和中小股东的关系搞得很差,加上连续四次股东大会都被否决章程修正案的前车之鉴,振兴集团只能靠停牌为自己争取 3 个月的缓冲。

(三)缓冲措施二:诉讼

2017 年 9 月 13 日,也就是复牌的前一周,ST 生化公告了振兴集团对其和浙民投的诉讼,请求法院判令浙民投停止要约收购行为,并赔偿损失 1.5 亿元。理由有四:

---

① 《深交所强化 ST 生化要约收购事项信披监管》,载中证网,http://www.cs.com.cn/xwzx/201707/t20170707_5363236.html。

② 详细分析,请见本书康达尔股权之争中"三次停牌成历史,再难当做抵御手段"一节。

一是浙民投与ST生化第四大股东天津红翰[1]（持股2.23%）构成一致行动人，但浙民投未予披露。2016年12月17日，在一篇“股吧”转发的关于ST生化的声明中，天津红翰称其已寻找两家合作伙伴强强合作，一家为“北京的实力雄厚的央企”，另一家为“浙江一家大型民企”。振兴集团认为此处的“浙江一家大型民企”实为浙民投，因此天津红翰已与浙民投建立了合作关系，构成一致行动人，但浙民投对此情形并未如实披露。该情形违反了《上市公司收购管理办法》（2014年修订）第三条和《证券法》（2014年修正）第三条的规定，侵害了原告的知情权，信息披露存在重大遗漏和虚假记载。

二是浙民投收购资金来源不明。浙民投的股权结构十分复杂，直接、间接股东除数个自然人、公司外还存在私募投资基金。私募投资基金的性质决定了其参与投资行为是以获利为目的。浙民投在给深交所《关注函回复》中却披露：“本次要约收购所用资金不存在对外募集、代持、结构化安排或者直接间接使用上市公司及其关联方资金用于本次收购等情形”，与其架构中存在私募投资基金的情形自相矛盾。由于浙民投在《要约收购报告书摘要》中未对其背后存在私募投资基金以及可能涉及对外募集的情况进行如实披露，因此其不具备要约收购人的主体资格，其行为违反相关法律法规规定。

三是浙民投在收购中存在利益输送。浙民投董事仇建平的女儿仇菲、浙民投天弘工作人员王睿智的配偶高超在发出要约收购的前6个月内存在买卖公司股票的行为。

四是浙民投操纵ST生化股价导致其下跌。浙民投利用资金优势操纵股价，致使ST生化股价在2017年3月3日至6月21日从33.48元/股跌至25.58元/股，给原告造成了1.57亿元损失。ST生化未及时发现浙民投打压股票、内幕交易以及利益输送的情况，未对浙民投的违法行为进行制止，也应承担相应的损害赔偿责任。

浙民投随后对振兴集团的起诉事由有针对性地进行了逐条回复并出具了法律意见书，同日，浙民投正式披露要约收购报告书：

关于一致行动人问题，浙民投表示自己一没有主观意愿和动机，二没有客观事

---

① 指天津红翰科技有限公司。

实和行为，三没有法律相关规定的情形，[①]因此与天津红翰不存在一致行动关系，并且不存在未披露的其他一致行动人。

关于资金来源问题，浙民投表示要约收购资金源于自有资金。50 亿元注册资本全部实缴到位，用于认缴出资的资金来源也均为自有资金，不包含任何杠杆融资结构化设计产品、结构化安排和分级安排，不存在任何结构化融资方式，未直接或间接来源于上市公司，亦未直接或间接来源于上市公司的董事、监事、高级管理人员及其他关联方。

浙民投还提供了会计师事务所出具的审计报告，显示其现金和现金等价物余额约 30 亿元，净资产超过 50 亿元，足以覆盖 27 亿元的要约收购总对价。并承诺：若届时自有资金未能满足本次要约收购资金额度，浙民投将通过股东借款、银行借款等合法合规方式进行筹集。

关于内部交易和问题。浙民投披露这两人 13,400 股（占比 0.0005%）的交易行为"确属偶然、独立和正常"，相关人员也均出具了书面声明和承诺函。

关于操纵股价问题。浙民投表示在要其在签署《要约报告书摘要》的前 6 个月内并未交易 ST 生化的股票，目前持有的 2.51% 为 6 个月前购买，"没有买卖，就没有伤害"。

和之前的举报类似，振兴集团此次诉讼的四个事由都是非常勉强的，暴露了自己筋疲力尽无计可施的窘境。如关于一致行动人问题，法律并没有对一致行动人的披露作出比一般股东更高的要求，包括 2019 年最新修正的《证券法》也只是要求

---

① 《上市公司收购管理办法》(2014 年修订）第八十三条："本办法所称一致行动，是指投资者通过协议、其他安排，与其他投资者共同扩大其所能够支配的一个上市公司股份表决权数量的行为或者事实。在上市公司的收购及相关股份权益变动活动中有一致行动情形的投资者，互为一致行动人。如无相反证据，投资者有下列情形之一的，为一致行动人：（一）投资者之间有股权控制关系；（二）投资者受同一主体控制；（三）投资者的董事、监事或者高级管理人员中的主要成员，同时在另一个投资者担任董事、监事或者高级管理人员；（四）投资者参股另一投资者，可以对参股公司的重大决策产生重大影响；（五）银行以外的其他法人、其他组织和自然人为投资者取得相关股份提供融资安排；（六）投资者之间存在合伙、合作、联营等其他经济利益关系；（七）持有投资者 30% 以上股份的自然人，与投资者持有同一上市公司股份；（八）在投资者任职的董事、监事及高级管理人员，与投资者持有同一上市公司股份；（九）持有投资者 30% 以上股份的自然人和在投资者任职的董事、监事及高级管理人员，其父母、配偶、子女及其配偶、配偶的父母、兄弟姐妹及其配偶、配偶的兄弟姐妹及其配偶等亲属，与投资者持有同一上市公司股份；（十）在上市公司任职的董事、监事、高级管理人员及其前项所述亲属同时持有本公司股份的，或者与其自己或者其前项所述亲属直接或者间接控制的企业同时持有本公司股份；（十一）上市公司董事、监事、高级管理人员和员工与其所控制或者委托的法人或者其他组织持有本公司股份；（十二）投资者之间具有其他关联关系。一致行动人应当合并计算其所持有的股份。投资者计算其所持有的股份，应当包括登记在其名下的股份，也包括登记在其一致行动人名下的股份。投资者认为其与他人不应被视为一致行动人的，可以向中国证监会提供相反证据。"

在合计持股达到5%以上时才予以披露。而当时的天津红翰持股609万(占比2.23%),与浙民投的2.51%加起来也不过4.74%,并未达到5%的披露标准。所以即便浙民投和天津红翰计算符合了《上市公司收购管理办法》规定的一致行动关系的认定标准,按照法律规定在当时也无须披露。

然而,从结果来看,浙民投在诉讼公告后一个月才发布回复函和要约收购报告书,而不是在ST生化复牌后就披露。若考虑到监管部门对该诉讼向浙民投发出了关注函,以及现实中常见的"以打促谈"策略的话,这个诉讼还是为振兴集团起到了帮助,至少为自己的第二个反收购措施又争取到了1个多月的时间。① 再加上停牌的3个月,振兴集团用这4个月的缓冲时间准备出了非常漂亮的、极具有杀伤力的"最后一击"。

(四)实质性措施:"白衣骑士"+"七伤拳"

2017年11月26日,投服中心通过四大证券报等媒体公开发声,指出要约收购"有利于市场资源的合理配置、有利于公司外生式发展、有利于投资者的价值发现,受到各国包括我国法律保护及监管机构的鼓励"。而ST生化"近几年涉及多起重大诉讼,多次收到监管机构的行政处罚、公开谴责等监管措施",因此"对于拥有优质资产但经营不善的ST生化而言,本次要约收购对改善公司治理水平,建立市场化运营机制,提升经营效益是有利的"。②

3天后,振兴集团抛出自己的"背水一战"方案:

以43.2元/股(比浙民投的36元/股的要约收购价格刚好高出20%)的价格,将其持有的18.57%股份转让给佳兆业的航运健康③,剩余的4.04%则转给深圳信达。同时将其所有的22.61%股权的表决权委托给航运健康。④ 该方案的总对价为21.87亿元,佳兆业向振兴集团支付10亿元,剩余11.87亿元则支付给深圳信达,用以偿还振兴集团对深圳信达的债务。

此次交易完成后。振兴集团完全退出,获得10亿元现金,对深圳信达不再负有债务;深圳信达获得4.04%股份(1年内无表决权)和11.87亿元现金,与振兴集团"两清";佳兆业则获得18.57%股份和22.61%表决权(其中4.04%的表决权只有1

---

① 2018年3月23日,振兴生化收到山西高院送达的(2017)晋民初52号《民事裁定书》,振兴集团撤诉。

② 《投服中心密切关注ST生化要约收购 控股股东不得滥用权利损害公司及股东权益》,载中国证券报,http://www.cs.com.cn/ssgs/gsxw/201711/t20171127_5591691.html。

③ 指深圳航运健康科技有限公司。

④ 《关于公司控股股东、实际控制人变更暨权益变动的提示性公告》,公告编号:2017-103。

年),付出 21.87 亿元现金,并承接振兴集团半年前作出的增持承诺。

佳兆业是一家香港联交所上市公司(股票代码 1638.HK),实际控制人为郭英成、郭英智两兄弟,很大可能是深圳信达牵线搭桥。早在 2014 年,深圳信达就参与了佳兆业的债务重组,①随后双方又通过合资设立有限合伙企业的方式在旧城改造项目(芜湖信东圳投资中心)和股权投资(宁波梅山保税港区信穗投资合伙企业)方面展开了深度合作。2016 年 11 月,深圳信达业务总监郑成新在一次并购年会上就将佳兆业重组作为案例向与会嘉宾分享深圳信达的合作理念——"在并购重组当中需要特别注意的文化和打通的问题,我们要开放包容、合作共赢,从发展中去寻找最大公约数"。②

振兴集团、佳兆业和深圳信达的这个三方重组方案,就是在这个合作理念下诞生的,一是价格高浙民投 20%,暗示中小投资者"不要轻易接受浙民投的要约";二是该方案一举解决了 ST 生化的债务问题——特别是 ST 生化对广东双林 100% 股权被深圳信达冻结的问题;三是振兴集团在该方案之后彻底退出,完成湖南唯康剥离工作,解决长期诟病的历史遗留问题;四是佳兆业和深圳信达入场为 ST 生化带来了多年来积累的专业经验和市场信誉,这种对 ST 生化的背书能够利好证券市场并促进 ST 生化的长期发展;五是佳兆业在该方案中承诺不调整主营业务并推进剥离湖南唯康工作(否则不予支付 5 亿元股权转让款),以此来表明自己并非"野蛮人",也不想"借壳上市",而是一个"战略投资者"。

当然,这个重组方案的"反收购"意图也是很强烈的。

从重组方案的形成过程来看,佳兆业和振兴集团在 7 月 8 日进行了初步接触,这个日期刚好是浙民投宣布要约收购、ST 生化停牌的两周后。紧接着,深圳信达在 9 月 14 日加入了进来,而这个日期正好也是 ST 生化公告振兴集团对其和浙民投诉讼的次日。以上两个"巧合"更让人相信之前的停牌、举报和诉讼都是为了这一次的交易方案而铺垫。③

而从协议内容来看,其中约定:如果振兴集团失去了 ST 生化第一大股东地位,且不属于振兴集团向佳兆业转让或向佳兆业认可的第三方转让或佳兆业自行增持为第一大股东的情形,则佳兆业"有权单方面立即解除本协议",这等于是让中小股

---

① 《佳兆业一步步复活境内外债务重组现重大进展》,载 21 世纪经济报道,http://finance.sina.com.cn/chanjing/gsnews/20151116/005923772075.shtml。

② 《信达郑成新谈佳兆业重组》,载新浪财经,http://finance.sina.com.cn/hy/hyjz/2016-11-05/doc-ifxxnety7430940.shtml。

③ 《关于深交所〈关注函〉的回复公告》,公告编号:2017-115,载巨潮资讯网。

民在佳兆业和浙民投之间做一个“两难选择”——如果选择接受浙民投的要约收购，那么佳兆业和深圳信达将可能不会入场，振兴集团和 ST 生化的大量历史遗留问题也将会继续“遗留”着，广东双林的“健康发展”将会被再次推迟。

振兴集团此举推高了股民对 ST 生化股价的期望。而且这个交易的公告时间也是极为巧妙：11 月 29 日是要约收购截止日（12 月 5 日）前的第 4 个工作日（交易日）。而按照《上市公司收购管理办法》规定，在要约收购期限届满前 3 个交易日内，预受股东不得撤回其对要约的接受。

换言之，振兴集团选择了股东可选择撤回要约的最后一天发布了重组方案，大大干扰了浙民投的要约收购计划。据媒体披露，就在振兴集团披露该重组方案的当日，就有 70% 的预售股份被撤回，仅剩 541 万股（占比不到 2%），ST 生化的股价也涨到了 35.19 元/股，离浙民投的 36 元/股仅仅相差不到 1 块钱。[①] 显然，当时相当多的中小股东认为自己“卖便宜”了。而如果下周一（12 月 4 日）开盘后，ST 生化有两天的机会将 35.19 元/股拉高到 36 元/股以上，这样一旦超过 36 元/股，绝大部分股东肯定会选择将股票通过二级市场交易或者继续持有，而不会选择 36 元/股的要约收购，而由于浙民投已在一开始就已经表示“未能收到 22.5% 以上的股票则要约自始不生效”，所以哪怕当时依然有希望浙民投操盘的中小股东用“忍痛割爱”的方式来支持，这些股份的数量也很难说能达到 22.5% 的要求。这从当时撤回 70%，只剩下 2% 预售股份数就可以看出来，“用脚投票”“经济理性”的人数占据着绝对地位。

而且，12 月 29 日也处于“要约收购期限届满前 15 日”内的范围，按照《上市公司收购管理办法》规定，此时的浙民投“不得变更收购要约；但是出现竞争要约的除外”。而振兴集团的这个重组方案并不属于竞争要约，因此即便知道这个重组方案起到了“竞争要约”的效果，但这并不是法律意义上的“竞争要约”，所以浙民投无法通过提高收购价格的方式来反击。

此时浙民投的要约收购，的确是“命悬一线”，如果是一个“内功深厚”的控股股东的话，很可能此时就胜败已定了。

（五）投资者最终“倒戈”，浙民投要约成功

振兴集团的这一招的确是精心设计，威力十足。然而，这种招式更适合那些信誉良好、业绩优秀、内控完善的控股股东来使用，而此时的振兴集团好比金庸的《倚

---

① 《ST 生化之争背后佳兆业的盘算》，载《新财富》2018 年第 1 期。

天屠龙记》中的谢逊。卡住了要约撤回的时间,但也同时也堵住了自己反击和解释的机会,受到了"七伤拳"的反噬。

在重组方案公告的次日,浙民投发布要约收购的第二次提示性公告,先是强调自己收购要约价格不变的原因,然后是用了大量的篇幅来暗示这个重组方案的可行性存在疑问:一是重组方案中有大量终止和解除条款,即便要约不成功,佳兆业也不一定入场,振兴集团很可能还是维持现有地位;二是振兴集团的重组方案尚需监管部门合规性审核;三是振兴集团的22.61%股份被质押和多轮冻结,但债权人不只是深圳信达,所以股权转让很可能存在实质性障碍。

深交所在公告后旋即发出了三道关注函,对该交易方案的合规性、不确定性、披露完整性等问题提出了疑问,其中部分问题还要求聘请第三方机构出具书面核查意见:

合规性方面,一是振兴集团实际控制人在11月9日由史珉志变为其子史跃武,而在仅工商变更20天后就再次将股权通过重组的方式转让给佳兆业和深圳信达,是否符合相关规定?① 二是振兴集团将4.04%的股份转让给深圳信达,未超过5%,是否符合相关法律规定?② 三是振兴集团因违规而在2015年被证监会行政处罚,之后产生了大量的证券虚假陈述纠纷的民事赔偿诉讼,目前部分诉讼还在审理中,不排除后续给ST生化继续带来损失的可能,在这种情形下,振兴集团的减持是否符合相关规定?③

不确定性方面,深交所指出,振兴集团持有的29.11%处于质押和冻结状态,而且相关债权人不限于深圳信达,并且重组方案也存在大量的解除和终止条款。

披露完整性方面,深交所要求振兴集团补充减持说明和更完整的重组协议内容;要求收购人(佳兆业)补充穿透后的股权结构、收购目的,收购资金来源明细,是否符合收购人资格,如何解决振兴集团承接ST生化对昆明白马的担保等信息。

此外,深交所还表示,在交易方案公告前不到一周(11月23日),ST生化向其称:振兴集团未与任何公司达成股权转让协议,也未筹划转让其持有的股票。然而

---

① 《上市公司收购管理办法》第七十四条第一款:"收购人持有的被收购公司的股份,在收购完成后12个月内不得转让。"

② 《深圳证券交易所上市公司股东及董事、监事、高级管理人员减持股份实施细则》第六条:"大股东减持或者特定股东减持,采取协议转让方式的,单个受让方的受让比例不得低于公司股份总数的百分之五。"

③ 《上市公司收购管理办法》第七条:"被收购公司的控股股东、实际控制人及其关联方有损害被收购公司及其他股东合法权益的,上述控股股东、实际控制人在转让被收购公司控制权之前,应当主动消除损害;未能消除损害的,应当就其出让相关股份所得收入用于消除全部损害做出安排,对不足以消除损害的部分应当提供充分有效的履约担保或安排,并依照公司章程取得被收购公司股东大会的批准。"

一周后(11 月 29 日)却发布了权益变动提示性公告及相关交易文件(《债务重组三方协议》《股权转让协议》《投票权委托协议》)。

紧接着,深交所向振兴集团发出监管函,认为其未敦促 ST 生化依法履行信息披露义务。一是佳兆业在相关联交所披露了重组方案后,ST 生化未及时同步,至当天中午才进行披露;二是振兴集团实际控制人由史珉志变为其子史跃武一事发生在 11 月 8 日和 9 日,但 ST 直至 29 日才披露。上述行为违反了《股票上市规则》的有关规定。①

这些问题中,有些问题是可以得到完整的答复的。例如,交易方案的合规性问题并不当然构成重组方案的实质性障碍,哪怕史珉志变为其子史跃武的确不符合《上市公司收购管理办法》的相关规定,那么最多也是行政处罚上的问题,并不影响交易方案本身,深交所也有相关案例。② 而且,交易方案中也有"如以大宗交易方式过户的方案未能通过交易所同意,则双方另行协商采取其他符合法律规定的情形办理"的补救条款。因此,这类问题并不影响协议的法律效力。

而有些问题却难以答复,如振兴集团对 ST 生化股票的质押和担保问题,虽然振兴集团已经在深圳信达的帮助下逐步推进。但在 5 个月前的 7 月 20 日,振兴集团称其已经彻底解决,除了将其全部的股票质押给深圳信达以外,再没有其他的质押、冻结。然而在 10 天之后,振兴集团被"打脸",22.61% 的股权又被 5 轮冻结。这样就更加加深了公众对这个交易方案履行的疑虑。③

无论如何,振兴集团被打了一个措手不及,其通过重组方案来阻遏要约收购的意图被严重削弱。而且,深交所 12 月 1 日发出关注函后即要求在 4 日前进行回复,但 12 月 1 日是周五,紧接着两天是周末,就算是振兴集团和佳兆业加班加点地去准备,也很难要求其他官方机构和第三方机构能充分配合。上述关注函和监管函在

---

① 《深圳证券交易所股票上市规则》(2014 年修订)(深证上〔2014〕378 号)第 2.1 条:"上市公司及相关信息披露义务人应当根据法律、行政法规、部门规章、规范性文件、本规则以及本所发布的细则、指引和通知等相关规定,及时、公平地披露信息,并保证所披露的信息真实、准确、完整,不得有虚假记载、误导性陈述或者重大遗漏。"第 2.3 条:"上市公司股东、实际控制人、收购人等相关信息披露义务人,应当按照有关规定履行信息披露义务,积极配合上市公司做好信息披露工作,及时告知上市公司已发生或者拟发生的重大事件,并严格履行其所作出的承诺。"第 11.8.1 条:"在一个上市公司中拥有权益的股份达到该公司已发行股份的 5% 以上的股东及其实际控制人,其拥有权益的股份变动涉及《证券法》、《上市公司收购管理办法》规定的收购或者股份权益变动情形的,该股东、实际控制人及其他相关信息披露义务人应当按照《证券法》、《上市公司收购管理办法》等的规定履行报告和公告义务,并及时通知公司发布提示性公告。"公司应当在知悉上述收购或者股份权益变动时,及时对外发布公告。"

② 《关于对上海快鹿投资(集团)有限公司采取出具警示函措施的决定》(沪证监决〔2017〕7 号)。

③ 《关于控股股东持有上市公司股份被质押的公告》,公告编号:2017-056,2017-091,载巨潮资讯网。

12 月 4 日公告后,ST 生化的股价在收盘前跳水,此时要约收购数量恢复到了交易重组方案公告前的水平(1840 万股,占比约 4.5%)。

12 月 5 日,也就是要约收购的最后一日,ST 生化高开后尾盘再次跳水,最终以 33.15 元/股报收。而此时,浙民投要约收购 ST 生化的预售股份达到 1.47 亿股,占公司总股份 54%。而除去原控股股东振兴集团持有 22.61%、其他限售流通股以及浙民投与一致行人原持有的 2.51%,此次可参加本次要约收购的全部流通股数量为 1.94 亿股,而如上所述,本次有效预售股份达 1.47 亿元,因此,这一次中小股东的出席率高达 75.5%。

换言之,3/4 的中小股东在最后一刻选择将自己的股票卖给浙民投后退场,而不是等待佳兆业的"救场"。浙民投要约收购 ST 生化 7492 万股的目标实现,要约收购宣告成功。投服中心在次日盛赞,认为本次要约收购是"中小投资者集体积极行使股东权利的结果,对中国资本市场公开要约收购具有里程碑意义","长期以来,中小股东行权、维权意识较为单薄,常常怠于行使其享有的股东权利、不参与上市公司治理及决策……而此次 ST 生化中小投资者积极行权、自主选择,对要约收购的成功发挥了非常重要的作用,也成为中小股东参与公司治理及决策人数最多、意义重大的典型案例"。①

这是要约收购制度规则自 2006 年建立以来,国内首起成功的敌意要约收购。但对于浙民投来说,这并非已经终场结束、宣告胜利,ST 生化控制权之争结束。相反,因为佳兆业集团的出现而掀开新篇章,进入了"加时赛"。

四、"一山二虎",在商言商(2017 年 12 月~2019 年 12 月)

(一)争夺"皇冠上的宝石"

商场和战场有一个不同的地方在于,战场无亚军,商场则是无利不起早。所以,商场不会"无所不用其极",也不会"成王败寇"。这也导致各方的进攻策略更偏向于实现多重目标。于是当这个策略的某个目标无法实现时,策略本身因为其他目标的存在而有继续执行的价值。

这个重组方案,虽然有阻碍要约收购的考虑,但也有看好广东双林的前景、"还人情"、优化资源配置、"解套"等作用。在要约收购完成后,佳兆业、深圳信达和振兴集团在对深交所关注函的回复中均表示想继续推进重组方案:向深交所申请办

① 《投服中心:ST 生化要约收购的成功意义重大》,载中国证券报,http://www.cs.com.cn/ssgs/gsxw/201712/t20171206_5610773.html。

理标的股份协议转让的合规性确认手续，佳兆业负责支付价款，深圳信达负责解除22.61%股份上的权利障碍，振兴集团负责办理过户登记。

此外，重组方案中的股权转让协议还约定，振兴集团配合佳兆业完成ST生化管理层的选任/聘任，并将ST生化及其子公司的甲方应将目标公司及其子公司的公司公章、财务专用章、合同专用章、证照、合同、历史档案、财务档案及证券信息披露权限、财务系统权限等全部文件资料、档案、权限、财产及物品（以下简称证照）移交由乙方指定人员保管，并签署《移交确认书》。

换言之，虽然此时浙民投已经成为了大股东，但是ST生化的管理层和公司证照还都处于振兴集团的控制之下，而振兴集团又按照协议的约定将这些转给了佳兆业。于是在2018年1月3日，ST生化的董事长史曜瑜在ST生化未召开董事会和股东大会进行决议并予以公告的情况下，通过了《关于改选广东双林董事会及修订广东双林章程事宜》，将广东双林的董事洗牌，换成了振兴集团和佳兆业的人（史跃武、郑毅、罗军、翟晓平和张广东）。同日，史跃武以广东双林法定代表人的名义签署了《章程修正案》，并提交市场监督相关部门办理了备案手续。

《章程修正案》在第十三条（股东行使以下职权）新增一条作为该条第二款，要求子公司广东双林的董事任免和章程修订，需得到母公司ST生化的出席股东大会的股东所持表决权的2/3以上通过。

严格来说，佳兆业入场后，振兴集团并没有完全退出，依然负责扩充血浆站数量的工作，这也可能是为什么广东双林董事会还有振兴集团的成员，史跃武还在其中担任董事长的原因之一。不过，从对公司控制的角度看，振兴集团的确是退居幕后了，所以这个重组董事会和章程修订的行为，也算得上是“若那个捉得射死我的，便叫他做梁山泊主”。[①] 可谓中国版的“皇冠上的宝石”（Crown Jewel）反收购策略。而且这样的修改看上去也加强了振兴生化的股东对于公司核心资产的控制，有利于中小股东行使表决权，符合“反收购措施应当有利于保障股东利益”的精神。

但从法律角度来看，公司治理结构有着其法定的价值。股东的基本权利是对公司的董事和监事进行约束。董事会的天然含义，就是获得了股东大会股东同意其以公司的名义行使权力，所以如果子公司有权约束母公司董事会权力，那么子公司其实也是在否定母公司股东的表决权，实质上是剥夺了母公司股东的基本权利。换言之，母公司的股东有当然的权利来通过股东大会约束母公司董事会、监事会的方式来控制子公司，但子公司并没有权力绕过母公司董事会和监事会、直接要求母

① 《水浒传》第六十回，水泊梁山第二任寨主晁盖，在攻打曾头市时不幸被暗箭所伤的临终遗言。

公司的股东通过股东大会对其进行管理——这实际上是做出了应由母公司章程所规定的事项,限制了股东的基本权利。

这时候,浙民投虽然是大股东,振兴集团把持董事会和监事会而实质已退出,但高管层、子公司广东双林的董事会和高管层,以及母子公司的公司证照全部由佳兆业控制,“一山二虎”的格局形成,佳兆业与浙民投爆发冲突的种子已经埋下。

有趣的是,振兴集团的临终遗言不只是扶佳兆业“上位”。根据曹山石(曹磊)在微博的爆料,2018 年的 1 月 8 日,振兴集团向银监会举报,称民生银行总行在明知浙民投存在重大未决诉讼(指之前提到的“缓冲措施二:诉讼”)的情况下,在 2017 年 12 月 6 日违反银监会的相关规定为其办理 2.04 亿美元(约 14 亿元人民币)内保跨境融资业务。而且该笔贷款用于“收购 ST 生化股票”,违反了民生银行总行“民银办〔2017〕413 号文”对内保跨境融资贷款资金用途:不得用于房地产、股市等监管限制的用途。随后,浙江银监会受理了上述材料。①

虽然在去年的 12 月 28 日,浙民投将其对 ST 生化的所有股票质押给了民生银行杭州分行。当时对于金融风险的政策也是收紧的趋势,党的十九大报告要求“坚决打好化解重大风险攻坚战”。随后的中央经济工作会议也明确“打好防范化解重大风险攻坚战,重点是防控金融风险”。《人民日报》之后也发文《打好防范化解重大金融风险攻坚战(权威访谈)——专访银监会主席郭树清》。

然而,内保跨境融资并不是一种贷款,而是一种担保。指的是银行为客户或客户指定的境内企业向境外银行申请融资提供担保,保证客户或客户指定的境内企业向境外银行履行贷款本息偿还义务或授信额度协议规定的资金偿还义务。而且,从截图中举报信的形式来看,存在全角半角标点符号混用、多余空格、行间距不统一、大量错别字(如濒临写成“濒邻”)的情况,更不要说佳兆业在拿到振兴集团的股票后,也做了悉数质押的操作。② 因此,很难相信这是一个深谙专业、精心策划、时机精准的“最后一搏”,更多的是一种“不懂”和“不服”。

举报或许只是个插曲,不过当时振兴集团已经陆续将公司证照转给了佳兆业,两周后的 1 月 17 日,ST 生化的总经理、副总经理和财务总监全部换成了佳兆业的人,公司证照也进行了相应地移交。而此时广东双林的公司证照也由佳兆业的王卫征(广东双林副总经理)等人控制,还任命振兴生化的职工监事简子霞为广东双林的办公室负责人。

---

① 浙银监申告〔2018〕1 号,来源为微博爆料图片。

② 《振兴生化股份有限公司关于股东股份质押的公告》,公告编号:2019-013,载巨潮资讯网。

“手里有粮,心里不慌。”佳兆业此时也和浙民投处于“蜜月期”,2017 年 3 月 27 日,佳兆业的实际控制人郭英成在业绩发布会上表示“ST 生化我们现在是好朋友,在商言商,真正说朋友是朋友”,并认为血液制品是生物行业的龙头,这一块有更大的发展空间,计划在未来在这方面发展规模占到佳兆业总资产 5% 左右。[①]

2018 年 4 月 14 日,ST 生化的董事会和监事会成员集体辞职,5 月 3 日,ST 生化召开 2018 年第一次临时股东大会。首先是通过了公司《章程修正案》,将董事会从 9 名缩减为 7 名,监事会从 5 名缩减为 3 名。然后浙民投获得了 4 名董事会席位和 1 名监事会席位,并拿到了董事长和监事会主席职务,佳兆业则获得了 3 名董事会席位和 1 名监事会席位。两个月后,佳兆业选聘的财务总监辞职,换成了浙民投的人。

补选完成后的当日,浙民投发布了一封题为《不忘初心、众志成城,共同书写生化的新篇章》的致 ST 生化全体股东书。在该股东书中,浙民投依次感谢了中小股东的信任和支持、振兴集团为卸下 ST 生化历史包袱所做贡献,以及公司一线员工在融资困难的背景下内生发展保住上市公司地位的长期奋战。[②]

由于振兴电业资产已经完成剥离,生产经营获得也已恢复正常多年,于是在 2018 年 11 月 21 日,ST 生化终于“摘帽”,被撤销其他风险警示,证券简称由“ST 生化”变回了“振兴生化”。

(二)“高平陵之变”,[③]浙民投拔头筹

不到一年的“蜜月期”后,浙民投与佳兆业在振兴生化换届前夕展开了较量:

这一次还是佳兆业“先下手”。2018 年 12 月 13 日,佳兆业的监事代表王卫征要求发起监事会临时会议,主张延期召开 4 日后的换届选举股东大会(2018 年第四

---

① 《业绩会直击|郭英成:在商言商佳兆业有很多好朋友》,载观点地产新媒体 2018 年 3 月 28 日,https://www.sohu.com/a/226536711_655634。

② 载新浪财经,http://finance.sina.com.cn/roll/2018-05-03/doc-ifzfkmth7912777.shtml。

③ 三国时期,曹操封魏王后,以司马懿为太子中庶子以佐助曹丕。曹丕临终时,令司马懿与曹真等为辅政大臣,辅佐曹叡。曹叡崩,托孤幼帝曹芳以司马懿和曹真之子曹爽。曹芳继位后,司马懿先是遭到曹爽排挤,迁官为无实权的太傅。正始十年(公元 249 年),司马懿趁曹爽陪曹芳离洛阳至高平陵扫墓,起兵政变并控制京都。自此曹魏军权政权落入司马氏手中,史称高平陵事件。

次临时股东大会），理由是认为黄灵谋为证券公司从业人员，不能作为董事候选人，①并以中国证券业协会的查询反馈结果作为证据。次日，成员均为佳兆业方或振兴集团方的广东双林董事会免去朱光祖的总经理职务，罗军接任。

佳兆业的出手时机选在了第七届董事会和监事会届满前夕，发动的原因也或许源自对双林生物的控制"名不正、言不顺"，希望通过延期股东大会的方式来维持现有局面。不过，这个出手所采取的方式和事由都不稳当：

首先是关于股东大会的延期事项的问题。该事项属于公司章程自治范围，《公司法》并未对此明确规定。而根据振兴生化当时有效的《公司章程》第五十七条之规定，股东大会的延期应当由召集人提前至少 2 个工作日公告并说明原因。而此次股东大会的召集人是董事会而非监事会，且目前距离大会召开时间仅剩 1 个工作日。因此从召集主体和召集时间来看，都不符合振兴生化《公司章程》的要求。

其次是黄灵谋任职资格的问题。应当以《劳动合同法》等法律法规作为解除劳动关系的认定标准，原聘用机构已在 8 月 13 日出具了解除劳动合同的书面证明，故从此时开始，黄灵谋与原聘用机构的劳动关系就已经解除。至于黄灵谋在中国证券业协会登记的任职状态依然是原聘用机构的问题。该登记属于证监会为了加强从业人员资格管理和行为规范所出台的部门规章，可以作为证明劳动关系状态的证据（可以被证明力更强的证据推翻），但不具有产生、变更、消灭劳动关系的法律效力。而且根据证监会的相关规定，任职状态的报告主体是原聘用机构，而非证券从业人员。② 因此，依法从事证券业务的机构若未履行证券从业人员离职的报告义务，并不影响证券从业人员。

最后，从这个临时监事会本身来看，佳兆业的监事代表周冠鑫表示王卫征在"象征性地通知本人"10 分钟后就宣布无法联系到他本人，要求立即召开监事会。换言之，此次监事会本身的召集程序也存在问题。

---

① 《证券公司董事、监事和高级管理人员任职资格监管办法》（2012 年修订）第三十七条："证券公司高管人员和分支机构负责人最多可以在证券公司参股的 2 家公司兼任董事、监事，但不得在上述公司兼任董事、监事以外的职务，不得在其他营利性机构兼职或者从事其他经营性活动。证券公司高管人员在证券公司全资或控股子公司兼职的，不受上述限制，但应当遵守中国证监会有关规定。证券公司分支机构负责人不得兼任其他同类分支机构负责人。任何人员最多可以在 2 家证券公司担任独立董事。证券公司董事、监事、高管人员和分支机构负责人兼职的，应自有关情况发生之日起 5 日内向相关派出机构报告。"

② 《证券业从业人员资格管理办法》（证监会令第 14 号）第十四条："从业人员取得执业证书后，辞职或者不为原聘用机构所聘用的，或者其他原因与原聘用机构解除劳动合同的，原聘用机构应当在上述情形发生后十日内向协会报告，由协会变更该人员执业注册登记。取得执业证书的从业人员变更聘用机构的，新聘用机构应当在上述情形发生后十日内向协会报告，由协会变更该人员执业注册登记。"

佳兆业这样“不漂亮”的出击，迎来的是浙民投的“早有防备”的全面反攻。2018 年 12 月 14 日，也就是朱光祖被免职的当日晚上，浙民投的陈耿在当日晚召开临时董事会，[①]以 4∶3 的结果撤销了年初决定《关于改选广东双林董事会及修订广东双林章程事宜》的议案，同时修订广东双林《公司章程》，免去原来任命的佳兆业和振兴集团方 5 名董事并撤销广东双林董事会（只设 1 名执行董事），任命振兴生化的财务总监杨成成为广东双林执行董事和法定代表人；杨成成受任后免去罗军总经理职务，再次任命朱光祖为广东双林总经理。

这一次，轮到佳兆业一方的董事强烈抗议了：“19∶47 突然召集董事会，并提交 7 项议案（约一万字），在董事成员未全员出席时就召开，并要求在 20∶30 进行表决。这明显有违监管部门董事勤勉尽责的要求。”

12 月 17 日，换届选举股东大会如期召开，结果佳兆业一方推荐的刘书锦并未当选独立董事，而其他董事提名均获得股东大会通过。这意味着浙民投维持 4 席，佳兆业却只剩两席。当晚，浙民投的董事代表又召集临时董事会，以 4∶2 的结果通过以下事项：

（1）推选黄灵谋担任董事长并兼任董事会秘书，朱光祖任总经理，杨成成任财务总监；（2）修订了董事会专门委员会的工作细则；（3）通过了《关于要求离任人员办理职务交接事宜的议案》，要求原管理层向董事长及其授权人员移交振兴生化及其子公司的证照；（4）制定《振兴生化印章及证照管理办法》；（5）更换公司公章和合同章。

浙民投在董事会和管理层大获全胜，让佳兆业对浙民投连续两次的“突袭”越发不满：“临时召开紧急董事会，提出长达 75 页的议案，根本没有事前充分讨论与沟通，如果草率表决，如何体现董事的勤勉尽责？如何对全体股东负责？如果每次开会都是没有沟通的情况下由四个董事临时提出议案，要求其他董事限时表决，是对其他董事权利的侵害，也是对其他中小股东监督上市公司权利的侵害！”

虽然面对大股东，“胳膊扭不过大腿”，但无论如何，只要是触碰利益的事情，不可避免地引来了一系列的回应：

一是佳兆业迅速在监事会“找回场子”。同日，监事会也召开了临时会议，以 2∶1的结果推选佳兆业的王卫征继续担任监事会主席。

二是振兴集团也毫不示弱，特别是被免去广东双林法定代表人和董事职务的史跃武，在会议结束后直接起诉，请求法院确认 2018 年 12 月 14 日作出的董事会决

① 振兴生化第七届董事会第四十五次会议（临时会议），也是振兴生化第七届董事会的最后一次会议。

议无效,[1]同时申请了行为保全,希望能在案件终审前,禁止振兴集团执行该董事会决议——就像康达尔控制权之争中京基那样。[2] 受理法院在支持史跃武的行为保全申请后很快又自行撤销。

三是股东王东的起诉,请求法院撤销2018年12月14日的董事会决议、2018年12月17日换届选举股东大会和董事会决议。撤销董事会决议的主要理由是召集和表决程序违法,“在全体董事未通知到位的情形下召开,并在与会董事未充分阅读材料、了解情况并进行充分讨论的基础上,强制与会董事在极短的时间内作出表决意见”。撤销股东大会决议的主要理由则是浙民投已达30%(实际情况前文已述,离30%还差100股),应当按照公司股东大会议事规则的相关要求采用累计投票制。

对于浙民投来说,上述反应更多的是“干扰”,只要彻底解决了公司控制权,上述问题迎刃而解。2019年1月4日,浙民投以振兴生化的名义向公安局报案,还就公司证照失控的情况向当地市委市政府紧急汇报和求助。一周后,控制广东双林证照的王卫征因“扰乱企业管理秩序”被民警带至公安局,王卫征在交出证照后的当晚自行离开,次日上午,公安局将证照交给了振兴生化董事长黄灵谋。[3]

2019年1月14日间,振兴生化发布公告,公司及广东双林完成工商变更并启用新证照、公章。这意味着,振兴生化去年12月17日作出的董事会决议已经执行,也间接执行了同日召开的换届选举股东大会和12月14日的董事会决议。

(三)无尽的尾声·三方共治

浙民投在控制局面后,继续推进自己在之前发布的股东书《不忘初心、众志成城,共同书写生化的新篇章》中的宏图愿景,通过对以下四方面工作的推动,最终在2018年,双林生物实现营业收入8.6亿元,较2017年增长25.46%,净利润7998.28万元,同比增长270.34%。2019年,营业收入同比增长6.49%至9.1亿元,净利润1.6亿元,同比增长100.60%。当初选择留下(不接受浙民投的要约收购),甚至继续增持的中小股东,此时是盆满钵满。

一是重建公司治理结构,浙民投在拿下管理层的大部分席位后,增持振兴生化的股票至31.44%。随后在2019年3月19日,增补佳兆业推荐的何晴为独立董事。

---

① 广东省湛江经济技术开发区人民法院(2019)粤0891民初98号。

② 详见本书康达尔控制权之战中“(三)京基望闻问切,精准打击,诉讼系统化”一节。

③ 《前实控人再度现身添变数振兴生化宫斗未了局》,载时代周报 https://finance.sina.com.cn/roll/2019-01-22/doc-ihrfqziz9845131.shtml。

8 个月后,振兴生化更名为“南方双林生物制药股份有限公司”,证券简称也变成了“双林生物”。半年后,双林生物修订《公司章程》:增设职工代表董事、增设被“证交所谴责或批评”“证监会违法失信公示”“法院失信被执行人名单”等不得担任董事的情形、明确董事可以“无因解除”、独立董事连续两次未出席董事会会议的可予撤换(之前是三次)。加上之前修订的董事会专门委员会的工作细则和证照管理办法。双林生物的公司治理结构初步完成。根据浙民投的设想,未来将推动双林生物与广东双林的架构合并,精简组织,提高决策和运营效率。

二是清理历史遗留问题。首先是和佳兆业等相关利益方达成和解,2019 年 3 月,王东、史跃武陆续撤诉。同时与宁保安和天津红翰和解,办理撤诉、解除冻结和限售股流通,于 7 月 10 日履行完毕。其次是处置不良资产,虽然在振兴集团的时代,湖南唯康是作为发展和保留的对象,可惜旧厂已废,新厂建设又搁置,结果搬迁遥遥无期,生产经营陷入停滞。于是浙民投接手后决定将其售出,但湖南唯康当时已经资不抵债,且涉及国有企业员工身份改制及未清理债务等历史遗留问题,结果两次挂牌转让均流拍。最终在 2019 年 3 月 25 日,双林生物同意湖南唯康破产。①再次是敦促振兴集团履行承接公司对昆明白马的担保的承诺,2020 年 5 月 6 日,佳兆业加入,承诺用其应向振兴集团支付的 10 亿元股权转让款作为振兴集团履行前述承诺的担保。② 复次是与中小股东重建信任,积极参加网上集体接待日,对 321 起诉证券虚假陈述责任纠纷案所产生的近 2000 万元赔偿责任及时履行。最后是清理坏账,将 49 家大部分账龄在 10 年以上共计近 2 亿元的应收款核销。

三是精细经营管理。按照“建立健全同行业对标管理和精细化管理机制,向同行业国内外优秀企业的经营指标看齐,保证质量、提高得率、降低费率、增加良率”的目标。在销售方面,一方面调整客户信用管理政策,给予宽松的账期或使用承兑汇票抵货款。另一方面加大市场推广力度,销售费用支出翻倍。在原料方面,扩充单采血浆站数量,2018 年采浆量接近 400 吨,占全国 5%,并计划未来在新疆和山西开设三座以上采浆站。在专利技术方面,已获得人纤维蛋白原、人凝血酶原复合物两个新产品的药物临床试验批件,同时申请人纤维蛋白黏合剂、外用人凝血酶的临床批件。在产品质量方面,2018 年各种产品自检、送检产品批签发合格率均达到 100%。

四是建立约束激励机制(股权激励)。先是在 2019 年 4 月 23 日制定管理层薪

---

① 湖南省衡阳市中级人民法院(2019)湘 04 破申 1 号。

② 《南方双林生物制药股份有限公司关于股东变更承诺的公告》,公告编号:2020－027,载巨潮资讯网。

酬管理制度，确定“符合公司长远利益、挂钩公司效益、看齐业内水平，按绩取酬”的薪酬原则，明确董事会下设的薪酬与考核委员会负责考核并确定薪酬。然后在一年后，双林生物公布股票期权与限制性股票激励计划，对管理层和32名核心业务骨干共计授予0.75%的公司限制性股票，并且行权比例与当年度个人绩效考核挂钩，考核不达标的不得行权并由公司注销相应股票。

大股东浙民投在积极优化双林生物的同时，佳兆业则在失去双林生物的控制权之后进一步强化自己在健康领域的布局：先是实际控制人郭英成亲自担任其控制的佳兆业健康集团控股有限公司（0876. HK）的董事会主席，然后又请来大健康领域的拓荒人和探索者张华纲接任，并将其推选为双林生物的董事，接任之前委派的郑毅。

张华纲有着十余年的相关从业经验，其发起创立的中国天地控股有限公司曾主导开发养老行业的创新型标杆项目“上海天地健康城”。张华纲上任后，佳兆业即签署《十里莲江国际健康城项目合作协议》，该项目总投资50亿元，占地面积约6000亩，建成后将为粤港澳大湾区乃至全国高端国际化客户提供宜居宜养宜游的产品与服务。

商业讲究“做大蛋糕”，而非“你死我活”。佳兆业履行增持承诺后，持股比例从18.57%增至18.70%，虽然增持比例并不高，但佳兆业通过这种行为已经明确表达了自己对于双林生物的信心，再考虑到其雄厚的家底和对健康领域的专注，以及双林生物目前需要趁着2020年新冠肺炎疫情带来的利好时机扩大规模快速发展的需求。浙民投需要考虑与佳兆业和其他方深度合作，为此，也不得不在控制权上做一些让步。

2020年4月28日，双林生物以重大资产重组为由停牌，拟发行股份及支付现金购买派斯菲科①87.39%的股权及宁波梅山保税港区七度投资合伙企业（有限合伙）100%财产份额，并以29.86元/股的价格，通过向浙民投控制的关联方、派斯菲科的实际控制人付绍兰和佳兆业控制的航运健康以非公开发行股票的方式来募集配套资金，股票发行上限不超过当前总股本的30%，其中佳兆业认购56.25%，付绍兰认购21.875%，其余股票由浙民投控制的关联方认购。②

该重大资产重组为双林生物带来了重大利好。3年前的2017年6月21日要约收购时，双林生物当天的收盘价为30.93元/股。3年后的重组方案公布时，定价基准日前20个交易日公司股票交易均价为37.32元/股。而重组方案公布后，双林生

① 指哈尔滨派斯菲科生物制药股份有限公司。

② 《关于引入战略投资者并签署战略合作协议的公告》，载巨潮资讯网，公告编号：2020-034。

物股价飙升，截至6月24日，收盘价为73.65元/股，增长97.35%。

若此次重大资产重组按照预定计划顺利完成，佳兆业持有双林生物的股份比例将增至27.36%。而浙民投的持股比例则将降至29.22%，二者的股权比例差距将从12.74%缩小至1.86%。付绍兰则持股5.05%，成为第三大股东。而且此次重大资产重组对双林生物的董事会和监事会的提名权也作出了安排，重组完成后，董事会和监事会将分别由13人和5人组成。付绍兰和佳兆业均可提名3名董事与1名监事。

自此，双林生物在经历了三九时期、振兴时期和短暂的“三分天下”后，并未“三国鼎立”或者“天下归晋”，而是进入了“三方共治”的新时代。或许，这也是历史的经验教训所带来的一种必然。

五、解析双方攻守策略

（一）振兴的“守”

1. 事前防御：承债过度、内控被否，修改章程与定向增发屡屡挫败

也许，如果振兴集团知道ST生化并不完全属于自己，随时都会有失去的那一天，那么它是无论如何也不会考虑去为ST生化承担本不属于自己的债务。而且，如果说免除1.07亿元的差价算是一种“财技”，为的是“留得青山在”，那么承接ST生化对上海唯科与昆明白马的担保只能说是一种对公司治理结构的陌生，以及对自己现有“煤→电→铝”产业的盲目自信，甚至是无视了“泼出去的水”这样的常识。

其实，从控制权角度来看，控股股东之所以能够称为控股股东，根本就在于对公司享有的多数股权。因此，只要这些股权处于危险之中，控股股东的控制权也会随之动荡甚至坍塌。因此，控股股东一般也不会有容易被“追债”的实际业务，更不会为任何关联方和第三方提供担保，为的就是避免产生任何外来债务，继而被债权人申请司法冻结和司法拍卖。而振兴集团不但有自身业务，还对外有大量应付款，结果为了推动ST生化恢复上市又以自己的名义承接了担保。结果产生了大量“虎视眈眈”的债权人，把这些股权作为控股股东承担债务的“担保财产”，随时面临着被冻结和司法拍卖的风险。

振兴集团最该做的，应当先是“拔出萝卜带出泥”，即启动集团内部合规审计，“照镜子、正衣冠、洗洗澡、治治病”。然后将自己公司内的承债风险高的全部业务打包成单独的子公司，完成资产剥离，让自己“形骸化”，接着用章程修订等方式表示绝不向关联方和第三方担保，最后是在拿到了ST生化的股权之后将其悉数质押给与之关系良好的金融机构（尽量是证券公司，且禁止债权人再次转让）——就像

浙民投和佳兆业那样。由于质押权是物权，优先于一般债权，这样做就使得所有未来可能的债权人全部变成了“劣后级”，即便是冻结了这部分股权甚至司法拍卖，也拿不到一分钱或一份股。

如此“三板斧”下去，振兴集团承担的只是利息成本(通过一定的融资安排和一揽子交易可以降到最低甚至还会有利息收益，而且还能排除平仓风险)，但避免了潜在的债权人对股权的“染指”，还利用了证监会为避免“闪崩”而限制证券公司作为债权人对控股股东强制平仓的“窗口指导”。[①]

用“杠杆 + 质押”的资本运作方式来控制公司的操作手法，在资本市场上屡见不鲜，如知名女企业家董明珠和高瓴资本的张磊对格力电器(000651. SZ)的操作。

2019 年 12 月 2 日，格力电器的国有企业混合所有制改革正式启动。[②] 格力电器的第一大股东格力集团与董明珠和张磊发起设立的珠海明骏投资合伙企业(有限合伙)(以下简称珠海明骏)签订股份转让协议，以 46. 17 元/股的价格向珠海明骏转让 15% 的股份，自己仅保留 3. 22% 。转让完成后，珠海明骏成为格力电器新的第一大股东。

这次转让的股份对价款高达约 426. 5 亿元。而珠海明骏仅适用了一半的自有资金(约 218. 5 亿元)，另外一半则是用的杠杆资金。就在珠海明骏与格力电器签订股份转让协议后不久，珠海明骏随即与招商银行、中国银行、平安银行、浦发银行等七家银行签订《贷款协议》，[③]以自己持有的 15% 股票作为担保品质押给招商银行，获得的约 208 亿元的贷款全部用于偿付股权对价剩余未付款项。

珠海明骏此次的“杠杆 + 质押”资本运作有两点精妙的地方：一是质押时间长达 7 年，从 2020 年 2 月 13 日至 2026 年 12 月 16 日；二是《贷款协议》项下的融资安排不存在不利于格力电器股权稳定性的协议或条款，也没有与格力电器市值涨跌挂钩的补仓或平仓机制，所以不存在平仓风险。单纯来看，银行是做了很大的让步，但是如果从格力电器的市值以及其当初拥有的超过 1200 亿元存款的情况看，银行的优惠是有充足理由的。

如此一来，无论是董明珠、张磊还是珠海明俊，用约 200 亿元的资金，通过一倍的配资所撬动的约 400 亿元资金，实现了对市值超过 3300 亿元的公司的控制，杠杆

---

① 《大额股权质押需经监管部门同意方能卖出》，载界面 2018 年 6 月 22 日，https://www. jiemian. com/article/2251261. html。

② 格力电器:《关于公司控股股东签署〈股份转让协议〉暨公司控制权拟发生变更的提示性公告》，公告编号:2019 - 068，载巨潮资讯网。

③ 格力电器:《关于持股 5% 以上股东股份质押的公告》，公告编号:2020 - 003，载巨潮资讯网。

倍数高达16.5,而且还不用担心债权人的追索和质押权人的平仓。可谓是将对公司的控制权牢牢地攥到了自己的手心中。

但显然,振兴集团缺乏这样的资本团队,ST生化也没有。于是,振兴集团自己没有打包现有业务,在接盘ST生化后也没有及时处理宜工机械的资产打包。导致宜工机械的债务难以剥离或转让,哪怕是宜春国资委为其出具《债务履行承诺函》,也无法当然免除ST生化的责任。而振兴集团承担大量债务的同时,ST生化也因历史遗留下来的违规担保和宜工机械未打包而债务缠身,继而其基本账号被冻结,致使其不得不使用个人账户替代公司账户进行现金管理。也因此而被会计师事务所连续三年在内控制度方面出具了否定意见。

从另一个角度看,振兴集团这样的"承债过度",不但让自己失掉了底牌(干净、无瑕疵的股权),也失去了控制ST生化的主动权,严重影响了ST生化的业绩和恢复上市的进程。而实际上,这两个问题直至恢复上市后用了6年多的时间才得以解决,于是振兴集团不但承担了额外债务,还被打上"言而无信""昏庸无能"的标签。

在这样的背景下,事前防御手段变得难以开展。再加上意图扩大控制权而采用的修改章程和定向增发存在大量"欲盖弥彰"忽视中小股东利益的条款,所以这些方案在股东大会上屡屡被广大投资者联手阻击就变成了意料之中的事。

2.事后防御:停牌、举报、诉讼、"白衣骑士"、"冠珠"

应当说,振兴集团在收到了浙民投的要约收购后所采取的反收购手段是很有章法的,想必也是请了专业的团队,算是对一个"病入膏肓"的患者所能做到的最大努力:先是争取缓冲时间,通过停牌、举报和诉讼为自己争取到了5个月左右的时间,从而化被动为主动。然后则是在缓冲时间内设计出有效的抵御方式,主要是拉入佳兆业这个"白衣骑士",自己则退居幕后,与佳兆业联手控制住ST生化最有价值的资产(广东双林)。

在这场控制权争夺战中,振兴集团与深圳信达和佳兆业的三方重组方案差一点就"绝杀"了浙民投的要约收购。该重组方案的当日就有七成预售股份被撤回,只剩下2%预售股份,直至要约收购前一天,预售股份也不过4.5%,与22.5%的底线相去甚远,ST生化股价也飙升到了35元/股左右,逼近36元/股的要约收购价格。浙民投则因该重组方案并不属于竞争要约的原因无法通过提高收购价格的方式来反击。

可惜的是,"巧妇难为无米之炊"。振兴集团为什么在这12年期间没有做这件事,任凭自己民心渐失?为什么只是在疲于奔命,而不是有序推进?其中缘由让人百思不得其解。但凡振兴集团在控制ST生化中的12年内能对资本市场的游戏规则和血制品行业有上三五年的研究，自己都很难被“千夫所指”，这场控制权之争的胜算也应当是很大的：一方面做好 ST 生化的内部治理结构，与投资者建立良好的沟通，让 ST 生化的股权结构清晰易控，内部控制健全且充分运行，让中小股东看到 ST 生化的历史遗留问题并不好解决，且自己在“小步快跑”地推进解决了此事；另一方面扶持自己值得信赖的人在市场、运营、技术、人事、财务等方面全面接手广东双林。

退一万步来说，哪怕只是在资本市场和血制品行业有一点点的深入，哪怕是多在公众面前打“没有功劳，也有苦劳”的情怀牌（浙民投也通过股东书的方式认可了振兴集团为卸下 ST 生化历史包袱所做的贡献），都能为自己在控制权之争和三方重组方案中获得更多的话语权，谋得更多权益。

“律师欲达无讼以为能。”无论是事前防御，还是事后防御，振兴集团的此番遭遇，让我们再一次领悟到战国时期思想家韩非子通过《扁鹊见蔡桓公》所告诉我们的“医之好治不病以为功”的道理：世人特别是为政者和企业家，应该勇于正视现实，直面个人灾难、社会危机，及早采取救治措施。

3. 债权人也是投资人，对控制权的影响不容忽视

ST 生化的控股股东、子公司和他自己，均因信贷管理不善而陷入囹圄。在三九集团的时代，银行和其他债权人在 2003 年的“挤兑”和“只收不贷”政策，催化了三九集团和 ST 生化资金链断裂，员工工资拖欠近半年，以及 260 余起司法诉讼案件，所有资产均被司法查封冻结，继而开启了三九集团“卖卖卖”的重组“大幕”。ST 生化的子公司四川长征则是曾在 1988 年贷款 525 万元，约定于 1993 年前归还，但仅在 1999 年归还 50 万元。结果到了 2004 年 12 月，本金 475 万元所产生的利息近 606 万元，占本金的 127.58%。

至于 ST 生化自己，深圳信达在受让了债权人对 ST 生化 1.65 亿元本金的债权后，提起诉讼要求归还其中的 0.8 亿元的本金和相应的 0.36 亿元利息（占本金的 45%）。然后以此冻结了 ST 生化对振兴电业的约 65.22% 股份和对广东双林的 100% 股份。继而让 ST 生化和振兴集团完全陷入了被动。

ST 生化的此次遭遇，充分展现了控制权之争的战场不光在股权领域，还在债权领域。而且从某种程度上来说，债权领域的控制权之战更加“不讲道理”——排山倒海般的加速到期和违约触发条件均可以让债权人在特定的情况下“接管”企业，再加上“融资难、融资贵、融资慢”“借新还旧、变相抽贷”的营商环境现状。所以，“凭本事借出来的钱，拼了命也是要及时还的”，不然就和 ST 生化和其母子公司一样，被债权人“牵着鼻子走”。

作为此次控制权之战的参与方，佳兆业也曾陷入债务危机。2014 年，佳兆业因被政府锁盘而出现信用瞬间丢失的状况，33 家金融机构对佳兆业围追堵截，共计约 481 亿元人民币负债和 280 亿美元境外负债。本来佳兆业当年现金流为 120 亿元，是当期应付债务的 60 倍非常充裕。但因锁盘加上金融机构的围追堵截，以及法院在此时发挥的特殊作用。导致佳兆业现金流坍塌，期限错配和严重的高杠杆问题暴雷，账面只剩下 10 个亿元。不要说工程款，连员工的工资，复印纸都无力支付。①在这样的背景下，如果任事态发展下去，那么佳兆业几百亿的市值将会被挤干成二三十亿元。后来是深圳信达介入，秉承“在并购重组当中需要特别注意的文化和打通的问题，我们要开放包容、合作共赢，从发展中去寻找最大公约数”的理念，帮助佳兆业最终度过困境，重建再生。

2019 年 4 月 10 日，中国银行间市场交易商协会发布《投资人保护条款示范文本》(2019 年版)②，在该示范文本中，关联方违约、年报未按时披露或被出具非无保留意见、评级下调、财务指标异动、收到行政处罚或监管措施、出售或转移重大资产、股权委托协议变更、质押或减持股份、新增大额债务或明股实债、对外提供重大担保、债务重组、对外重大投资、关联交易、控制权变更……均可以构成债权人主张债务人违约的情形，轻则限期恢复、追加担保、提高利率、开立偿债保障金专户、无偿赋予债权人回售选择权、不得新增债务融资工具、不得分红、不得减资；重则加速到期、承担违约责任、名下资产被司法冻结甚至拍卖；严重的则会被债权人接管、司法重整或破产清算。

2020 年 7 月 22 日，最高院和国家发改委联合发布《关于为新时代加快完善社会主义市场经济体制提供司法服务和保障的意见》(法发〔2020〕25 号，以下简称《服务保障意见》)，③明确将“健全清理拖欠企业债务长效机制，加大强制执行力度，依法适用拘留等强制措施”。④

---

① 《信达郑成新谈佳兆业重组》，载新浪财经，http://finance.sina.com.cn/hy/hyjz/2016-11-05/doc-ifxxnety7430940.shtml。

② 中国银行间市场交易商协会公告〔2019〕9 号，载中国银行间市场交易商协会网站，http://www.nafmii.org.cn/ggtz/gg/201904/t20190410_76445.html。

③ 载微信公众号“最高人民法院”，2020 年 7 月 22 日。

④ 《服务保障意见》第 20 条：“加强‘逃废债’清理惩戒机制建设。健全清理拖欠企业债务长效机制，加大强制执行力度，依法适用拘留等强制措施，树立实质穿透执行理念，依法识别和精准打击规避、抗拒执行行为，保障胜诉当事人及时实现权益，降低债权实现成本，助力企业化解债务危机。完善诚信建设长效机制，推进政府部门诚信信息与法院信息共享机制，精准适用、严格规范失信被执行人名单和限制消费等措施，完善信用修复机制，探索建立虚假诉讼失信人名单制度，严厉制裁诉讼失信行为，促进社会诚信建设。”

振兴集团的经验和教训告诉我们：内控完善、信誉优良、业绩出色，才是最好的反收购措施。“三暂缓”（暂缓受理、暂缓审理、暂缓执行）等政策保护有其特定的历史背景，在“基本解决执行难，健全长效机制”和“建制度、不干预、零容忍[①]”的政策趋势下将难以再现。企业和企业家应更多地倚重市场和法治的力量（而非政府和舆论的力量）来解决自身问题。

2019 年 11 月 4 日，中国人民银行前行长在国家自然科学基金委员会管理科学部应急管理项目“防范和化解金融风险”课题 2019 年度交流会上指出：“杠杆性融资是涉及公司治理的重大问题。《二十国集团/经合组织公司治理原则》中有一条非常明确，企业借贷是有可能影响股东利益的，所以需要董事会作出决议。

“但在国内，过去一直有一个概念，即公司注资要通过董事会，而借款属于日常经营决策，由管理层、总经理决定就行了。实际上在这方面是要加以区分的。借款如果有风险，之后发生了损失，损失必然会由股东承担。因此公司治理原则均明确：如果是循环使用的流动资金，特别是像金融机构给予的循环融资额度，额度之内授权管理层负责就行了；但如果是新增债务，则属于股东的风险，就一定要上董事会。

“而我们在这一点上也往往没有做到。仔细观察这几个案例，就会发现它们在高杠杆融资的时候，根本没有正常决策程序，就是少数人说了算……在这些问题企业集团野蛮扩张过程中，也暴露了我们对于公司治理监管不足。公司治理事实上也是监管内容的一个重要方面，应该得到加强，中国还是应该有更高层次配合《公司法》的公司治理原则。”[②]

4. 公司应有效运用法律策略，以避免投资人滥用权利

的确，在很长一段时间里，我国司法制度和司法实务更注重对投资人（特别是债权人）的保护。然而，这并不应当成为身为债务人的公司忽视、逃避和被动，任由债权人“榨干”自己，继而影响公司控制权的理由。而且，国家机关在近两年出台了各种司法政策和法律制度，逐渐扭转之前过度侧重保护债权人的倾向。公司应当有效运用法律武器，积极防范投资人的权利滥用。

最高院 2019 年 11 月 14 日发布的《全国法院民商事审判工作会议纪要》（法〔2019〕254 号，以下简称《九民纪要》）就对法定代表人的权限作出限制，并对债权人的“善意”也提出了要求。[③]《九民纪要》明确：担保行为不是法定代表人所能单

---

① 2020 年 6 月 18 日，中共中央政治局委员、国务院副总理刘鹤在第十二届陆家嘴论坛开幕式上的书面致辞。

② 周小川：《公司治理与金融稳定》，载微信公众号“中国人民银行”2020 年 8 月 1 日。

③ 《九民纪要》第 17 条至第 23 条。

独决定的事项，必须以公司股东（大）会、董事会等公司机关的决议作为授权的基础和来源。法定代表人未经授权擅自对外提供担保的，构成越权代表：（1）债权人善意的，合同有效，债权人有权请求公司承担担保责任的；（2）债权人非善意的，合同无效，但可以按照担保法及有关司法解释关于担保无效的规定；①（3）若公司举证证明债权人明知法定代表人超越权限或者机关决议系伪造或者变造的，公司不承担民事责任。

而这里所说的债权人的善意，是指债权人对公司机关决议内容进行了必要的形式审查和注意义务，需要在订立担保合同时对董事会决议或者股东（大）会决议进行了审查，同意决议的人数及签字人员符合公司章程的规定。而对于上市公司，《九民纪要》更是要求债权人需关注上市公司公开披露的关于担保事项已经董事会或者股东大会决议通过的信息，否则该担保合同不会当然有效。

因此，鉴于根据证监会有关规定和交易所上市规则，上市公司及其纳入合并报表的子公司的所有对外担保事项均应公告，无论其决议机关是股东大会还是董事会。如果 ST 生化的违规担保问题放到了《九民纪要》施行之后的今天，由于 ST 生化从未公开披露其纳入合并报表的子公司振兴生化为债权人提供担保的相关决议的信息，因此即便债权人通过非公开渠道看到了相关决议，按照最高院公开的上市公司为他人提供担保，债权人进行形式审查"应当以上市公司公开披露的信息为准"②的态度，债权人是很难被认定为善意，合同效力风险很大。

实际上，早在《九民纪要》颁布之前，各地方法院就已经有了相关案例。2018 年 11 月 19 日，*ST 工新（600701. SH）的一起违规越权对外担保案，③以及 2018 年 12 月 29 日，ST 慧球（600556. SH，现更名为"天下秀"）的一起 18 亿元的违规越权对外担保案，④北京高院和上海高院均认定公司无须为实际控制人违规指令上市公司对

---

① 最高院《关于适用〈中华人民共和国担保法〉若干问题的解释》（法释〔2000〕44 号）第七条："主合同有效而担保合同无效，债权人无过错的，担保人与债务人对主合同债权人的经济损失，承担连带赔偿责任；债权人、担保人有过错的，担保人承担民事责任的部分，不应超过债务人不能清偿部分的二分之一。"第八条："主合同无效而导致担保合同无效，担保人无过错的，担保人不承担民事责任；担保人有过错的，担保人承担民事责任的部分，不应超过债务人不能清偿部分的三分之一。"

② 最高法《关于审理公司为他人提供担保纠纷案件适用法律问题的解释（征求意见稿）》第六条第三款，2018 年 8 月 9 日印发。

③ 北京高院（2018）京民初 27 号民事判决书，《关于公司涉及诉讼的进展公告》，公告编号：2018－144，载巨潮资讯网。本案随后上诉至最高院，2019 年 4 月 9 日，上诉人撤诉，最高院作出（2019）最高法民终 127 号终审裁定：准许撤回上诉。

④ 上海高院（2016）沪民初 29 号民事判决书，《关于收到法院判决书的公告》，公告编号：临 2019－001，载巨潮资讯网。本案随后上诉至最高院，2019 年 9 月 10 日，最高院作出（2019）最高法民终 456 号二审终审判决：驳回上诉，维持原判。

外提供担保的行为承担担保责任。

最高院与国家发改委联合发布的《关于为新时代加快完善社会主义市场经济体制提供司法服务和保障的意见》(法发〔2020〕25 号)在明确加大对债务人执行力度的同时,也提出了对提供借款的投资人进行严格规制,同时规范、遏制国有企业贷款通道业务的要求,对高利转贷、违法放贷等行为给予了明确否定,打击通过预扣利息、租金、保证金或加收中介费、服务费等方式提高融资成本、规避民间借贷利率司法保护上限等行为,并明确了抓紧修改完善关于审理民间借贷案件适用法律问题的司法解释,"大幅度降低民间借贷利率的司法保护上限"的实践新动向。①

《民法典》也对债务人的权益做了一定程度的倾斜保护。例如,当事人在保证合同中对保证方式没有约定或者约定不明确的,不再是按照原《担保法》的规定认定为连带责任保证,而是认定为一般保证;同时又强化一般保证人的先诉抗辩权,保证期间约定不明的诉讼时效从 2 年减少至 6 个月,明确了在债务人达到下落不明还需满足"无财产可供执行"这一条件时才能够排除保证人的先诉抗辩权。增加了债权转让时对保证人的通知的法定义务。此外,还在多处债权人主张权利的条款中增加了"合理通知"的义务……这些修改这反映了我国立法价值取向的变化,由侧重于保护债权人转向均衡各方利益。

今后,像 ST 生化中出现的这类违规担保、越权担保、承债过度、超高利息等情形,在国内的营商环境中将会有效改善。

(二)浙民投的"攻"

1. 善抓时机,确保合规

作为"摘桃"方,浙民投对战局节奏的把握十分娴熟。

首先是要约收购时机。

浙民投选择在振兴集团刚刚完成振兴电业资产剥离时展开要约收购。此时 ST 生化的宜工机械、上海唯科和昆明白马的问题也恰好基本解决完毕。仅剩下广东双林 100% 股权被深圳信达冻结和湖南唯康依旧停产这两个问题。

浙民投势必对深圳信达与振兴集团"共同进退"的可能性和不良资产湖南唯康对 ST 生化的影响这两个问题进行了一番深入分析,再加上对 ST 生化的价值判断和股价走势预判,从而选择了在此时进场。

其次是进驻管理层的时机。

---

① 《服务保障意见》第 14 条。

振兴集团接受 ST 生化时，无视过渡期的约定和相关规定强行进驻，引发了当时的独立董事叶全良等人的强烈不满，认为其有违“在过渡期间，收购人原则上不得通过控股股东提议改选上市公司董事会”的相关规定，该行为也在日后被证监会点名批评。①

浙民投则是在要约收购成功后，一直等到持股时间超过 90 日后才提请召开 2018 年第一次临时股东大会，就是考虑到了当时的董事会和监事会还在振兴集团手中，如果振兴集团如康达尔控制权之争中的华超那样“坚持抵抗”，自己得以股东的名义自行召集和主持临时股东大会。但按照我国公司法律制度相关规定，只有持股“10% + 连续 90 天”以上的股东才有此项权利。② 因此浙民投需要耐心等待着 90 天，为的就是让自己修订 ST 生化章程和进驻的提议正当合理——“师出有名”“依法合规”。

最后是接管管理层的时机。

振兴集团在浙民投要约成功后，马不停蹄地和佳兆业完成了交接。等到浙民投进驻时，ST 生化和广东双林的公章证照、广东双林的关键席位均由对方把持。而且对手还通过“子公司广东双林的董事任免和章程修订，需得到母公司 ST 生化的出席股东大会的股东所持表决权的 2/3 以上通过”的章程修正案来“巩固”自己的地位。

此时的浙民投并没有急切地“夺回场子”，而是一面耐心地等到 90 日后与佳兆业分配 ST 生化的董监高席位，似乎并不在意广东双林被对方“牢牢控制”。原本想等到年底换届选举的时候再做打算，但佳兆业的“按捺不住”给了浙民投反攻的好时机：先撤销原先的章程修正案，然后将广东双林的董事会改为执行董事，再将广东双林的执行董事、总经理和财务总监换成自己信赖之人；接着在 ST 生化换届选举大获全胜，把持董事会秘书、总经理和财务总监席位；最后通过董事会决议、向市委领导求助、报警等方式要求对方返还公章证照，并更换和启用新公章。这一套操作因为有长期的谋划和准备，雷厉风行，不拖泥带水。最终拿下这一局。

2. 争取多方支持

浙民投在补选完成后，通过《不忘初心、众志成城，共同书写生化的新篇章》的公开信形式，依次感谢了中小股东、振兴集团和公司员工。

---

① 中国证监会《行政处罚决定书》(〔2014〕104 号)，载巨潮资讯网，公告编号：2015 - 001。

② 《公司法》(2018 年修正)第一百零一条第二款：“董事会不能履行或者不履行召集股东大会会议职责的，监事会应当及时召集和主持；监事会不召集和主持的，连续九十日以上单独或者合计持有公司百分之十以上股份的股东可以自行召集和主持。”

第一争取的是中小股东。

没有中小股东的支持，就没有浙民投在要约收购之战中的胜利。尽管有过对手更为诱人的重组方案而导致方案公布当天"撤回 70% 预售要约"，截止日前一天预受要约不足 1/4 的尴尬。但最终，3/4 的中小股东还是选择了浙民投。

浙民投在进驻后采取各种手段与中小股东重建信任，包括：积极参加中小股东接待日，及时履行证券虚假陈述责任纠纷案所产生的赔偿责任，完善公司治理结构和提升公司市场价值。

第二争取的是振兴集团。

振兴集团在位时，浙民投暗讽"在上市公司现有的治理结构和经营管理能力下，继续持有上市公司股票可能存在较大的投资风险"。但当振兴集团退场时，浙民投表现出了自己的大度，认可其"掌舵"十余年的贡献。

这样的大度，或许也是出于看到了振兴集团对广东双林在血浆站扩充方面的价值和影响力。在振兴集团时代，ST 生化确因振兴集团扩充血浆站数量而大大提升了盈利水平。入驻前，ST 生化的市值约 10.7 亿元，退场前的市值则约 85.6 亿元，最高市值达到约 102.7 亿元。在振兴集团退场后，根据其与佳兆业的公布的"对赌"安排，一方面，振兴集团要在退场后为 ST 生化在新疆和山西新设不少于三座血浆站，并在 3 年内合计采浆量达到 300 吨以上。振兴集团为此将会获得佳兆业 5 亿元的奖励。另一方面，振兴集团作为山西的"东道主"，对 ST 生化山西境内现有的 4 座采浆站（和顺县、石楼县、隰县、临县）作出"业绩承诺"，保证在未来 2 年采浆量将达到 82 吨以上，而此时 ST 生化的血浆站总共也就 13 座。

所以，无论是历史的实在贡献，还是未来的实际影响，浙民投尽管胜出，但仍需要与振兴集团建立良好的关系。

第三争取的是公司员工。

浙民投进驻后，将大量 ST 生化和广东双林的优秀员工放到了关键岗位。其中就包括被振兴集团辞退的朱光祖，现任 ST 生化和广东双林的总经理。之后历史性地首次实施股票期权与限制性股票激励计划，对管理层和 32 名核心业务骨干共计授予 0.75% 的公司限制性股票，并且行权比例与当年度个人绩效考核挂钩，考核不达标的不得行权并由公司注销相应股票。

相比之下，振兴集团进驻 ST 生化时，因为自己的一些"擦边球"行为受到叶全良等原 ST 生化成员的抵制，然后在十几年的时间里也没能融入 ST 生化，反倒是一直处于"貌合神离""出力不讨好"的状态。直至控制权之战的结束，ST 生化的员工也没有像宝万之争那样，成立个什么"保卫 ST 生化职工大联盟"，向政府请愿"帮助企业抵御恶意资本的入侵”。

第四争取的是振兴集团的“白衣骑士”——佳兆业。

浙民投有优秀的背景,但佳兆业的实力和影响力更为人所知,且其在医疗健康产业的布局无法阻挡。所以与其持续对峙,不如张开怀抱,携手共治。

第五争取的是监管部门。

总有人说,监管部门没有立场,秉持中立。但这是有前提的,那就是涉事者都是依法合规,按规矩办事。而实际上在一场比赛中,如果一方屡屡出格(无论是其主观意图是过失还是故意),不讲游戏规则,那么裁判的态度将会深刻影响比赛的结果:如果裁判睁一只眼闭一只眼,甚至吹黑哨,那么比赛规则就堕落为丛林法则,诱使另一方也抛弃规则,双方械斗,“鼓励”不讲规则的一方占到更多便宜;而如果裁判严格执法,及时吹哨和亮出红黄牌,那么不讲规则的一方出于恐惧和利弊会有所收敛,而深谙规范的一方毫无疑问地能占据赛场主动权。

此次控制权争夺战中,由于振兴集团对监管部门的粗心大意、漫不经心和毫不在意,结果多次受到监管部门的行政处罚、公开谴责等监管措施:恢复上市指导意见坐实了其解决历史包袱的沉重义务;行政处罚决定书开启了证券虚假陈述责任纠纷大门;与佳兆业的重组方案好不容易看到胜利曙光,结果深交所在截止日前连发三道关注函,质疑该方案的合规性、不确定性和披露完整性,最后让中小股东回归理性,振兴集团功亏一篑。投服中心更是在要约收购截止日前通过权威媒体公开发声,“要约收购有利于市场资源的合理配置、有利于公司外生式发展、有利于投资者的价值发现,受到各国包括我国法律保护及监管机构的鼓励”“本次要约收购对改善公司治理水平,建立市场化运营机制,提升经营效益是有利的。”①要约收购成功后的次日,投服中心更是盛赞这是“中小投资者集体积极行使股东权利的结果”。

所以,从某种角度来看,监管部门对违法者的叫停和指责,起到了为守法者站台、加油打气的作用。

本来,私人恩怨是每一个收购战中的“常客”,但这一次它缺席了,让商战回归到了在商言商——“没有永远的敌人,也没有永远的朋友,只有永恒不变的利益”。

---

① 《投服中心密切关注ST生化要约收购控股股东不得滥用权利损害公司及股东权益》,载中国证券报,http://www.cs.com.cn/ssgs/gsxw/201711/t20171127_5591691.html。

六、总结：资本市场需要“觊觎之心”

（一）振兴集团：败走麦城

1. 遮天蔽日，顾此失彼，竹篮打水

舆论往往是“成王败寇”，只看到振兴集团环抱广东双林这个“下金蛋的鸡”，但无视了双林生物在振兴集团接盘前夕的 2004 年净利润也不过 40 万元，以及广东省的血站全部停采，血浆供应受到严重影响的困境，还有当时市面上普遍对血制品牌照价值的低估。

而且，牌照本身就代表着“强监管、责任重”，其价值离不开公司自身的努力和控股股东的鼎力支持，当时的三九生化还有上海唯科、昆明白马、四川长征和湖南唯康四家医药公司的牌照。如今，医药公司的牌照也是一个稀缺品，但三九生化终因经营管理不善和资本管理失当，而让这几个子公司变得一文不值。所以，振兴集团既然对这些子公司的悲剧是有责任的，那么对广东双林的发展也无疑是有贡献的——不只是甩掉历史包袱，还有在血制品行业本身的投入（除了扩充血站，还有质量保证、技术研发和政府公关），才不至于让广东双林和其他几个医药子公司一样，步“长春长生”及“上海新兴”事件的后尘。

三九集团如果能够看到 15 年之后的广东双林一骑绝尘，想必无论如何是不会卖掉三九生化的，或者是再来一次“金蝉出壳”，即用自己其他资产进行置换——就像当初它对待三九精化那样：三九精化原本是三九生化业绩出色的子公司，三九集团后来用旗下的昆明白马置换，连年亏损的昆明白马在振兴集团接盘后被出售。三九集团若能看到这么远，或许自己也能得以保全，不会后来被华润吃掉。

振兴集团如果早早看到了双林生物的潜力，想必也没必要把自己的资产注入，直接接盘后按部就班地剥离振兴生化的其他资产即可。或者完全出于私心的话，直接把自己的“煤→电→铝”产业全部一次性置入振兴生化，换出广东双林，等广东双林业绩飙升后再重新包装上市——当时自己的老本行业绩优秀，广东双林业绩萎靡，以及当时正值热势的电解铝行业与“电煤告急”的流行声音。所以前述的“换出广东双林和其他亏损资产，还如振兴集团产业链”的资产置换方案被股东大会批准通过的可能性很高。

不过可惜，三九集团那时候已经站在舆论风口。而振兴集团连自己老本行的发展趋势都无法预料，也不能居安思危，在接盘后的第三年 2008 年金融危机到来时“煤→电→铝”产业全线溃败。所以它们又如何能在接盘时看到血制品 15 年后的巨大商机呢？

于是我们看到的结果是：三九集团迫于债权人压力和社会稳定而急于出手，振兴集团则受益于煤炭业的政策红利却被冲昏头脑而急于上市，三九生化也因为控股股东的仓促变更而陷入十几年的动荡，最终因为子公司广东双林的“自力更生”和血制品行业的政策红利而得以自救。

当然，如同浙民投没有完美的入场时机，振兴集团的接盘可以说瑕疵不少，但不能说是一种冒进。振兴集团接盘三九生化后未能果断、快速地完成资产的剥离和注入，导致长达十余年的混乱，不得不归咎其如三国时期的袁绍一般的“色厉胆薄，好谋无断，干大事而惜身，见小利而忘命”的优柔寡断心态。

“时间会对所有交易产生负面影响。等待的时间越长，越有可能出现意料之外的棘手事件。所以即使任务不紧急，应尽快完成，避免因为延迟而带来不必要的风险。”①而其中最重要的风险，便是政策风险和行业周期的风险，就振兴集团接盘这12年，血制品、医药、机械、煤炭、电、铝都经历了重大变化，这些无疑严重影响到了预定计划的落地。先是借壳上市（煤→电→铝），然后变成多元发展，后来又变成单一业务（血制品）。这样多变的决策，影响的不仅是振兴生化市值，更是不断助长中小股东、债权人、监管部门和舆论对振兴集团经营管理能力的质疑，继而让其对振兴生化的控制越发岌岌可危。哪怕没有浙民投，也会有“苏民投”“闽民投”“粤民投”的虎视眈眈。

多元化战略能分散风险，也能集聚风险。其中的关键，既在于对主业“冷板凳”式的长期精研究，也在于对辅业的有效管理和监管，还得有自知之明——果断舍弃不熟悉的业务；既在于对商业规矩的充分尊重，也在于对资本规则的熟练运用；既在于不贪图一己之私，也在于谋划长远、看到未来。三九生化没有将自己的机械业务打包成子公司，振兴集团也没有将自己的煤炭业务做类似操作，而且在收购后并未将“煤→电→铝”一次性全部注入，而是只将振兴电业注入，②还在资产剥离中犹豫不决，尤其是舍不得湖南唯康。其中缘由，都离不开一个“私利”。

这，或许是三九集团和振兴集团带给其他人的最宝贵经验。

2. 善抓机遇，敢冒风险，但仍需经验

从结果来看，振兴集团在这场战争中并没有失去太多：

一方面，2005年年底用2.55元/股，总对价1.57亿元的价格买下了三九生化，在12年后又以43.2元/股，总对价21.87亿元的价格卖出。除去支付给深圳信达的11.87亿元以偿还债务，再加上5亿元的血站新设奖励。所以振兴集团能够获得

---

① 《苏世民：我的经验与教训》，中信出版集团2020年版。

② 振兴电业的95%业务来自振兴电解铝业务，有关联交易/利益输送嫌疑，缺乏持续经营能力。

10 亿～15 亿元的股权转让款。

另一方面，振兴集团最初看中三九生化的也不是其“潜力股”资产（广东双林），而是三九生化作为上市公司的“壳”的价值。而在今天，即便是“注册制”已是大势所趋，对“借壳上市”的热度依然会延续下去，本书的“上海新梅控制权之战”的结局，便是爱旭科技与其的重大资产重组。由此更能想象得出在 12 年前的“审核制”的背景下，用 1.57 亿元代价来换来上市的资格是多么“物超所值”。所以振兴集团在当时与其说是买下了三九生化，不如说是买了一张上市的“入场券”。

所以，即便是考虑到通货膨胀和资本成本的因素，1.57 亿元通过 12 年的运作变成了 10 亿～15 亿元，即便不敢说是“稳赚”，至少也不是“血亏”的。

不过，如果振兴集团能潜心研究资本市场一段时间（无论是在收购三九生化之前还是之后），在这场战争中一定能改善自己处处被动的状态。实际上，振兴集团在史珉志于自 20 世纪 80 年代初创以来一直未染指资本市场，而在其子史跃武接手后迅速宣布收购三九生化的计划。振兴集团也是在严重缺乏对游戏规则的理解的背景下贸然逐鹿。

在收购前，振兴集团并不知道如何跟资本谈判，也不清楚在收购三九生化的过程中哪些是可以让步和妥协的而哪些是必须坚持的原则。全盘接受三九集团和其债权人委员会设立的各种条款：一是转让后，其与三九集团和三九医股的债权债务问题“一笔勾销”，即振兴生化不得再向三九集团和三九医股主张对其资金占用和违规担保而产生的一系列责任。二是振兴集团需在支付首期股权转让款后的 3 个月内将其拥有的资产与三九生化的资产互换，导致振兴集团根本没有足够的时间来对三九生化现有资产进行业务、财务和法律方面的尽职调查。三是负责三九生化及其控股子公司的员工安置并承担相关费用。与之相对地，振兴集团则需支付 2.55 元/股、1.57 亿元的总收购价款。这个价格看似很低，但实际上当时三九生化的股价仅为 2.2 元/股。

换言之，振兴集团在当时做了一笔难说划算的买卖：用溢出市场价 20% 的价格，在没有足够的时间进行“体检”和合理估值的情况下，购买了一个有着 5 个“有毒”资产、1 个“潜力股”的上市公司，承接了 39 个官司与 15.9 亿元债务纠纷，而自己既不能找出让方“兜底”，还要负责员工安置及相关支出。

而在收购后，振兴集团也不知道如何跟资本打交道。监管部门、债权人、不良资产、中小股东和生化的“元老”陆续登场。五座大山压迫着振兴集团，迫使其解决历史遗留问题、扭亏为盈和恢复上市。这样的重压让其不熟悉资本市场规则和经验的缺陷被进一步放大，进而产生了违规担保、免除对价、承接担保、不当披露等频频违反资本市场规则的行为，还在资产置换、资产剥离、以物抵债、业务整合、公司治理、配合监管等方面操作失当，在舆论方面也没有讲好自己"苦心经营，艰难自救，凤凰涅槃"的故事而让公众接受和信服继而像万科那样把管理层和公司"绑"在一起。最终在被新晋者"入侵"时无牌可打，还被千夫所指，变成"落汤鸡"。

不过，这并不是说，企业家都需要读个MBA来补补课。其实，所谓的资本市场的宝贵经验，指的也并非只是法律和财务等领域的知识、理论和实务——这部分完全可以聘请专业团队并尊重他们的专业意见即可，不然很容易被提高资产价值、隐藏负债的会计技巧所迷惑，继而公司混淆资产和债务。

真正重要的是利益平衡，即如何照顾到"隐性利益相关人"——"随着这件事越做越大，就会陆续出现：利用它的人，反对它的人，制约它的人等。虽然现在你还不知道他是谁，以什么具体的方式对你施加影响，但是他们一定会来。拥有法律底层思维的人就是要识别他们的存在，预料他们的行为"。[①] 作为一个收购前就已经有二十多年从商经验的"全国民营企业500强"，振兴集团其实在如何调整社会关系方面是有着自己丰富的实战经验和成功案例的，只可惜他们没有想出如何将自己的这笔宝贵财富用"举一反三"的方式应用在资本市场领域。

（二）浙民投

一场战役的成功，的确是多方面因素综合的结果。除了出手时机和争取支持这两个点，浙民投在整个过程中所展现出的对象选择和合规性也为资本市场的并购重组业务正名，注入了强心剂：

由于各种各样的原因，舆论中有一种误解，就是认为战略投资者一定也是长期投资者，因为只有这样才能有利于目标公司的发展。但实际上，很多投资者并未长期持有目标公司，但是也让目标公司远离混乱、步入康庄大道。他们在控制目标公司后，通过几年的时间来进行融资扶持、业务重组、完善治理层、新聘管理层、剥离不良资产、优化经营管理、改善员工激励等措施，然后再在资本市场上高价出手。

比如本书在"宝万之争"中提到的苏世民创设的黑石基金的主营业务之一就是通过杠杆的方式收购目标公司，然后在一段时间内改善标的企业财务状况，再尽快变现退出，将控制权还给真正的经营者。

从事这样工作的投资者一般都没有目标公司的从业经验，收购资金虽然可能

---

① 刘晗：《法律思维30讲》。

不包含任何杠杆融资结构化设计产品、结构化安排和分级安排，也不存在任何结构化融资安排，但也不会是一个人完全“自掏腰包”，所以与一般人理解的“自有资金”有着一定的出入，更不要说收购后无论成功与否都会产生诸如员工安置这样的涉众纠纷，所以他们与普通民众通常所认为的“野蛮人”难以区分，继而也成为每一个公司原控股股东或原管理层的防御对象。

不考虑资金成本和行业战略目标的情况下，如果浙民投选择的不是振兴集团，而是选择格力集团或者万科，那么浙民投将会遇到更多的指责和阻挠，很容易被扣上“野蛮人”的帽子，所以，“柿子专挑软的捏”是资本市场的通例。而严格来说，浙民投自身并没有任何血制品和生物医药领域的背景，直至与佳兆业和付绍兰“三方共治”时，也未像佳兆业那样请来张华纲这样有相关丰富经验的高管来坐镇，而是始终以其在资本市场的丰富经验来控制双林生物。

因为选择了一个“好对手”，而让自己能得以长驱直入，“打下江山”；因为自己丰富的资本市场经验，而让自己在进驻后步步为营，“守住江山”。

（三）深圳信达

深圳信达在此次控制权之争中的最大筹码，便是在受让债权人对 ST 生化的债权后，迅速启动诉讼以冻结 ST 生化当时仅有的有价值的资产，即对振兴电业的全部 65.22% 股权和对广东双林 100% 的股权。换言之，在 ST 生化恢复上市的关键时刻，深圳信达突然“卡住其咽喉”。

深圳信达的这种财产保全行为在法律实务界被俗称为“首封”，虽然根据我国现行法律的规定，已被采取保全措施的财产可以被债权人以非同一债务为由再次申请采取财产保全措施，但这只是“轮候查封”，只有“首封”被解除后才会生效，不当然产生查封、冻结或扣押的法律效力。① 此外，ST 生化的其他债权人基本都是企业法人，自然人和其他组织很少，因此也无法通过执行阶段的参与分配制度来按照债权比例来受偿，②而只能申请破产或申请执行转破产，继而开启破产重整或者破产清算。

且不考虑在实践中上市公司进入破产程序的少见现状。即便进入了该程序，

---

① 最高院《关于查封法院全部处分标的物后轮候查封的效力问题的批复》（法函〔2007〕100 号）：“人民法院对已查封、扣押、冻结的全部财产进行处分后，该财产上的轮候查封自始未产生查封、扣押、冻结的效力。”

② 最高院《关于适用〈中华人民共和国民事诉讼法〉的解释》（法释〔2015〕5 号）第五百零八条第一款：“被执行人为公民或者其他组织，在执行程序开始后，被执行人的其他已经取得执行依据的债权人发现被执行人的财产不能清偿所有债权的，可以向人民法院申请参与分配。”

深圳信达依然能凭借着自己多年积累的专业、成熟而丰富的不良资产处置经验，以及身为央企所具备的资源，把“首封”的优势进一步发挥出来，从而牢牢地把握主动权。也正是凭借这三点，振兴集团才会同意让深圳信达帮助自己清理历史遗留问题、融资支持和推进恢复上市工作。

所以，ST生化的其他债权人已经失去先机，即便再申请财产保全措施并被法院支持，也很可能只是“白条一张”。

（四）佳兆业

与浙民投相比，佳兆业的“术”稍逊，“道”则更胜一筹。

入场伊始，签订《三方重组方案》，用溢价20%的真金白银和大量反收购条款尽到了“白衣骑士”之职。重组方案当天便立竿见影，浙民投险些“翻车”，在监管部门的及时警示后功亏一篑。但在要约收购成功后，《三方重组方案》的真正意图才得以揭晓：反收购只是“面子”，长期持有才是“里子”。用业绩奖励来安抚和激励失意退场的振兴集团，为自己的重组利益提供保障；用承接振兴集团的增持承诺和债务的方式来减少进驻阻力、避免在接盘振兴集团股权的同时也承继了中小股东对振兴集团的怨念。

进驻ST生化后，佳兆业趁着与振兴集团的亲密和浙民投新晋的空档期，迅速用各种方式“接管”了ST生化和广东双林。但佳兆业及其实际控制人一直谨言慎行，在公开场合大谈特谈对血制品领域的研究和信心，同时保持着与浙民投的“朋友”关系。而在“高平陵之变”前后也从未以其名义作出任何表态，有的只是“一线”的董事和监事“淘气孩子”式的“寸土必争”。这让佳兆业及其实际控制人作为“家长”的身份有了充分的回旋余地——打赢了私下褒奖，打输了也可以借口“孩子不懂事”而避免矛盾激化。这样游刃有余的“艺术化”的处理方式，与宝万之争中的华润形成了鲜明对比。

（五）中小股东

从历史意义来看，国内首起成功完成的敌意要约收购无疑应当作为典型案例而被记入史册。不过其中应被记录的，不仅仅是作为最终结果的要约收购，还应该有321起证券虚假陈述责任纠纷，重组方案和章程修正案数次被中小股东在股东大会上阻击，以及通过线上和线下的方式形成组织，以电话、邮件、公开信等形式向监管部门、新闻媒体等渠道投诉、申诉的维权之路。

只有这样充分的记录，才能让更多的人意识到中国资本市场对中小股东保护的改善方向，并设计更有效、更便捷、更有威慑力的救济措施。

虽然本文多次提到了振兴集团的“苦劳”和“功劳”，但这些无法阻挡中小股东“用脚投票”的基本权利。ST 生化的长期未盈利或许可以归结为历史问题和经验能力问题，但其随意停牌、违规担保且未披露的做法则损害了中小股东的基本权利。

ST 生化的这场旷日持久、超过 15 年的控制权之争告诉了我们要约收购的价值，尤其是其对中小股东和上市公司的保护和对资本市场的“价值发现”与“净化”。要约收购相比于协议收购和场内市场集中竞价收购（如本案中的振兴集团与深圳信达、佳兆业的三方重组协议），市场化程度更高，披露更充分，更加公平、公正、公开。而且要约收购方系向所有股东发出股份收购要约，使中小投资者享有与大股东相同的价格溢价出售股份的权利，获取投资收益。

在现今“内部人控制”“大股东控制”，上市公司相对缺乏独立性的中国资本市场的环境下，要约收购有助于优化我国上市公司股权结构及资源整合，有利于市场资源的合理配置，有利于改善上市公司治理水平并引导市场进行合理价值投资。

而随着最高院《九民纪要》的颁布，中小股东今后在证券虚假陈述纠纷案件的维权方面将会获得司法机关的更多支持和便利。例如，明确了集中管辖的原则，从原来的“一案一立、分别审理”的传统审理方式变为“合并审理”或“示范判决 + 调解”，并鼓励采用代表人诉讼的方式，从程序上减少投资人的诉累。① 而在实体方面，降低虚假陈述的揭露和更正的认定标准，并且只需依据监管部门行政处罚即可

---

① 《九民纪要》（法〔2019〕254 号）第七十九条：“原告以发行人、上市公司以外的虚假陈述行为人为被告提起诉讼，被告申请追加发行人或者上市公司为共同被告的，人民法院应予准许。人民法院在追加后发现其他有管辖权的人民法院已先行受理因同一虚假陈述引发的民事赔偿案件的，应当按照民事诉讼法司法解释第 36 条的规定，将案件移送给先立案的人民法院。”第八十条：“案件审理方式方面，在传统的‘一案一立、分别审理’的方式之外，一些人民法院已经进行了将部分案件合并审理、在示范判决基础上委托调解等改革，初步实现了案件审理的集约化和诉讼经济。在认真总结审判实践经验的基础上，有条件的地方人民法院可以选择个案以《民事诉讼法》第 54 条规定的代表人诉讼方式进行审理，逐步展开试点工作。就案件审理中涉及的适格原告范围认定、公告通知方式、投资者权利登记、代表人推选、执行款项的发放等具体工作，积极协调相关部门和有关方面，推动信息技术审判辅助平台和常态化、可持续的工作机制建设，保障投资者能够便捷、高效、透明和低成本地维护自身合法权益，为构建符合中国国情的证券民事诉讼制度积累审判经验，培养审判队伍。”

认定为“具有重大违法行为”而无须额外的司法审查，[①]使投资人在举证难度方面和被有效抗辩的可能性大大降低。

最高院和国家发改委联合发布的《服务保障意见》第 4 条也对加强中小股东的司法保护提出了更为明确的要求：

“严格落实公司法、证券法优先保护特殊市场主体的立法精神，切实保护中小股东的知情权、利润分配权等合法权益，增强投资者信心。

“依法受理、审理证券欺诈责任纠纷案件，发挥证券侵权赔偿诉讼的规范、震慑功能，提高资本市场违法违规成本。

“继续推进证券期货纠纷多元化解机制建设，支持建立非诉讼调解、先行赔付等工作机制，通过支持诉讼、示范判决等方式拓宽投资者索赔的司法路径，切实解决证券市场中小投资者维权难问题。”

2020 年 7 月 31 日，最高院对《证券法》（2019 年修正）新增的普通代表人诉讼和特别代表人诉讼[②]的司法实践落地出台了司法解释，（1）确立了高效、透明、便捷、低成本的审理原则，并（2）系统性地规定了代表人诉讼中的立案登记、先行审查、代表人选定、调解协议确认、诉讼审理与判决、上诉制度、效力扩张、执行与分配等各项重要操作流程内容，还（3）对公众普遍关注、实践中存在疑问和困难的集中管辖、启动程序、权利登记、当事人声明退出、投保机构诉讼义务、诉讼费用、财产保全等进行明确，更是（4）确认了在这类案件中，败诉的被告需要赔偿原告支出的律师费。[③]

同日，证监会和经其批准设立的投资者保护机构——投服中心对特别代表人

---

① 《九民纪要》（法〔2019〕254 号）第八十四条：“虚假陈述的揭露和更正，是指虚假陈述被市场所知悉、了解，其精确程度并不以‘镜像规则’为必要，不要求达到全面、完整、准确的程度。原则上，只要交易市场对监管部门立案调查、权威媒体刊载的揭露文章等信息存在着明显的反应，对一方主张市场已经知悉虚假陈述的抗辩，人民法院依法予以支持。”第八十五条：“审判实践中，部分人民法院对重大性要件和信赖要件存在着混淆认识，以行政处罚认定的信息披露违法行为对投资者的交易决定没有影响为由否定违法行为的重大性，应当引起注意。重大性是指可能对投资者进行投资决策具有重要影响的信息，虚假陈述已经被监管部门行政处罚的，应当认为是具有重大性的违法行为。在案件审理过程中，对于一方提出的监管部门作出处罚决定的行为不具有重大性的抗辩，人民法院不予支持，同时应当向其释明，该抗辩并非民商事案件的审理范围，应当通过行政复议、行政诉讼加以解决。”

② 《证券法》（2019 年修正）第九十五条第一款：“投资者提起虚假陈述等证券民事赔偿诉讼时，诉讼标的是同一种类，且当事人一方人数众多的，可以依法推选代表人进行诉讼。”第九十五条第三款：“投资者保护机构受五十名以上投资者委托，可以作为代表人参加诉讼，并为经证券登记结算机构确认的权利人依照前款规定向人民法院登记，但投资者明确表示不愿意参加该诉讼的除外。”

③ 《关于证券纠纷代表人诉讼若干问题的规定》（法释〔2020〕5 号）第二十五条：“代表人请求败诉的被告赔偿合理的公告费、通知费、律师费等费用的，人民法院应当予以支持。”

诉讼也分别出具了规范性文件。[①] 证监会对投保机构、登记结算机构等系统单位参加特别代表人诉讼行为进行总体规范，重点对证监会系统投保机构的范围、参与特别代表人诉讼的原则、工作保障机制、协调合作机制、工作纪律等进行规定。投服中心则是明晰了投服中心参加特别代表人诉讼的“内部决策 + 具体实施”两阶段程序、诉讼案件的范围和标准、诉讼代表人权限和如何履行通知义务、投资者“两次退出”选择权如何行使，还特别涉及了保密、费用、档案管理制度等。

国内资本市场95%以上为中小投资者，这导致在受到证券违法行为侵权时更容易发生“集体行动困境”的问题——因极度分散、信息渠道窄、自身索赔金额小等原因，大部分中小投资者不得不放弃权利救济，“不想诉、不愿诉、不能诉”，结果中小股东的最后索赔金额不超过全部适格投资者的10%，使中小股东作为公司所有人的基本权利难以保障。

而上述规定的出台，代表着证券集体诉讼制度的落地，意义深远。典型、重大、社会影响恶劣的案件将有望试水，ST 生化违规担保和不当披露的问题将在日后有了遏制的有力依据。ST 生化的这 321 起证券虚假称述案件的处理方式将成为历史，以后的中小股东将会得到更效率、更经济的司法救济。这些“达摩克利斯之剑”将倒逼上市公司更加严格自律，合法合规经营，否则将承担难以承受的违法成本。

中小股东与公司管理层的“鲇鱼效应”，也是资本市场健康发展的必要因素之一。而某种程度上来说，给予中小股东更好的保护，也就从根本上保护了真正的企业家精神。

---

① 《关于做好投资者保护机构参加证券纠纷特别代表人诉讼相关工作的通知》（证监发〔2020〕67号），载证监会官网，http://www.csrc.gov.cn/pub/newsite/zjhxwfb/xwdd/202007/t20200731_380952.html。《中证中小投资者服务中心特别代表人诉讼业务规则（试行）》，载中证中小投资者服务中心官网，http://www.isc.com.cn/html/zxxw/20200731/3077.html。

万科与宝能控制权争夺战

一、宝能“闪电”入侵，万科变“闪电战”为“持久战”(2015 年 6 ~ 12 月)
二、万科引入“外援”，结果“祸起萧墙”(2015 年 12 月 ~ 2016 年 6 月)
三、万科祭出“连环计”，宝能“引火烧身”(2016 年 6 ~ 12 月)
四、攻守双方“伤痕累累”，“外援”成为最大赢家(2016 年 12 月 ~ 2019 年 12 月)
五、解析双方攻守策略
六、总结：渔翁得利

2015 年 6 月，中国股市“陷入灾难”，其中上证综合指数自 6 月的 5000 多点跌至 8 月的不到 3000 点，日平均波动幅度超过了 3%。“救市”成为当时的舆论呼声，也成为监管部门的头等大事。

宝能借此“天时”，并利用当时金融政策宽松且分业监管的“地利”，用尽各种融资工具对万科展开了闪电般的收购活动，意图在最短的时间内控制万科。而万科管理层为了阻止“宝能”，采用了寻求大股东支持、内部增持、引入“白衣骑士”、停牌拖延、诉讼、举报、诉诸舆论等诸多反收购措施来应对。

而除了双方的你来我往，华润、安邦、恒大、深圳地铁在此次的控制权争夺战中也是轮番登场，各大媒体、监管部门和公众也是纷纷“围观”。这场控制权争夺战历时 2 年，最终在监管部门整顿，双方“伤痕累累”，深圳地铁“清场”下落幕。

无论是公众关注程度和“吃瓜”热度，还是案情本身的复杂性和专业度，宝万之争可谓是将其他的公司控制权之争的案例远远甩在了后边。对于专家学者来说，宝万之争是一个“大宝库”；对于大众百姓而言，宝万之争在当时演变成一场全民参与讨论的大戏；而从参与方角度看，“棋手”的数量、规模和老辣程度均为国内顶级，于是各方的攻守策略尤为艰涩。而且，与本书中的其他案例不同的是，宝万之争的“合纵连横”异常频繁，敌我难分、攻守转换迅速。这也导致各方的出招动机和效果容易使旁观者陷入迷惑。

也正是因为宝万之争的魅力，引发了希望寻求真相的各方人士跃跃欲试。有关宝万之争的八卦、新闻和分析汗牛充栋。笔者也不免“凑凑热闹”，做一尝试。但由于宝万之争本身具有的深蕴价值，笔者在有限的时间内也难以做到对事实的透彻掌握和对其中的法律问题的深刻理解，只能说是尽力而为，无愧于心。

一、宝能“闪电”入侵，万科变“闪电战”为“持久战”（2015 年 6～12 月）

（一）地产龙头万科与他的“君万之争”

万科（000002.SZ/2202.HK）的前身，是时任广东省对外经济贸易委员会的派出人员王石与深特发[①]在 1984 年的“深圳现代科教仪器展销中心”。深特发提供营业许可和进出口许可，王石任总经理并自行解决资金。王石从购销玉米做起，后来转战仪器设备，之后万科于 1988 年完成股份制改造，进入房地产行业，深特发从“被挂靠方”变成了持股 30% 的第一大股东。

1989 年，万科召开第一届股东大会，王石任董事长。2 年后，万科成为深交所第二家上市公司。到了 1993 年，万科确立以核心都市圈的居民住宅开发和物业服务为其核心业务，完成了从多元化到专业化的痛苦转型。

结果，万科紧接着就遇到了“野蛮人”。[②]

1993 年年初，当万科的 B 股发行计划接近尾声时，原中国人民银行深圳分行证券管理处处长张国庆离开银行并组建君安证券[③]，替代了万科 B 的原主承销商渣打银行。结果到了 5 月 28 日万科 B 挂牌开盘后即跌破发行价，君安“本想赚一票走人，没想到套成了股东”，股票窝在了手里，被动成为万科的大股东之一。

1994 年 3 月 30 日，君安证券的总经理张国庆发表《告万科全体股东书》，称君安证券受万科当时的几家股东［包括深圳市新一代实业有限公司（以下简称新一代）、海南省证券公司等，合计持有万科 10.73%，以下合称君安联盟］的委托，质疑万科经营管理不善、业绩欠佳，要求重组万科的管理层和业务，并宣布将推荐 8～10 位董事候选人进入董事会，对重大决策进行监督（见图 4－1）。

---

① 指深圳市特区经济发展公司。

② 本节以下内容参见王石：《道路与梦想：我与万科（1984－1999）》，中信出版社 2014 年版。

③ 指君安证券股份有限公司。

深圳新一代企业有限公司 海南省证券公司 俊山投资有限公司 创益投资有限公司

委托授权

君安证券有限公司

告万科企业股份有限公司全体股东书

深圳新一代企业有限公司 海南省证券公司 俊山投资有限公司 创益投资有限公司

改革倡议

财务顾问：君安证券有限公司

图4－1 《告万科全体股东书》报纸截图

图片来源：万科周刊《【往事】1994年“3.30君万之争”始末》。

王石随即开始“合纵连横”的“拜票”模式，先是安抚当时的第一大股东深特发，然后是对君安联盟中的最大股东新一代展开“外交”，说服了新一代签署退出君安联盟的声明，以此来解除君安联盟召开临时股东会的主体资格。① 紧接着王石便带着这个退出声明去见张国庆，先礼后兵，希望对方知难而退。结果，张国庆反戈一击，拿出了新一代的不可撤销委托书。让退出声明的法律效力大打折扣。

张国庆此时摆明的“斗到底”的态度。让王石不得不采取更多的手段来反制：

先是在3月31日，万科停牌；

然后，通过媒体《深圳特区报》和新闻发布会的形式获得舆论支持；

同时，王石根据对万科《告万科全体股东书》的行文风格，猜测该文为原主承销商团队负责人、渣打银行副董事宁志翔所为。因此，王石一面通过电话录音的方式确认了《告万科全体股东书》确为宁志翔所写，一面派郁亮调查最近两个月的股东变化情况，发现宁志翔近期购入万科股票2000万元。从而发现了“老鼠仓”的举报线索——张国庆与宁志翔“联手”，通过释放《告万科全体股东书》的“利好”消息来刺激万科股价，使君安证券承销的股票能够完成“保本退出”，而宁志翔则因早早建仓而“大赚一笔”。

次日，深圳证交所总裁夏斌责令万科一定要在4月2日复牌。王石随即让身在海南的郁亮带着“老鼠仓”的线索飞往北京向中国证监会申诉，当日下午，证监会同

① 《股份有限公司规范意见》（体改生〔1992〕31号）第四十四条第二款：“有下列情形之一，董事会应召开股东临时会：……3.代表公司股份百分之十以上（含百分之十）的两名以上（含两名）股东请求时”；之后颁布的《公司法》一直沿用了该项规定。

意继续停牌。4月2日,海南证券发表声明:“海南证券从未授权委托君安……如再冒用其名,将保留诉诸法律的权利。”

2日后,万科开盘,股票仅轻微上扬便很快稳定下来。当天下午,万科召开新闻发布会,宣布战斗结束。随后,此事在证监会市场监管部主任张资平的调停下告结。王石的一句“与人为善”,让张资平对宁志翔这个五道口中国人民银行研究生部的老同学“手下留情”,张国庆则是蛮不情愿地承诺“既然证监会发话,就是一盘臭狗屎让我吃,我也把它咽下去”。

在这场控制权风波后,万科的管理层进入了稳定期。在随后的20多年的发展中,万科成为房地产领域的龙头企业。在控制权争夺战发生之前,万科的业务范围已经拓展至我国的珠三角、长三角、京津冀和中西部等66个城市,并参与了新加坡、旧金山、伦敦等海外城市的房地产开发项目,获得了穆迪、标普和惠誉的最佳信用评级。股市“三大教父”之一的张国庆因违规MBO(Management Buyout,管理层收购)被举报而以“虚假注资”“非法逃汇”等罪名入狱后,君安证券与国泰证券合并,形成了现今的国泰君安证券。

不过,也正是这一场“闪电战”。让万科管理层奠定了自己的反收购策略——无论是战略层面,还是战术层面。这使在20年之后的“宝万之争”中,万科更像是一种“以不变应万变”的态度,能够看到太多的似曾相识:停牌、舆论、举报、“找靠山”。

(二)“资本大鳄”宝能和他的“梦之队”

宝能的前身是姚振华、姚建辉两兄弟在1995年成立的“新保康蔬菜实业有限公司”,之后于1998年进入物流行业,开发深圳“中港城”地产项目。随后,宝能开始转型聚焦投资领域,于2000年设立新保康投资管理有限公司,2002年新保康蔬菜实业有限公司更名为钜华投资,后在2002年成立控股子公司钜盛华。①

之后,宝能借着保监会发布的“积极支持符合条件的民营资本,通过发起设立、受让股权、认购新股等多种方式投资保险公司,促进保险公司的资本多元化和股权

① 指深圳市钜盛华股份有限公司。

多样化”[①]的这股“东风”，于2012年发起设立前海人寿[②]，持股比例为20%，[③]并在3年之后的2015年，通过股权协议转让实现对前海人寿的绝对控股(51%)，[④]从而满足保监会对保险公司控股股东的要求。[⑤]

姚振华、姚建辉被宝能的员工私底下称为“大老板”和“小老板”——“大老板比较敬业，小老板没有什么架子”。在部分人看来，姚振华“只要判定某个行业有前景，就会大力布局，并寄望在短时间内冲进行业前列，一旦发现决策失误，就会快速自我否定、转变策略，无论此前投入多少，当断则断”。而广东政协的一名工作人员则称，姚振华在2008年至2013年担任广东省政协常委期间，“对于领导讲话比较认真研究，对政策把握得比较好，对商机很敏锐”“每有重要领导出席会议都会亲自参加，还会积极准备发言，讲得很切入要点，如果没空来的话还会专门叫人帮他录音回去听”。[⑥]

在2014年的福布斯富豪榜中，姚振华以45.3亿元的身家位列第359位。

如果说姚振华是此次收购大战的“面子”，那么姚振华为此次收购大战所打造的收购“梦之队”就是具体操盘的“里子”，将知名信托公司、保险公司、银行的高管和监管部门的领导纳入麾下，[⑦]包括：

原平安信托董事长张金顺及其部下秦鸿春；

曾在中化集团长期任职、原中国对外经济贸易信托总经理徐卫晖；

有着“香港保险皇后”称号的原中国人寿副总裁高安凤；

原平安人寿总精算师沈成方；原合众人寿副总裁姜燕和曾海燕；

原工行深圳分行副行长刘宇峰及其部下孙磊；以及

原深圳保监局局长助理周冬梅。

姚振华的收购团队横跨信托、银行、保险和监管领域。这或许可以解释为什么

---

① 《关于鼓励和支持民间投资健康发展的实施意见》(保监发〔2012〕54号)，2012年6月21日。

② 指前海人寿保险股份有限公司。

③ 根据当时有效的《保险公司管理办法》(保监会令〔2009〕1号)第四条之规定，保险公司单个股东(包括关联方)出资或者持股比例不得超过保险公司注册资本的20%，但经保监会批准的除外。

④ 《关于前海人寿保险股份有限公司变更股东的批复》(保监许可〔2015〕934号)，2015年9月29日。

⑤ 《关于〈保险公司股权管理办法〉第四条有关问题的通知》，要求保险公司单个股东在投资该保险公司已满3年和其他要求的情况下，持股比例可以超过20%，但不得超过51%。保监会2013年4月16日发布。

⑥ 《揭秘宝能系大老板姚振华：低调　独断　信风水》，载第一财经2016年1月4日，https://www.yicai.com/news/4733954.html。

⑦ 计思敏：《宝能系幕后资本梦之队：一年内四名金融猛将加盟》，载澎湃2016年7月9日，https://www.thepaper.cn/newsDetail_forward_1495257。

很多的业内人士会认为“这是一场有组织、有预谋的收购,每个时点都把握得非常精准,绝对不是一时心血来潮”。[①] 还可以解释宝能为什么能娴熟地运用各种融资工具,还不被认定为违法违规。甚至从这些团队成员的任职经历,可以看到宝能与陆续加入宝万之争的华润、安邦、恒大都有着“畅通”的沟通渠道。

万事俱备,只欠东风,宝能耐心等待着在A股市场开启资本大战的良机。

(三)宝能“突然袭击”

2014年下半年,中国A股出现了“多年难得”的牛市行情。但事后证明,这不过是“蓄谋已久”的一场“虚假繁荣”,[②]是“借钱炒股票”吹出来的泡沫。

事实是:部分机构和个人借助信息系统通过为客户开立虚拟证券账户、借用他人证券账户、出借本人证券账户、代理客户买卖证券等违反账户实名制和违反特许经营的方式来实现场外配资,继而造成了股票市场秩序的混乱。

半年后2015年6月12日星期五,上证指数达到了历史第二位的顶点(5178点),场外配资下高杠杆形成的系统性金融风险一触即发。证监会旋即决定清理整顿,在当日对各证券公司下发通知,要求禁止证券公司为场外配资提供便利。[③] 2日后的星期一,A股开盘后即暴跌,24天后的7月9日,上证指数跌至3373点,降幅高达34.86%。

在这样的背景和“侠之大者,为国护盘”的口号下,姚振华通过二级市场买入万科A、南坡A、格力电器[④]等公司股票。

其中对于万科,姚振华利用其控制的钜盛华和前海人寿(以下统称为宝能)作为持股主体,借助当时“救市”背景下宽松的金融政策,通过自有资金、保险产品(特别是中短存续期人身保险产品,如“万能险”)、融资融券、收益互换、资产管理计划等多种融资工具,共计耗资400多亿元,自2015年7月至8月持续购入万科股票。其中在2015年7月11日买入5%、7月25日增持5%、8月26日增持5.04%,此时持股比例为15.04%,超过华润的14.91%成为万科第一大股东。

---

① 《万宝之争暂缓　双方各憋大招》,载第一财经2015年12月24日,https://www.yicai.com/news/4730033.html。

② 《中国证监会行政处罚决定书(同花顺网络信息股份有限公司、朱志峰、郭红波)》(〔2016〕124号)。

③ 《关于加强证券公司信息接入系统外部接入管理的通知》(证监办发〔2015〕35号),7月12日,证监会出台《关于清理整顿违法从事证券业务活动的意见》(证监会公告〔2015〕19号)。

④ 指珠海格力电器股份有限公司。

(四)意见领袖 vs. 低调草根,万科管理层初次应对

时任万科董事长的王石对宝能的动向一直保持关注,并对宝能的每一次举牌行为均作出了回应:

在宝能 7 月 11 日首次买入 5% 时,王石发表微信朋友圈“深圳企业,彼此知根知底”。

在宝能 7 月 25 日增持至 10% 时,王石通过万通地产董事长冯仑的牵线与姚振华进行了一次面谈,欢迎对方增持股票,但希望“见好就收”,姚振华则表达了对王石的欣赏。

在宝能 8 月 26 日增持至 15.04% 成为第一大股东后,王石于次日发表新浪微博“股市过山车,野蛮人强行入室……”表达对宝能的不满和抗拒。随后,万科管理层采取了三项实质性措施:

一是请求大股东增持。万科向当时的第二大股东华润寻求支持,华润随后在 8 月 31 日与 9 月 1 日增持 0.38% ,持股比例增至 15.29% ,超过宝能重新成为第一大股东。

二是提请万科回购股票。万科于 8 月 31 日在深圳大梅沙总部召开 2015 年第一次临时股东大会,审议并通过了 7 月 6 日公布的百亿回购计划。该计划虽然是于宝能举牌前夕就已拟定,当时公布的理由也只是为了“应对股市大幅震荡,保护投资者利益”,但该计划减少了市场上的股票数量,起到阻击宝能的作用。

三是管理层增持股票。万科管理层事业合伙人“盈安合伙”的董事周卫军成立“德赢 1 号”专项资产管理计划,起始规模 20 亿元,至三季度末已持有万科 2.06% 的股权。

通过以上三个措施后,宝能“偃旗息鼓”,双方暂时“鸣金收兵”。

(五)宝能再次进攻

不过,宝能在万科采取上述措施后并未打算“打道回府”,而是积极“厉兵秣马”,相继与多家基金公司合作成立资产管理计划。

2015 年 10 月 20 日至 12 月 4 日,宝能利用上述资产管理计划陆续增持约 4.97% ,持股比例增至 20.008% ,再次超过华润成为万科第一大股东。

此后直至 2015 年 12 月 18 日万科停牌前,宝能陆续增持约 4.26% ,持股比例增至约 24.26% 。

与此同时,万科首次采取的上述三个实质性措施“不够用”了:

一是大股东增持方面，宝能于 10 月 20 日至 12 月 4 日陆续增持至约 20.01%，重新成为第一大股东后，华润未再增持；

二是百亿回购计划方面，也在仅实施了 1.6 亿元（股份占比约 0.15%）后，因之前宝能的“扫货”导致股价超过了授权回购价格而未再实施；

三是管理层增持方面，早在“德赢 1 号”之前，“盈安合伙”就已经通过国信金鹏资产管理计划和工会委员会持有万科 4.75% 的股票，二者合计比例为 6.81%，但仍未能阻止宝能增持的步伐。此外，该比例已经超过了 5% 构成举牌行为，但万科并没有对此进行信息披露，从而遭到了深交所问询。

（六）管理层升级应对，再次使出停牌“杀招”

鉴于上述措施效果有限，并且宝能此时增持比例已接近 30% 的强制要约收购线，万科管理层采用了更强力的反收购措施：

一是万科管理层继续增持。成立“德赢 2 号”资产管理计划，起始规模为 444.4 亿元。加上之前的万科管理层开展的一系列事业合伙人资产管理计划，持股比例达到了 7.79%。

二是寻找“白衣骑士”——安邦。安邦在宝能 12 月 4 日增持后买入 5% 的股份，随后又陆续增持至 7.01% 的股份。万科之后于 12 月 23 日晚发布声明，称“安邦保险集团在举牌万科后，万科与其进行了卓有成效的沟通，万科欢迎安邦成为万科重要股东，并愿与安邦共同探索中国企业全球化发展的广阔未来，以及在养老地产、健康社区、地产金融等领域的全方位合作”。安邦随后也在官网宣布“我们看好万科发展前景，会积极支持万科发展，希望万科管理层、经营风格保持稳定，继续为所有股东创造更大的价值”。①

三是“缓兵之计”。在宝能 12 月 18 日增持至约 24.26% 的股份后的当天下午一点，万科以“筹划重大资产重组”为由实施紧急临时停牌，拟定于次年 3 月 18 日复牌。

这使宝能不但无法继续增持，还要承担“杠杆收购”带来的资金成本压力，同时也让万科管理层掌握了主动权，有更充裕的时间制定反收购的进一步措施。而此时，万科股价已从半年前的 12 元/股左右升至 21.82 元/股。

早在 20 年前的 1994 年 3 月 31 日，万科在“君万之争”也采用了停牌作为反收购措施，而这也是中国资本市场开市以来的首次停牌，万科开创的先河，让停牌成

---

① 《关于欢迎安邦保险集团成为万科重要股东的声明》，载微信公众号“万科周刊”2015 年 12 月 24 日。

为中国资本市场控制权大战的常客。

通过上述措施，事业合伙人计划、安邦，再加上华润的15.29%的股份和铁杆自然人股东刘元生的1.21%的股份，合计持股达到了31.3%（不过由于安邦、华润、刘元生之间并不构成法律意义上的"一致行动人"，所以不触发强制要约），超过了宝能当时的24.264%的股份。

据媒体透露，曾有"高手"向万科管理层提出"毒丸计划"[①]的建议，即让万科管理层联合其他股东抛售万科的股票，同时掀起舆论战，继而打压万科股价。这背后的逻辑是：宝能收购万科的资金并非自有，而是高杠杆，所以有平仓的压力。而在当时，宝能的平仓线在14.75元/股左右，因此只要股价大跌，宝能就会迫于平仓压力而放弃。

万科管理层最终并未采用减持的方式阻击宝能，而是采用了上述三项有利于股价的反收购措施。其中缘由，一方面可能是万科管理层对于万科的感情，不愿意作出有损万科的行为，而且长期股价本身就处于低点、继续打压难度很大，但抬升股价的方式能够提高宝能的进一步增持成本。而且，证监会在股灾发生时即出台相关规定，限制上市公司大股东和董监高的减持，[②]即便万科的管理层股票是以"三类股东"的名义增持，也难免会受到监管部门的关注和调查，甚至可能涉嫌"操纵市场"。另一方面则是"洗盘"有风险——散户如果没有被带动的话，万科抛售后，宝能直接"这边抛那边吸"，搞不好就"赔了夫人又折兵"。实际上在当时，市场对万科的持股风险可能是低估的，不仅宝能愿意增持，股民估计也乐意增持。这样反而可能在还没到16元/股时，万科的大股东拟抛售的股权就不够了。

（七）管理层诉诸舆论，暗度陈仓

除了以上三项对外措施，万科管理层也在万科内部释放反收购的信号，就在12月18日万科停牌的前一日，王石在万科北京公司发表内部讲话，该讲话旋即在互联网迅速传播。王石在其中明确表态，不欢迎宝能成为万科第一大股东，原因有四点：

---

① 这里的"毒丸计划"指的是单纯二级市场抛售压价（俗称"洗盘"），而非境外的"股权摊薄反收购措施"，即当公司遇到恶意收购时为了保住自己的控股权，大量低价增发新股的行为。以达到让收购方手中的股票占比下降，同时也增大了收购成本，使收购方无法达到控股的目标。由于境内资本市场在增发须通过股东大会审议通过，境外的"股权摊薄反收购措施"在境内不具备灵活性。

② 证监会公告〔2015〕18号：从即日起6个月内，上市公司控股股东和持股5%以上股东（以下并称大股东）及董事、监事、高级管理人员不得通过二级市场减持本公司股份。随后，证监会在2016年1月9日出台了《上市公司大股东、董监高减持股份的若干规定》取代了前述公告，随后该规定又在2017年5月27日进行了修正。

一是信用不足:宝能发家史会影响万科信用评级,提高融资成本。

二是能力不足:宝能在地产领域的专业程度远不足以管控万科。

三是风险巨大:宝能用于购买万科股票的资金属于短债长投,不符合万科稳健的企业文化。

四是华润更适合做大股东:宝能不能像华润有助于万科的组织建设、股权结构的稳定、业务管理以及国际化进程的推进。

最后,王石还说道,“我们不会受到资本的胁迫,中小股东就是我们的大股东。现在资本来势凶猛,但中小股东会站在我们这边,客户会站在我们这边,要求透明、规范、守法的社会秩序会站在我们这边”。

不过,尽管万科在君万之争中依靠众多中小股东的投票权而得以保住位置,但事后来看,那不过只是“锦上添花”,胜败的关键是行政力量的介入——万科以涉嫌“老鼠仓”等问题向证监会举报,时任证监会主席刘鸿儒作出“严格查处”批复。随后监管部主任张资平展开调查,并要求君安证券不得向小股东征集投票权。[①] 虽然万科的业绩非常好,中小股东也应该支持以王石为代表的万科管理层,但是,国内的资本市场能像刘元生那样愿意一直持有万科股票超过 28 年的还只是极少数群体,更多的投资者(尤其是中国绝大部分的自然人投资者)并不关心万科的未来,他们基本上只关心眼前的利益。[②]

针对该讲话,宝能随后在官网发布声明称“宝能集团资产千亿,依法合规经营,重视风险管控,恪守法律、尊重规则、相信市场的力量”。

次日,时任 SOHO 中国董事长的潘石屹在微博声援王石:“万科真正的价值在于管理团队,在于他们的价值观和专业负责任的精神。无论股东如何变化,都希望从长远考虑,珍惜这些宝贵财富。”

王石在 2015 年 12 月 19 日转发了《万科被野蛮人入侵背后的真相,一场大规模的犯罪》,文章内容指在深圳的潮汕人洗钱规模庞大(姚振华是潮汕人,宝能的公司住址在深圳)。也许是顾虑到上述内部讲话和转发引发了外界不少批评之声,认为王石过于情绪化、有道德绑架的倾向和歧视“潮汕帮”的嫌疑,该条微博随后被删除。

2 日后,王石又发布微博“欲扬先抑”:先是澄清“我佩服潮汕商人,万科不乏优秀潮汕员工,老王亦有许多潮汕朋友”,然后话锋一转“信用不够并非道德上的评

---

① 载王石:《道路与梦想:我与万科(1984 - 1999)》,中信出版社 2014 年版。

② 皮海舟:《王石不宜把“宝”压在中小投资者的身上》,载新浪财经,https://www.sohu.com/a/50010060_102177。

判,而是风险考量,信用评级有一套系统的评估工具,机构的经营稳健性和风险偏好程度都是风险指标,公司的第一大股东变更可能引起的动荡也是重要的考虑因素"。[①] 之后在23日拜访瑞士信贷时继续表示:"我是很尊重潮汕帮的,特区帮、深圳帮大家都是为深圳做建设,宝能、华润、万科都是深圳帮,都是一家人。我们愿意前海人寿的诉求,能改组就改,不能改,在股价上他也不会亏。"

王石的两次修正回应,在语气和姿态上充分给予了宝能充分的尊重,在逻辑和常识上又重点突出、言之有理、依据充分——信用评级的确是融资成本的决定性因素(特别是境外资本市场)。于是,万科再一次站在了真理和道义的制高点,拿下舆论高地。

相比之下,宝能的态度则一直秉持"温和":2015年12月23日,深圳召开第四届金融发展决策咨询委员会全体会议,刚刚当选委员的姚振华表示,"万宝之争其实没有那么激烈,主要是媒体炒作,我们一直在与万科在做良好的沟通。王石是我非常尊敬的人"。

王石的"冲锋陷阵"后,万科管理层开启了"二次进攻"。

12月23日,万科向外界"大吐苦水",称在宝能第一次举牌之后,万科管理层就与之多次沟通,主张"万科的文化得以延续是双方建立信任的基础"。而在就此达成共识前,"希望他们暂缓增持万科的股票,为双方增加了解、建立信任保留一点时间"。同时也"希望宝能明确说明其举牌意向"。然而管理层的意见"没有得到任何实质的重视或有效的回应。我们没有看到对话的诚意,只看到一步步逼近的城下之盟"。最后,管理层表示仍然愿意保留对话的可能,"希望宝能慎重考虑贸然改变万科文化和经营风格的风险,即使只从他们自身的利益出发"。

3日后,万科发布公告,认为目前的管理层是"是业内最好的团队",理由有四:一是能为股东创造最多价值(但团队不负责关注股价[②]);二是能为客户提供最好产品和服务的团队;三是最能体现社会责任、保护相关利益者;四是在行业转型时代最先找到未来方向。暗示支持万科管理层,就是"保持公司的文化、品牌、信用"——"这是公司最珍贵的财富"。

然而,王石在其言论表现引起舆论起伏的同时,积极寻找资金支持。据媒体披露,就在转载《万科被野蛮人入侵背后的真相,一场大规模的犯罪》的当日,王石从

---

① 《万宝之争暂缓　双方各憋大招》,载第一财经2015年12月24日,https://www.yicai.com/news/4730033.html。

② 郭亦非:《万科:"傲娇"的管理层不关注股价》,载腾讯棱镜网,https://baijiahao.baidu.com/s?id=1661472730270987756。

中粮集团[①]等处获得了200亿元数额的支持,而宁高宁当时就是中粮集团的董事长。次日,又从一家信托公司获得了100亿元的"炮弹",这样一来,再加上万科管理层的事业合伙人计划和其他支持,万科的资金储备已与宝能旗鼓相当,誓与一战。[②]

(八)监管部门持续关注,态度中立

在宝能连续增持的过程中,监管部门采取了一定的措施,在姿态上保持"强调风险管理、静观事态发展、不做价值判断"的中立。

2015年12月22日,深圳银监局对宝能的银行授信及用信状况(包括表内、表外、委托贷款、理财)等进行核查,要求辖区内所有与宝能有业务往来的银行向深圳银监局反馈业务品种、抵押质押情况、用信金额、风险敞口等情况。

2015年12月23日,保监会发布《保险公司资金运用信息披露准则第3号:举牌上市公司股票》的通知,规定除举牌的常规信息外,还应当披露资金来源、投资比例、管理方式等。运用保险资金的,则应列明相关账户的投资情况,包括投资余额、可运用资金余额、平均持有期及现金流情况,同时说明关联方和一致行动人。

2015年12月25日,证监会新闻发言人表示,在合法合规的前提下,证监会不会干预宝万之争,但一直高度关注宝能举牌万科一事,强调上市公司、收购人等信息披露义务人在上市公司收购中应当依法履行信息披露义务。

2015年12月29日上午,保监会主席和时任分管投资的副主席陈文辉在保险资产负债管理风险防范工作会议上都作了讲话。保监会主席指出,目前一些保险公司存在"长险短卖""短线长配"的问题,陈文辉称"部分举牌上市公司股票的保险公司面临集中度和流动性风险"。

2016年年初,由证监会牵头,银监会、保监会以及审计署组成的多个小组对宝能资金进行调查,最终结论是:风险可控。

2016年3月,陈文辉接受媒体采访表示,总体来看,前海人寿举牌万科股票没有违反相关监管规定,举牌是市场行为,在依法合规的前提下,监管不宜"干预",但要引导。

此时的监管部门在并购问题上的连续表态,有利于宝能继续展开收购,而万科此时面对"偏袒对手"的处境无法像君万之争那样直接通过监管部门奠定胜局,于

---

① 指中粮集团有限公司。

② 《传王石所筹资金已超过300亿 已可与宝能系一战》,载搜狐财经,https://business.sohu.com/20151220/n431960559.shtml。

是只能寻求别的方法。

二、万科引入“外援”，结果“祸起萧墙”（2015 年 12 月～2016 年 6 月）

（一）万科继续停牌阻击宝能增持，王石激化矛盾引发舆论鞭挞

2015 年 12 月 29 日，万科发布停牌进展公告称，已于 25 日就有关可能交易与一名潜在交易对手签署了意向书，万科拟以发行股份（A 股或 H 股）及现金支付的方式，收购潜在卖方持有的目标资产。

2016 年 1 月 6 日，万科复盘 H 股（万科 H 股占万科比例共计为 11.91%），以“公司筹划的资产重组仍存在不确定性，为避免股价异常波动”为由继续停牌 A 股。

虽然删除了微博，但王石对于民营企业控股的“怨念”并未消失。在 2016 年 2 月的天山峰会上，王石称“民营企业要想成为万科的第一大股东，我就告诉你，我不欢迎你”，并进一步表示“如果万科是一家举足轻重的纯粹民营企业，那么万科可能就会有危险。所以，万科既要有民营的活力，要有外资的规范、成熟，也要有中国国情、社会主义体制国有企业的成分。”①

这部分言论随后被部分媒体解读成了“我国是社会主义国家，纯粹的民营企业如果达到举足轻重的地位，会有危险”。继而引发了社会上更为广泛的争议和批评，有学者一针见血地指出：如果未来在中国做举足轻重的民营企业都是“危险的”，这并不是一种理想的发展环境。在一个正常的市场，不论是哪种类型的企业，只要它合法合规经营，不应该因为有“举足轻重”的影响力而变得有危险，也不应该为了寻求“政治保险”而不得不引入国有企业作为大股东——这实际上是另外一种戴“红帽子”的做法。②

当然，学者可以在象牙塔里思考乌托邦，也可以希冀理想的未来，企业家则只能面对一座无法完美的城邦，不得不面对现实的当下。与中兴、华为、华侨城、平安保险、招商银行类似，万科也是以“国营外包，民营挂靠”的形式成立，建立初期深圳市政府并未出资，但提供了国营牌照和优惠政策，同时部分业务的发展渠道也是国家资源帮助搭建——比如深圳当时特有的“带资开发”。③ 而万科在产权改革时也

---

① 《王石再发声：不欢迎民营企业成为万科最大股东》，载环球网 2016 年 2 月 1 日，https://finance.huanqiu.com/article/9CaKrnJTAvM。

② 贺军：《安邦咨询：中国最终需要大量举足轻重的民营企业》，载和讯网，http://opinion.hexun.com/2016-02-13/182215103.html。

③ 深圳在 20 世纪 90 年代颁布过带资开发的政策，企业出资负责土地平整和市政基础设施，政府不支付工程款，而是用两种方式抵偿：一种是出让某个地块的土地使用权；另一种是允许企业在一定年限内经营使用市政基础设施（类似于现在的政府与社会资本合作）。

因为深圳特区的开放性政策而相对顺利地解决，避免了健力宝等企业的尴尬。

概言之，如同一个人的三观和理念与其成长环境息息相关一样，万科创设和初期发展所处的时代，“真正的主旋律都是百分之百戴着红帽子的公司，这就是中国改革的特点，特区也一样，北方也一样，只要有响当当字号的都是这样[①]”，这也导致了那个时代成长起来的企业，依然往往对政商关系无比看重。

所以，在王石看来，相比于“钱袋子”，“红帽子”不但决定了公司的安全性，也决定了公司的成长性——“我们挂靠在那儿，虽然没有享受他们的特权，但是有没有红帽子还是不一样的：第一，没有红帽子你的发展就没那么快；第二，没有红帽子你发展大了之后就更麻烦。这是我的两个结论。”[②]

（二）管理层再引外援，确保万无一失

“王石是狡猾的。数十年的摸爬滚打、恩怨交织，早已让他参成了野狐禅，锻就了地产江湖上的一把老妖刀。”[③]毕竟说到底，同为久经商战的企业家，都把“兵不厌诈”镌刻在自己的基因里——“己审先定以牧入，策而无形容，莫见其门，是谓天神。”[④]

2016 年 3 月 12 日，网络流传一张万科与深圳地铁签订战略合作备忘录的现场照片。随后，万科于 14 日发布《关于与深圳市地铁集团有限公司签署合作备忘录的公告》，称根据备忘录，万科将以发行新股的方式，购买深圳地铁下属公司的全部或部分股权，而深圳地铁将注入部分优质地铁上盖物业项目的资产到该收购标的中。

关于为何选择深圳地铁，王石解释“深圳地铁以‘经营地铁，创造城市发展空间’为企业使命，万科以‘城市配套服务商’为发展定位，在推动城市建设方面，我们有着共同的追求”。而时任万科总裁的郁亮则称“这个主角合适，又有档期”。

万科的独立董事华生则表达得更直接，“万科、深圳地铁以及宝能都正好在深圳市的地盘上，光是与深圳地铁联姻，如果不与华润对立，就足以震慑宝能三思而行。”

不过，万科原定于 3 月 14 日举行“深圳地铁集团与万科集团战略合作媒体见面

---

① 皮海舟：《王石不宜把“宝”压在中小投资者的身上》，载新浪财经，https://www.sohu.com/a/50010060_102177。

② 《王石：地产带头大哥的孤独登顶》，载 21 世纪经济报道，http://finance.sina.com.cn/roll/20081230/03025699598.shtml。

③ 同上。

④ 《鬼谷子·反应篇》。

会”在召开前夜被临时取消。万科解释称“因时间仓促，双方还未做好充分准备”。

原本在停牌之时，事业合伙人计划、刘元生、安邦、华润四方的合计持股比例达到了31.3%，远超宝能的24.264%，表面上看应该是高枕无忧了。但是，“小心驶得万年船”，精明的王石想必已经从华润和安邦均不愿进一步增持的态度中嗅出了一丝不妙。加上300亿的支持不一定完全落地，如果开盘后与宝能展开“增持大战”将会存在更多的不确定性。而应对不确定性最好的办法并不是分析（那样反而风险最大），而是考虑出现了最坏的情况下如何还能够应对，即把不利的因素考虑多一些，甚至把严重性考虑得更严重一些。

“百战百胜，非善之善也；不战而屈人之兵，善之善者也。故上兵伐谋，其次伐交，其次伐兵，其下攻城。攻城之法，为不得已。”①公司控制权之争决不可一开始就走向大决战（攻城），把战场放到股东大会，把赌注全都压到“扫街”和“拜票”上，毫无回旋余地和灵活性，把自己直接推向“背水一战”的境地，新黄浦（600638.SH）控制权之争就是一例：第一大股东自认为胜券在握，结果二股东和三股东联手瓜分了绝大部分的高管席位；②也不应该死盯着资本市场（伐兵），迷恋杠杆收购、要约收购、停牌等技战术上。而应该把主要精力放在策略布局（伐谋）和合纵连横（伐交）上。

好战必亡，忘战必危。这一点在司法领域也不例外，真正专业的好律师，都会尽量帮助当事人避免对簿公堂，尽量在判决落地前解决争议。因为“法律的关键在于控制，对于陪审团、法官、证人，和另一个有自傲情节的律师，你能控制的并不多”③——如果真的开庭了，当事人还需要分出精力控制自己。

高手过招，棋逢对手。宝万之争尽管闹得“人人皆知”，但从开场到落幕，主要参与方都没有以自己的名义诉诸司法途径，各方均想完全掌控战局的主动性，避免自己和对方将争议交给第三方定夺。

万科在君万之争中通过破坏“君安联盟”而帮助自己获得胜利，所以这一次，万科也要防止因为自己的联盟被破坏而陷入被动。因此，万科决定拉入新的伙伴。

（三）引入深圳地铁，激怒大股东华润

2016年3月17日，万科在深圳大梅沙总部召开2016年第一次临时股东大会。

---

① 《孙子兵法·谋攻篇》。

② 《2018年第一次临时股东大会决议公告》，载巨潮资讯网2018年12月15日，公告编号：2018－044。

③ 美国律政剧《Suits》第一季第七集。

通过了“关于申请万科A股股票继续停牌的议案”，宝能、华润、安邦均投了赞成票。这表明宝能并不在意万科的“拖延战术”。而根据投票结果，万科A股将继续停牌至6月18日。

但在股东大会结束后，华润的股东代表在接受《第一财经日报》采访时，对万科引入深圳地铁的资产重组议案提出了异议，表示该议案并未经过3月11日召开的董事会的讨论及决议。甚至称：“华润派驻万科的董事已经向有关监管部门反映了相关意见，要求万科经营依法合规。”

2016年3月19日，华润董事长傅育宁在2016中国发展高层论坛上表示：“华润支持万科发展，同时也高度关注良好的公司治理制度……11日开会的时候谈了21个题目，只字未提这个事，第二天，就披露了又是股权对价、又是交易资产规模、又是支付方式，这合适吗？”

针对上述表态，万科表示：此次与深圳地铁的合作仅为初步意向，根据《公司法》和万科《公司章程》的规定，签署不具法律约束力的备忘录，在程序上不是必须要经过董事会、股东大会审议的事项。若未来交易如需进行，还需要经过公司董事会和股东大会的审议。并且，此次重组事宜在春节前、万科管理层拜会华润董事时，就已经提到了公司有意和深圳市地铁集团进行战略合作，也提到了存在向地铁集团增发股票的可能性。

之后，外界持续流传着关于王石与傅育宁不融洽的传言。比如有传言称，在华润表达异议后，王石曾数次求见傅育宁，后者以“工作太忙抽不出时间”等理由而婉拒，而傅育宁并不拒绝与郁亮沟通。2018年，傅育宁接受《中国企业家》采访时表示，两人的价值观不同。

傅育宁是2014年年初“空降”华润出任董事长，接任被中纪委调查的宋林。傅育宁的时代因受到宋林时代过度资本运作的影响，一切求“稳”，H股上市公司数量从5家变成6家，但A股上市公司数量则从6家变成了3家。

而在宋林之前，华润的董事长是与王石私交甚好的宁高宁，二人互相为对方的著书作序。宁高宁则在2004年不再担任华润董事长后，历经中国粮油①、中国食品②和中纪委任职后，于2016年调任中化集团③董事长、党组书记。

大量的媒体和文章都认为，华润对万科是一种“积极不干预”的思路，只是到了傅育宁时代才发生了改变。这样的观点忽略了十几年前“北华远、南万科”风波，远

---

① 指中国粮油控股有限公司。

② 指中国食品有限公司。

③ 指中国中化集团控股有限公司。

离了真相,也让很多人误以为华润在很长的一段时间内只是想长期地、安静地做一个“财务投资者”。的确,早在华润入驻万科之前,双方就有过多次业务深度合作:在20世纪90年代万科去多元化时期,华润受让了万科的瓶装水业务和超市业务,深耕多年后成为家喻户晓的“怡宝”和“华润万家”。王石在1998年兼任华润置地的独立董事,华润的董事总经理黄铁鹰则在1999年兼任万科独立董事。华润入驻后,其委派的董事自2001年以来从未在万科董事会上投出过反对票。

但是,“老相识”不代表“无矛盾”。恰恰相反,华润原本就是抱着“地产航空母舰”的梦想而入驻万科,虽多次“搁浅”,但从未放弃。

(四)华润的“地产航空母舰”

华润自宁高宁掌舵后就有一个“Top3”的理念——“所涉足行业,华润必须能进入前三名”。而在房地产行业,宁高宁更是希望华润就是No.1,在华润2000年入驻万科成为第一大股东的时候就公开表示:“华润的期望是通过万科与华远的整合,再加上华润系旗下大量二三线城市地产项目,整合出一个中国地产界的王者以成就华润地产的市场领导地位”。①

为此,华润先后尝试过现金认购(定向增发)和以收购华远地产②的44.2%的股份认购(万科发行股份购买资产)的方式来取得对万科的绝对控股权,但两个方案最后都无疾而终了。

宋林接任宁高宁担任华润集团董事长后,继续着“地产航空母舰”的构想。不仅亲自兼任华润的地产业务子公司(华润置地)的董事长,还担任了万科的副董事长。还在不同场合表达了自己未能整合万科的遗憾。③

据网络流传的郁亮在万科2014年春季例会上的内部讲话稿。郁亮于2007年向时任华润董事长的宋林汇报工作,本以为当年的业绩能够受到称赞或认可。结果宋林沉默了一分钟后问了一句话:“郁亮,你告诉我,股东在哪里?在万科整个发展战略里面,股东在哪里?”后来,不知有意还是无意,万科将ROE(净资产收益率)作为了KPI(关键绩效指标),但从华润“地产航空母舰”的战略意向来看,这只是对华润的疑问做出部分回应。

---

① 张琳:《宁高宁:华润为何要做地产老大》,载《北京青年报》2000年9月14日,第A09版。

② 2001年7月,华远地产的创始人卖尽所持华源股份,从华润手中买回了“华远地产”品牌,成立了新的“华远地产”,原来的“华远地产”则被华润更名为“华润置地”。

③ 柴郎:《宋林的华润往事:悲剧在于他“坐了不该坐的位置”》,载搜狐网2017年6月4日,https://www.sohu.com/a/145940475_506393。

华润这十几年频频“折戟”的原因可能很复杂，但“内部人”的强势无疑是其中之一。有媒体曾问王石，第一大股东是否对万科有很强的影响力。王石表示：

“股权问题不是主要问题……万科设计的股权结构是一种内部人治理……第一大股东（哪怕是现在的华润）真的要再增资、再控股万科也不是做不到。但是万科的品牌、团队比较强势，比较严谨，经营业绩也好。上市公司不是大股东说了算，而是更多地靠优秀的管理层……一个企业成功之后，很关键的是要建立现代企业制度以及培养现代经营团队，这个是比控股更重要的……当然这种设计会让第一大股东有点难受，但我们在改革中不能强悍地维护一些不符合市场规律的东西”。①

华生在《上海证券报》刊登的《我为什么不支持大股东意见》的三部曲对此进行了深入的分析。

在华生看来，华润不仅仅是想保住自己的第一大股东地位，而是想利用宝能的入侵的这股“东风”来控股和控制万科，从而“使万科名副其实地变为华润旗下的下属央企控股企业，改变十几年来一直未能实现‘万科与华远合并’战略目标的‘顽疾’继而，服从华润的一元化领导，拨乱反正，从根本上结束过去华润身为第一大股东而又说了不算的局面”。

在宝能入侵之前，华润各种原因导致难以与万科管理层博弈，无法实现“地产航空母舰”的构想，出现了“身为第一大股东而又说了不算”的窘境。要实现华润说话算数的目的，将万科和华润从华远收购而来的地产业务深度整合，就得改变现行万科治理架构，赶走长期实际控制的公司管理层，甚至要改革万科的事业合伙人制度。而为了实现这一点，就只能借着现在这个机会，与其他大股东“合作”，在股东大会上重组董事会构成，继而变革万科现有的公司治理结构。

宝能无疑是一个很好的“合作对象”。首先，改组目标公司管理层是宝能一贯的行事风格；其次，王石与姚振华的交恶也让宝能有强烈意愿改组管理层。而相比之下，深圳地铁和安邦对于改组管理层的意愿和动力不足。

（五）宝能“观山虎斗”，华润坚持“重回第一大股东”的诉求

在万科与华润关系发生微妙变化时，宝能按兵不动，只是在4月初将钜盛华直接持有和通过资产管理计划控制的全部的万科股份对应的表决权委托给前海人寿。而实际控制人依然还是姚振华，持股比例依然是24.29%。

---

① 《王石：地产带头大哥的孤独登顶》，载21世纪经济报道，http://finance.sina.com.cn/roll/20081230/03025699598.shtml。

根据曹山石(曹磊)在微信公众号“山石观市”透露,[①]在6月18日停牌截止日之前,万科管理层、华润、深圳地铁和深圳国资委就重组方案进行了多次协商沟通,均未能达成一致意见。其中:

2016年4月9日,华润约谈深圳地铁,表示要重回第一大股东的位置。深圳地铁表示自己在未收到万科要求其退出的意见之前不能单方公告退出,让董事会、股东大会投票决定。

2016年6月2日,深圳国资委组织华润、深圳地铁召开协调会。华润再次表示要保留第一大股东地位。此次重组方案后深圳地铁持股比例不能超过10%,且需将投票权委托给华润,以便华润获得25%的投票权。否则,华润将投反对票。

2016年6月12日,万科与深圳地铁签署深化战略合作备忘录,华润派代表列席。

2016年6月13日,深圳市主要领导与傅育宁会谈,希望华润支持此次重组,傅育宁则坚持深圳地铁持股比例不能超过10%。但可以通过“签订协议将深圳地铁获得的20%股权以市场价格转让给华润”的方式。

2016年6月15日,华润、深圳地铁和万科会谈,华润建议深圳地铁以资产认购10%股份,华润以现金认购余下10%股份。深圳地铁则表示需保持万科核心团队稳定。

2016年6月16日,深圳国资委、深圳地铁和万科向深圳市领导汇报,深圳国资委表示支持华润为万科第一大股东。

在上述三方博弈中,华润坚持“第一大股东”的诉求。深圳地铁考虑到华润目前拥有3个董事会席位和15.29%的表决权,在深圳国资委和深圳市领导的协调下有所妥协。深圳方面的有关领导还明确表示,将在事件平息后协助华润恢复万科第一大股东地位。还就此给华润写了一封书面承诺信,以打消华润主要领导对未来不确定因素的疑虑。

不过,华润最终还是未同意重组预案。6月16日,华润召开党组会议,要求华润派驻万科的3名董事在董事会上投反对票。此时距离万科董事会已不到24小时。[②]

---

① 曹山石:《华润到底是怎么丢掉万科的?》,载新浪财经,http://finance.sina.com.cn/stock/s/2017-06-27/doc-ifyhmtek7857343.shtml。

② 《华润党组会最后一刻才决定对深铁重组方案投反对票》,载新浪财经2016年7月10日,https://finance.sina.com.cn/stock/s/2016-07-10/doc-ifxtwihp9923001.shtml。

（六）冲突激化，万科管理层与华润在董事会展开“算术题”之争

2016 年 6 月 17 日中午，即召开万科董事会前，华润提出新方案：万科以现金形式购买原重组方案的资产，完成之后，再择机向华润与深圳地铁各自增发 10% 的股票，现金认缴。

不过，这个新方案并未上会。2016 年 6 月 17 日下午，万科在第十七届董事会第十一次会议中公布“关于公司符合发行股份购买资产的议案”，与华润的预期相去甚远。该议案内容为：以发行股份的方式购买深圳地铁持有的前海国际[①] 100% 股权，交易价格为 456.13 亿元，对价发行价格为 15.88 元，即向深圳地铁发行 28.72 亿股。前海国际的主要资产为深圳的 3 块土地，所以该方案等于是万科用 20.65% 的股权换来深圳地铁的 3 块土地。

万科表示，该方案不仅可直接获得深圳核心地段的优质地铁上盖项目，通过引入深圳地铁作为战略股东，万科还将深度介入“轨道 + 物业”的创新模式，极大拓展未来获取土地储备的渠道，加快向“城市配套服务商”转型，实现长期盈利能力的提升，让全体股东都能分享地铁经济红利。

不过，若此重组方案实施，深圳地铁将取代宝能成为万科第一大股东，持股比例 20.65%；宝能持股比例从 24.26% 降至 19.27%；华润的持股比例则从 15.24% 降至 12.1%。不但使得华润的股东权益大幅下降，而且也会威胁到华润手中的 3 个董事席位。

万科第十七届董事会为 11 人，其中管理层代表 4 位（王石、郁亮、孙建一、王文金），华润代表 3 位（乔世波、魏斌、陈鹰），独立董事 4 位（张利平、华生、罗君美、海闻）。根据万科当时有效的 2014 年《公司章程》第一百三十七条之规定，重大资产重组需经董事会 2/3 以上的董事表决同意。也就是在 11 人表决的情况下，至少要 8 名董事同意才能通过。

在会上，华润董事提出反对意见：一是本次万科增发股票定价为 15.88 元，比资本市场目前平均对万科每股净资产约 21 元的估值测算低约 24%，增发后现有股东的权益被摊薄约 5%。二是注入的净资产在未来两至三年不能贡献盈利，从而导致万科的每股盈利均被摊薄约 20%，影响股东回报。三是万科当前净有息负债率仅为 25.5%，有较大债权融资空间，无须发行大量股票摊薄现有股东权益。四是本次万科发行新股购买的资产是地产项目的股权，而不是地铁整体业务的权益，不能自

---

① 指深圳地铁前海国际发展有限公司。

动锁定未来万科与深圳地铁在其他项目的开发合作，未能形成对万科的持续性支持。五是按照此次注入的项目最终实际土地楼面价格与同区招拍挂形式取得地块的地价相比没有优势。

此时，董事会会议发生了戏剧性的一幕：华润当年推荐的独立董事张利平称其任职的美国黑石集团①正在与万科洽谈一个大型商业物业项目，带来了潜在的关联与利益冲突，因此申请不对所有相关议案行使表决权，相关议案由余下10名董事进行表决。最后的表决结果是华润的3位董事表示反对，但7位董事赞成，1位董事回避表决。

对于该表决结果算不算是通过了表决，万科管理层和华润进行了激烈的争论。当晚，万科公告称，董事会通过此次预案，复牌日也相应延后。然而，该公告和随附的法律意见书中均只是说了张利平属于第一百五十二条所述之关联关系，不得行使表决权，但并没有明确是否计入表决权总数，即张利平是否被算作"分母"；也没有明确该决议的通过依据，即到底适用的是第一百五十二条（无关联关系+过半数通过），还是第一百三十七条（全体2/3以上通过）。

华润则于次日在官方微信公众号发表声明，②除了列举上述五条反对意见以外，还质疑张利平的独立董事身份，并向相关监管部门投诉，要求其确认该预案的通过无效。之后，华润接受《棱镜》采访时也表示，"一是以为议案被否决基本没悬念，并未想到会有什么争议，会出现这种局面；二是更没想到，吵得这么厉害他（万科）还敢发这个公告，他（万科）强行发布公告，这个是我没有预料到的"。

愤怒的除了华润，还有万科的部分中小股东，617董事会后不久，股东张某和袁某便以张利平已丧失独立董事独立性为由，分别向深圳盐田法院提起诉讼，请求法院撤销③617董事会会议决议④，7月5日，张某和袁某收到法院确认受理的《立案通知书》。⑤

---

① 张力平时任美国黑石集团大中华区主席。

② 《华润对外科发行股份购买资产预案投反对票　质疑决议已获通过的合法性》，载微信公众号"华润"2016年6月18日。

③ 《公司法》(2013年修正)第二十二条第二款，董事会的会议召集程序、表决方式违反法律、行政法规或者公司章程，或者决议内容违反公司章程的，股东可以自决议作出之日起六十日内，请求人民法院撤销。

④ 法院随后以"审查董事会决议效力时需要遵循适度谦抑性的原则""决议事项已被终止，无实际的诉争意义"等理由驳回，二审法院维持原判。载中国裁判文书网，案号：(2017)粤03民终8665号，8666号。

⑤ 黄向东：《万科股权战"劫外生枝"：小股东起诉"6·17董事会"法院已受理》，载第一财经2016年7月6日，https://www.yicai.com/news/5038896.html。

（七）宝能停止蛰伏支持华润，万科独立董事“不偏不倚”

2016年6月23日深夜，宝能发表声明，明确反对万科这次的发行股份购买资产预案，并表示“后续在股东大会表决上将据此行使股东权利”。除此之外，宝能还在声明中表示，“万科董事会未能均衡代表股东利益，独立董事丧失独立性，未能诚信履职；万科监事会对董事会出现的种种问题未能尽到监督及纠正的职责；万科已实质成为内部人控制的企业，违背公司治理的基本要求，不利于公司长期发展和维护股东权益”。

华润旋即也发表声明，[①]除了重申之前反对重组预案的立场，表示已发函先向两地监管机构反映相关问题之外。华润还表示，支持万科与深圳地铁在业务层面的合作，反对万科管理层提出的拟发行股份购买资产的重组预案；支持万科持续健康的发展，高度关注万科存在的内部人控制等公司治理问题。

在上述宝能和华润发表声明后，万科和万科管理层并未回应，而万科独立董事华生在《上海证券报》连载《我为什么不支持大股东意见》（见图4－2）三篇文章，引爆了公众对此次决议的关注。

在文中，华生主要表达了对独立董事、万科和万科的股东这三个方面的看法：

在独立董事方面，华生解释：独立董事应以中小投资者利益为己任。此次重组方案对中小投资者是有利的，但如果该方案被否定，华润也没有提出更有吸引力的代替方案，那么万科股价将会在复盘后大跌，对中小投资者造成损害。另外，独立董事“别无选择”，要么支持，要么反对，弃权则会让赞成票不够，实际上等于反对。

在万科方面，华生批评了万科董事会对宝能增持未进行过任何的正式讨论，并且关于此次会议的公告“少得可怜”，大量对公众股东和市场投资者至关重要的消息均未公布；认为万科管理层“大模大样惯了”，“既没有国企的规矩，也没有私企的殷勤”；批评王石“出言轻率，树了许多不该树的敌，加重了万科的困境”。

在股东方面，除了批评华润为了保证自己大股东的位置而忽略了交易重组方案对万科和中小投资者的利益，以及方案否决后给万科和中小投资者带来的负面影响之外。华生还提出“当场无任何董事、监事提出异议”“事后质疑决议结果的有效性就有点近乎小儿科了”，同时质疑华润与宝能“能有这么多接触”“涉嫌形成关联和一致行动人关系”。

---

① 《华润重申反对万科重组预案　关注万科公司治理》，载微信公众号“华润”2016年6月23日。

Shanghai Securities News

上海證券報

本报即时互动网站·中国证券网 www.cnstock.com

我为什么不支持大股东意见

——作为独立董事就万科董事会投票立场的说明（上）

□华生

□ 在万科股票复牌之前，尽可能全面公开地披露关系到现有股东和潜在投资者切身利益的真实信息，是证券市场公平公正原则的要求，也是广大投资者的要求和权利。

□ 我当万科独董，有一个条件，就是不拿任何薪酬和津贴。这倒不是因为我高尚或钱多，而是因为我是做经济包括资本市场研究的，我不想因为当这个独立董事而影响我发表观点的公正性。

□ 在宝能举牌以后，万科董事会一直没有就宝能举牌举行过任何正式会议进行讨论，我认为是不应该的。无论是管理层还是华润作为大股东，都应该要提出召开董事会。

□ 独立董事别无选择，要么赞成，站在管理层一边，要么反对，站在大股东华润一方，甚至连弃权都不行。因为任何一张弃权票都会使赞成票不够数，从而实际上等于反对。

□ 进退两难又大限将至，我还真没遇到这么尴尬的局面，心里真恨不得骂人了。

图 4-2 《上海证券报》截图

就财务角度而言，华生的“此次重组方案对中小投资者是有利的”不符合万科实际的财务状况和财务常识。根据万科 2011 年至 2015 年的年度财务报告，万科有息负债的平均成本为 8.57%，权益成本率的平均值则为 17.541%，加权平均成本的平均值则为 12.89%，在 12.62% ~13.37% 浮动。

这表明，万科直接用现金（银行借贷）的方式购买深圳地铁的两块土地从经济上其实更划算，而不是发行股份购买资产的方式。换言之，华润最后建议的“万科先以现金形式购买原重组方案的资产，完成之后，再择机向华润与深圳地铁各自增发 10% 的股票，现金认缴”的方案要比万科管理层提出的发行股份购买资产的方式更有利于万科和全体中小股东的权益。

当然，财务角度仅仅只是财务角度，如果入股本身就是深圳地铁的核心诉求，那么用多少钱、用什么方式来购买将不存在可选项。

此外，华生还对《公司法》的决议撤销制度表达了不满，在他看来，“历史是不能倒转的”。就算张利平的回避真有问题，那也只是影响了今后别人对他的看法和评价，投票结果依然有效。“就如关系无数人重大利益的世界杯足球比赛，运动员犯规及裁判误判，只要没有当场纠正，事过即便有录像铁证如山，也不能改变已经发生的比赛结果。试想，如果事后谁都只要自己找个理由来就像推翻规则、改写历史，这个世界上还有秩序吗?”

（八）宝能“雷声大作”，华润突然淡出

2016 年 6 月 26 日晚间，宝能提请召开 2016 年第二次临时股东大会，审议罢免万科所有董事和监事的议案。理由除了之前提到的“滥用停牌制度”“内部人控制”“未关注股东整体利益”之外，宝能还提出两点理由：一是事业合伙人计划自万科董事会于 2014 年推出以来，一直存在信息披露不足的问题；二是王石于 2011 ~ 2014 年担任第十六届董事期间长期游学，脱离工作岗位，仍获得共计 5000 万元的薪酬，损害公司和广大投资者利益。该方案引来深交所的关注函，但宝能并未提名新董事和监事。

次日凌晨，万科管理层以“事业合伙人大会执行委员会”的名义向万科全体员工发布了名为“同心者同路——致万科合伙人”的内部邮件，表示“一支优秀的团队是资本争夺的资源，而不是排斥的对象。我们不是资本的奴隶，过去不是，未来也不是”……“在资本和知识的对话中，我们不必抵触，也无须怯懦。资本可以雇佣劳动，知识也可以购买资本。资本和知识的关系，是双向的相互选择，是合作和共赢，而不是单方面的控制或支配，不是依附与被依附的关系”……“人才和知识才是它们制胜的根本，理想和情怀才是它们动力的源泉。如果我们真的能做到这一点，那么万科最珍贵的财富始终在我们手中，无人能够夺走。”①

邮件接着提到了目前万科因为这些风波而产生的负面影响：部分待签约项目出现解约或终止签约情况；部分已售未结项目面临退定和交付风险；客户由于焦虑而质询的情况日益增加；银行和评级机构在重新评估公司的信用风险；部分项目合作方对经营前景深表忧虑甚至调整商务条款；猎头闻风而动，频繁联系公司员工，人才流失风险上升（万科薪资体系是底薪为辅，浮动薪水为主，在前景未明情形下，

---

① 《“谁的万科”决战硝烟滚滚　宝能系提请罢免全部董监事》，载中证网 2016 年 6 月 27 日，http://www.cs.com.cn/ssgs/gsxw/201606/t20160627_4998726.html。

这一薪资制度增加了内部员工离场的恐慌和外部人员进场的顾虑)。

这些负面影响也得到了数据的支持,根据万科发布销售简报,虽然2016年7月份实现销售面积207.7万平方米,同比增长14.44%;销售金额274.4亿元,同比增长15.05%。不过,对比6月、7月的销售面积和金额分别环比下降约36%和35%。①

而王石也在自己的朋友圈发声,表达了自己的失望和倔强:"当你曾经依靠、信任的央企华润毫无遮掩地公开和你阻击的恶意收购者联手,彻底否定万科管理层时,遮羞布全撕去了。""人生是一个大舞台,出场了,就有谢幕的一天。但还不到时候,着啥子鸡(急)嘛。"

2016年6月27日下午,万科如期召开2015年年度股东大会,而这也是万科停牌后的第一次股东大会。王石则因为宝能提出的罢免案而成为焦点,股东提问气氛热烈,一度出现小股东因争取提问机会发生争吵的情况。其中关于薪酬问题,王石并未过多解释,监事会主席则从薪酬流程和合格董事长定义的角度维护了王石。而关于去留问题。王石表示"我们一直在妥协""我的去留已经不是很重要,重要是这个文化能延续下去"。王石这时也不再称姚振华为"姚老板",而是改称为"姚振华先生"。

不过,王石的放低姿态未能获得宝能和华润的"同情"。在随后的表决中,2015年年度董事会报告和监事会报告被华润和宝能投了反对票而未能通过。"王石谢幕"的舆论反而因为此次股东大会而更加激烈。

就在华润和宝能在上述股东大会上"联合"投了反对票,大众普遍以为双方"正式联手"时,事情却发生了反转:2016年6月30日,华润通过其官方微信公众号发布声明,②表示对宝能的全体罢免案"有异议","会从有利于公司发展的角度,考虑未来董事会、监事会的改组"。随后在2016年7月1日,万科召开董事会,全票通过了"关于不同意深圳市钜盛华股份有限公司及前海人寿保险股份有限公司提请召开2016年第二次临时股东大会的议案",也就是说华润派出的3名董事均投了赞成票。

(九)战争白热化,引发高层关注

就在万科爆发董事会内战时,监管部门依然保持中立姿态,但相比以前发生了

---

① 《万科7月份销售额同比增长15%环比下滑超三成》,载中证网,http://www.cs.com.cn/ssgs/gsxw/201608/t20160803_5027099.html。

② 《声明》,载微信公众号"华润"2016年7月1日。

一些变化：

2016 年 6 月 27 日，保监会副主席表示："类似的现象是十分正常的资本运作方式，在西方类似的情况较为普遍。还是希望保险机构做好信息披露，包括资金来自哪里、举牌目的是什么等，要主动接受监管，做好沟通""对类似的险资举牌现象，市场会做出全面、公正、公平的评价，股民和公众也会做出判断"。

深交所针对重组预案的通过事宜向万科发出问询函，万科回复称张利平表决合法合规，董事会决议合法有效，还详细阐述了预案的合理性。深交所还就宝能和华润这是否为一致行动人关系向双方发函，要求自查，6 月 29 日，华润回复称与宝能没有一致行动人关系，宝能也回复称与华润没有一致行动人关系。

而关于华润态度发生变化的原因，就在周延礼表达中立意见的当天，国资委主任肖亚庆在夏季达沃斯会议上对媒体表态："只要有利于深圳的发展，有利于企业的发展，国资委就支持。"此后又强调"央企不与地方争利"，要求华润配合深圳市政府妥善解决问题。

香港《南华早报》则报道称，万科控制权争夺战已经引起高层关注，国资委对华润在万科控制权争夺战的行为有很大程度的保留意见。华润被要求不得与宝能一致行动，华润不得再就万科控制权争夺战随意表态，任何行动要预先征得国资委的同意。

6 月 30 日，时任重庆市市长在重庆市政协的经济报告会上表示：（监管机构）第一要查（宝能收购万科股权的）资金规不规范；第二要查管理团队跟董事会之间的约定、信托、责任合理不合理；第三股东之间事前可以酝酿，任何股东之间的协议都要公告、不能密谋，这是现代企业制度上市公司的原则。

三、万科祭出"连环计"，宝能"引火烧身"（2016 年 6～12 月）

（一）万科的连环计：团结＋舆论＋诉讼＋双重举报

2016 年 6 月 30 日，也就是万科发出"同心者同路——致万科合伙人"的内部邮件后的第 3 天，万科部分员工带着"保卫万科请愿书"前往深圳市政府请愿，希望市委市政府出面查出宝能和华润的"非法"行为，"帮助深圳优秀企业抵御恶意资本的入侵"，该请愿书的落款为"保卫万科职工大联盟"，监事会主席解冻随后到现场。万科对此回应称："知道并理解员工这一行为，公司会竭尽全力维持运营正常秩序。"

2016 年 7 月 4 日，万科 A 股终于复盘，而在当天也出现了两件事：

一是持万科股票 0.61% 的万科工会委员会向深圳罗湖法院起诉宝能损害股东

利益，认为宝能在增持中存在问题，要求法院确认宝能的增持行为无效，在其未改正违法行为之前不得对其持有的股票行使表决权、提案权、提名权、提议召开股东大会的权利以及其他股东权利，判令第三人万科就宝能持有的万科股票不予计入股东大会议案的有效表决权，对宝能持有的万科股票形式的股东权利不予接受。

宝能随后对该案提出管辖权异议，认为“涉案金额巨大、案情复杂、社会影响大，应该移送至广东高院”，深圳罗湖法院裁定驳回后上诉，二审法院深圳中院于2016年9月20日维持原裁定。

二是万科最大的自然人股东、持股超过28年的刘元生，在7月4日向证监会、银监会、保监会、国资委、深交所、港交所、深圳证监局发出举报信。该举报信综合采纳了王石的内部讲话和华生的三篇文章中的观点，一是认为华润和宝能在多个项目上又深入合作或重大利益关联，属于一致行动人关系，存在利益输送的行为，涉嫌内幕交易和市场操纵；二是认为宝能用于收购的资金来源不合规，故意规避监管政策。①

刘元生的举报信引起了华润的强烈不满。当晚，华润对举报信做出回应，称对举报信中提及的相关内容已向上级主管部门及监管机构做过汇报和沟通，有关信息已向公众披露。华润将对刘元生采取法律行动，追究法律责任，以维护其被举报信中的揣测、臆断及造谣中伤所造成的名誉侵害。② 7月14日，华润委托天达共和律师事务所向刊登上述举报信的微信公众号“地产壹线”发出律师函，“敦促”举报信的作者和刊登者立即删除举报信及相关文章，并公开道歉。③

面对华润的回应和“敦促”，刘元生在两周后以通过金诚同达律师事务所发表声明的方式“底气十足”地予以反击，称举报信中所述各项质疑均有公开或可信的信息来源予以佐证，部分内容也已为华润自己所承认，因此没有任何虚构和臆造。此外，刘元生还表示“作为被质疑和投诉的对象，华润有义务向监管部门和公众如实正面回复，而不是恐吓举报信的作者和发布媒体”“强烈证券监管部门及时介入，调查与此有关的双方内部汇报文件、决策文件、协议、会议记录、党组决定、录音、资金流水等资料”“强烈呼吁国家主管或监管部门尽早对华润和宝能在万科股权之争

---

① 《万科股东刘元生向证监会等7部委发举报信5点质疑华润宝能》，载新浪财经，http://finance.sina.com.cn/stock/s/2016-07-04/doc-ifxtsatm1329049.shtml。

② 《华润称刘元生举报信造谣将追究其法律责任》，载新浪财经，https://finance.sina.cn/stock/ssgs/2016-07-04/detail-ifxtsatn8082054.d.html。

③ 《华润发律师声明：万科股东刘元生等“举报信”内容不实》，载中国经济网，http://www.ce.cn/cysc/fdc/fc/201607/15/t20160715_13857217.shtml。

过程中是否存在其他违规甚至违法行为进行调查”。①

经过双方你来我往的“口水仗”之后，华润并未对刘元生和刊登媒体采取进一步的法律行动，刘元生也没有继续控告宝能、华润，监管部门也未对刘元生的举报作出任何回应。不过，刘元生的举报事由的确引起了华润的高度关注，促使其日后采取了“诉诸权威”的防守策略（见本文下节）。

在上述两件利空消息的影响下，万科 A 股的股价从停牌前的 21.82 元/股一路跌至最低约 15 元/股，跌幅超过 30%。而与此同时，媒体出现了大量关于宝能资产管理计划即将爆仓的消息。如果万科股价持续下跌，有可能击穿宝能资产管理计划的平仓线，届时万科股票的所有权将不再属于宝能。

可能是为了应对平仓的风险，宝能于 7 月 7 日和 7 月 15 日分别增持 0.71% 与 0.4%，持股比例增至 25.4%，以阻止股价继续下行。

2016 年 7 月 19 日，就在万科股价跌至 17.11 元/股左右时，万科再次释放利空消息，向证监会、证券投资基金业协会、深交所、深圳证监局发出《关于提请查处钜盛华及其控制的相关资管计划违法违规行为的报告》，举报宝能增持万科股份所使用的 9 个资产管理计划存在“违法违规行为”，恳请监管机构启动核查。理由有四点：

一是资产管理计划违反上市公司信息披露的规定。包括未按照一致行动人格式要求披露完整信息、合同及补充协议未作为备查文件存放上市公司、披露的合同条款存在重大遗漏。

二是资产管理计划违反资产管理业务相关法规。包括合同属于通道业务、涉嫌非法利用资产管理计划从事证券交易、涉嫌非法从事股票融资业务。

三是资产管理计划让渡表决权没有法律依据。包括不符合上市公司收购人条件、相关各方均无充分法律依据行使表决权、不具备让渡投票权的合法性前提。

四是资产管理计划损害中小股东利益。包括宝能利用信息优势和资金优势影响股价、宝能利用资产管理计划拉高股价、宝能未提示举牌导致股票锁定风险，可能导致优先级委托人受损。

关于宝能的资产管理计划，胡立执掌的“财新”自 2015 年 6 月 30 日起就持续关注事态动向，并首先披露了宝能杠杆收购的资金来源。如 2015 年 12 月 23 日的《揭秘“宝能”举牌万科资金何来》，2016 年 4 月 29 日的《前海人寿 99% 保险收入来自银保》。

---

① 《刘元生回应华润：不要恐吓媒体，所有质疑均有公开佐证》，载澎湃网 2016 年 7 月 18 日，https://www.thepaper.cn/newsDetail_forward_1500374。

而在万科管理层公布举报信的前一天，“财新”刊文《收缰资管计划》，随后在2016年7月22日刊文《“宝万事件”再唤金融监管改革（舒立观察）》、2016年7月29日刊文《解密宝能资管计划》。

但是，也有媒体对宝能的资管计划进行了更为客观的澄清，认为“万科对宝能资管计划的平仓线、预警线、包含利息后的持股成本计算，皆选择了有利于自身的计算方式，而且其中不乏有失公允之处。几个计算叠加效应，有强化宝能在应对万科股价下跌时压力很大的效果。某种程度上，可能影响投资者对万科股价走势的判断”。①

有趣的是，万科发布举报信的次日，股价跌至16.79元/股后回升，最终报收17.08元/股，之后股价便停止了继续下行，一直在17元/股左右浮动。

2016年8月21日晚，“万科A”披露半年报，公布控制权之争带来的影响，内容与之前的内部信基本一致。

（二）华润“返场加演”，引发舆论热潮

本来淡出的华润，却在万科的一系列操作后，针对（1）与宝能是否构成一致行动人、（2）内部控制人的风险、（3）张利平在617董事会回避是否正确和其投票权是否计入该次会议的有效表决权总数，以及（4）华生披露董事会信息是否违规等问题，采用“诉诸权威”的策略进行了强势回应：

2016年7月3日，华润委托国内知名律师事务所会同北京大学企业与公司法研究中心，邀请中国政法大学的江平、赵旭东、管晓峰，清华大学的崔建远、施天涛，中国社会科学院的孙宪忠、陈甦，中国人民大学的叶林、刘俊海，北京大学的刘凯湘、蒋大兴、甘培忠，浙江大学的李有星等国内法学泰斗和商法、证券法、企业法、公司法领域的顶级学术权威召开了“万科股权争议论证会”，形成四点法律意见：②

第一，617董事会决议实际上并未有效形成，③按照现行法的规定股东可请求人

① 苏龙飞：《万科施出致命一击，如此大招竟有大漏洞？》，载搜狐网2016年7月27日，https://www.sohu.com/a/107889702_160818。

② 《6·17万科重组预案是否获通过？法学专家论证会形成了最权威的法律意见书》，载微信公众号“华润”2016年7月4日。

③ 最高院《关于适用〈中华人民共和国公司法〉若干问题的规定（四）》（法释〔2017〕16号）第五条：“股东会或者股东大会、董事会决议存在下列情形之一，当事人主张决议不成立的，人民法院应当予以支持：（一）公司未召开会议的，但依据公司法第三十七条第二款或者公司章程规定可以不召开股东会或者股东大会而直接作出决定，并由全体股东在决定文件上签名、盖章的除外；（二）会议未对决议事项进行表决的；（三）出席会议的人数或者股东所持表决权不符合公司法或者公司章程规定的；（四）会议的表决结果未达到公司法或者公司章程规定的通过比例的；（五）导致决议不成立的其他情形。”

民法院撤销该决议。

具体而言:表决权不可随意放弃和被剥夺,需经法定程序。“弃权”是一种“表决意见”,是意定的,当事人意思自治即可;“回避”则属“无表决权”之情形,缺少自治空间。需经法定主体依法定方式作出决定。否则若回避之决定未经法定程序,或者法定主体通过了不合条件的回避申请,均不产生回避的法律效果。

本案中,万科董事会并没有通过“动议→讨论→表决”的法定程序来确认张利平是否应当回避,“参会董事之沉默或者无异议,不能被简单推定为对违规程序的同意”,因此即使万科公告了张利平回避表决事项,该“回避决定”亦因无董事会决议之法定程序的过程而违规。

而且,张利平作为万科独立董事,虽其所任职的黑石集团正与万科洽谈商业项目,导致张利平在该项目当中的独立性丧失。但这并不影响张利平在对617董事会进行表决之独立地位,因此,张利平提出回避表决的理由不符合法律及《万科公司章程》的相关规定。

第二,就迄今为止公开披露的信息来看,暂无证据表明华润与宝能应被认定为一致行动人。

第三,股权分散且以创始人为管理核心的上市公司要避免产生内部人控制、忽视股东合理诉求与合法权益的现象发生,“在这类公司中,股东应适当积极地参与管理”。

第四,上市公司信息披露应遵守法律、章程及公司内部规定,董事(含独立董事)个体不宜擅自披露未公开信息,泄露公司秘密。

次日,华润将上述专家的法律意见书通过其公众号和各大媒体全文公布,结果引起轩然大波,舆论一面谴责华润,一面也将矛头指向了这些法学专家和学术权威。有部分人认为,公众之所以信任包括法学家在内的专家,正是因为专家代表了独立的专业意见。但若这些专家缺失了独立性,甚至成为某一方的代理人,其观点和意见的公正性必然会受影响。也有人对“北京大学企业与公司法研究中心”此次行为是否符合《社会团体登记管理条例》产生了疑问。①

面对公众的疑问,部分与会专家也给予了回应,江平对媒体表示:“专家论证不应该公开的,也跟我自己本身的发言不完全一样。”赵旭东也以“这是一次内部研讨会,不便对媒体公开”为由拒绝了采访。另一位与会不愿具名的专家则表示:“我们也没让他们公开,他们很不道德。”

---

① 赵卫东:《13位法学家的小迷失——万科专家意见书的侧漏》,载微信公众号“PO论”2016年7月8日。

论证会的组织者和主持者甘培忠明确肯定了与会专家的观点:“专家意见书的内容代表了13位学者的集体共识,性质是学术性的,学者们专注于专业的分析和表达,对事不对人,结论是教科书式的……”全体专家主要观点一致,不存在对立或者负面的观点。①

华润受托方的律师事务所则回应,“该专家意见书提交我们之后,我们即转交客户(华润),至此,本所受托工作已经完成。我们不知道召集者(北大企业与公司法研究中心)是否都说清楚了,我们理解(意见书)是要公开的,且也向中心说明是会公开的。”

华润如此兴师动众抛出的重磅炸弹,不惜舆论上的“千夫所指”,达到了三方面的作用:

一是集中火力。阻击深铁重组预案,否定617董事会的合法性,甚至暗示预案将不会得到监管部门的批准,②逼迫万科管理层主动放弃。

二是敲山震虎。与会专家中的江平曾任全国人大常委、全国人大法律委员会副主任并长期担任政法大学校长。其他13位法学家也都是各大国家机关特邀专家,甚至可能是政府官员的老师。华润意图借这些专家之名,不仅认定万科6.17董事会决议“并未有效形成”,还对“内部人控制”“擅自披露未公开信息”提出警告。不点名地分别批评了王石与华生。

三是避免嫌疑。用实际行动撇清与宝能的关系。论证会全文的公布“恰好”选在万科复牌的同一天,与刘元生的举报信叠加,在资本市场上得到了“用脚投票”的投资者的回应:7月4日,万科复盘即跌停至21.99元/股,复盘次日,十几分钟即在19.79元跌停,随后万科一跌再跌,至7月20日已跌至17.08元/股。复盘17日,跌幅近30%,而此时距离宝能资管计划的14.75元/股平仓线仅剩下有13.64%的承压空间。③

四是影响案件。万科股权争议论证会书面意见公布的次日,张某和袁某诉万科撤销617董事会的两个案子便被告知已获受理。而从法院公布裁判文书可以得知,张某撤销617董事会的理由有三点,分别是:(1)张某平是否具备独立董事的任

---

① 《13法学家卷入万科事件组织者称“对事不对人”》,载新闻极客,http://news.sina.com.cn/c/zg/2016-07-05/doc-ifxtsatn8164052.shtml。

② 《上市公司重大资产重组管理办法(2014年修订)》(证监会令第109号)第四十四条第二款:“上市公司发行股份购买资产应当遵守本办法关于重大资产重组的规定,编制发行股份购买资产预案、发行股份购买资产报告书,并向中国证监会提出申请。”

③ 《万科施出致命一击,如此大招竟有大漏洞?》,载搜狐网2016年7月27日,https://www.sohu.com/a/107889702_160818。

职资格;(2)张某平提出回避表决的事实理由是否存在;(3)张某平提出回避表决后,未经过正式程序来审查并认定其是否可以回避表决。关于张某平之独立董事任职资格的问题。

其中第(2)点和第(3)点与论证会的意见完全相同,很可能是原告在看到华润公布的论证会全文后所做的诉讼策略调整,意图说服法官抑或给法官压力,增大胜诉机会。

受理法院到直至近2年后才做出终审判决。虽然败诉,但2年的时间足以让617董事会效力产生不确定性,继而让万科管理层难以继续推动深圳地铁重组预案,不得不转而诉诸其他途径和手段。

(三)从“春秋”进入“战国”,从“角斗”变成了“械斗”

就在万科使出一套组合拳,希望通过法律和行政命令阻止宝能时,并将举报信“同步”公之于众以寻求舆论支持时。也有多家媒体站在了万科的对立面。

在万科复盘的7月4日,微信公众号“兽楼处”发表文章质疑田朴珺利用王石的关系赚万科的钱。舆论战的失控,加剧了中小股东对王石的不满情绪,也对万科管理层施加了更多压力。

7月7日,多家媒体报道称,万科各方在深圳市政府协调下已达成妥协方案:华润、深圳地铁溢价收购宝能持有的万科股份,分列第一和第二大股东,万科转变为国有控股企业,王石实质性退休,任终身名誉主席。华生、张利平退出董事会,深圳地铁补进2名董事,新任董事长到位之前暂由郁亮兼任,原管理团队皆保持原状。[①]深圳证交所随后发出关注函求证,华润、宝能和深圳地铁随后均予以否认。[②]

7月8日,匿名人士向港交所爆料称,万科管理层计划与黑石集团交易,以保护管理层的控制权,通过“并购一个新的平台,令他们即使被辞退,亦可以继续以同一组人运作”。万科随后披露了前述交易:[③]在一个月前的6月21日,万科通过董事会决议,计划通过与合作方设立“联合收购平台”的方式,收购黑石基金及其他独立第三方股东持有的特定商业地产公司的多数股权。

有些人认为该交易是引入深圳地铁遇阻后为保控制权的“B计划”,也有些人

---

① 《深交所要求万科说明华润、深铁溢价收购宝能系股份是否属实》,载观点地产网,http://www.guandian.cn/article/20160708/175821.html。

② 李志:《万科A:华润与深铁将溢价收购宝能系所持有的万科股份不实》,载第一财经2016年7月12日,https://www.yicai.com/news/5041886.html。

③ 《万科A:境内同步披露公告》,载巨潮资讯网2016年7月12日。

认为该交易不但信息披露不及时,还可能再次损害中小股东的利益。

而从7月开始,关于万科事业合伙人的质疑之声也是愈演愈烈,不断有媒体质疑该计划,如未通过股东大会批准;持股情况、杠杆倍数、管理层从中获得薪酬的信息披露问题。还有媒体爆出万科管理层在2014年春季例会上对该计划的介绍,其中不乏"从来没有把股东放在眼里,除了让股东承担责任""我们要掌握自己的命运"的言辞。

到了8月,媒体曝出事业合伙人计划背后的运作体系——"万丰系",纷纷质疑王石等万科管理层是否在利用万科资源另建资产平台,掏空万科、铺好后路。不过,率先披露了宝能杠杆收购的资金来源的《财新》似乎对该事件"漠不关心",时至今日也并未报道、"解密"或转载此事。

(四)监管部门"黄牌","社会名流""拉架","各打五十大板"

2016年7月1日,针对万科相关股东提出罢免公司董事会成员的提案,证监会称一直关注相关情况,上市公司股东及董事会、监事会、高管层均应依照《公司法》等法律法规及《公司章程》的规定行使权利并履行相关义务。相关方的利益诉求应当依法依规在公司治理框架内妥善解决。

2016年7月21日,深圳证监局就举报信事件发出监管关注函,约谈万科①与钜盛华②:万科7月19日的举报信向非指定媒体披露,举报公司股东的相关决策程序不审慎;宝能未按要求上交股份权益变动书。

2016年7月22日,证监会新闻发言人邓舸也谴责万科相关股东与管理层至今没有采取有诚意、有效的措施消除分歧,相反还通过各种方式激化矛盾,置资本市场稳定、公司可持续发展、广大中小股东利益于不顾,严重影响了公司形象及政策生产经营,违背了公司治理义务。

与此同时,多位社会知名人士发声劝说当事各方换位思考弃战求和,其中融创董事长孙宏斌表示,"我比较好斗,但自从我长大了我就不想斗,只要斗就是两败俱伤。我想给姚老板带话,这就是个买卖,别较劲,万科也别较劲。建议坐下来谈谈,

---

① 《关于对万科企业股份有限公司的监管关注函》(深证局公司字〔2016〕44号),"你公司举报事项的信息发布和决策程序不规范。一是未按规定健全对外发布信息的申请、审核机制,导致相关信息被部分非指定信息披露媒体提前公布。二是以公司名义向监管部门提交对公司重要股东的举报事项,有关决策程序不审慎。"载巨潮资讯网2016年7月12日。

② 《关于对深圳市钜盛华股份有限公司的监管关注函》(深证局公司字〔2016〕45号),"你公司在增持万科股份期间,未按权益变动报告书的要求将相关备查文件或有效法律效力的复印件备置于上市公司住所。"载巨潮资讯网2016年7月12日。

双方不可能都满意,但可以相互做出一些妥协”。北京大学教授周其仁则表示,“大股东与创业企业家冲突,最后都是企业家命运悲惨,而公司辉煌也烟消云散。科龙案例之后,我写过一篇《可惜了,科龙》,这次真不希望再写一篇《可惜了,万科》。这两天看到万科案有转机,那就好,打够了坐下谈,好好找一个合作解”。

7月8日,新华社记者分头采访了王石和姚振华,双方的态度也有所软化。王石表示,万科团队应当摒弃鱼死网破的斗争哲学,在多元社会和市场经济的框架下,找到一种折中的、共赢的方案往前走。姚振华则称,将本着对事不对人的态度,从大局出发,从全体股东利益出发,从万科长远发展出发,以最大的诚意与各相关方进行坦诚沟通,尽快平息纷争。

(五)监管文件“蒸发”,万科资管计划的法律性质存疑

7月26日,深圳证交所发文《落实全面监管,着力提升监管效能》,其中提到,“万科股权之争”以来,深交所共向万科及相关方发出各类关注函、问询函、监管函18份,督促上市公司及相关股东充分履行信息披露义务。①

不过,在无论是巨潮资讯网还是深圳证交所网站,只能查到6份关注函、1份重组问询函和2份监管函。换言之,深圳证交所发出的监管文件,有一半公众无法从官方指定平台获悉。

这些未披露的监管文件中,有一份由新华社旗下的《经济参考报》所确认,涉及管理层的“事业合伙人计划”:②2015年12月底,深圳证交所向万科发出《关于对万科企业股份有限公司的问询函》(公司部问询函〔2015〕第87号)。

该函称:截至2015年12月15日,“金鹏计划”与“德赢计划”合计持有万科股已达7.79%。要求万科就二者是否互为一致行动人做出说明,若否,需提供相关证明资料。而根据上市公司监管规定,如果“金鹏计划”与“德赢计划”互为一致行动人,就已超过持股“5%需披露”的节点,但万科对此并未做公告披露。

针对该问询,万科一笔带过:“金鹏计划”管理人为国信证券、“德赢计划”管理人为招商财富,各自自主行使投票表决权,不受委托人深圳盈安财务顾问企业(有限合伙)与深圳市梅沙资产投资中心(有限合伙)的指示,因此不存在一致行动人关系。

---

① 《深交所:落实全面监管,着力提升监管效能》,载中国经济网,http://views.ce.cn/view/ent/201607/26/t20160726_14161048.shtml。

② 王文志、肖波、张彬:《深交所关注“王石的底牌”万科未作充分披露》,载经济参考报,http://www.jjckb.cn/2015-12/30/c_134962914.htm。

中国政法大学教授谭秋桂认为:“万科的回复不符合常理,违背证券市场资管产品的操作惯例,这相当于‘管家做了主人的主’,怎么可能呢? 因此,‘金鹏计划’和‘德赢计划’是否具有一致行动安排或隐性的一致行动安排非常值得怀疑,万科对‘金鹏计划’和‘德赢计划’的资金来源、资管协议等应当做出充分披露,这个事件应当引起监管部门的足够重视,给广大投资者一个交代。”

此后,万科并未再做进一步回应,监管部门也未进一步问询,媒体对“万丰系”的疑问也停留在2016年8月下旬便戛然而止。此时,媒体的关注度一下子被“搅局者”恒大吸引了。

根据万科公布的极其有限的材料和现有的法律制度,“金鹏计划”和“德赢计划”可能会被认定为信托法律关系。[①] 在信托法律关系下,受托人对信托财产的处分具有独立性。不过,即便该信托产品不属于通道业务,其独立性是否与《公司法》《证券法》等法律和行政法规冲突,司法裁判与监管标准是否依然存在差异(除涉及公序良俗和效力性强制性规定部分)仍不确定。而如果该信托产品构成通道业务,前述问题将会更复杂。

(六)恒大入场,万科成“庄股”

就在万科与宝能“僵持”,安邦、华润与深圳地铁“按兵不动”时,恒大又参与了进来。2016年8月4日,恒大集团有限公司和董事长许家印(以下统称为恒大)购入万科4.68%的股票,之后在8日增持至5%,而后至11月29日陆续增持至14.07%。[②]

恒大的加入,不但极大地缓解了宝能的平仓压力,还让宝能产生了巨大浮盈。8月17日,万科A股第三次涨停,收报27.57元/股,较7月20日的17.08元/股暴涨61.42%。此时,宝能所持万科股权的账面价值达到了773.04亿元,如果不计算资金成本,账面收益率超70%,浮盈超过335亿元。

与宝能不同的是,万科并未对恒大的入场强烈反对,不过也没有像安邦入场之时表达积极支持的态度。舆论里也未出现对恒大收购资金来源的披露和合法合规性分析。2016年11月5日,王石前往哀牢山拜访88岁的褚时健。几天后,王石继2015年年度股东大会后再次放低姿态,“我做的不合适的,我会及时纠正、改进,比

---

① 《九民纪要》第八十八条第二款:“根据《关于规范金融机构资产管理业务的指导意见》的规定,其他金融机构开展的资产管理业务构成信托关系的,当事人之间的纠纷适用信托法及其他有关规定处理。”

② 黎慧、王婧:《独家|恒大买入万科股票或达2%》,载财新网,http://companies.caixin.com/2016-08-04/100974257.html。

如对姚振华先生,大家都认为我说的‘野蛮人’不对,我在临时股东大会上站出来公开道歉了。在天山的喊话‘不欢迎民营企业成为万科大股东’这种误导,我无条件道歉。”

此时宝能、华润、恒大、万科管理层、安邦合计持有万科的股份为70.18%,除去万科H股的11.91%,万科A股的自由流通份额仅为17.91%。而宝能、恒大和安邦这些迅速增持的企业均有保险的背景,合计持有万科45.65%的股票。专家之前所称的“王石不宜把‘宝’压在中小投资者的身上”不幸言中,王石在11月19日的万科广深区域媒体会上称,万科已经成为“庄股”。

万科的中小股东并未在万科股价节节攀登之时与万科“共进退”,而是“见好就收”“套现离场”,很难说其中原因是万科市值长期被低估所以才有的《基督山伯爵》式的“复仇”,也许仅仅只是一个经济短视行为而已。

(七)宝能“全面开花”,结果“引火烧身”

此时的宝能也停止了进一步行动,而是把注意力集中在其买入的其他公司身上。然而,与南坡和格力电器的控制权争夺战使得宝能“搬起石头砸自己的脚”,从而为万科管理层引来转机。

在宝能控股南坡后,与南坡原管理层的矛盾激化,最终演化成在2016年11月15日董事长曾南、CEO吴国斌、两位独立董事、四位副总裁、董事会秘书集体辞职的“血洗南坡”剧情。曾南表示,“时也,势也。在这个资本横流的社会里,我们这些做实业的人在这种形势下只有认命、知趣地退出”。随后,“保险资金掏空实业”的声音此起彼伏,宝能的“野蛮人”身份被广泛指责。

而与曾南不同,格力电器的董事长董明珠并未“坐以待毙”,而是在11月17日宝能增持后就即刻实施“焦土计划”——为全体职工每人每月加薪1000元,每年增加成本约8.4亿。而在宝能11月30日成为第三大股东之后则借势舆论,对宝能增持进行主动信息披露。

董明珠在2016年12月3日表示:“如果成为中国制造的破坏者,他们会成为罪人。”之后董明珠在多个场合再三表达上述态度。6日后,宝能的前海人寿在12月9日晚发表声明,宣布将不再增持格力电器,并会逐渐减持股票。

2016年12月12日,董明珠在央视财经论坛上继续发声:“‘野蛮人’来敲门,是对实体经济的犯罪。中国要成为强国,必须要搞好实体经济,要拒绝‘野蛮人’。”

(八)监管出手整治,万科管理层引来希望

宝能的“多管齐下”,致使自己引火烧身,引来了监管部门的态度转变和强势

“围观”。

2016 年 12 月 3 日，时任证监会主席的刘士余在中国证券投资基金业协会第二届会员代表大会上丢开讲稿，脱口而出：“使用来路不正的钱，从门口的野蛮人变成了行业的强盗”“这是在挑战国家金融法律法规的底线，也是挑战职业操守的底线，这是人性和商业道德的倒退和沦丧，根本不是金融创新。有的人集土豪、妖精和害人精于一身，拿着持牌的金融牌照，用大众的资金从事所谓的杠杆收购……杠杆的质量在哪里，做人的底线在哪里？”“当你挑战刑法的时候，等待你的就是开启的牢狱大门”“希望资产管理人不要当奢淫无度的土豪、不做兴风作浪的妖精、不做坑民害民的害人精”。

同日，时任保监会副主席陈文辉在第七届财新峰会上表示，“保险公司增加资本的方式如果是绕开监管，从金融机构内部通过金融产品倒出来的方式进行虚假增资的话，严格意义上就是犯罪”，①一改 9 个月前“举牌是市场行为”“监管不宜干预”的态度。

2 日后，保监会发出监管函，暂停宝能的前海人寿的万能险新业务，责令其 3 个月内禁止申报一切新产品，断掉了宝能的现金流。叫停前海人寿、恒大人寿等 6 家公司的互联网渠道保险业务。

陈文辉接受财新记者采访时再次表示：“对于险资中因虚假出资导致偿付能力不足等问题，保监会将引入稽查部门，必要时联合公安机关对虚假出资问题进行调查。”当晚，保监会宣布将派出检查组进驻前海人寿和恒大人寿，检查重点包括公司治理规范性、财务真实性、保险产品业务合规性及资金运用合规性等。

2016 年 12 月 9 日，保监会暂停恒大人寿委托股票投资业务，并责令公司整改。

2016 年 12 月 13 日，保监会召开专题会议，会议强调“保险姓保”，努力做资本市场的友好投资人，绝不能让保险机构成为众皆侧目的“野蛮人”，也不能让保险资金成为资本市场的“泥石流”。

监管部门的雷厉风行，给了王石“翻盘”的自信。

2016 年 12 月 18 日，王石在第一届国家发展论坛上半脱了西装外套，向大家展示被紧身衬衣勾勒出肌肉线条的身材，并说道：“即将过去的2016 年，企业家和创业者都处在不确定的焦虑之中，当然我是最有资格焦虑的人，但你们看我的样子像一

① 《陈文辉：保险公司绕开监管虚假增资是犯罪》，载财新网，http://topics.caixin.com/2016-12-03/101022665.html。

个焦虑者吗?”还称“一年半的时间,他们一直在搞我的材料”,但“我的睡眠一直很好”。① 这态度一反一个月前的低姿态。

2017 年 2 月 22 日,时任保监会主席在国新办举行的发布会上表示,“对个别浑水摸鱼、火中取栗且不收敛、不收手的机构,依法依规采取顶格处罚,坚决采取停止新业务、处罚高管人员直至吊销牌照等监管措施,绝不能把保险办成富豪俱乐部,更不容许保险被金融大鳄所借道和藏身”。

而在 2017 年春节后,保监会对宝能、恒大和安邦各自的保险业务进行了处罚:

2017 年 2 月 24 日,保监会对宝能的前海人寿顶格处罚:②80 万元罚款,董事长姚振华被撤销前海人寿任职资格并禁入保险业 10 年。

保监会的处罚事由有二:一是编制虚假材料,作出“股东增资资金性质为自有资金”的陈述。二是违规运用保险资金,包括(1)权益类投资比例超过总资产 30%后投资非蓝筹股票;(2)办理“T + 0”结构性存款业务;(3)用间接投资的方式认购基金份额,不符合股权投资基金管理人资质的相关监管要求;(4)未按规定披露基金管理人资质情况;(5)部分项目公司借款未提供担保。

不过,姚振华组建的“梦之队”中,除了孙磊被处以警告并罚款 10 万元,其他人均未收到立案调查或处罚。张金顺接任姚振华担任前海人寿董事长并担任宝能集团副董事长和钜盛华总裁兼 CEO,沈成方则任前海人寿总经理。

而相比之下,保监会对恒大和安邦的处分要轻得多。2017 年 2 月 26 日,保监会对恒大人寿处以限制股票投资一年的处罚,下调权益类资产投资比例上限至 20%,责令撤换两名相关负责人,责令整改有关问题。2017 年 5 月 5 日,保监会对安邦发出监管函:3 个月内禁报新产品。

巧合的是,就在安邦收到监管函的同日,国务院发布公告,保监会主席一职换人。

“财新”在此期间对上述事件也做了专题报道,如 2016 年 12 月 9 日发布的《管住野蛮人(封面报道)》、2016 年 12 月 12 日发布的《前海人寿资本金疑云》等。

---

① 王芳洁:《王石:他们搞了我一年半但我一直睡得好》,载中国企业家,https://news.house.qq.com/a/20161219/044814.htm。

② 保监会行政处罚决定书(保监罚〔2017〕13 号),载银保监会官网,http://www.cbirc.gov.cn/cn/view/pages/ItemDetail.html? docId = 358157。

四、攻守双方“伤痕累累”，“外援”成为最大赢家（2016年12月～2019年12月）

（一）恒大、宝能宣布退出

在安邦“按兵不动”、华润“淡出”后，恒大和宝能也在监管部门的雷厉风行措施下陆续宣布了退场，并公开表态支持深圳地铁。

2016年12月17日，恒大向深圳市委、市政府方面递交书面报告，作出五点表态，“不再增持万科；不做万科控股股东；可将所持股份转让予深圳地铁；也愿遵照深圳市委、市政府安排，暂时持有万科股份；后续坚决听从市委、市政府统一部署，全力支持各种万科重组方案”。

2017年1月13日，宝能公告表示欢迎深圳地铁投资万科，并将自己定位为从半年前7月7日的《详式权益变动报告书》中披露的“长期的战略财务投资人”变为“财务投资者”。深圳地铁董事长林茂德则在2017年6月30日召开的万科2016年年度股东大会上，面对宝能“为何缺席”以及“作为第二大股东为何没有董事会候选人提名”的股东提问，表示“深圳地铁在提名董事会候选人之前，曾经与宝能进行书面沟通，宝能书面回复称支持深圳地铁的提案”。

（二）各方妥协，支持深圳地铁“清扫战场”

虽然宝能在控制权争夺战中出局，但深圳地铁并不是“白衣骑士”，可以“呼之即来，挥之即去”，万科即便在2016年12月18日公告终止了与深圳地铁的重组方案。万科管理层依然得面对“洗牌”的难题。此后，与深圳地铁的重组依然继续进行着：

2017年1月12日，华润与深圳地铁于当日签署《关于万科企业股份有限公司之股份转让协议》，[①]华润以协议转让的方式将其合计持有的万科15.29%股份全部转让给深圳地铁。转让完成后，华润将不再持有万科股份。2017年1月20日，国资委同意上述转让，24日过户手续办理完毕。

2017年3月16日，恒大与深圳地铁在当日签署战略合作框架协议，恒大将其持有的万科14.07%股份的表决权不可撤销地委托给深圳地铁行使，期限一年。2017年6月9日，恒大将所持有的14.07%股份通过协议转让的方式全部转让给深圳地铁。转让完成后，恒大将不再持有万科股份。

---

① 《关于华润转让万科股份的声明》，载微信公众号“华润”2017年1月12日。

此次转让，恒大亏损了70亿元，主要体现在增持成本和最终转让价格差额。而恒大也因此获得了用深圳国资委控股的深圳经济特区房地产(集团)股份有限公司(深深房A)借壳上市的机会，以及在深圳的21个旧城改造项目的政策支持。随后，恒大也把总部搬到了深圳，成为深圳市政府重点引入的500强企业。于是从总体看，恒大获得了远超70亿元的收益。

至此，深圳地铁持有万科公司总股本29.36%的股份，成为万科第一大股东。万科股东之间的战争也算是落下帷幕，而接下来的，则是董事会席位的各方博弈。

原定于2017年3月底第十七届董事会届满前启动换届程序，但在2017年3月26日召开的第十七届董事会第十五次会议决议上并未表决换届事项，原有董事会成员“超期服役”。

2017年6月19日，深圳地铁在持股不足连续180日的情况下，于万科2016年股东大会召开之际提议增加三项关于股东会换届的临时议案。该临时议案经万科董事会6月20日审议通过，提交万科2016年年度股东大会决议。

2017年6月21日，万科发布公告，66岁的王石宣布退休。

2017年6月30日，万科召开2016年年度股东大会，深圳地铁提名的四名独立董事全部当选(刘姝威、康典、吴嘉宁、李强)，提名的孙盛典当选外部董事，提名的林茂德、肖明、陈贤军当选董事。而万科管理层方面，王石出任名誉主席，不再是公司董事和高管，不再参与公司治理和经营。郁亮出任万科董事会主席、总裁、首席执行官。

至此，深圳地铁掌握了4名董事会席位，比之前的华润还多了1个席位，真正意义上的掌握了“一票否决权”，于是2016年6月17日那样的“算术题”再也很难发生了。并且，新的4名独立董事也均为深圳地铁所推荐。万科管理层方面则仅保留郁亮和王文金2位，以及新晋的张旭。

(三)尾声

2018年1月30日，万科独立董事、中央财经大学中国企业研究中心主任刘姝威致信证监会，表示宝能的7个资管计划已经到期，属于违规持股，应该立即清盘。对此，宝能迅速做出回应，称已就9个资产管理计划延长清算期的事项分别签署了补充协议。而随后，刘姝威于次日在个人微信公众号再发质疑：“谁有权延长资管计划清算期?”“为何没有依法公告延期事项?”“宝能行为是否符合法律法规?”

3个月后的4月8日，刘姝威在其个人公众号上撰文《宝能的“颜色革命”》，文章称宝能动用保险资金和银行资金先后损害玻璃行业龙头南坡、房地产龙头万科和家电行业龙头格力电器，举报宝能得到浙商银行违规出资，认为华润把109亿元的土地以4亿元转让给宝能，才导致宝能大量买入万科股票，仅用半年时间成为第一大股东。要求国家监察委员会、保监会和证监会联合介入调查宝能的行为，查清全部事实，依法没收其所获上市公司股份及获利，上缴国库，交全国社保基金管理。华润于当日回应称涉及其相关内容“断章取义，与事实严重不符，缺乏基本逻辑和常识”。

两周后，宝能开始陆续清仓其控制的资产管理计划。2018年9月19日，资产管理计划全部退出万科，共计获利约260亿元。宝能对万科的持股比例也从25.4%降到了15%以下。而宝能通过其他方式持有的股权也在陆续退出，万科2019年年报显示，截至2019年12月31日，宝能之前的控股平台前海人寿已不再持有万科股票，而宝能的另一个持股平台钜盛华的持股比例仅为3.57%，为第四大股东，位列万科管理层的国信金鹏资产管理计划之后（持股4.04%），控股股东深圳地铁持股比例为28.69%。

2020年3月31日，万科事业合伙人大会的受托人盈安合伙发布公告，表示其认购的“金鹏计划”持股比例达到了4.39%，盈安合伙在当天也增持了0.58%。故盈安合伙目前持有的万科股票达到了4.97%。盈安合伙在公告中还表示：未来如继续增持万科A股股票，将严格按照相关法律法规等规定，履行信息披露义务。①

五、解析双方攻守策略

（一）宝能的“攻”

1. 决策精准，雷厉风行

从收购对象的角度，宝能选择万科主要原因，是万科虽然是房地产行业龙头，但是市值管理很差，股价长期低于行业平均水平，且股权高度分散。而除此之外，万科还有其优秀的企业品牌、信用评级、经营团队和项目积累。

从收购时机的角度，宝能借助2015年7月的股灾环境而发动“闪电战”，用非常低的成本快速拿到了15%的万科股权。

从收购行业的角度，宝能贯彻了诺贝尔经济学奖得主詹姆斯·托宾关于投资的名言“鸡蛋不要放在一个篮子里”。除了前述的房地产行业的万科、玻璃行业的南坡、家电行业的格力电器，宝能还在同一时间内对金融行业的中国金洋（现更名为宝新金融）、旅游行业的华侨城、园区建设领域的中炬高新、能源行业的韶能与明星电力、零售行业的南宁百货与合肥百货展开了“闪电收购”（持股比例均在短时间

① 万科：《关于公司事业合伙人继续购买公司A股股票的公告》，载巨潮资讯网，公告编号：2020－022。

内超过了5%,最高的达到了45%)。

从收购节奏的角度看,这样"突然袭击"使得宝能在资本市场能够快速站稳脚跟,对方也来不及第一时间采取应对措施,也最大化了手中资金的使用效率。

所以,也许对于宝能来说,万科不过是宝能系布局的一部分(而非主战场)。2016年9月23日,姚振华在广东省委统战部、省经信委、省工商联共同主办的第三届粤商大会上发表主题演讲《深耕实业　产融结合　提升价值　回馈社会》,表示"发挥保险资金的规模优势,加大行业龙头公司的配置力度,不追求二级市场的短期炒作利差,成为长期坚定的战略投资者、基石投资者,支持上市公司的长期发展"。

2. 融资多元,手段激进

宝能的资金来源多样化,除自有资金外,还利用保险产品(如万能险)、融资融券、收益互换、资产管理计划等作为融资手段,把资金组织方式用到了极致,也都没有违反当时的法律法规。最终,宝能运用自己19亿元的自有资金,操作了高达520亿元的资金量,杠杆高达26倍,为宝能的"买买买"提供了充实的本钱。

与此同时,在2015年7月宝能大举采用上述金融工具后,监管政策也是亦步亦趋。2015年11月13日,融资融券的保证金比例从50%升至100%;①11月26日,收益互换被叫停;②2016年3月7日,万能险业务被叫停。③

---

① 《关于修改〈深圳证券交易所融资融券交易实施细则(2015年修订)〉第4.5条的通知》,将原细则第4.5条修改为"投资者融资买入证券时,融资保证金比例不得低于100%"。修改后的细则自2015年11月23日起实施。载深圳证交所官网,http://www. szse. cn/aboutus/trends/news/t20151113_518653. html。

② 《证券业协会场外市场专业委员会答记者问》:"截至2015年11月27日,30家证券公司融资类收益互换未了结规模约785亿元。目前证券公司开展的融资类互换业务实际演变为杠杆融资买卖股票的行为,并且存在一定的违法违规隐患和潜在系统性风险。为防范市场风险,促进收益互换业务回归本原,证券业协会要求证券公司对融资类收益互换业务进行清理规范,主要包括几个方面:一是停止新增此类业务;二是存量业务可按合同继续履行,但不得延期;三是对于客户的融资需求,可以通过融资融券业务在场内规范进行;四是其他满足客户风险管理等合理需求的场外衍生品业务仍可正常、规范开展……"载证监会官网,https://www. sac. net. cn/tzgg/201511/t20151129_126326. html。

③ 《关于规范中短存续期人身保险产品有关事项的通知》(保监发〔2016〕22号)第六条:"保险公司中短存续期产品的年度保费收入应控制在本条所要求的限额以内……(三)保险公司所销售的预期60%以上的保单存续时间在1年以上(含1年)3年以下(不含3年)的中短存续期产品的年度保费收入,2016年应控制在总体限额的90%以内,2017年应控制在总体限额的70%以内,2018年及以后应控制在总体限额的50%以内。"第七条:"本通知实施之日时,保险公司中短存续期产品保费收入已超过第六条限额的,保险公司应立即停止销售中短存续期产品,并向中国保监会报告,同时在3个月内通过增资等方式,确保中短存续期产品保费规模重新满足第六条限额要求……本通知实施之日后,保险公司中短存续期产品保费收入超出第六条限额时,保险公司应立即停止销售中短存续期产品,并向中国保监会报告。中国保监会将对其采取停止开展新业务等监管措施。"载银保监会官网,http://www. cbirc. gov. cn/cn/view/pages/ItemDetail. html? docId=359819。

无论媒体如何报道,资本市场有自己的特殊性,虽然通常认为无论是场内的沪深交易所、银行间市场还是场外的私募基金,对于法律形式上的合规要求较普通企业要高出很大一截。但即便如此,相较于对法律形式的重视,监管部门对于经济实质更为看重。于是即便不违法不违规,甚至也不违反监管部门出具的规范性文件,也并不代表监管无权干预。宝能极致地组织资金的方式无疑带来了巨大的流动性风险、连续爆仓等金融风险,继而造成巨大的社会风险,这种把保险、银行、券商等不同渠道的融资工具"用尽"的行为,单个看似没有违反规定,但的的确确是在"挑战国家金融法律法规的底线"。

如在结构化资管计划中被作为杠杆收购的理财产品。通常优先级份额持有人会对风险防范与收益保障有额外的要求。结构化资管合同通常规定,在计划份额净值低于一定金额的情形下强制平仓,或者由劣后级补交保证金,以保护优先级份额持有人的利益。然而,受制于并购方的一致行动人地位,资管计划卖出股票将受到限制,从而导致资管计划的风险控制措施在一定程度上失效。① 例如,由于《证券法》关于短线交易的限制,单独或作为一致行动人合并持股5%以上的资管计划,其所持股份在买入后6个月内不能卖出。此外,《证券法》还要求收购人在收购完成后18个月内不得转让。② 上述规定均属于国家法律的强制性效力规定,因此当事人的无法通过合同约定的方式予以规避。在实务中,股票的登记结算机构(中国证券登记结算有限责任公司)也不会受理平仓权利人的相关申请。

换言之,宝能从举牌之时起,其持有的股票在6个月内不得转让。而如果收购成功,则在收购完成后的12个月内(现在是18个月内)不得转让。即使在这段时间内,股票价格下跌导致净值低于合同规定的平仓线。此时,资管计划只能靠劣后级补交保证金来降低风险。但若劣后级无履约能力,则可能导致优先级委托人利益受损。而在此次控制权之争中,宝能的资管计划的优先级受益人追根溯源的话不是银行就是普通投资者,如此一来,如果万科的股价跌到一定程度,很可能因无法平仓而发生类似"P2P暴雷"一样的事件,继而诱发整个资本市场和金融领域的系统性风险。

---

① 刘燕、楼建波:《企业并购中的资管计划——以SPV为中心的法律分析框架》,载《清华法学》2016年第10期。

② 根据《证券法》(2014年修订)第九十八条,收购人持有的被收购的上市公司的股票,在收购行为完成后的12个月内不得转让。最新的《证券法》(2019年修订)将该条挪到了第七十五条,并把不得转让的时间从12个月延长到了18个月。

3. 不可复制,恐成绝唱

宝能的上述收购战略的确是非常精彩,也引发了诸多讨论。而随着我国证券法规的更新,宝能的上述“融资艺术”和“闪电战”都将成为历史,在未来将很难重现。

在融资方面,资金对于并购大战的参与各方均是胜负手。如果没有了弹药补给的渠道,可能连仗都打不起来。除了上述提到的陆续叫停的融资融券、收益互换和万能险业务,宝能此次收购所采用的“将保险机构作为融资平台和投资主体”和“利用资产管理计划进行杠杆融资”这两种方式也被监管部门“打了补丁”。

首先收紧监管的是保险,2017 年 1 月 24 日,保监会发布通知,前海人寿与钜盛华共同投资收购上市公司的方式被禁止。①

《保险资金运用管理办法》(保监会令〔2018〕1 号)于 4 月 1 日起实施。取代了保监会之前于 2010 年 7 月 30 日发布的《保险资金运用管理暂行办法》(保监会令〔2010〕9 号)。

《保险资金运用管理办法》强调保险资金运用的独立性,并且只能用自有资金来开展收购活动,并且被收购企业仅限于金融企业和保险相关企业。② 所以,不但身为前海人寿控股股东的姚振华以后很难再对前海人寿随意施加影响,前海人寿以后不能再通过销售保险所募集的资金开展收购活动,而且即便是使用自有资金,也难以染指万科、南坡、格力这样的非金融企业和非保险相关企业。

紧接着在 2018 年 3 月 2 日,保监会修订《保险公司股权管理办法》(保监会令〔2018〕5 号),于 4 月 10 日正式实施,取代了保监会之前于 2010 年 5 月 4 日发布的《保险公司股权管理办法》(保监会令〔2010〕6 号)。

新版《保险公司股权管理办法》明确了“资质优良、关系清晰,结构合理、行为规范,公开透明、流转有序”的股权管理三大基本原则。投资人入股保险公司“应当使

---

① 《关于进一步加强保险资金股票投资监管有关事项的通知》(保监发〔2017〕9 号)第三条:“保险机构不得与非保险一致行动人共同收购上市公司,不得以投资的股票资产抵押融资用于上市公司股票投资。”载银保监会官网 2017 年 1 月 24 日,http://www.cbirc.gov.cn/cn/view/pages/ItemDetail.html?docId=359531。

② 《保险资金运用管理办法》(保监会令〔2018〕1 号)第四条第二款:“保险资金运用应当坚持独立运作。保险集团(控股)公司、保险公司的股东不得违法违规干预保险资金运用工作。”第十三条:“保险集团(控股)公司、保险公司购置自用不动产、开展上市公司收购或者从事对其他企业实现控股的股权投资,应当使用自有资金。本办法所称自有资金以净资产为限。投资人不得通过设立持股机构、转让股权预期收益权等方式变相规避自有资金监管规定。根据穿透式监管和实质重于形式原则,中国保监会可以对自有资金来源向上追溯认定。”第十四条第二款:“实现控股的股权投资应当限于下列企业:(一)保险类企业,包括保险公司、保险资产管理机构以及保险专业代理机构、保险经纪机构、保险公估机构;(二)非保险类金融企业;(三)与保险业务相关的企业。”

用”来源合法的自有资金,且不得通过设立持股机构、转让股权预期收益权等方式变相规避自有资金监管规定,还以负面清单的方式,明确了不得入股的资金类型,并明确了保监会可根据穿透式监管和实质重于形式的原则,对自有资金资金来源向上追溯认定。① 而且,单一股东持股比例上限也从原来的51%降低至1/3。② 违反该规定的保险公司股东或者相关当事人,将会遭到“限制其在保险公司的权利、责令转让或拍卖股权、限制在保险业的投资活动并向其他金融监管机构通报、限制分红、发债、上市”等监管措施。③

其次收紧的则是资产管理计划,2018年4月27日,中国人民银行、银保监会、证监会、国家外汇管理局联合发布《关于规范金融机构资产管理业务的指导意见》(银发〔2018〕106号,以下简称《资管新规》)出台,也标志着“穿透式监管”的正式到来,宝能在分业监管时代下的“融资艺术”将成为历史。其中的超高杠杆、④以规避监管为目的的通道、⑤产品嵌套、⑥大量关联交易、⑦套利监管规则⑧等手段均为《资管新规》所

---

① 《保险公司股权管理办法》(保监会令〔2018〕5号)第三十二条:“投资人取得保险公司股权,应当使用来源合法的自有资金。”第三十三条第一款:“投资人应当用货币出资,不得用实物、知识产权、土地使用权等非货币财产作价出资。”第三十五条:“投资人不得直接或者间接通过以下资金取得保险公司股权:(一)与保险公司有关的借款;(二)以保险公司存款或者其他资产为担保获取的资金;(三)不当利用保险公司的财务影响力,或者与保险公司的不正当关联关系获取的资金;(四)以中国保监会禁止的其他方式获取的资金。严禁挪用保险资金,或者以保险公司投资信托计划、私募基金、股权投资等获取的资金对保险公司进行循环出资。”

② 《保险公司股权管理办法》(保监会令〔2018〕5号)第二十九条第一项:“单一股东持股比例不得超过保险公司注册资本的三分之一。”

③ 《保险公司股权管理办法》(保监会令〔2018〕5号)第八十二条。

④ 《关于规范金融机构资产管理业务的指导意见》第二十一条第二款:“分级私募产品的总资产不得超过该产品净资产的140%。分级私募产品应当根据所投资资产的风险程度设定分级比例(优先级份额/劣后级份额,中间级份额计入优先级份额)。固定收益类产品的分级比例不得超过3:1,权益类产品的分级比例不得超过1:1,商品及金融衍生品类产品、混合类产品的分级比例不得超过2:1。”

⑤ 《关于规范金融机构资产管理业务的指导意见》第二十二条第一款:“金融机构不得为其他金融机构的资产管理产品提供规避投资范围、杠杆约束等监管要求的通道服务。”

⑥ 《关于规范金融机构资产管理业务的指导意见》第二十二条第二款:“资产管理产品可以再投资一层资产管理产品,但所投资的资产管理产品不得再投资公募证券投资基金以外的资产管理产品。”

⑦ 《关于规范金融机构资产管理业务的指导意见》第二十四条:“金融机构不得以资产管理产品的资金与关联方进行不正当交易、利益输送、内幕交易和操纵市场,包括但不限于投资于关联方虚假项目、与关联方共同收购上市公司、向本机构注资等。金融机构的资产管理产品投资本机构、托管机构及其控股股东、实际控制人或者与其有其他重大利害关系的公司发行或者承销的证券,或者从事其他重大关联交易的,应当建立健全内部审批机制和评估机制,并向投资者充分披露信息。”

⑧ 《关于规范金融机构资产管理业务的指导意见》第二十七条第一项:“对资产管理业务实施监管遵循以下原则:(一)机构监管与功能监管相结合,按照产品类型而不是机构类型实施功能监管,同一类型的资产管理产品适用同一监管标准,减少监管真空和套利。”

禁止。

而在举牌方面，即便“高筑墙、广积粮”，完全用自己的“真金白银”去收购上市公司，收购人也再难以像宝能这次这样去搞“突然袭击”而占得先机。2020年3月1日，新修订的《证券法》正式施行，进一步强化了“慢走规则”，要求持股人履行主动披露义务要“及时”且“充分”，[①]如在持股达到5%以后，每增加或者减少1%就要立即通知被持股公司，包括持股人的基本信息、资金来源等，[②]违反信息披露义务所对应的股份，投资人在买入后36个月内不得行使相应的表决权。[③]

（二）万科的“守”

1. 舆论公关，“载舟覆舟”

万科管理层在舆论场的长期深耕运作下，让越来越多的人将万科的创始人和高管与万科管理层等同起来，又进而将万科管理层与万科绑在了一起。换言之，在多数人看来，一旦万科管理层出现动荡（改组或者出走），万科将会出现经营震荡。在这一点而言，万科管理层的目的达到了。

但是，水能载舟，亦能覆舟。企业家尽管熟谙了政商关系、也能把握宏观趋势和行业走势，甚至也能娴熟驾驭社会舆论。但如果把自己当成是明星，却没有专业的经纪公司来对其“培养”和“保驾护航”，那么出乱子是迟早的事情。正如媒体所言：“所有走上神坛的企业家，都等于将自己置于箭靶中央。那些为偶像欢呼的人，同样会在偶像被万箭穿心那一刻欢呼。”[④]无论是“捐款门”“地产拐点论”还是这一次的“潮汕帮”，面对舆论如果不能保持“如履薄冰”之心，那么即便是“登上了珠峰”，

① 《证券法》（2019年修订）第六十三条第一款至第三款：“通过证券交易所的证券交易，投资者持有或者通过协议、其他安排与他人共同持有一个上市公司已发行的有表决权股份达到百分之五时，应当在该事实发生之日起三日内，向国务院证券监督管理机构、证券交易所作出书面报告，通知该上市公司，并予公告，在上述期限内不得再行买卖该上市公司的股票，但国务院证券监督管理机构规定的情形除外。投资者持有或者通过协议、其他安排与他人共同持有一个上市公司已发行的有表决权股份达到百分之五后，其所持该上市公司已发行的有表决权股份比例每增加或者减少百分之五，应当依照前款规定进行报告和公告，在该事实发生之日起至公告后三日内，不得再行买卖该上市公司的股票，但国务院证券监督管理机构规定的情形除外。投资者持有或者通过协议、其他安排与他人共同持有一个上市公司已发行的有表决权股份达到百分之五后，其所持该上市公司已发行的有表决权股份比例每增加或者减少百分之一，应当在该事实发生的次日通知该上市公司，并予公告。”

② 《证券法》（2019年修订）第六十四条：“依照前条规定所作的公告，应当包括下列内容：（一）持股人的名称、住所；（二）持有的股票的名称、数额；（三）持股达到法定比例或者持股增减变化达到法定比例的日期、增持股份的资金来源；（四）在上市公司中拥有表决权的股份变动的时间及方式。”

③ 《证券法》（2019年修订）第六十三条第四款：“违反第一款、第二款规定买入上市公司有表决权的股份的，在买入后的三十六个月内，对该超过规定比例部分的股份不得行使表决权。”

④ 何伊凡：《王石老无所依》，载微信公众号“棱镜”2020年5月25日。

也会在某一刻被瞬间“打入十八层地狱”,给自己和公司都将带来严重的负面影响。

2. 寻求原股东支持,以及引入新股东

万科管理层寻找大股东华润寻求支持,但无法控制华润管理层更替。新管理层对于华润本身的价值观塑造和偏好的变化,必然带来对万科态度的转变。当时的华润董事长傅育宁刚上任,着手于前任宋林落马之后的华润内部调整,再加上与王石关系远不如华润之前的掌门人,所以未能积极支持。

万科管理层曾引入安邦作为“白衣骑士”,但安邦持股至7.01%后就未再有后续行动。万科管理层随后又引入了深圳地铁,结果却是“请客容易送客难”,即便是万科终止了与深圳地铁的重组方案,也不能阻挡深圳地铁控股万科的步伐。

3. 事业合伙人计划:起源和发展

万科的事业合伙人计划源自2010年推出的经济利润奖金制度。这相当于管理层与公司签了一份“对赌协议”:如果万科的净资产收益率(Return on Equity,ROE)超过了市场平均收益水平,管理层就可以获得奖金。反之,管理层则需“赔偿”公司。而为了保障管理层的“赔偿”能力,管理层的奖金作为对赌的保证金集中统一管理,3年内不分配到个人。

制度实施后,万科ROE从2008年的12.65%提高到19.65%,增幅50%,达到了1993年以来的历史高位。

2014年年初,郁亮举着《门口的野蛮人》上了公司春季例会,将书中的KKR收购案与万科20年前经历的“君万之争”作为案例,分析和介绍了被“野蛮人”关注的企业的共同特征:一是股票特别便宜;二是有巨大的资源和价值潜力;三是自己过得很舒服;四是没有动力去充分发掘自己得资源和价值。换言之,“像这样手里有好牌,却不想利用它的价值,又习惯于舒适日子的公司,如果赶上市场低迷、投资被套住的时候,‘野蛮人’就会出现”。

郁亮认为当时的万科已经被“野蛮人”盯上了:一是股价过低,从最高的42元/股跌到了不到7元/股,低于每股净资产,“把100%的机构投资者都套住了”;二是虽然万科是房地产行业龙头,但因股价过低,“拿下万科控制权只需要200亿元”;三是房地产行业收入最高的10个高管都是万科,管理层层级和人数也偏多;四是“我们有很多变革的思考,却没有变革的行动”。①

郁亮指出,“在这个情况下,‘野蛮人’来万科敲门是很正常的,‘野蛮人’会怎么行动呢?如果能成为大股东,获得绝对控制权,这是最简单的,如果不能获得绝对控制

① 《读懂郁亮内部讲话三重信号透露公司价值》,载第一财经2014年3月28日,https://www.yicai.com/news/3644785.html。

权,可以通过股东大会、董事会来捣乱,比如投反对票、利益要挟等。面对已经上门的‘野蛮人’,我们必须要拿出勇气和力量去战胜它,我们必须掌握自己的命运”。

之后,为了“掌握自己的命运、形成背靠背信任、做大事业、分享成就”,事业合伙人制度正式启动(2.0)。首次参与该计划的1320人将其在经济利润奖金集体奖金账户中的全部权益,授权“万科事业合伙人大会执行委员会”委托给“盈安合伙”进行投资管理,包括引入融资杠杆进行投资,而该计划的主要投资行为,就是业务跟投和购买万科股票。万科事业合伙人大会执行委员会成员于文安担任“盈安合伙”执行事务合伙人的法定代表人。

具体来说,事业合伙人制度是以经济利润奖金制度为基础而进行的大幅升级,分为三个部分:合伙人持股计划、项目跟投计划和事件合伙人制度。

合伙人持股计划是将经济利润奖金制度积累的“保证金”作为劣后级受益人,引入外部融资杠杆作为和优先级受益人,二者通过有限合伙企业、信托、通道等形式设立结构化的专项资产管理计划。该计划的目的是从二级资本市场认购万科股票,继而成为万科的股东。

项目跟投计划(见图4-3)是采取管理层与项目团队“强制跟投”、其他员工“自愿跟投”、外部合作伙伴(如上下游生态链)“适时拉入”的方式,共同投资万科2014年4月1日之后的所有新项目。根据不同投资主体规定不同的投资额度和比例,退出途径限定为项目清算,即不允许中途转售或退出。经营净现金流回正后按收益率的程度,根据“公司→跟投人→结构化”的批次进行分红。

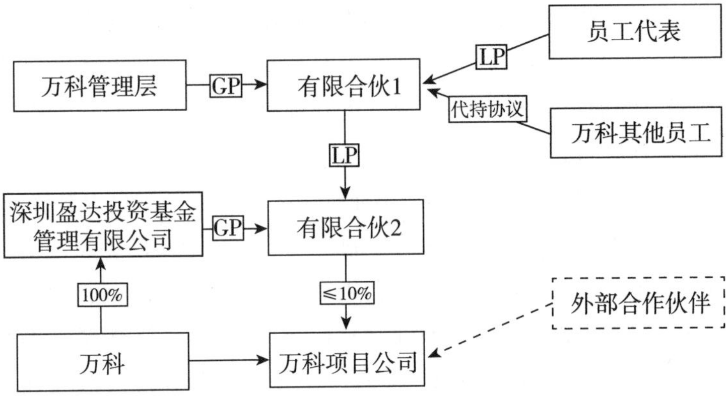

图4-3 项目跟投计划图解

资料来源:根据公开资料整理而绘制。

事业合伙人制度则是对“矩阵式管理”贯彻和优化。事业合伙人群组跨越边界,超越传统的职能部门划分,因事件发生而诞生、因事件存续而存在、因事件的结束和解散。在一个事件合伙人群组内部，信息完全是扁平的。同一个人可能同时加入多个事件合伙人群组，尤其是那些知识和技能具有广度的人。

郁亮对事业合伙人计划所产生的“背靠背信任”信心满满。在他看来，事业合伙人计划是一个“真正的‘我中有你，你中有我’的机制”，不再因为项目没做好而彼此埋怨，不会因为不放心让一个人负责而增设导致内耗，“不再需要更多的中层以让每一位管理者都能直接听到最底层的声音”。

郁亮还用王石的“登山情结”来举例，“登山就有这样一种机制：每个登山者轮流往上攀登，前一个人打好钉子，确认结实牢靠了，下一个人再在此基础上往上攀登，继续打钉、挂绳。如果钉子不牢靠，一定是自己先掉下去，这就是一种背靠背的信任，因为我知道我的队友是在拿自己的生命做实验，如果让一个人来指挥别人打钉、挂绳，就完全没有背靠背信任可言。同样地，我们的信任不只是存在于员工和员工之间，也需要存在于公司和员工之间，我们没必要建立那么多的监察、监督机制，我们需要用事业合伙人的机制给我们建立背靠背的信任”。换言之，股权激励只是事业合伙人的手段之一，更重要的是，“它通过风险共担、劣后分享、跟投对赌和身份转变的机制设计，让老板一个人的战斗，变成一群人的战斗了”。①

1 年后的 4 月 15 日，万科出台《万科集团内部创业管理办法》，内部又称“小草计划”。核心是鼓励员工拓展万科的产业链上下游，“肥水不流外人田”，除了帮助孵化（风险投资、合作方、专家等资源支持）。不过，接受这个项目的员工必须从万科辞职（但 2 年内保留职位），也不能使用万科品牌，这是因为“不是草根创业，就不能全力以赴，最后往往做不成功”。按照郁亮的构想，“万科将不需要培养接班人，只需要培养合伙人”。② 要解放万科上上下下 4 万多名员工的生产力和创造力，同时让他们所释放的能量都外绕万科“城市配套服务商”的中心展开，“将万科变成一家人人都能参与的公司”。

有些人认为这个“小草计划”是将事业合伙人计划进行了再次升级。但从时间和实践来看，再考虑到 3 个月后开始的控制权之战。这个计划更像是一次“友善裁员”的工具。房地产企业是一个高级社会化集成的行业，与传统制造业（如海尔）和新型制造业（如华为）完全不同，设计是设计院，营销有代理公司，施工有建筑公司。员工很难在这个产业链条上“从 0 到 1”，更不要说公共基础设施、商业地产、文旅地产、养老地产或教育机构等看上去与之相关但实际思维和逻辑完全风马牛不相及

---

① 李维安、郝臣等：《公司治理手册》，清华大学出版社 2015 年版。

② 《【独家】郁亮：万科不再需要培养接班人》，载界面 2015 年 4 月 18 日，https://m.jiemian.com/article/265352.html。

的“城市配套”。

于是，在事业合伙人计划之下，万科员工的待遇、未来、价值观，与万科管理层贴的越来越近，越来越紧密。相比之下，QQ的存在却不影响微信崛起，而微信的崛起却又让QQ焕发新生。

4. 事业合伙人计划：作用和争议

万科内部推荐阅读的《重新定义管理》的作者认为，在知识经济和互联网的双重趋势下，超大型企业会变得“不经济”，企业的边界会消失，内部权力体系会消亡，职能之间的边界也会逐渐弱化，去科层制、合伙共事是大势所趋。

从企业管理角度来看，万科管理层利用事业合伙人制度推行了万科的机构改革，以业务角色为核心的平等关系逐渐取代了以职能模块为核心的上下级关系①。无疑增强了公司的凝聚力，让员工和管理层靠得更近，甚至紧密团结，起到了管理层对内激励和对外防御的作用。

除了万科，合伙人制度在中国国内企业得到了应用，如著名的“湖畔合伙人”制度就出自阿里巴巴集团（BABA. NYSE/09988. HK，以下简称阿里）之手，还有华为的“虚拟股模式”、格力的“销售渠道合伙人制”、娃哈哈的“生态营销制”、碧桂园的“同心共享计划”、绿地的“大合伙、小合伙模式”、龙湖的“多层次合伙人模式”……

这些公司的“合伙人化”，核心是在不突破公司基本制度的前提下将公司内部的中高层、员工和公司外部的上下游企业捆在一起，从而保证了管理层核心的控制权，让“野蛮人”望而却步。

反之，采用合伙人制度的律师事务所、会计师事务所等也越来越多地开始“公司化”的制度设计，吸收了公司制度“低分配、高积累”“专业化分工、一体化管理”“规模化、稳定性强”等特点，同时不丧失合伙人制度本身的激励性和灵活性。

合伙人制度与公司制度的“相互融合”和“相互借鉴”，是商业发展的客观存在，也是殊途同归，对国内的法律制度也形成了挑战。

从资本市场角度来看，万科管理层利用事业合伙人计划增持比例不到10%，对此次的控制权争夺战的确产生了影响，不过，真正“定乾坤”的是深圳地铁和监管整治，而非事业合伙人计划。同时，该计划也让万科管理层成为众矢之的，“内部人控制”“掏空万科”等声音不绝于耳，让万科管理层更加不可能保住原有的控制权地位。

除了饱受批评的信息透明度问题，该计划可能也是此次控制权争夺战的诱因

---

① 张晓玲、孙艺萌：《颠覆万科：权力分解演绎合伙人之变》，载21世纪经济报道，https://m.21jingji.com/article/20180915/452281602067afd24682df9b6c06554a.html。

之一。因为万科管理层是该计划的受益者，所以很难说其不存在“为了低价持有股权，蓄意压低万科股价”的倾向（涉嫌内幕交易），从而影响万科股票价值低于其实际价值，结果却是“引狼入室”——宝能连续举牌，利用金融杠杆低价获取大量优质资产，从而与万科管理层争夺万科控制权。

随着“德赢1号”专项资产管理计划的陆续清盘，2亿万科股票回归到“万丰系”，2020年4月2日，“万丰系”将2亿股票捐给了清华大学。据媒体透露，王石表示，“这笔资产找到最好归宿”，郁亮则将代表万科来参与清华大学万科公共卫生与健康学科发展专项基金理事会和清华公共健康管理学院的运作。①

上述捐赠行为既收获了好评，也引发了争议。前万科员工、广东省房地产研究会执行会长韩世同就在此时连续发表《致万科集团、清华大学的公开信》和《告万科全体新老员工书》等多篇文章质疑捐赠行为，并在4月20日公开其向证监会寄发实名举报信。

韩世同认为这2亿股属于万科的新老员工，虽然万科员工代表大会在2011年决定将该笔股票用于公益事业，并授权万科企业股资产管理中心来管理。但是，并没有授权万科和万科企业股资产管理中心可以在未经万科员工代表大会审议通过的情况下，将该笔股票对外捐赠。因此，这2亿股应当用于万科新老员工的公益福利基金，委托专业机构运作，将每年的收益用于万科新老员工生老病死和健康方面的援助、补贴和赞助。② 王石和管理层不应在未经万科全体员工授权或同意的情况下用这笔不属于自己的股票“借花献佛”。这样的捐赠侵犯了万科全体员工的权益，韩世同声称将考虑通过包括公益诉讼在内的司法途径来采取进一步行动。

曾提出宜将独立董事改造成现代公司的“有钱、有权、有闲、有家”得“四有新人”的中国政法大学商学院院长刘纪鹏对此接受采访时表示：“这是个严肃的法律问题，至少涉及几个问题：第一，如果企业股归万科全体职工所有，万科的全体员工是不是都同意做这样的捐献？第二，企业股管理中心是不是王石和郁亮任命的，有没有合法的产生机制，有没有明确的章程规定？第三，这个股权中心有没有决策机制，这个捐献是不是遵守了这个程序？遵守了没有法律程序？”“从法理上分析王石擅自做出捐给清华的决定，依我个人的判断很有可能是不能成立的。”

---

① 《独家|万科向清华捐出2亿股53亿捐赠幕后的61亿大宗交易》，载财新网，http://finance.caixin.com/2020-04-02/101538048.html。

② 《53亿捐赠清华涉嫌侵权》，载中国企业新闻观察网2020年4月22日，https://www.sohu.com/a/390027304_99937407。

5. 停牌拖延，也成绝唱

万科管理层通过停牌制度拖延了6个月的时间，阻止了宝能的继续增持，增加了宝能的资金成本压力。但与此同时停牌制度要求万科必须有合理正当的理由，于是万科不得不积极寻找资产重组方。而重组方案却损害了大股东华润和中小股东的利益，导致华润与万科管理层分道扬镳，万科管理层也备受中小股东指责。

与宝能的“融资艺术”类似，万科的“停牌艺术”也将成为历史。2018年11月6日，证监会出台《关于完善上市公司股票停复牌制度的指导意见》[①]（证监会公告〔2018〕34号）。以后停牌将很难再作为反收购措施而随意使用。这一点将在本书的“康达尔控制权之争”中有更深入的阐述，此处不再赘述。

6. 复盘后的“砸盘”——“诉讼 + 双重举报 + 诉诸舆论”组合拳

万科工会起诉宝能损害股东利益一案虽然获得了一定的舆论影响，但是从案情本身来看，无论是法律理论还是法律实践，万科工会都很难胜诉。例如，持股不足1%是否有权起诉，前置程序是否符合形式，造成损失的具体范围和计算依据等。

此外，即便法院认定持股违规，在我国“民事责任与行政责任区分”的制度下，宝能最多也只是遭受行政处罚，并不影响其股东身份（投票权和财产权）。不过，在新《证券法》的背景下，如果宝能被确认其增持行为存在违反第六十三条第一款和第二款的行为，增持所对应的份额将会自买入后的36个月内“不得行使表决权”。

而万科最大自然人股东——刘元生与万科管理层的两次行政举报并同时向大众公开后，的确有了立竿见影的效果，《财经》也在此时密集刊文，引起舆论重大反响。此后，宝能再也没有增持过万科股票，也不再参与万科的控制权争夺。

而诉诸舆论是一把“双刃剑”，除了部分公众“并不买账”甚至“粉转路、路转黑”之外，监管层也是对此非常不满：深交所就举报信公开问题发监管函约谈万科，证监会新闻发言人谴责万科“通过各种方式激化矛盾”。而随着我国证券监管的趋严，这种方式在日后很可能会付出更大的代价。

（三）华润的非“攻”非“守”

1. 专家法律意见书：杀伤力和局限性

与“万科股权争议论证会”类似的“专家法律意见书”在国内其实屡见不鲜，也不限于民事、刑事或者行政。本质上，都是“八步法”：被（1）当事人“邀请”而来的多位国内学界权威，（2）以学术会、谈论会、研判会、沙龙等形式，（3）就聘请方提供

---

① 现已被2022年1月5日发布的《关于完善上市公司股票停复牌制度的指导意见》，中国证券监督管理委员会公告〔2022〕7号废止。

的材料为基础，(4)对聘请方提出的法律问题在有限的时间里进行分析，(5)继而(大部分情况下)作出整体上有利于聘请方的分析结论，然后(6)形成书面意见并(7)亲笔签署确认，最后(8)聘请方将该书面意见提交办案机关(如立法机关、监察机关、侦查机关、司法机关、政府部门、监管机构等)给或公之于众。

从法律角度而言，首先，专家法律意见书属于案外人对案件相关事实发表的书面意见，这种意见并非为了证明案件的事实。因此，专家法律意见书不是书证，其出具者也不属于证人、鉴定人或专家辅助人，不具有法定证据形式。其次，专家法律意见书的观点属于对法律的解释，但由于出具者既不是立法机关，也不是司法机关和执法机关，因此这也不属于法律渊源，对办案机关没有强制约束力。再次，尽管专家法律意见书是当事人委托，但出具人的案外人身份决定了他们不是当事人的代理人，因此专家法律意见书也不具备起诉状、答辩状、代理词等法律效果。最后，从解释者的身份而言，由于其“单方性”“解释个案”“非学术性”的特点，与学理解释的“中立性”“解释规则”“学术性”完全不同，因此从专业度和严谨性而言，专家法律意见书对办案机关的可参考性，还不如出具该专家法律意见书的学者本人的学术著作、专业论文或媒体采访。

但是，由于专家法律意见书基本是以专业权威的面目出现，所以它对社会舆论、涉案人、办案机关均能产生无形的作用力，对司法实践的影响力也一直存在。而且从常识也可以推断，国内大部分的法学泰斗和学术权威都是参加过国家立法活动的人，有的还担任着人大或政协的各种领导职务，能“邀请”到他们的一方往往都不太可能是普通人，所以，能向提供专家法律意见书的当事人大多数都有着相当的政治或经济背景。更有甚者的当事人还会“投其所好”，让办案机关的承办人员面对自己的老师出具的专家法律意见书，同时再把它交给新闻媒体进行舆论炒作。这就让很多人担心案件从“公平正义”变成了“威权主义”。

专家法律意见书在引发人们对案件处理公正性担忧的同时，也为出具者带来了困扰。正因为专家法律意见书为单方聘请和出具(大部分情况下还是有偿且价格不菲的)、单方提供材料、单方呈现结果，很容易导致“有利材料→有利结论”，最终呈现给办案机关和公众的往往只有有利于聘请方的论证结论和简要理由，但并不展现与会者的意见分歧和论证会达成一致论证意见的过程，因而难以确认这些专家签名确认到底是“同意结论”还是只是“签到”；而且，由于未展现讨论的全文，结果也不能看到与会的专家论证过程和思维，更看不到争议观点、方法和思想的交流碰撞。

所以，“单方邀请 + 单方材料 + 单方结论 + 单方使用 + 单方公布 + 没有过程”，是专家法律意见书的价值大打折扣的根本原因。

2. 专家法律意见书:与法院的分歧

从宝万之争来看,“万科股权争议论证会”成了一把“双刃剑”,舆论界(特别是法律界)普遍持负面评价,而在张某和袁某诉万科撤销617董事会决议的两个案子中,法院也对“万科股权争议论证会”相关意见予以回应,给出了不同的看法:①

关于张利平的回避是否应当经过法定程序的问题,法院认为万科的《公司章程》未规定相关审查程序。表决申请已经在客观上通过其他董事默示和无异议的方式予以通过,回避表决本身不存在任何瑕疵。换言之,所谓的回避须经“法定程序”并没有法律依据。

法院的这段论述的推导过程过于简略,要得到这个结论,需要对两个问题进行论证,但法院对此语焉不详:

一是虽然“法定程序”没有法律依据,但行政法规、证监会文件、证交所规则和万科的《公司章程》中是否对回避程序进行了相关规定,法院有无进行审查和分析?

二是617董事会上,“参会董事之沉默或者无异议”属于沉默还是默示?

如果是沉默的话,《民法典》明确规定了“沉默只有在法律规定、当事人约定或者符合交易习惯时,才可以视为意思表示”。法院在本案中将默示视为同意的意思表示的依据是什么?

如果是默示的话,那么法院又是通过与会者的哪些行为推定出这些董事作出了同意的意思表示。法院又是通过原告、被告提供的哪些证据来认定这些行为的存在和真实性的,而且,仅凭书面记录(而且主要是被告制作的)而不通过询问与会者的方式来认定会议的现场情况是否充分?

而关于张利平提出回避表决的理由是否符合法律及万科《公司章程》的相关规定的问题,法院认为这属于“商业判断”,即系“公司的管理人员依据其自身所具有的商业经验对公司经营事务所进行的主观选择”,因此不应纳入司法审查的范围。为此,法院论述道:

“如果对于公司管理人员的商业判断行为进行司法审查,则意味着司法审查的边界将延伸至判断商业行为合理性的范畴,而某个商业判断是否合理最应当交由既身处具体商业活动中又秉持审慎态度的公司管理人员来决定。将这种商业判断问题交由司法机关决定有违公司自治及司法谦抑性原则的要求。”

从本质来看,看法院的这个结论是没有问题的,但是论证过程同样过于简略,

---

① 张某与万科企业股份有限公司公司决议撤销纠纷二审民事判决书,广东省深圳市中级人民法院(2017)粤03民终8665号民事判决书。

容易给人以误解。换言之,与“回避是否应当经过法定程序”的问题类似,法院应该是在遍历了所有的法律、行政法规、证监会文件、证交所规则和《公司章程》后,发现的确没有规定可以用于审查张利平是否与617董事会中的决议事项(深圳地铁重组预案)存在关联关系后,才能进一步给出“该问题应属于商业判断问题”的结论。

3.617董事会之殇:“牛角尖”的缘起

根据我国《公司法》第一百一十一条之规定,董事会会议由过半数出席方可举行,一人一票,全体董事过半数同意即可通过决议。同时《公司法》第一百二十四条对上市公司的关联交易作出特殊规定:董事会会议决议事项所涉及的企业与部分董事有关联关系的,由过半数无关联关系董事出席方可举行,并由无关联关系董事过半数同意即可通过。

万科的《公司章程》将《公司法》这2条悉数照搬,成为其《公司章程》第一百五十二条的第一款和第二款。而除此之外,万科还对董事会决议的部分事项提高了表决权的通过要求,《公司章程》第一百三十七条第二款规定,增加注册资本和重大收购事项需全体董事2/3以上同意方可通过。①

不知这样的章程设计的具体背景和缘由是什么,但这样的设计无疑是万科管理层和华润针锋相对、各执一词的诱因之一:

首先,是张利平是否不应行使表决权。

各方对“关联关系”这个法律概念产生了争议,在华润看来,认定关联关系应当从狭义的立场理解,此次决议事项“所涉及的企业”仅包括深圳地铁,而不应包括已经或拟与万科进行交易的其他公司。而在张利平看来,认定关联关系应当从广义的立场理解,万科目前正分别与黑石集团和深圳地铁合作地产相关项目,那么自己作为黑石集团一员,在万科与深圳地铁的合作事宜存在妨碍其独立客观判断的情形,因此不宜发表意见。

根据我国《公司法》的规定,关联关系指的是“控股股东、实际控制人、董事、监事、高级管理人员与其直接或者间接控制的企业之间的关系,以及可能导致公司利益转移的其他关系”。该条也被万科的《公司章程》完全承继到了第二百七十四条第二款。张利平与黑石集团的关系,从经济实质来说,的确必然导致其在万科与深

---

① 万科《公司章程》(2014年6月)第一百三十七条:“董事会行使下列职权……(六)制订公司增加或者减少注册资本、发行债券或其他证券及上市方案;(七)拟订公司重大收购、收购本公司股票或者合并、分立、解散和变更公司形式方案;(九)在本章程规定的范围内,决定公司对外担保事项;(十三)制订公司章程的修改方案……上述第(六)(七)(九)(十三)项必须由董事会三分之二以上的董事表决同意。”

圳地铁的项目中丧失独立性，然而，这种丧失，是否构成了法律意义上的“可能导致公司利益转移的其他关系”或者是监管部门所要求的“因其他原因使其独立的商业判断可能受到影响的人士”，[①]继而影响其在617董事会上进行表决呢？

其次，是张利平是否有权自行决定是否行使表决权。

在万科管理层看来，这属于张利平权利的自行处分，应予尊重。[②] 并且与会者在现场均未表示异议，应视为董事会认可其不愿行使表决权的行为。而华润委托的13位法学专家出具的专家意见书则认为，张利平在该会议上的行为并非回避，而是弃权。弃权是一种意见表达，需计入表决权总数，以弃权者享有表决权为前提，的确属于张利平意思自治的范畴。但回避是一种法定程序——申请回避的事由及批准回避的主体均须严格遵守法律及章程的规定，未经法定程序或批准了不合条件的回避申请，均不会产生回避的法定效果。参会董事的沉默或者无异议并不能推定为对张利平回避的认可和同意，董事会应当以“动议→会议→讨论→表决”的方式作出回避的决议。否则补偿回避的法律效果，张利平应当被视为有表决权，其申请回避的行为应被视为未生效，其未对决议事项发表意见的行为应当被视为弃权，需计入表决权总数。

最后，该决议的通过依据是什么。即到底无关联关系董事过半数通过即可（第一百五十二条），还是需全体董事2/3以上通过（第一百三十七条），或者是二者的结合？

从表面来看，这个问题的答案似乎显而易见。《公司章程》第一百三十七条第二款明确规定了注册资本增减和重大收购需要董事会2/3以上董事的表决同意。617董事会所涉及的交易事项，20.65%的股权换来深圳地铁的三块土地，交易金额超过了450亿元，完全符合上述情形，所以应当适用该条。专家意见书也认为应当经过2/3以上同意方为有效，但并未进一步论证分析分母到底是11还是10。

4.617董事会之殇：另一个“迷雾弹”

从《公司法》角度，第一百一十一条与第一百二十四条是“一般”与“特殊”的关系。即一般情况下是全体过半数通过，有关联关系的话是无关联关系过半数通过。而万科的《公司章程》在完全承继了这两条作为其第一百五十二条第一款和第二款后，又在2013年1月加入了第一百三十七条第二款——增发注册资本、重大并购等重大事项应当为全体董事2/3以上的董事通过。导致了617董事会的困惑：

---

① 《深圳证券交易所股票上市规则》（2014年修订）第10.2.1条第二款第六项。

② 《深圳证券交易所股票上市规则》（2014年修订）第10.2.1条第一款：“上市公司董事会审议关联交易事项时，关联董事应当回避表决，也不得代理其他董事行使表决权。”

提高表决权比例(单纯提高分子)无疑是提高了要求,但从“无关联关系的董事”变更为“全体董事”(同时提高分子和分母)就很难说是提高要求还是降低要求了。二者一叠加,涉及“关联方+重大事项”的表决结果将很容易出现不确定性。具体来说,如果是按照第一百二十四条来决议,那么无关联董事将被完全排除在外,可能会出现未过半数的情形。但按照第一百三十七条决议的话,由于全体董事参加,那么如果涉及关联董事只要足够多,那么决议结果很可能出现超过2/3的情形。于是,就产生了“与公司董事越亲密、性质越重大”的事项反而越容易被关联董事操控的反常情形。

假设在617董事会中,决议事项重大且有关联关系的董事不止1个,而是4个,即无关联关系的董事只有7名,这7个人3人反对,4人同意,另外4个关联董事则均希望通过。那么按照《公司章程》第一百二十四条,3人同意、4人反对,未达到1/2,决议未通过;而按照《公司章程》第一百三十七条,8人同意,4人反对,超过2/3,决议通过。

有观点认为,应当将条文进行整体解释和目的解释,第一百三十七条是对加强表决的一般性要求,第一百五十二条第二款则是对回避表决的特殊性要求。因此第一百三十七条所指的“董事会三分之二以上的董事”指的是无回避的情况下对重大事项进行表决的一般情形,那么在有回避的情形下,应当适用第一百五十二条第二款中关于回避的要求,其余部分则继续适用第一百三十七条的内容(而非继续适用第一百五十二条中关于过半数即可通过的规定)。

万科管理层极其聪明,在2/3还是半数的问题上不置可否、“无意争执”,坚持“无论是哪种算法,都是通过”的主张:首先根据《公司章程》第一百五十二条第二款,公司董事与董事会会议决议事项所涉及的企业有关联关系的,应当回避表决且不得对该决议行使表决权。其次如果是全部适用第一百五十二条第二款,无论分母是10票还是11票,7张赞成票均已过半,决议通过。而如果是回避部分适用第一百五十二条第二款,表决部分适用第一百三十七条第二款,那么张利平回避表决后,投票董事总人数应是10人,7张赞成票超过了10名董事的2/3,依然算是通过。

这种“两头沾”的模糊处理方式让华润陷入了“鲱鱼效应”,极大地增加了华润主张617决议效力问题的成本和精力。

华润主张的观点是:“张利平关联关系涉及的是黑石与万科,但此次表决事项涉及的是深圳地铁,不属于《公司章程》第一百五十二条所说的‘关联关系’,因此张利平无权回避表决,应当计入表决权总数中,所以投票董事总人数还是11人,7张赞成票并未超过11名董事的2/3。”为此,需要首先论证(1)张利平任职虽然可能影响其独立性的,但这种影响不属于董事会决议应当回避中的“关联关系”;然后论证(2)在回避表决几乎没有前置程序的硬性规定、且自己当初无明确异议的情况下,为何张利平申请回避的行为无效,最后还要论证(3)在第一百五十二条属于《公司法》明文规定照搬且没有“章程另有规定除外”但书的情况下,617 董事会为何不应适用第一百五十二条或与第一百三十七条结合适用,而应全部适用第一百三十七条。

六、总结:渔翁得利

(一)宝能

1. 难以融入万科

公司和股东在法律上各自独立,实际上存在千丝万缕的联系,当大股东面对凝聚力极强的公司时尤为如此。股东如果忽视了公司的使命和愿景,即不能充分理解、尊重并提供资源以支持公司的营利和非营利目的、在长期战略一项和业务范围方面的经验宗旨,以及价值观、行为准则等经营哲学,哪怕是支持了公司的自主经营诉求,愿意当一个“大撒把”,也依然会遭到抵制。

这种抵制不仅仅来自公司管理层,还来自公司的员工、公司的客户、公司的合作伙伴,以及公司的监管部门。而之所以受到这么多抵制,就是宝能没有想好该如何处理万科多年打造的事业合伙人计划这个制度。如果一个企业的员工、客户、上下游、合作伙伴和管理层已经通过利益和法律等方式深深的绑在了一起,那么如果不是为了获得控制权的话,贸然出击是否合适?

宝能虽然始终强调不干涉万科的自主经营,也愿意让管理层团队继续掌管公司。但一直未予正面回应王石最早提出“不欢迎宝能成为第一大股东”的四点理由,即宝能如何解决其企业信用、专业能力、杠杆风险对万科的负面影响?如何能够像华润那样有助于万科的组织建设、股权结构的稳定、业务管理以及国际化进程的推进?

直至这场战争的结束,宝能也未展现这一点,所以其收购行为引发激烈冲突是在所难免的。

2. 轻视社会舆论

单纯的收购无法评判是好是坏,但资本运作除了合法合规这个基本要求以外,还需要有责任担当:为股东、企业和社会创造价值,而不是投机套利,否则不但会受到舆论谴责,也会面临监管的主动介入。

宝能提出的罢免万科所有董事和监事的议案以及“血洗南坡”引发的一连串社会影响,让宝能从当初的“侠之大者,为国护盘”变成了“避实就虚,行业强盗”,受到了极大的负面舆论压力，最终也引发监管部门的强势出手。

相比于王石，宝能的实际控制人姚振华在舆论面前更喜欢低调。有传言称姚振华曾对下属表示，“在百度里绝对不能搜到我的名字！”除了前述提到的在粤商大会上的主题演讲，表达“金融的本质是资金融通，核心在于价值发现和资源配置，意义在于服务实体，降低实体运营成本，两者之间应该形成良性循环互动的共生关系”等观点外，很少能看到姚振华在其他公开场合的发声。

而在此次争夺战中，宝能并未如万科那样采取诉诸舆论的方式。这种态度虽然的确也帮助宝能避免了万科管理层（特别是王石）遇到的舆论风波，但同时也失去了更多人对他的同情以及支持。虽然有部分媒体也支持了他，但相比于《财新》的“打蛇打七寸”来说相去甚远——观点矛盾、立场模糊、事实不清、逻辑混乱、系统性差、受众面窄且偏向于大众（而非高层）。

比如，“财新”等媒体对于宝能的软肋（收购资金来源）进行了长期地、持续地“独家观察”“专题报道”“真相揭秘”，刘元生与万科管理层公开举报后更是密集刊文，不断地刺激舆论。董明珠则是在刘士余“土豪、妖精、害人精”的讲话前后密集发声。现在来看，这些“轰炸”和监管部门的整治力度不无关系。

相比之下，万科管理层的“内部人控制”“万丰系”等问题也从未得到如此的“待遇”，关于万科管理层负面报道更多的都只是王石的花边新闻。

毕竟，投资者信心是资本市场运转的关键因素之一，对这个关键因素的不够重视，将会严重影响规则运用和资本实力的充分发挥。

（二）华润：清仓退场，最大输家

从法律角度来看，其实对于华润来说，深圳地铁重组预案能否施行，决定权完全在自己手中，董事会无权染指，因为根据《公司法》和万科《公司章程》的规定，上述重组方案需要在重组标的资产的审计与评估后进行第二次董事会表决，随后还要通过股东大会与会者 2/3 以上表决权的批准。① 所以 617 董事会决议的效力并不影响华润和宝能否定地铁重组预案的实质性权力。

然而，华润此时的激烈反应，以及此后不惜得罪学界和舆论而采取的行动，可谓让法律界的人士很难理解：华润如果不同意深圳地铁重组预案，只需要等到股东大会的时候否决就可以了，为什么要在 617 董事会上“钻牛角尖”？

---

① 《上市公司重大资产重组管理办法》（2014 年修订）（证监会令第 109 号）第二十四条第一款：“上市公司股东大会就重大资产重组事项作出决议，必须经出席会议的股东所持表决权的 2/3 以上通过。”

"能攻心,则反侧自消,从古知兵非好战"。[①] 华润没有选择在股东大会一决高下,而是在董事会前后强攻,其中的真正的缘由,也许只有华润自己知道。

"不审势,即宽严皆误。"华润作为万科17年的战略投资者,与万科进行过多次房地产业务合作,也通过自己的金融平台为万科提供财务支持。却在此次控制权争夺战中先是被万科管理层"偷袭",然后被独立董事和其他股东质疑与宝能"同流合污"、接着引发监管层不满、被要求不得随意表态和行动。最终以一个财务投资者的身份退场。

(三)安邦:盆丰钵满,却成"挽歌"

安邦在此次控制权争夺战中并未受到压力,在宝能二次进攻的时候并未继续为万科提供支持,但也没有被万科指责"不给力"。从2015年12月4日安邦首次举牌,至2017年6月30日控制权争夺战结束,万科股价从15元/股左右上涨到22元/股。安邦投资浮盈46.67%,可谓是"无欲则明"。

然而,比起宝能和恒大,安邦的保险业务存在更为严重的问题。

2017年4月29日,"财新"针对安邦的增资问题刊发封面文章,[②]文章指出:2014年,吴小晖通过86名有相关关系的个人股东,利用5.6亿元的资金,投资于49家号称总注册资本达24亿元的企业,再通过层层类似"幼蛇吞巨象"的控股方式,完成对安邦499亿元的增资。以实现对安邦98%股权、600多亿元的注册资金(111倍杠杆)和超过19,000亿元的资产(3400倍杠杆)的最终控制。涉嫌循环出资,即利用自己控制的保险资金虚假注资。

1个月后,保监会成立工作组对安邦展开专项调查,半年后2018年1月24日,保监会对安邦下发监管函,要求其更换法定代表人吴小晖。[③] 3周后的2月12日,保监会认为安邦的违法违规行为可能严重危及其偿付能力,决定对其实施监管。[④]

2019年11月4日,中国人民银行前行长周小川在国家自然科学基金应急管理项目"防范和化解金融风险"课题2019年度交流会上指出:"安邦系问题的出现有多种原因,但公司治理上的欠缺导致了金融风险加剧……它通过掌握的成都农商

---

① 赵藩:《攻心联》,四川省成都市武侯祠内的一副对联,深得游人喜爱,名扬遐迩。

② 郭婷冰:《穿透安邦魔术》,载财新网,http://finance.caixin.com/2017-04-29/101084867.html。

③ 2018年3月28日,吴小晖被提起公诉,5月10日,上海第一中级人民法院作出一审判决,以吴小晖犯集资诈骗罪、职务侵占罪数罪并罚,判处其有期徒刑18年,剥夺政治权利4年,并处没收财产105亿元人民币。吴小晖提出上诉,8月16日,上海市高级人民法院驳回上诉,维持原判。

④ 监管函〔2018〕34号,保监发改〔2018〕58号。

行等几家金融机构,把其他的资金包括存款资金、信贷资金设法转为资本金。此外,正好保险业有一个特点,就是保费可以用于投资,于是这些资金也在集团内部交叉投资,最后也变成资本金了。资本金增加以后继续加大杠杆,膨胀进一步加快。

“从公司治理的角度看,它们的高速膨胀明显存在巨大的缺陷:公司管理上没有公司治理的基本架构,或者有也不发挥作用,很多都没有正常决策程序,都由少数人、家族中几个人或领头人说了算;财务上没有内审机构,也没有正常外部审计,各种会计科目随意挪用或乱用;等等。

“中国历来强调企业改革。从20世纪80年代开始,就始终有个说法:‘企业改革是改革的出发点,也是改革的落脚点。’……但最近几年,社会上可能有一种看法,认为企业改革大部分路程都已经走完了,企业也改得比较好了,要求企业改革的声音就比较小了,对企业改革的关注度也没有那么高了。但从暴露的问题看,企业改革的问题还是不少的,还需要进一步深化,企业才能健康发展,才能防范风险,国民经济才能走向高质量发展的新路径。”①

2年后的2020年2月22日,银保监会决定终止接管,安邦集团相关保险业务已经由新设立的大家保险集团有限责任公司承接。②

(四)恒大:冲锋陷阵,名输实“?”

从此次混战的过程来看,恒大先是一个“投机客”,然后是“搅局者”,再后来又成了这场控制权之战的“见证人”。

而站在混战结束的时点来看,恒大既帮助宝能解围,缓解其爆仓风险,也成为了深圳地铁的“排头兵”,“牺牲”了70亿元换来了回归A股借壳上市深深房与旧城改造两个项目的机会。同时也被深圳市政府列为了重点引入企业,日后更多的政策扶持自不必说。2018年3月26日,恒大公布2017年年报,净利润370.3亿元,同比增长110.3%。

不过,旧城改造或许是赚了,但对于房企尤其是民营房企来说,境内上市一直都是一道坎,“不是所有(民营)地产公司都能如万科那么幸运,成为000002”。③ 恒大为了避免万达的前车之鉴(先私有化后再申请境内上市),选择模仿绿地的模式,即

---

① 周小川:《公司治理与金融稳定》,载微信公众号“中国人民银行”2020年8月1日。

② 《中国银行保险监督管理委员会关于对安邦保险集团股份有限公司依法终止接管的公告》,载银保监会官网2020年2月22日,http://www.cbirc.gov.cn/cn/view/pages/ItemDetail.html? docId = 891332。

③ 《对赌上市的钱,没那么好拿》,载微信公众号“拆哪儿”2020年9月24日。

先分拆,然后通过"当地总部+当地政府+当地上交所+当地业务重心"四合一的方式获得行政机关和监管部门支持。为此,恒大在这期间引入了1300亿元的战略投资。

但即便如此,恒大的上市一拖就是4年。[①] 2020年9月24日,一份以恒大的名义向广东省人民政府提交的《恒大集团有限公司关于恳请支持重大资产重组项目的情况报告》的函件在网上刷屏。

这篇文章称,如果恒大不能在明年1月底前完成借壳上市,资产负债率将大幅攀升至90%以上,可能导致其现金流断裂,从而引发恒大在相关银行、信托、基金等金融机构及债券市场的交叉违约,进而产生金融系统性风险。而且还会严重影响8441家上下游企业正常经营、331万人的稳定就业和204万业主的顺利收房,继而引发前述利益相关方和因停牌4年而利益受到巨大损害的深深房中小股东对交易各方、监管部门的大规模群体性法律诉讼或维权行为。

恒大旋即进行辟谣,通过媒体发布了声明(见图4-4),也通过联交所发布了公告。

CHINA EVERGRANDE GROUP

中國恒大集團

(于开曼群岛注册成立的有限责任公司)

(股份代号:3333)

严正声明

近日,网上流传有关恒大地产重组情况的谣言,相关文件和截图凭空捏造、纯属诽谤,对我公司造成严重的商誉损害。我公司强烈谴责,已向公安机关报案,坚决用法律武器维护公司合法权益。

特此声明

承董事局命
中国恒大集团
主席
许家印

香港,2020年9月24日

图4-4 恒大声明截图

图片来源:"披露易"网站。

① 深深房:《关于筹划重大资产重组事项停牌进展公告》,载巨潮资讯网2016年9月30日,公告编号:2016-072。

无风不起浪。就在“函件”刷屏前一个月的 8 月 20 日,住房和城乡建设部和人民银行在北京召开重点房地产企业座谈会,会议上明确了重点房地产企业资金监测和融资管理规则,也就是此前业内多次传闻的控制房地产企业有息债务增长的“三条红线”:剔除预收款的资产负债率不得大于 70%、净负债率不得大于 100%、现金短债比不得小于 1 倍。于 2021 年 1 月 1 日起在全行业全面推行,2023 年 6 月 30 日之前完成。

此时的恒大,剔除预收款的资产负债率为 82.7%、净负债率高达 183.1%,现金短债比仅为 0.4。三条红线全部“达标”。而此时的万科,除了剔除预收款的资产负债率稍高(76%)以外,另外两个指标均离红线很远(净负债率 27%,现金短债比 2.01)。

2020 年 8 月 31 日,恒大公布中期业绩,截至 2020 年 6 月 30 日,恒大的有息负债为 8355 亿元,其中一年以内的短期借款高达 3957 亿元(占比 46.5%)。而相比之下,现金仅为 2046 亿元,其中的 639 亿元还是受限制现金。

恒大面对监管政策和短期偿付的压力,宣布“自 9 月 7 日起至 10 月 8 日,全国楼盘全线 7 折”。但在“函件”刷屏后,标普将恒大的信用评级从“B +/稳定”下调至“B -/负面”。

2 个多月后,恒大通过深深房借壳上市的希望破灭①,回归 A 股的梦想也彻底破灭。

再接着,就是流动性危机而导致的、无尽的金融机构限贷与催债、供应商讨债和停工、业主维权、政府限价和停售。此时,恒大已经与政府、金融机构、业主、施工单位、供应商、中介等成为“命运共同体”。

2021 年 8 月 19 日,中国人民银行和银保监会约谈恒大,②要求其必须:(1)认真落实中央关于房地产市场平稳健康发展的战略部署;(2)努力保持经营稳定,积极化解债务风险,维护房地产市场和金融稳定;(3)依法依规做好重大事项真实信息披露,不传播并及时澄清不实信息。

恒大旋即在次日凌晨回应:③(1)坚定不移贯彻落实中央关于房地产市场平稳健康发展的战略部署,切实履行企业主体责任,全力以赴、想尽一切办法确保工程建设,保质保量完成楼盘交付;(2)坚决依法依规做好重大事项信息披露,绝不传播

---

① 深深房:《关于终止筹划重大资产重组事项暨公司股票复牌的公告》,载巨潮资讯网 2020 年 11 月 9 日,公告编号:2020 - 085。

② 载中国人民银行官网,http://www.pbc.gov.cn/goutongjiaoliu/113456/113469/4321397/index.html。

③ 《公告》,载恒大集团微信公众号 2021 年 8 月 20 日。

并及时澄清不实信息；(3)以最大决心、最大力度保持公司经营稳定，化解债务风险，维护房地产市场和金融稳定。

(五)深圳地铁："黄雀伺蝉"，最大赢家

深圳地铁在此次控制权争夺战后，持有万科29.38%的股权，离30%的相对控股非常接近。而且深圳地铁拿到了3个董事会席位和1个外部董事席位，4名独立董事也均为其所提名。所以从公司治理角度看，深圳地铁无疑比华润在万科拥有更大的话语权。而从主营业务来看，万科的"轨道+物业"的经营模式无疑能让深圳地铁对万科管理层施加更多的影响力。

2016年6月12日，也就是617董事会后不到一周，深圳地铁与万科在深圳联合举办"2016轨道交通与城市发展高端论坛"，①万科与深圳地铁等单位就深化深圳地铁与万科在地铁四期轨网上的战略合作，探索城市轨道建设"TOD+PPP"②新模式，以及在更多城市推广"轨道+物业"模式等内容达成合作意向。会上，深圳地铁的董事长林茂德表示将全力推进"地铁+万科"战略合作，有效发挥深圳地铁专注轨道交通建设运营、万科专注城市配套服务的优势，携手并进国内和海外市场，共同拓展"东进战略"和"一带一路"的发展新空间。

王石则表示，万科将有机会"在地铁沿线以合理价格获得源源不断的优质项目资源"，让万科的全体股东，都能分享地铁时代的经济红利。

2016年9月8日，国家发改委组织召开"组织召开城市轨道交通投融资机制创新研讨会"，林茂德在会上表达了深圳地铁进驻万科的三点积极意义：③一是配合其"轨道+物业"的创新发展模式；二是提供充沛的现金流；三是将注入的资产证券化。

(六)中小股东："神仙打架"，股民受益

宝能的"野蛮人"行为，让万科的股价被资本市场所纠正，从2015年7月4日宝能的首次举牌，至2017年6月30日控制权争夺战结束，万科股价从的12元/股左右，一路上涨到约22元/股，之后也一直维持在20元/股以上的水平，最高则超过40元/股。这种上涨幅度，改变了之前"业绩蒸蒸日上，股价长期低迷"的怪象。安邦、

---

① 《2016轨道交通与城市发展高端论坛深圳举行》，载央广网，http://news.cnr.cn/native/city/20160612/t20160612_522375565.shtml。

② TOD：Transit-Oriented Development，以公共交通为导向的开发；PPP：Public-Private Partnership，政府和社会资本合作。

③ 《国家发改委组织召开城市轨道交通投融资机制创新研讨会》，载中国政府网，http://www.gov.cn/xinwen/2016-09/09/content_5106798.htm。

恒大以及其他机构投资者的市场参与更是让万科的股价进一步提升,让中小投资者真正赚到了钱。这可能是万科管理层一直试图避免在股东大会上与宝能进行对决的一个重要原因。

据媒体报道,2020 年 3 月 18 日,万科在线上召开 2019 年度业绩推荐会,面对媒体质疑万科股价低迷,万科董秘朱旭表示,“股价的决定因素有很多,最本质的应该是我们自身的业绩表现”“未来作为管理层我们不能关注股价,我们必须要把业绩做好”。①

(七)万科管理层

1. 路径依赖,事前防御缺失(章程 &股权)

尽管在此次控制权争夺战之前,万科在 1994 年有过“君万之争”,然而万科之后并未在《公司章程》上采取积极防御措施。从两次的控制权之争的过程来看,可能的原因有两个:

一个是把之前的成功经验奉为圭臬。万科管理层认为即便是过去了 20 年,“君万之争”的应对策略足以应对“宝万之争”:用停牌来“釜底抽薪”,用舆论来“假道伐虢”,用举报来“借刀杀人”,用撤销授权来“关门谢客”,用“合纵连横”来拆散对手的结盟。

另一个则是自信。毕竟,有着股市“三大教父”之称的张国庆,这样一个“手眼通天”的资本大鳄都能在“君万之争”中迅速落败。在资本市场逐渐完善的今天,万科又何必畏惧其他的“野蛮人”呢?

在君万之争中,万科管理层的应对策略的关键点是两个,一个是“拜票”,瓦解君安联盟,组织发起临时股东大会的动议;另一个则是“揪小辫子”,发现君安证券的负责人建“老鼠仓”,破坏市场经济秩序,致使行政力量介入调停,最终获胜。之后为了面对潜在的野蛮人,用“事业合伙人”计划作为了事前防御的手段来将管理层与公司捆绑在一起。

到了宝万之争时,万科的应对方式如出一辙:通过“拜票”的方式拉来了安邦和深圳地铁,并通过各种方式瓦解华润与宝能“联盟”的可能;通过“揪小辫子”的方式指控宝能的杠杆收购危害实体经济和金融安全,致使行政力量出手干预。只是,虽然结果都是胜利,但从“大胜”便成了“险胜”,赢得很不容易。或许,若能采取其他的事前防御手段,例如,在万科在《公司章程》增添反收购条款,以及股权配置的问

---

① 郭亦非:《万科:“傲娇”的管理层不关注股价》,载腾讯棱镜网,https://baijiahao.baidu.com/s?id=1661472730270987756。

题上提前做一些工作，结果会不会更好一些？

宝能和君安相比，明显是做了很多的准备，每一步收购都是“梦之队”精心策划而来。20 年前，万科可以靠着舆论、举报和“拜票”赢得胜利，但“三十年河东，三十年河西”。国内的资本市场一直在朝着它应有的样子在发展。而实际上，资本市场就不应该是关于人设和情怀的进展，而是关于规则运用和资本实力，在公平公开的赛台上展开的竞争。宝能从举牌开始自始至终也没有做违反当时监管法规的事情，万科管理层自始至终也难以找到搬到台面上扣上违法帽子的理由。

尽管万科是国内上市公司，不能像美国上市的新浪那样在《公司章程》设置“赋予除敌意收购者外的公司股东以廉价购入公司股票或获得现金偿付的权利”的条款（“毒丸计划”的一种类型）来阻止盛大的收购，但完全可以借鉴国外的反收购措施，在满足我国《公司法》和相关法律法规的前提下，在《公司章程》中设置合理的收购障碍。

实际上，在宝万之争时期，有近 700 家国内上市公司都修改了公司章程，大部分公司的多数反收购条款都未被监管部门问询。而即便被问询，大部分条款也依然得到了保留，或者做些许保留。这些最终保留的条款也在日后的部分司法实践中被判为无效或者撤销，但在这之前的抵御作用是客观存在的。如“康达尔控制权之争”中的轮换董事会条款，最终得到了收购方和反收购方的接受，而法院和监管部门并未确认其效力。

因此，设置绝大多数条款、轮换董事制度、“金色降落伞”、增设职工董事、明确董事任职条件、规范股东权利行使方式等条款可以起到反收购的作用。但这些条款的设计需要很高的专业性，而且合法性一直存在争议。

2. 利益平衡失当

万科的业绩斐然，但股票一直处于低位，其中部分原因就是提取盈余公积过高、股利分红过低，一直以来就饱受中小股东诟病。此次控制权争夺战则是“火上浇油”——事业管理人计划“掏空万科”“内部人控制”，以及董事长“常年游学在外，长期脱岗但领取高额薪酬”与各种负面花边新闻，让王石变成了《门口的野蛮人》中的罗斯·约翰逊——“公司内部的小偷”，加重了万科管理层的舆论被动。部分小股东更是诉诸司法途径，起诉万科董事会，要求撤销深圳地铁重组议案、万科董事会换届。

而宝能的“入侵”，使得中小股东大获丰收，所以如果不是监管的介入，如果不是宝能的议案过于“雷声大作”，万科管理层在股东大会中很难取胜，中小股东完全有可能全力支持宝能。

而在漠视中小股东的同时,万科也轻视了大股东。可能是因为大股东的长期不干预政策,使得万科管理层以为重组方案也可以“先斩后奏”——至少可以说是自以为可以不需要事先进行充分而正式的沟通。但这个重组方案会使华润丢掉大股东地位、持股比例稀释掉3%、董事会3名席位也即将不保。万科管理层仅以“该方案有利于公司发展,有利于广大投资者的利益”为由很难说服华润放弃自己已有的“蛋糕”。

而在2016年3月矛盾初现的时候,万科管理层并没有做好争议解决的工作,结果是随着股东大会的临近,双方矛盾逐渐激化,最后演变为6月17日的董事会战争。

3. 保住部分权力

无论从股东会角度、董事会角度还是经营角度,深圳地铁都比华润拥有更多的话语权,于是也就限制了万科管理层权力。深圳地铁拥有名副其实的“一票否决权”,之前的“算术题”很难再出现。而万科之前备受指责的“内部人控制”“万丰系”“脱岗照领薪酬”等问题无疑也会得到改善。

不过,这也应该是资本市场的常态。有人认为,如果说管理层一定要“完全主导自己的命运”的话,也许相对于费尽心力去论证、设计、设置这样那样的反收购措施,还不如从一开始就持有公司的大多数股权、并在后续的历次融资乃至上市的过程中一直保持持有公司的多数股权(接近30%)并始终“合法合理”地掌握董事会大部分的席位。

但是,康达尔的案例已经告诉了我们,持股31.66%都不够,更何况30%呢?所以,问题并不在持股比例上,持股比例也无法保证管理层能保住自己的控制权。除非持股超过50%甚至超过67%。但是,如果持股到了这个比例,虽然能保持对公司的控制力、既有效也好操作,也算是从根本上解决了反收购问题,但这么做以后,还能不能得到资本方的青睐,还能不能“做大做强”呢?

4. 还需完善的产权制度

宝万之争没有让王石改变自己的生活,他继续坚持自己的爱好,也并未减少公开亮相,但已经尽可能地谨言慎行。2016年4月12日,王石与今日头条创始人、80后张一鸣展开了一场对话。其中在谈及不同代际企业家的区别时,王石表示自己最羡慕张一鸣的产权清晰,从一开始就有健全的产权制度,而自己创立的万科“到今天仍在为这个烦恼”。①

而自2016年6月的2015年年度股东大会之后,王石开始有意识地将自己的形

---

① 文小刀:《王石对话张一鸣:万科到现在还在为产权烦恼》,载腾讯财经,https://xw.qq.com/finance/2016041205443100。

象与万科及万科管理层进行了切割,他甚至没有出席 2016 年年度股东大会。在外界看来,王石是万科的一面旗帜,尤其是在此次控制权之争事件爆发之前更是犹如神一般地存在,做事高调、做人更高调,好比《庄子・逍遥游》中的鲲鹏一般,“其翼若垂天之云”。

结果这一次因为冲得太前,又是说错话、又是得罪人,像个不识时务的莽夫。对宝能和华润的态度也是反反复复:一会儿硬怼,一会儿又认怂。很难让人判断这到底是他的个人行为,还是管理层的意志。有万科员工曾表示,“王石很率性,他为声名所累,爱惜羽毛,到了这个阶段,似乎所有人都希望他走。其实很早之前他就想过要走,只是到这一步,会走得很难看。他应该也蛮难过。放权十多年,曾表态不再回来做拯救者。但出了股权的事,他还是回来做了很多努力”。

相反,虽然有“管理层要走就是全体离开,这是基本态度”的流言,但从事实上看,以郁亮为核心的管理层,在此次控制权之战中犹如《权力的游戏》中的“守夜人”军团一般,在控制权乱局影响深入到万科公司各个层面,离职率一度高达同业平均水平的两倍的不利环境下,能够稳定公司团队,突破经营业绩,而且不在公开场合参涉新老股东的“恩怨情仇”,也未像宝南之争那样与创始人“同进同退”,以“集体出走”来要挟公司和股东。

分散的股权结构是西方企业管理制度的基石之一,支撑了公司所有权和经营权的分离。然而,这种结构是否适合于中国这样中小股东占主流的资本市场?如果不能照搬的话又该如何改良?而若不采取这种分散的股权结构的公司占了大多数,那么这样的资本市场还能称为市场吗?

从现实来看,绝大部分的国内上市公司并未分散股权结构,而采用分散的股权结构的公司或者容易陷入“三个和尚没水喝”的公司僵局,或者如万科一般在面对资本之恶的挑战——“野蛮人”入侵时,无法用市场化的手段予以有效抵御,最后不得不借助于行政干预——无论是君万之争,还是宝万之争。

这两年的改革,给予了国家层面的设计思路,某种程度上在股东层面认可了王石的“既要有民营的活力,要有外资的规范、成熟,也要有中国国情、社会主义体制国有企业的成分”的观点。2020 年 7 月 3 日,中国人民银行党委书记、银保监会主席郭树清在发布的文章《完善公司治理是金融企业改革的重中之重》中指出,“通过股份制改造和境内外上市等多种途径,引入社会资本,推动形成由国有股东、机构投资者和社会公众共同持股的多元化股权结构”,对于推动公司治理有着积极的成效。

5. 为什么任正非不希望华为上市:临渊羡鱼

郁亮在2014年春季例会上推荐了两本书,一本便是之前多次提到的《门口的野蛮人》,而另一本则是《资本之王》,讲的是黑石集团如何登上全球资本市场食物链的顶端,郁亮极为推崇黑石集团的合伙人机制,继而“山寨”了一个事业合伙人计划。

张利平以其在黑石集团中兼职为由而在617董事会会议的“脱逃”行为成为众矢之的,宝能、华润、舆论、监管的关注点都集中在了张利平回避理由是否成立以及重组预案是否在此次会议上得到了通过。不过,如果对张利平回避理由中提到的黑石集团有所了解,或许我们能更充分得理解:为什么万科管理层(甚至所有公司的管理层)非常抵制外来资本的“指手画脚”,继而对“公司为谁而治理”这个终极问题进行更多元、更深入的思考。

黑石集团(The Blackstone Group, Inc, NYSE:BX)是由Stephen A. Schwarzman和Peter Peterson在1985年10月29日共同创立。“黑石”这个名字分别取自于两位创始人名字的“黑色”和“岩石”。[①] 黑石集团经过35年的发展,成为了美国规模最大的上市投资管理公司,获得了“全球私募之王”的称号。Stephen A. Schwarzman还有一个国内熟知的中文名字:苏世民。他在2013年4月创设了“清华大学苏世民书院”,并以个人名义捐赠1亿美元,李稻葵担任院长,每年资助来自世界各地的学生在清华大学的苏世民书院攻读为期一年的硕士项目。首批入学的共有来自31个国家的110名学生,中国国家主席习近平和时任美国总统奥巴马分别发来贺信,时任中国国务院副总理刘延东出席了开学典礼。

黑石集团在考虑是否上市的时候是“有所纠结”的:[②]虽然上市能把竞争对手甩在身后,能够募集永久性资本用于主营业务(投资)并扩大黑石集团的业务范围,还减少了在市场转向时募资困难的风险,有限合伙人[③]和拥有公司权益的员工也能在上市后更方便地退出。

但是,上市会带来控制权和所有权的问题。黑石集团一旦上市,那么就必须要真实、完整、准确、及时地公开公司的情况,接受竞争对手、监管部门和公众的“监督”,削弱了作为非上市公司所拥有的灵活性和自由裁量权。这会导致公司将面临

---

① Schwarzman中“Schwarz”为德语(黑色),Peterson则对应希腊语的“Petropoulos”(岩石)。

② 本节以下内容,载苏世民:《What It Takes: Lessons in the Pursuit of Excellence》,中译版为《苏世民:我的经验与教训》,中信出版集团2020年版。

③ 指参与黑石投资业务的机构投资人和个人投资人,对所投资项目而非黑石享有财产权益,但投资项目的经营管理权则基本在黑石手中。上市公司股东则是对黑石享有法定的股东权利。

市场的非理性压力，即无论长期表现如何，只要在某个季度未达成盈利目标，或公司股价因为任何原因下跌，公司都会受到质疑、攻击甚至审查。公司因此而可能被迫做出糟糕的短视决策。而“不断根据当天的市场变动重新平衡其资产或负债，而不是保持长期视野、冷静沉着地管理公司，将非常不利于整个经济的健康发展”。

此外，黑石集团作为一个投资管理公司，还需要平衡有限合伙人和上市公司公众股东的利益，前者习惯于把钱交给黑石投资，然后静等几年时间，坐收回报。但后者会每天追踪股价，时时关注自己所持股票的价值。而二者的利益有时会出现冲突。

苏世民在慎重考虑后，为黑石的上市设定了三个不可谈判条款：“第一，我们对有限合伙人的责任与对公众股东的责任之间不能存在冲突。第二，我和 Peter 用 40 万美元起家，创造了一个价值数十亿美元的公司，我不希望别人指挥我如何进行公司运营。现在的黑石，已经完美地融合了我的创业精神和 Tony 的组织运营才能。我们的文化是神圣不可侵犯的，如果上市有可能破坏我们的文化，那么我们对此不会予以考虑。第三，我想保持 100% 的控制权。我要以创始人的身份确保黑石的战略愿景。

“此外，我认为掌握公司的控制权是维持公司团结一致的最可靠的方式，可以防止公司四分五裂、各自为政、重蹈雷曼兄弟的覆辙。[①] 如果我继续掌控对人才体制和薪酬体制的最终决定权，我相信黑石员工会团结一致，黑石会蓬勃发展。

“如果我们满足这三个条款，就可以考虑上市，如果不能满足，就绝对不能上市。”

后来，黑石找到了解决上述三个问题的方案：在发行公开交易证券的同时保持有限合伙制，保留普通合伙人和董事会成员任命的权力，外部人士不具有任命普通合伙人或董事会的投票权。黑石集团为此需要给审计委员会任命独立的外部董事。

黑石集团的另外一位创始人 Peter Peterson 对上市是存在担忧的，除了上述提到的上市会所带来控制权和所有权的问题，他还对苏世民说：“上市后，你就会成为一个公众人物，被人当靶子是很不愉快的事情，你一定不喜欢。”

---

① 苏世民在自己《券商办公室氛围所反映的企业文化》的毕业论文中写道：“雷曼兄弟的办公楼设计像一座封建时期的城堡，充满了阴谋诡计，完全不透明。在那里工作的任何人都必须互相拼杀才能成功。我想，雷曼兄弟会做得很好，直到内斗将其摧垮。”苏世民毕业后入职雷曼兄弟，在雷曼兄弟宣布破产被希尔森并购后离开。

不过，苏世民最终还是说服了他，“你说的都对。但是，上市将为公司提供永久性资本，这些钱可以用来购买资产和证券。上市将黑石变为一个全球品牌，为我们带来交易、新的有限合伙人和新机遇。上市既能助力黑石开拓新的业务线，同时又能加强黑石‘一家公司一条心’的文化”。

后来，在经历过参议员、劳工联合会－产业工会联合会（AFL－CIO）的美国证券交易委员会（Vnited states Securities and Exchange Commission，SEC）的“趁火打劫”后，黑石集团终于上市，募集到了70亿美元，而其中的30亿美元来自中国国家外汇投资公司。

6. 为什么任正非不希望华为上市：退而结网

有相当多的优秀企业家，都和苏世民的看法是高度一致的。“坏公司比好公司更想上市，因为它们只能靠股民赚钱了。”[①]而好公司往往是由企业家“一把屎一把尿”地拉扯大，比起圈钱，他们更在意自己一手带大的公司和自己的关系。

实际上，国内很多最终选择境外上市的企业，都有过这方面的顾虑。例如，阿里当初的上市首先考虑的是香港证交所。但由于当时的香港证交所坚持“同股同权”的原则，不允许阿里采取“双层股权结构”来保证以马云领衔的管理团队对公司的控制权。最终，阿里放弃，转而选择赴美国纽约证交所上市。

阿里的董事局执行副主席蔡崇信曾对此表示：马云及他的合伙人只拥有阿里约10%的股份（马云持有7%左右股份），但他们有权提名董事会的大部分董事，当然阿里的股东们可以否决合伙人提出的这些董事候选人，但之后仍然由这些合伙人重新挑选新的候选人以供股东批准。这种公司治理结构被马云认为是阿里集团生命的基础，马云希望，公司上市之后创始人也依然对公司紧握掌控权，但这种制度可能在国内上市以后无法延续。因此，“现在阿里拟赴美上市，应该就是奔着合伙人对上市公司控制权的优惠而去”。[②]

4年后，香港证监会批准香港证交所实施“同股不同权”制度，小米科技有限责任公司（01810. HK）成为这个制度下第一个“吃螃蟹”的公司。而在1年后的2019年11月26日，阿里终得以“同股不同权”的公司治理结构在港交所挂牌上市，成为首个同时在美股和港股两地上市的中国互联网公司。阿里董事局主席兼首席执行官张勇在挂牌当日表示：“感谢香港，感谢港交所。因为过去几年香港的创新、香港资本市场的改革，使我们5年前错过的遗憾在今天得以实现，实现我们5年前曾做

---

① 张化桥：《避开股市的地雷》，中国人民大学出版社2010年版，第78页。

② 《为什么阿里巴巴当初没能在中国上市?》，载搜狐网，https://www.sohu.com/a/157531223_453997。

出的承诺:‘如果条件允许,香港,我们一定会回来。’”①

说到底,“没有好厨子,再好饭店也难以为继”。公司的实际控制人能够决定公司是否上市以及在哪上市,于是“讨好”他们、把他们吸引并留住也成为最完美的资本市场制度之下的“阿喀琉斯之踵”。保护其他利益相关者的最好方式并不是限制企业家发挥和无视企业家的诉求,而是为其他利益相关方提供更为完善的救济供给:资本跨境流通、监管透明且严格、集团诉讼制度。

在经历过“利润最大化”“股价最大化”和“企业价值最大化”后,“股东财富最大化”依然不是“公司为谁而治理”这个究极问题的终点。否则,如果资本市场只能吸引那种“纾困解围”的企业、“吃散伙饭”的企业、“循规蹈矩”的企业,而且不能将“买房保壳”的企业、“不务正业”的企业和“不思进取”的企业“夕阳”企业有效出清,那么这个资本市场只会是“劣币驱逐良币”,将很难吸引和留住具有企业家精神的企业、创新的企业、卓越的企业、伟大的企业、推动社会和国家进步的企业。

理解了这一点,也就能理解为什么我国不断地在这方面深化改革。规则制定者的确需要在上市公司、中小股东、机构投资者、债权人等相关主体之间做好平衡,但长期以来对企业家的忽视也得到了改善:实施股票发行注册制和“同股不同权”、规范战略投资者、开展创新企业境内发行股票或存托凭证、设立金融法院等 2020 年 7 月 24 日,卸任重庆市市长和全国人大财经委副主任委员黄奇帆发文,②主题是“如何构建完整的内需体系,形成国内国际双循环新格局”。其中在资本市场方面,建议“要力争将科创板打造成能与美国纳斯达克相媲美的资本市场”。

幸运的是,万科的价值并未因这次控制权之战而受到不可恢复的损伤。6 个月的停牌,以及后续“连环计”而释放出的各种利空消息,对万科的正常运营产生了严重的负面影响。不过,万科在控制权之战结束之后还是交出了漂亮的成绩。2018 年 3 月 26 日,万科公布 2017 年年报,销售金额 5299 亿元,同比增长 45.3%,经营性现金净流入 823.2 亿元,同比增长 108%,净利润 280.5 亿元,同比增长 33.4%。2020 年 3 月 17 日,万科公布 2019 年年报,销售金额 6308.4 亿元,同比增长 3.9%,经营性现金净流入 456.8 亿元,同比增长 35.9%,净利润 388.7 亿元,同比增长 15.1%。

---

① 《阿里巴巴“回家”首个中美两地上市的互联网公司诞生》,载新浪财经,http://finance.sina.com.cn/stock/usstock/c/2019-11-26/doc-iihnzahi3399932.shtml。

② 《黄奇帆万字长文:对加快构建完整的内需体系,形成国内国际双循环相互促进新格局的思考和建议》,载中国经济周刊,http://www.ceweekly.cn/2020/0724/306121.shtml。

胡氏兄弟与国风控制权争夺战

一、西藏旅游风雨飘摇，胡氏兄弟“闪电入侵”(2001 年 4 月 ~2015 年 7 月)

二、控制权旁落之危，国风主动出击(2015 年 7 月 ~2016 年 5 月)

三、胡氏兄弟退场，新对手接踵而至(2016 年 6 月 ~2018 年 7 月)

四、解析双方攻守策略

五、总结

2016 年 6 月，胡氏兄弟与国风集团[①]的控制权争夺战终于落幕，从最初进场时野心勃勃到退场时心灰意冷，这场历时 1 年的战争以胡氏兄弟落败终局。

这场控制权之争于 2015 年 7 月揭幕，正当西藏旅游[②]风雨飘摇面临退市之际，胡氏兄弟“闪电入侵”，意图“夺壳”。掌权者国风集团随之展开反击：停牌、诉讼、行为保全、增持计划、搬来同窗救兵、引入拉卡拉……一系列的反收购措施让胡氏兄弟落荒而逃。西藏旅游也在这场战争中每况愈下，几次通过定增扭亏逃离退市风险。

最终在拉萨中院作出的调解书中，双方达成合意，胡氏兄弟接受“不平等”条款退出战场。

一、西藏旅游风雨飘摇，胡氏兄弟“闪电入侵”(2001 年 4 月 ~2015 年 7 月)

(一)步履维艰的西藏旅游

西藏旅游原为西藏圣地[③]，由西藏国际体育旅游公司、四川省经济技术协作开发公司、西藏交通工业总公司、西藏国际信托投资公司、西藏农牧机械(集团)总公

---

① 指国风集团有限公司。

② 指西藏旅游股份有限公司。

③ 指西藏圣地股份公司。

司发起募集设立的公司，于1996年10月在上交所上市，距今已有24年，是西藏本土第一家上市公司，长期以西藏旅游业为主业，从事旅游资源开发、旅游服务、文化传媒服务。公司拥有包括巴松措旅游区、雅鲁藏布大峡谷入口段旅游区等西藏著名旅游资源的开发经营权。

2001年，西藏圣地与宜兴市中广网络有限公司、锡山市中广物资公司的资产置换由于受到江苏省对无锡市行政区划调整的影响，进程受阻。

2001年4月16日，西藏圣地第三大股东锡山市中广物资公司将其持有的全部股份转让给无锡赛诺①，替代前者进行资产置换。5月21日西藏圣地召开第六届股东大会，投票通过公司原第一大股东西藏体旅②与原第三大股东无锡赛诺签订的股权转让协议，转让价975万元，折合每股约3.25元，并通过与无锡赛诺进行资产置换的决议。此次大会同时修改董事会组成由9名增至11名（含1名独立董事），无锡赛诺法定代表人宋毅担任董事长，宜兴中广③法定代表人邵晓华担任副董事长，无锡赛诺推荐了孙斌伟以及朱为群担任董事，西藏体旅法定代表人苏平担任副董事长兼总经理。

5月29日，原第四大股东西藏交通④将其全部股份作价1720万元转让给无锡赛诺。本次转让后，无锡赛诺持股26.42%，成为西藏圣地第一大股东；宜兴中广网络有限公司持股16.61%，为第二大股东；西藏体旅持股16.27%，为第三大股东，西藏交通不再持有公司股份，西藏农牧业机械集团公司、西藏信托投资管理公司分别持股5.09%，并列第四大股东。⑤

西藏圣地为顺利进行资产置换，历经上述一系列频繁的股权变动，然而12月18日西藏圣地公告称与无锡赛诺的资产置换项目由于税收不能减免，资产置换成本大大增加而终止。西藏圣地也于2001年首次出现亏损。另一边随着宽带网络取代传统网络的趋势加快，有线电视网络资产的经营风险越来越大，西藏圣地2001年置换入的网络资产严重贬值，不仅没有收益，每年还要计提700万元左右的折旧，按照西藏圣地目前的盈利能力，根本无法弥补以上折旧费用，有线电视网络资产已成“烫手山芋”，这也是2002年亏损的主要原因，在后期将继续成为公司沉重的负担。

西藏圣地在2001年年报中提出了“2002年力争实现营业收入4000万元，扭亏

---

① 指无锡赛诺资产管理中心。
② 指西藏国际体育旅游公司。
③ 指宜兴中广网络有限公司。
④ 指西藏交通工业总公司。
⑤ 《西藏圣地2001年年度报告》，载巨潮资讯网。

增盈”的经营计划，然而到2002年8月公司仅完成营业收入1200万元。西藏圣地资产重组计划并没有达到预期的效果。

(二)国风进场，掌权西藏圣地

正当西藏圣地情势焦灼之际，这场控制权之战的主角国风集团出现了。

2002年8月无锡赛诺将其持有的西藏圣地全部股份作价4887万元转让给国风集团，每股2.15元，同时宜兴中广将其持有的西藏圣地2%的股份转让给国风集团，余下14.61%的股份转让给北京古越①，此次受让后国风集团共持股西藏圣地28.42%，成为西藏圣地新的第一大股东，西藏体旅持股16.27%，为第二大股东，北京古越持股14.61%，为第三大股东。② 就这样，国风集团以每股2.15元的“白菜价”拿到了西藏圣地的控制权。原董事会成员宋毅、邵晓华、刘国强、唐国兴、孙斌伟辞去董事职务，国风集团法定代表人欧阳旭出任董事长，并提名霍全生、徐迅、张永智和欧阳莉为董事候选人，齐凌峰为独立董事候选人。

由于连续两个会计年度的财务报告审计结果显示的净利润均为负值，净资产已经低于股本，让西藏圣地面临退市风险，自2003年5月12日股票简称由“西藏圣地”改为“ST藏圣地”，公司股票于2003年3月7日停牌一天。

(三)绝处逢生，开辟新道路

为了避免退市结局，西藏圣地决定再次进行资产重组，置换入优质资产来实现扭亏为盈。2003年6月西藏圣地与国风集团签署了《资产置换协议》，以网络资产、喜马拉雅饭店部分应收账款，评估作价85,414,588.45元，与国风集团持有的国风广告③98.08%的权益性资产进行置换。此次关联交易置出资产达到公司2002年年底总资产的52%，公司的主营业务变更为旅游和文化传媒。

置出不良资产，注入新鲜血液后的西藏圣地，终于在2003年度报告中实现扣费净利润866万元，扭亏为盈，公司也于2004年4月21日撤销退市风险警示。

2004年4月，拉萨证监局在对西藏圣地进行巡回检查时提出公司董事长欧阳旭兼任控股股东——国风集团董事长不利于公司的独立运作，并于6月下发“藏证监发〔2004〕11号限期整改通知书”。④

---

① 指北京古越房地产开发有限公司。

② 《关于股东国有法人股转让及托管的提示性公告》，载巨潮资讯网2002年8月21日。

③ 指西藏国风广告有限公司。

④ 《第三届第十二次董事会决议》，载巨潮资讯网，公告编号：2004－016。

2005年12月5日，为落实《上市公司股权分置改革管理办法》(证监发〔2005〕86号)等文件规定，西藏圣地发布《股权分置改革说明书》，向股权分置改革方案实施股份变更登记日登记在册的全体流通股股东按每10股送3股的比例安排对价，共计720万股。改革方案实施后，非流通股股东所持有的原非流通股全部获得上市流通的权利。[①] 股权分置方案实施后国风集团持股比例变更为24.77%。[②]

2006年5月西藏圣地拟发行不超过3000万股，募集3.61亿元用于雅鲁藏布江下游与尼洋河下游水上旅游综合开发项目，[③]次年3月证监会核准非公开发行股票，最终共募集资金2.04亿元。这次定增后股东持股情况——国风集团持股18.01%，仍然保持第一大股东地位；西藏体旅持股9.20%；深圳菱丰国际投资有限公司持股6.36%；北京古越持股5.62%；中国人寿资产管理有限公司持股4.55%。[④]

2006年6月，西藏圣地更名为西藏旅游。

2010年12月，西藏旅游决定再次定增不超过2500万股，拟募集资金总额3.50亿元，用于西藏阿里神山圣湖旅游区开发项目，[⑤]于2011年4月获得证监会批准，[⑥]最终募集3.30亿元，本次发行后公司前5名股东情况——国风集团持股15.72%，仍是第一大股东；西藏体旅持股7.81%；中国农业银行——中邮核心成长股票型证券投资基金持股2.73%；中国农业银行——中邮核心优选股票型证券投资基金持股2.63%；中国建设银行——银华核心价值优选股票型证券投资基金持股2.62%。[⑦]

(四)盈利能力低下，“天灾人祸”接踵而至

国风集团掌权西藏旅游的前8年公司发展，查看2002年至2010年的财报发现，公司在2002年亏损1181.93万元，之后扭亏为盈直到2007年，2008年亏损4159.14万元，西藏旅游自上市来只有2010年净利润超过2000万元。作为西藏地区第一家上市旅游企业，西藏旅游所拥有的景区资源得天独厚，然而在西藏旅游经

---

① 《股权分置改革说明书》，载巨潮资讯网2005年12月5日。

② 《股权分置改革方案实施公告》，载巨潮资讯网，公告编号:2006-002。

③ 《2005年度股东大会决议公告》，载巨潮资讯网，公告编号:临2006-014。

④ 《非公开发行股票发行情况及股份变动报告书》，载巨潮咨询网，公告编号:2007-011。

⑤ 《2010年度非公开发行股票预案》，载巨潮资讯网2010年12月28日。

⑥ 《关于非公开发行A股股票获得中国证监会核准的公告》，载巨潮资讯网，公告编号:临2011-002。

⑦ 《非公开发行股票发行结果暨股本变动公告》，载巨潮资讯网，公告编号:临2011-002。

济发展越来越好的形势下，西藏旅游却能保持多年营业收入不变，自2004年起营业收入一直维持在1.5亿元左右，面对多年不升的营业收入，公司的成本却在不断攀升，销售毛利率持续下降，同期公司销售净利率也由7.37%下降至－57.73%，经营能力及盈利能力低下。

8年间西藏旅游成功完成两次定增共募集5.34亿元，虽然国风集团的股权在两次定增后被稀释一半，但其在持股比例上一直处于优势地位。

2014年8月9日，在西藏尼木县境内发生一起特大交通事故，一辆旅游大巴车、一辆越野车、一辆皮卡火车连环相撞，造成44人死亡，经济损失近4000万元，该事故引起巨大影响，国务院高度重视。而该事故涉及车辆所属机构正是西藏旅游旗下子公司——圣地旅游。①

事后圣地旅游被处罚款500万元，其副总经理及实际负责人杨健康等7人被移送司法机关处理，圣地旅游法定代表人、西藏旅游董事长欧阳旭、总经理苏平对事故发生负有主要领导责任，处上一年年收入80%的罚款，并终身不得担任旅客运输企业主要负责人。② 事故直接导致了西藏旅游当年亏损，加上受“两限一警”③政策影响，公司旅游景区业务收入下滑，服务业连带受到影响。2014年公司净利润亏损3345.62万元。

2014年9月至2015年年初，为避免退市，西藏旅游向海南三道④寻求投资，拟通过发行股票购买海南三道的股权，并募集配套资金。⑤ 但是由于标的资产股东人数众多，股权结构复杂，双方未能就重组协议达成一致，2015年3月西藏旅游最终决定终止此次重大资产重组事项。⑥

为了解决资金困局，西藏旅游只得另辟道路，2015年4月，西藏旅游决定通过定增募集资金用于偿还银行贷款及补充流动资金，拟发行股票数量不超过54,848,187股，认购人分别为国风集团、祥源控股集团有限责任公司、上海朱雀珠玉黄投资中心。⑦ 如果此次定增成功，国风集团持股比例将增加6.42%，变为22.52%。⑧ 此次增持也将缓解投资者对西藏旅游的不信任。

---

① 指西藏圣地旅游汽车有限公司。

② 《关于〈行政监管措施决定书西藏拉萨“8－9”特别重大道路交通事故调查报告〉及公司相关情况的说明公告》，载巨潮资讯网，公告编号：2014－041。

③ 数据来源：Wind。

④ 指海南三道圆融旅业有限公司。

⑤ 《关于投资者说明会召开情况说明的公告》，载巨潮资讯网，公告编号：2015－007。

⑥ 《终止重大资产重组事项的公告》，载巨潮资讯网，公告编号：2015－017。

⑦ 《第六届董事会第十九次会议决议公告》，载巨潮资讯网，公告编号：2015－022。

⑧ 《关于公司股东权益变动的提示性公告》，载巨潮资讯网，公告编号：2015－029。

2015年4月,尼泊尔发生大地震,致使公司阿里景区主要客源印度民间旅游团入境被阻。

然而祸不单行,6月10日,圣地旅游运营车辆再度发生特大交通事故,遇难人数11人。随后A股发生股灾,短短一个月,西藏旅游股价一度从27.50元跌到9.16元,①其股票*ST风险骤升。

(五)"野蛮人"来犯

正当西藏旅游处于低谷时,两位不速之客到来。

2015年7月15日,西藏旅游在收盘后收到一通神秘电话。电话那头投资者胡波及其一致行动人胡彪称二人通过上海证券交易所集中交易买入西藏旅游无限售条件流通股12,278,866股,占西藏旅游总股本的6.49%,②构成举牌。

由于证券公司营业部已经下班,未能提供证券交易交割单等持股证明文件。据胡波及其一致行动人胡彪提供的相关文件,其在2015年7月14日之前已经持有公司股份5,858,109股,占公司总股本3.10%。但公司在这之前的前100名股东名册中无法查询到其持股信息。③

当天公司股价每股15.39元,胡波及其一致行动人胡彪斥1.89亿元闪电进场,约占西藏旅游当日成交总金额的40.43%。④ 胡氏兄弟与国风集团的控制权之战就此拉开序幕。

通过7月17日胡氏兄弟公布的《简式权益变动报告书》,⑤二人自7月1日起便开始买入西藏旅游股票,那时正值大盘和个股暴跌之际,胡波、胡彪分别买入西藏旅游1,157,221股和4,700,888股,合计持有5,858,109股,占总股本的3.09%。本次权益变动后,胡波及其一致行动人合计持有西藏旅游股份18,136,975股,持股比例达到9.59%,晋升为西藏旅游第二大股东。

---

① 数据来源:Wind。

② 西藏旅游:《停牌公告》,载巨潮资讯网,公告编号:2015-052。

③ 《西藏旅游股份有限公司关于相关股东在二级市场增持的提示性公告》,载中国证券报2015年7月16日,http://vip.stock.finance.sina.com.cn/corp/view/vCB_AllBulletinDetail.php?gather=1&id=1881753。

④ 黄璨:《弘俊资本趁乱举牌西藏旅游西藏证监局予以警示》,载人民网,http://culture.people.com.cn/n/2015/0723/c172318-27351216.html。

⑤ 西藏旅游:《简式权益变动报告书》,载巨潮资讯网2015年7月17日。

（六）违规举牌接连问询

根据《证券法》（2014 年修订）第八十六条[①]、《上市公司收购管理办法》（2014 年修订）第十三条[②]及《上海证券交易所上市公司信息披露业务手册》（2013 年 3 月）第九章的相关规定：投资者及其一致行动人的持股比例首次达到 5% 时，构成举牌，应立即停止交易并公告权益变动报告书。而胡氏兄弟在一天内持股比例由 3.10% 增至 9.59%，未在达到 5% 时及时履行信息披露义务并暂停买卖行为。举牌规则的目的在于控制大股东交易股份的节奏，以防止大股东操纵市场，并能使信息得到广泛传播，以便中小股东有充分时间接受和消化信息，慎重考虑，使其利益得到较好保护。

故而交易两天后胡氏兄弟便收到西藏证监局的监管函。

2015 年 7 月 18 日，西藏旅游公告胡波及其一致行动人胡彪收到了西藏证监局《行政监管措施决定书》《关于对胡波及一致行动人采取出具警示函措施的决定》：胡波、胡彪的收购行为未及时履行信息披露义务，违反了《上市公司收购管理办法》第十三条的规定，按照《上市公司收购管理办法》第七十五条的规定，对胡波、胡彪予以警示，并通知公司配合核实相关情况。[③]

对于突如其来的举牌者，西藏旅游显然没有准备任何反收购措施，只能于 2015 年 7 月 18 日向上交所申请公司股票自 7 月 20 日停牌以拖延时间，防止举牌方再度增持，停牌理由为核实举牌情况。

7 月 24 日上交所出具了《关于对西藏旅游股份有限公司股东增持有关事项的监管工作函》，函件要求西藏旅游与胡波及其一致行动人胡彪对以下几点问题进行回复：

---

① 《证券法》（2014 年修订）第八十六条："通过证券交易所的证券交易，投资者持有或者通过协议、其他安排与他人共同持有一个上市公司已发行的股份达到百分之五时，应当在该事实发生之日起三日内，向国务院证券监督管理机构、证券交易所作出书面报告，通知该上市公司，并予公告；在上述期限内，不得再行买卖该上市公司的股票；投资者持有或者通过协议、其他安排与他人共同持有一个上市公司已发行的股份达到百分之五后，其所持该上市公司已发行的股份比例每增加或者减少百分之五，应当依照前款规定进行报告和公告。在报告期限内和作出报告、公告后二日内，不得再行买卖该上市公司的股票。"

② 《上市公司收购管理办法》（2014 年修订）第十三条第一款："通过证券交易所的证券交易，投资者及其一致行动人拥有权益的股份达到一个上市公司已发行股份的 5% 时，应当在该事实发生之日起 3 日内编制权益变动报告书，向中国证监会、证券交易所提交书面报告，通知该上市公司，并予公告；在上述期限内，不得再行买卖该上市公司的股票。"

③ 《关于胡波及一致行动人收到〈行政监管措施决定书〉的公告》，载巨潮资讯网，公告编号：2015 - 053。

一是要求公司对西藏旅游在澄清公告中所提到的胡波及其一致行动人胡彪披露的《简式权益变动报告书》与公司信用担保账户股东名册的不符之处进行说明；说明“信息披露存在重大差异”的具体情况。①

二是要求胡波及其一致行动人胡彪对《证券时报》等媒体发布的《神秘人举牌西藏旅游被查“弘俊系”悄然浮出水面》等报道内容进行说明：(1)增持行为是个人行为还是弘俊资本或其他公司行为；(2)增持行为的资金来源；(3)胡波及胡彪相关信息披露是否真实、准确、完整。②

对上述问题，西藏旅游回应称在核算胡氏兄弟购买公司股票交易交割单明细时，发现胡氏兄弟并非如《简式权益变动报告书》中所披露自7月1日起买卖西藏旅游股票，而是从3月起便存在交易，经与中登公司核对，发现胡氏兄弟在3月、4月共计增持75.73万股，减持75.73万股。③

另一边胡氏兄弟回复称此次增持行为是本人与一致行动人独立自主的行为，与任何第三方无关，由于胡彪是弘俊资本旗下成都弘俊远景成长投资中心(有限合伙)的投资人之一，由于其不熟悉证券市场相关法规，因此在7月15日收盘当天委托弘俊资本管理人员刘文俊、何小乐代为就购买西藏旅游股份的信息披露及相关事宜与西藏旅游、监管机构等各方进行沟通；增持行为均是使用自有资金通过招商证券信用担保账户购入，没有获得任何第三方的财物资助。

对于《简式权益变动报告书》中的信息披露瑕疵，胡氏兄弟称是由于不熟悉交易规则而造成的瑕疵，不存在有关媒体报道的“恶意举牌”“举牌信息披露存在重大差异”的情形，④并于7月28日公布了《简式权益变动报告书》(修订版)。同日，西藏旅游复牌。

2015年10月9日，西藏旅游公布收到上交所纪律处分决定书，对公司股东胡波及其一致行动人胡彪在买卖公司股份及相关信息披露方面存在的违规行为决定予以通报批评。⑤

---

① 《胡波及一致行动人胡彪关于收到上海证券交易所函件的公告》，载巨潮资讯网，公告编号：2015-057。

② 《关于胡波及一致行动人胡彪收到上海证券交易所函件的回复公告》，载巨潮资讯网，公告编号：2015-060。

③ 《关于公司收到上海证券交易所函件的回复公告》，载巨潮资讯网，公告编号：2015-059。

④ 《关于胡波及一致行动人胡彪收到上海证券交易所函件的回复公告》，载巨潮资讯网，公告编号：2015-060。

⑤ 《关于上海证券交易所对公司股东胡波及其一致行动人胡彪予以通报批评决定的公告》，载巨潮资讯网，公告编号：2015-076。

7月15日后，西藏旅游股价持续增长6个点，[1]和巨量资金涌入不无关系。

事有反转，8月13日，胡氏兄弟再次收到了上交所《关于西藏旅游股份有限公司股东信息披露事项的监管工作函》，函中提到胡氏兄弟在7月28日公布的《简式权益变动报告书》(修订版)中披露其在7月15日购买西藏旅游股份的行动中，是通过招商证券信用担保账户购入。实际情况却是二人通过普通账户和信用担保均有购入行为。8月18日，胡氏兄弟第三次公布《简式权益变动报告书》(修订版)。

自胡氏兄弟举牌西藏旅游后，国风集团与胡氏兄弟方面曾针对股权事宜有过一定的协商沟通，双方给出了自己的解决方案，但未能达成一致。2016年1月20日，西藏证监局召开2016年辖区证券期货监管工作会议，与会期间，双方还曾当面协商，但因其他事宜未能如期进行。

胡氏兄弟委托人刘文俊表示，2015年西藏旅游能够扭亏为盈，避免沦为ST股，这对大家都好，当然对所有股东也都是正面利好。有关股权争议之事，双方可以协商解决，关键是大家都要有诚意。

国风集团方相关人士也表示："在商言商，董事长欧阳旭和管理层都欢迎各路投资朋友，在遵守相关法律法规的前提下，只要有对上市公司发展有利的项目和方案，大家都可以坐下来好好谈。"[2]

(七)拨开"弘俊系"谜团

随着胡氏兄弟举牌西藏旅游事件逐渐发酵，胡氏兄弟背后的"弘俊系"也引起了媒体及投资者的关注，而其关键人物正是上述弘俊资本负责人刘文俊。

据《简式权益变动报告书》中披露，胡波、胡彪通信地址均为成都市高新区天府大道北段×××号拉德方斯大厦×××楼×××室。而在拉德方斯大厦西楼×××室，是一家名为弘俊资本的公司。据悉，弘俊资本成立于2010年9月，是一家专业的资产管理公司，以股权投资、并购重组作为核心业务。

对此，弘俊资本行政部工作人员钟元媛表示，弘俊资本没有开设自己的官网，如果要联系胡波则需要提前预约。另外，弘俊远景只是弘俊资本旗下一只基金，公司下面的机构还比较多。值得注意的是，弘俊远景其实大有来头，它是创意信息(300366)IPO首发股东。除此之外，弘俊远景唯一的法人股东为成都华信弘俊投资管理有限公司，其法定代表刘文俊。记者查询到，在西藏弘俊金域实业有限公司、拉

---

① 数据来源：Wind。

② 唐强：《西藏旅游突击扭亏举牌方称"对大家都好"》，载证券时报2015年3月9日，https://finance.huanqiu.com/article/9CaKrnJTtPR。

萨弘俊投资管理有限公司等7家带“弘俊”字号的企业中，其法人代表或执行事务合伙人均是刘文俊。①

当时成都工商局公开资料显示，成都弘俊远景成长投资中心（有限合伙）的企业所登记的经营场所地址正是弘俊资本所在地，弘俊远景成立于2011年4月26日，经营范围包括：项目投资、投资咨询、资产管理等，为有限合伙企业。弘俊远景共有4位合伙人，胡彪跻身自然人股东之列。

成都弘俊投资管理有限公司成立于2010年9月7日，注册资本4.374亿元，法定代表人刘文俊，股东为成都弘俊财富成长投资中心（有限合伙）、西藏弘俊隆百广场投资中心（有限合伙）、西藏弘银成长投资中心（有限合伙）、西藏华信远景成长投资中心（有限合伙）。其工商资料所登记的通信地址与弘俊远景相同，联系电话也相同。

在此后国风集团的起诉中，其向法院申请诉前资产保全，冻结财产标的为胡波、胡彪在西藏圣核农业科技股份有限公司（以下简称圣核农业）的股份各250万股。根据圣核农业官网显示，该公司是由胡彪、朱庆冰等7名自然人和成都弘俊财富成长投资中心（有限合伙）等3家专业投资机构发起设立，注册地为西藏林芝生物科技产业园，注册资本1亿元，主营业务为核桃新品种的选育、种植和深加工，并打算扎根西藏开发以核桃为主体的旅游项目，用5年的时间完成上市。②

由此可见，胡波、胡彪虽然一直强调此次购买西藏旅游股份为个人投资行为，但其背后弘俊资本的存在不可忽视。

二、控制权旁落之危，国风主动出击（2015年7月~2016年5月）

（一）国风集团诉诸诉讼拖延时间

胡氏兄弟的举牌引起了大股东国风集团的警惕，由于过去2次增发融资，国风集团的持股比例从28.42%稀释到只剩15.72%。胡氏兄弟的交易显然是为夺壳而来，7月8日至15日，西藏旅游已经连续4个涨停，股价从每股10.10元涨至15.39元，③如果仅仅是为了差价收益，不会在反弹4个涨停后仍然大肆建仓，而且举牌完成后，有半年的锁定期，况且当时正值资本市场动荡之际，未来股价高低难言。有不

---

① 舒强：《举牌西藏旅游被查，“弘俊系背后迷雾重重”》，载微信公众号“莲花财经”2015年7月23日，https://mp.weixin.qq.com/s/0a2E11JZDoAwK5IbhH7xmg。

② 《西藏旅游大股东发难“搅局人”实施抵御策略》，载中国青年网，http://news.youth.cn/jsxw/201508/t20150805_6963768.htm。

③ 数据来源：Wind。

愿具名的业内人士向《时代周报》记者表示,胡氏兄弟对西藏旅游的举牌目的很可能是控股、借壳上市,并且,西藏旅游拥有的旅游资源也非常诱人。不但胡氏兄弟持股的圣核农业存在上市预期,而其所在的"弘俊系"及关系密切的西藏投资将来也有可能通过借壳西藏旅游上市。虽然胡氏兄弟一再强调自己没有恶意,但国风集团显然察觉到胡氏兄弟的意图,并且掌握其背景,胡氏兄弟来势汹汹,国风集团感受到了控制权有旁落之危。

为了阻击胡氏兄弟的增持行动,国风集团开始实施抵御策略。2015 年 7 月 27 日,国风集团向拉萨中院提起股东代表诉讼,起诉胡波及其一致行动人胡彪,提出诉讼请求:(1)判令被告自 2015 年 7 月 15 日所持股份达到 5% 之后购买的在上交所上市的西藏旅游股票的民事行为属于无效民事行为。(2)判令各被告按照《证券法》第一百九十三条、《上市公司收购管理办法》第七十五条之规定,进行改正。改正以上无效民事行为,在二级市场抛售 2015 年 7 月 15 日购买并持有的西藏旅游已发行股票(被告合计持有西藏旅游已发行股票中超出 5% 的部分),所得收益赔偿给西藏旅游。如果所得收益低于人民币 500 万元,那么赔偿西藏旅游人民币 500 万元。(3)判令各被告在以上诉讼请求改正完成之前,在持有西藏旅游股票期间,不得对其持有的股份行使表决权、提案权等其他股东权利,不得自行或联合西藏旅游其他股东召集股东大会,不得以任何形式进行处分,包括但不限于转让/质押/托管/市值互换。

并且国风集团向拉萨中院申请诉前资产保全,冻结胡波、胡彪在圣核农业持有的 500 万股。

7 月 30 日,拉萨中院受理了起诉。为了实现诉讼请求,8 月 28 日国风集团申请追加西藏旅游为第三被告,指责上市公司未履行审查、督促义务,侵犯了国风集团的股东知情权,①增加了以下诉讼请求:(1)判令被告一、被告二在以上诉讼请求改正完成之前,被告三应拒绝被告一、被告二参加股东大会,拒绝将被告一、被告二投票计入议案表决结果,拒绝被告一、被告二行使表决权、提案权及其他股东权利,拒绝被告一、被告二自行或联合西藏旅游其他股东召集股东大会的申请;(2)判令被告一、被告二更正 2015 年 8 月 18 日披露的《简式权益变动报告书》,并予以重新披露;(3)判令被告三履行对被告一、被告二信息披露的审查、督促义务,督促被告一、被告二更正 2015 年 8 月 18 日的信息披露文件,并重新披露符合规定的《简式权益

---

① 《西藏旅游控股股东亮杀手锏胡氏兄弟权利遭冻结》,载环球财讯,http://www.hqrw.com.cn/2015/1016/38409.shtml》。

变动报告书》。①

9月2日,拉萨中院同意追加西藏旅游为第三被告,并受理国风集团变更后的诉讼请求。

类似的针对违规举牌的股东代表诉讼也出现在“*ST新梅”身上,股东上海兴盛实业发展(集团)有限公司向王斌忠等人提起诉讼。

胡氏兄弟就该案提起管辖权异议被拉萨中院于8月31日裁定驳回,因不服该裁定其向西藏高院提起上诉,二审法院最终裁定驳回上诉维持原裁定。②

有分析人士表示,“此前,西藏旅游股权纠纷的被告胡氏兄弟常驻地址并不在西藏境内,因而该案件存在司法管辖异议。不过,西藏旅游的注册地和办公地均在西藏,国风集团便可乘机将上市公司急列入第三被告,以此为由将此次股权争夺案留在西藏境内进行审理”。③

(二)胡氏兄弟精准增持

面对国风集团提起的诉讼,胡氏兄弟毫不示弱。2015年9月8日至9月9日,胡波及一致行动人胡彪再次通过上交所证券集中竞价交易系统买入西藏旅游无限售条件流通股776,951股,占西藏旅游总股本的0.41%,总计持股达到10%,双方差距进一步缩小。

对于此次增持的原因,胡氏兄弟表示,坚定看好中国资本市场发展,秉承价值投资理念,认可并看好西藏旅游未来发展前景,希望通过此次股份增持,长期持有公司股份,获取上市公司股权增值带来的收益。此外,不排除在未来12个月内继续增持西藏旅游股份的可能性。④

西藏旅游证券事务代表潘丽萍表示,胡彪此次举牌符合证券相关法规要求,未来可以继续增持。⑤

胡氏兄弟增持达到10%后,根据《公司法》(2013年修正)相关规定,持有10%股份的股东可以行使请求召开临时股东大会,在董事会不能履行或者不履行召集

---

① 《西藏旅游股份有限公司关于公司涉及诉讼的公告》,载巨潮资讯网,公告编号:2015-076。

② 《关于诉讼的进展公告》,载巨潮资讯网,公告编号:2015-079。

③ 《西藏旅游股权纠纷案胡氏兄弟股东权利被限制》,载新浪财经,http://finance.sina.com.cn/chanjing/gsnews/20151023/052423552422.shtml。

④ 余强:《西藏旅游举牌方再增持》,载每日经济新闻,http://www.nbd.com.cn/articles/2015-09-11/945402.html。

⑤ 唐强:《西藏旅游获胡氏兄弟举牌大规模增持路径打通》,载腾讯证券,https://stock.qq.com/a/20150914/009324.htm。

股东大会会议职责、并且监事会也不召集和主持股东大会会议时，召集和主持股东大会会议，提议召开董事会临时会议等权利。此次增持后胡氏兄弟拥有的话语权将更多。根据《证券法》（2014 年修正）第八十六条，持股比例每增加或者减少 5%，投资者应当按照规定报告和公告，此次增持刚好达到第二次举牌需进行信息披露的红线。此次举牌披露后，胡氏兄弟相当于用较少的资金敲开了更为广阔的增持大门，在这之后的增持之路畅通无阻直至持股比例达到 15%。

胡氏兄弟的一系列操作可以看出其未来增持股份的可能性很大，夺取西藏旅游的控制权的野心并没有因为国风集团起诉而消减。

（三）行为保全先发制人

为了阻止胡氏兄弟日益扩张的股权，防止其介入董事会、股东大会争夺控制权。9 月 21 日国风集团向拉萨中院提出对被告胡波、胡彪、西藏旅游采取行为保全的申请，申请禁止被申请人行使股东权利。

拉萨中院裁定批准：（1）禁止被告胡波、胡彪于本案判决生效前行使：自行或通过第三方行使其持有西藏旅游公开发行股份的投票权、提案权、参加股东大会的权利、召集和主持股东大会的权利；（2）禁止被告西藏旅游于本案判决生效前配合被告胡波、胡彪行使第一项中相关股东权利，并不得接受申请、不得向有关单位提交申请等行为。[①] 国风集团为此次行为保全申请提供了 1000 万元现金担保。

法院作出行为保全裁定后，一直保持神秘的胡氏兄弟也委托弘俊资本负责人刘文俊代其发声，刘文俊表示，此次拉萨中院裁定禁止的行为，恰恰是原告国风集团部分诉讼请求。如前所述，基于此案的新颖性与疑难性，审理法院本应当慎重对待，而不应当如此草率地“以裁定代审判”，将一个“行为保全”行为变成了事实上的“先予执行”行为。就此，对拉萨中院的上述裁定合法性与正当性存疑。[②]

面对此情况，胡氏兄弟向拉萨中院提供 1000 万元现金担保申请解除行为保全，拉萨中院驳回了该申请，胡氏兄弟随即申请复议，请求：（1）撤销（2015）拉民二初字第 36 – 2 号裁定书；（2）解除对胡波、胡彪持有西藏旅游公开发行股份的投票权、提案权、参加股东大会的权利、召集和主持股东大会的权利的限制；（3）解除对西藏旅游配合、接受胡波、胡彪行使相关股东权利的限制。胡氏兄弟认为：（1）法院以涉案股权属于效力待定的认定有误；（2）保全裁定会导致未审先判，部分支持了被申请

① 西藏旅游：《关于诉讼的进展公告》，载巨潮资讯网，公告编号：2015 – 077。

② 项义妹：《违规举牌引股权之争，胡氏兄弟或遗爱借壳西藏旅游》，载微信公众号《时代周报》2015 年 10 月 25 日，https://mp. weixin. qq. com/s/ZJoqFt_9 – xQrDJCNhalsOw。

人国风集团的诉请;(3)保全范围超出国风集团的诉请范围;(4)申请保全的担保金1000万元低于股份买入时价值的27,079万元。该复议申请仍被拉萨中院驳回。

拉萨中院认为:(1)关于胡波、胡彪持有超出5%的股份的效力问题属于司法未决事项,其效力在无相关机构确认的前提下,需进一步进行司法审查,因此认定为效力待定并无不妥。(2)虽然对胡波、胡彪采取行为保全的法律后果与国风集团的部分诉请相同,但基础法律关系不同,国风集团的该项诉请是基于法院支持胡波、胡彪持股行为无效而产生的禁止其行使相关权利的结果。而行为保全的基础法律关系是避免给当事人造成其他损害所采取的禁止其作出一定行为的裁定,该保全裁定无法得出国风集团的诉请必然得到法院支持的结论。(3)关于保全超出诉请标的范围的事由,本案争议股份是胡波、胡彪持有的超出5%的股份,因胡波、胡彪现有的股东权利是全部股份累计而产生的权利,特别是投票权、提案权、召集和主持股东大会的权利均以股份累计持有达到一定比例为条件的,而参加股东大会行使股东权利时仍是以股份累计持有量来计算表决权。因此胡波、胡彪持有的5%上下的两部分股份具有紧密的联系,保全胡波、胡彪禁止行使全部股东权利符合行为保全的立法目的。(4)关于担保金问题,行为保全不同于财产保全,保全的是胡波、胡彪行使股东权利的行为,因此应当以胡波、胡彪持有西藏旅游的股份比例大小来衡量行为保全的担保金,不能够以胡波、胡彪持有股份价值衡量。①

国风集团通过诉前行为保全的方式,实现了对胡氏兄弟股东权利的冻结,胡氏兄弟虽持股比例达到9.59%,位居公司第二大股东,但不得行使表决权、投票权、提案权等股东权利让其股东地位失去了实质意义。国风集团就此避免胡氏兄弟对公司经营与人事的影响。

(四)拉萨中院保全裁定引热议

行为保全的本质是借助司法公权力要求被申请人为一定积极行为义务或不为一定行为。

根据《民事诉讼法》(2012年修正)第一百条的规定:"人民法院对于可能因当事人一方的行为或者其他原因,使判决难以执行或者造成当事人其他损害的案件,根据对方当事人的申请,可以裁定对其财产进行保全、责令其作出一定行为或者禁止其作出一定行为;当事人没有提出申请的,人民法院在必要时也可以裁定采取保全措施。人民法院采取保全措施,可以责令申请人提供担保,申请人不提供担保的,

---

① 《关于收到拉萨市中级人民法院民事裁定书(36-3号)的公告》,载巨潮资讯网,公告编号:2015-085。

裁定驳回申请。人民法院接受申请后,对情况紧急的,必须在四十八小时内作出裁定;裁定采取保全措施的,应当立即开始执行。”

第一百零一条规定:“利害关系人因情况紧急,不立即申请保全将会使其合法权益受到难以弥补的损害的,可以在提起诉讼或者申请仲裁前向被保全财产所在地、被申请人住所地或者对案件有管辖权的人民法院申请采取保全措施。申请人应当提供担保,不提供担保的,裁定驳回申请。人民法院接受申请后,必须在四十八小时内作出裁定;裁定采取保全措施的,应当立即开始执行。申请人在人民法院采取保全措施后三十日内不依法提起诉讼或者申请仲裁的,人民法院应当解除保全。”

根据法律规定,行为保全分为诉前、诉中、诉后三个时间。申请行为保全需要满足以下条件:第一,有初步证据表明申请人的合法权益正在或者将要受到被申请人的侵害;第二,如不采取行为保全将会给申请人造成损害或者使其损害扩大;可能造成判决难以执行或者其他损害;第三,依当事人申请或者必要时法院依职权采取;第四,适用行为保全不会造成公共利益损害;第五,申请人提供必要的担保。

2015 年最高院《关于使用〈中华人民共和国民事诉讼法〉的解释》(法释〔2015〕5 号,现已被修订)第一百五十二条规定:“第一百五十二条人民法院依照民事诉讼法第一百条、第一百零一条规定,在采取诉前保全、诉讼保全措施时,责令利害关系人或者当事人提供担保的,应当书面通知。利害关系人申请诉前保全的,应当提供担保。申请诉前财产保全的,应当提供相当于请求保全数额的担保;情况特殊的,人民法院可以酌情处理。申请诉前行为保全的,担保的数额由人民法院根据案件的具体情况决定。在诉讼中,人民法院依申请或者依职权采取保全措施的,应当根据案件的具体情况,决定当事人是否应当提供担保以及担保的数额。”

在 2017 年修正的《民事诉讼法》中对行为保全的规定延续了 2012 年版的规定。

行为保全在司法实践中的应用包括但不限于:(1)股东争议、企业经营等纠纷中,扣押、查封公章、营业执照等财产保全请求,其实属于对企业经营行为进行监管的行为保全请求,强制公司召开股东会或者禁止公司召开股东会,等等;(2)知识产权纠纷中,制止对方继续实施侵权行为;(3)抚养权纠纷等亲属关系纠纷中,对当事人的行为实施保全,如强制一方当事人移交子女、禁止一方当事人带子女出境,等等;(4)环境损害侵权纠纷中,要求立即停止正在发生的环境危害,以降低环境污染对人体健康的损害程度;(5)金钱债务纠纷案件中,禁止债务人为恶意逃债实施的转让财产、转让权利等行为;(6)相邻纠纷案件中,立即停止正在实施或将要实施的危害,如强制一方当事人立即拆除危险建筑,或者强制一方当事人立即停止建设尚未完工的危险建筑,等等。

在2012年修订的《民事诉讼法》施行之前,行为保全除了《海事诉讼特别程序法》规定的海事强制令外,主要在知识产权领域适用,即诉前责令停止有关侵犯知识产权行为的措施。① 2012年修订的《民事诉讼法》增加行为保全内容后,行为保全的应用也更为广泛。其中在股东争议、企业经营等纠纷中不乏应用案例。

在李勤、成都路桥公司决议效力确认纠纷一案中,原告李勤向成都市武侯区法院提出了行为保全申请,请求:在案件审结前,被申请人不得执行2017年第一次股东会决议。申请人以其自持的成都路桥全部股票,提供担保并出具担保书。法院于2017年2月裁定暂缓成都路桥执行2017年第一次临时股东会决议事项;如需执行上述决议中的部分事项,须经法院许可。②

又在王栋、王刚等与江苏鑫美德投资有限公司决议效力确认纠纷一案中,申请人向张家港法院申请行为保全,请求禁止被申请人江苏鑫美德投资有限公司办理法定代表人及总经理的工商变更、备案登记,中国人民财产保险股份有限公司张家港中心分公司对该行为保全提供担保。法院认为申请符合法律规定,予以支持。③

在戴红与深圳新港公司决议效力确认纠纷一案中,法院对行为保全的审查主要围绕:第一,是否可能因当事人一方的行为或者其他原因,使判决难以执行或者造成当事人其他损害;第二,兼顾被申请人利益,以维护申请人与被申请人之间的利益平衡;第三,诉前行为保全是否提供担保。④

诉前、诉中行为保全制度具有预防损害发生或者损失扩大的作用,属于事前预防救济手段。但是同样需要注意的是,诉前行为保全纵然有千般好,也不能保证十全十美,其存在的缺陷也是显而易见的,法院在未经审判,仅依据当事人的初步证明便作出行为保全裁定,其不稳定性及风险性不言而喻,故严格控制行为保全的适用,有利于诉前行为保全制度的长足进步。

《民事诉讼法》(2012年修正)第一百零二条规定了保全限于请求的范围,防止任意扩大保全范围,损害被申请人利益。第一百零五条、第一百零八条对保全的救济措施进行了规范,被申请人对保全裁定不服可以申请复议一次;申请有错误的,

---

① 最高院《关于审查知识产权纠纷行为保全案件适用法律若干问题的规定》新闻发布会,载最高人民法院网2018年12月13日,http://www.court.gov.cn/zixun-xiangqing-135361.html。

② 成都路桥:《重大诉讼进展公告》,载巨潮资讯网,公告编号:2017-032。

③ 《行为保全——公司控制权之争中的"大杀器"》,载腾讯网,https://new.qq.com/omn/20190110/20190110G03YDN.html。

④ 同上。

申请人应当赔偿被申请人所受损害。①

本案中,胡氏兄弟取得西藏旅游股份的证券交易行为有效。虽然在持有西藏旅游股份达到9.59%时,违反了《证券法》(2014年修正)第八十六条规定,没有履行信息披露义务,但第八十六条并未明确规定此类交易行为无效,且该条的立法目的是通过信息披露解决信息不对称的问题,违反第八十六条并不必然发生操纵市场和内幕交易行为,不必然损害公共利益。

在法律后果方面,《证券法》(2014年修正)第一百九十三条规定,②未按照规定披露信息或者所披露的信息有虚假记载、误导性陈述或者重大遗漏的,责令改正,给予警告,并处以罚款。并未将违背第八十六条信息披露义务的行为认定为“非法持有的证券”,即便是对于更加严重的证券交易违法行为,法律规定也仅仅是责令持有人“依法处理非法持有的证券”,③举重以明轻,违反第八十六条的法律后果更不应当无效。《证券法》第一百二十条明确“按照依法制定的交易规则进行的交易,不得改变其交易结果”。据此只要证券交易行为本身符合交易规则,其交易结果即有效。④

原《民法总则》第一百四十四条、第一百四十六条、第一百五十三条、第一百五十四条,原《合同法》第五十二条⑤规定的合同无效情形只剩下恶意串通,但恶意串通指的是交易双方恶意串通,损害第三人的利益,本案中,证券交易关系是广义的

---

① 《民事诉讼法》(2012年修正)第一百零二条:“保全限于请求的范围,或者与本案有关的财物。”第一百零五条:“申请有错误的,申请人应当赔偿被申请人因保全所遭受的损失。”第一百零八条:“当事人对保全或者先予执行的裁定不服的,可以申请复议一次。复议期间不停止裁定的执行。”

② 《证券法》(2014年修正)第一百九十三条第一款:“发行人、上市公司或者其他信息披露义务人未按照规定披露信息,或者所披露的信息有虚假记载、误导性陈述或者重大遗漏的,责令改正,给予警告,并处以三十万元以上六十万元以下的罚款。对直接负责的主管人员和其他直接责任人员给予警告,并处以三万元以上三十万元以下的罚款。”

③ 《证券法》(2014年修正)第一百九十九条、第二百零一条、第二百零二条、第二百零三条规定“禁止参与股票交易人员持有、买卖股票”“证券服务机构和人员违反规定买卖股票”“内幕交易”“操纵市场”等行为。

④ 江涛、王娅然:《代理人亲述:开南系举牌“ST新梅”案》,载微信公众号“资本诉讼庖丁解”2018年3月24日,https://mp.weixin.qq.com/s/SR-P8PRKT0w6QDG8n8GiuA。

⑤ 原《民法总则》第一百四十四条:“无民事行为能力人实施的民事法律行为无效。”第一百四十六条:“行为人与相对人以虚假的意思表示实施的民事法律行为无效。以虚假的意思表示隐藏的民事法律行为的效力,依照有关法律规定处理。”第一百五十三条:“违反法律、行政法规的强制性规定的民事法律行为无效,但是该强制性规定不导致该民事法律行为无效的除外。违背公序良俗的民事法律行为无效。”第一百五十四条:“行为人与相对人恶意串通、损害他人合法权益的民事法律行为无效。”

原《合同法》第五十二条:“有下列情形之一的,合同无效:(一)一方以欺诈、胁迫的手段订立合同,损害国家利益;(二)恶意串通,损害国家、集体或者第三人利益;(三)以合法形式掩盖非法目的;(四)损害社会公共利益;(五)违反法律、行政法规的强制性规定。”

买卖合同关系，并无证据显示胡波及其一致行动人胡彪与西藏旅游存在恶意串通的情形，损害国风集团的利益。

而于2021年1月1日起实施的《民法典》在“合同编”中没有对合同效力作出规定，而适用“总则”第六章民事法律行为效力的规定。即合同无效情形限于无民事行为能力人实施的民事法律行为，以虚假的意思表示实施的民事法律行为，违反效力性强制性规定的民事法律行为以及恶意串通的情、损害他人合法权益的民事法律行为。

既然胡氏兄弟取得西藏旅游股份合法有效，那么根据《公司法》（2013年修正）关于股东权利的规定，持有股份公司的股东可以无条件享有和行使包括向股东大会提出临时提案权、出席或者委托代理人出席股东大会会议、①按照所持每一股份有一表决权对股东大会审议的事项行使表决权等股东权利②。

至于召集和主持股东大会会议权，根据《公司法》（2013年修正）第一百零一条第二款，连续90日以上单独或者合计持有公司10%以上股份的股东在董事会不能履行或者不履行召集股东大会会议职责，并且监事会也不召集和主持股东大会会议时，召集和主持股东大会会议。胡氏兄弟持股比例达到10%，但未满足连续90日以上持有这一要求，此项裁定暂时对其没有影响，但若其继续持股10%满90日，则同样合法享有该项股东权利。

《公司法》明确赋予股东诸多股东权利，除明确规定需要满足一定的持股比例、持股期限或表决权比例的股东才能行使的少数权利外，多数股东权利都可以无条件享有和行使。公司股东只有在没有尽到取得完整股东身份的义务或者违反了《公司法》及相关法律规定义务的情形下，才能对股东享有的股东权利进行适当的限制。例如，根据《公司法》第六十八条规定：“股东会会议由股东按照出资比例行使表决权；但是，公司章程另有规定的除外。”

而《证券法》（2014年修正）中的股东权利限制是指收购人未按照规定履行收购义务，在其改正前，不得行使表决权，如第二百一十三条规定，③该限制仅能通过

---

① 《公司法》（2013年修正）第一百零六条：“股东可以委托代理人出席股东大会会议，代理人应当向公司提交股东授权委托书，并在授权范围内行使表决权。”

② 《公司法》（2013年修正）第一百零三条第一款：“股东出席股东大会会议，所持每一股份有一表决权。但是，公司持有的本公司股份没有表决权。”

③ 《证券法》（2014年修正）第二百一十三条：“收购人未按照本法规定履行上市公司收购的公告、发出收购要约等义务的，责令改正，给予警告，并处以十万元以上三十万元以下的罚款；在改正前，收购人对其收购或者通过协议、其他安排与他人共同收购的股份不得行使表决权。对直接负责的主管人员和其他直接责任人员给予警告，并处以三万元以上三十万元以下的罚款。”

有权机关(证监会)作出。对于上市公司而言,只要合法持有它的股票,就是它的股东,依法享有股东权利,除经(有权机关)以法律程序作出限制外,不应受到任何人的剥夺或限制。本案中,胡波及其一致行动人胡彪的收购行为虽违反了信息披露义务,但其在8月18日第三次披露的《简式权益报告书》已经按照西藏证监局以及上交所的监管函的要求改正。其表决权等股东权利不应受到限制。

拉萨中院的行为保全裁定中禁止胡氏兄弟行使提案权、表决权、参加股东大会权、召集和主持股东大会权,虽符合行为保全的申请标准,不论胡氏兄弟是否是恶意收购,相信国风集团确实提供初步证据证明其合法权益将会受到被申请人的侵害,以及不采取行为保全损害可能会扩大,并且国风集团提供了相应的担保。但正如戴红与深圳新港公司决议效力确认纠纷一案中,法官对行为保全的审查也包括兼顾被申请人的利益,维护申请人与被申请人之间的利益平衡。

如上分析,胡氏兄弟虽违规披露,但其持有的股份却是合法有效的,拉萨中院禁止其行使股东权利,是否充分衡量了国风集团与胡氏兄弟之间的利益天平,其背后的法律逻辑值得深思。

类似的行为保全在上市公司公司控制权之争中的应用越来越多,典型者如京基与康达尔的控制权之争。为解决康达尔董事会将京基的表决票记为无效票的问题,京基在法院申请了行为保全,要求康达尔董事会不得限制京基的表决权并得到了法院的支持。

在李敏与*ST西发的控制权之争中,*ST西发在2018年度第三次临时股东大会上,通过决议增补徐骏、范利亚为公司第八届董事会非独立董事候选人,李敏、沈贵明落选。为了阻止已经生效的股东大会决议真正施行,2018年12月29日,李敏向西藏拉萨堆龙德庆法院申请了诉前行为保全——请求禁止被申请人西藏发展实施于2018年12月25日作出的《2018年第三次临时股东大会决议》,法院经审查认为,李敏的申请符合法律规定,予以支持,裁定禁止被申请人西藏发展实施于2018年12月25日作出的《2018年第三次临时股东大会决议》。西藏发展对此申请解除行为保全,被法院驳回,而后申请复议,法院认为,如不采取诉前行为保全措施,西藏发展新选举的两名董事将立即开始履职,对公司经营业务、认识任免等重大事项产生影响,法院作出的诉前行为保全措施正确。①

从时效上看,行为保全裁定的速度快于全案的判决速度,不失为一种在控制权

① 三石:《如何用诉前行为保全先发制人——*ST西发控制权之争的法律视角(1)》,载微信公众号"法律事务评析"2019年11月19日,https://mp.weixin.qq.com/s/Rx9-1Q2XBVfHmsIlalFHnA。

之争中争取“未判先赢”、破解表决权限制的好方法之一，这种做法如果能够复制，对于违规举牌方可谓是釜底抽薪。[①] 诉前、诉中行为保全制度具有预防损害发生、扩大的作用，属于事前预防救济手段。但是同样需要注意的是，诉前行为保全纵然有千般好，也不能保证十全十美，其存在的缺陷也是显而易见的，法院在未经审判，当事人双方权利义务处于不明确状态，仅依据当事人的初步证明便作出行为保全裁定，保障申请人判决后的执行利益或者减少当下所受损害，必然使得被申请人受损，其不稳定性及风险性不言而喻，故严格控制行为保全的适用，维护二者之间利益平衡，让行为保全不仅合法而且合理，有利于诉前行为保全制度的长足进步。

（五）步步为营，搬来“同窗救兵”

诉讼程序的特点之一是时间周期长，这也为国风集团“搬救兵”赢得了不少时间。

2015 年 8 月是这场争夺战的关键时点，欧阳旭的北大校友们来到了拉萨参加一场庆祝慈善拍卖成功的晚宴。欧阳旭与他的北大校友们暗中酝酿了一场反击战，蓄势待发！

2015 年 8 月 14 日，在胡氏兄弟举牌西藏旅游的 1 个月后，西藏旅游公告称控股股东国风集团的股东白平、欧阳莉、欧阳威分别将其持有的约 2.58%、9%、4.90%国风集团股权转让给自然人孙陶然，此次股权转让完成后，孙陶然将持有约16.47%的国风集团股权，欧阳威将其持有的约 4.11% 国风集团股权转让给自然人赵文权；白平将其持有的约 3.42% 国风集团股权转让给自然人张军。[②] 国风集团持股情况变更为欧阳旭及其家族持股约 76%，孙陶然、赵文权、张军持股约 24%。

孙陶然、赵文权、张军何许人也？

1987 年欧阳旭考入北大中文系，同年考入的还有孙陶然、赵文权。三人曾是同窗好友，后欧阳旭于 1993 年创办国风广告公司，1997 年创办国风集团。而孙陶然后期与赵文权共同创办了北京蓝色光标数据科技股份有限公司（以下简称蓝色光标）。[③] 赵文权现任蓝色光标董事长兼总经理，持股比例 5.82%，孙陶然持股比例为

---

① 《西藏旅游挑战野蛮人被举牌公司还有投资机会吗》，载中国证券网，http://www.cs.com.cn/ssgs/gsxw/201510/t20151016_4817896.html。

② 《关于控股股东股权结构变更的提示性公告》，载巨潮资讯网，公告编号:2015－065。

③ 《西藏旅游 600749 举牌门后续蓝色光标赵文权孙陶然入局》，载证券时报，http://www.ql-money.com/content/20150814－73872.html。

3.24%，欧阳旭在蓝色光标担任董事，三人直接/间接投资的公司有21家，[①]拉卡拉[②]正是其中一家，2005年孙陶然创立拉卡拉，主营支付服务业务与金融科技服务业务。

2015年9月23日，国风集团股东签订了《国风集团有限公司增资协议》，增资后欧阳旭持股26.52%，为第一大股东；孙陶然持股24.02%，为第二大股东；白平持股14.54%，位列第三大股东；欧阳莉、欧阳威分别持股11.97%。欧阳旭及其家族合计持有国风集团股权比例为65%，孙陶然、赵文权、张军持股比例为35%。[③]

国风集团的股权结构陡变，其中自然有对抗胡氏兄弟的意图，引入实力雄厚的股东，更增加一分守住西藏旅游控制权的把握。

同时，西藏旅游在4月提出的定增事宜也在如火如荼地进行着，国风集团欲通过增持巩固自己的控制权，2015年11月27日，西藏旅游定增事宜通过证监会发审委审核，[④]在等待证监会核准文件的过程中，西藏旅游于12月5日公告公司正在筹划重大资产重组，公司股票自12月7日起停牌。直到2016年2月6日，西藏旅游公布《发行股份及支付现金购买资产并募集配套资金暨关联交易报告书(草案)》，才揭开了重组对象的"神秘面纱"。

(六)引入拉卡拉

西藏旅游此次的交易对象正是拉卡拉，草案披露公司拟以发行股份及支付现金的方式购买孙陶然等46名交易对方合计持有的拉卡拉100%股权，并募集配套资金。拉卡拉100%股权整体作价110亿元，其中，上市公司将以现金支付方式支付25亿元，以发行股份方式支付85亿元。同时西藏旅游拟向配套融资认购方募集配套资金，募集资金总额为55亿元，不超过标的资产交易价格的100%，按18.65元/股的发股价格计算。[⑤]

本次交易后，孙陶然及孙浩然成为西藏旅游的实际控制人，其中孙陶然直接持有24.21%的股份，孙浩然直接持有3.39%的股份，蓝色光标直接持有0.54%的股

① 数据来源：企查查。

② 指拉卡拉支付股份有限公司。

③ 《关于控股股东增资的公告》，载巨潮资讯网，公告编号：2015－075。

④ 《关于公司非公开发行A股股票申请获得中国证监会发行审核委员会审核通过的公告》，载巨潮资讯网，公告编号：2015－087。

⑤ 《发行股份及支付现金购买资产并募集配套资金暨关联交易报告书(草案)》，载巨潮资讯网，2016年2月6日。

份，三者合计控制上市公司28.14%的股份。联想控股[①]直接持有西藏旅游23.12%的股份，通过西藏志道持有0.11%股份，合计持有西藏旅游23.23%的股份，为公司第二大股东。而欧阳旭及其配偶王芸、一致行动人国风集团合计持有西藏旅游6.49%的股份，位列第四大股东，而胡波及其一致行动人胡彪的持股比例将由10%被动下降为2.01%。[②]

西藏旅游欲重组拉卡拉一方面是国风集团为维护自身的控制权，搬来孙陶然对抗胡氏兄弟；另一方面西藏旅游近年受政策和自然灾害影响业绩下滑，公司自身资产重，景区及酒店等业绩释放需要一定的周期，净利润几乎连续两年亏损，面临着退市风险。引入拉卡拉保壳自救，对于双方来说，都是利好的选择。[③]

为稳定推行此次重组，西藏旅游于2月6日发布暂不复牌的提示公告，并在3月7日继续停牌。

（七）重组遭问询，围绕“借壳”斗智斗勇

不过西藏旅游的重组计划并不顺利，2016年3月24日，西藏旅游收到了上交所下发的《关于对西藏旅游股份有限公司发行股份及支付现金购买资产并募集配套资金暨关联交易报告书（草案）信息披露的问询函》（以下简称《问询函》）。在《问询函》中上交所要求公司对本次交易是否构成借壳上市以及公司控制权之争对本次交易的影响进行说明和披露。

根据《上市公司重大资产重组管理办法》（中国证券监督管理委员会令第109号）第十三条的规定，“自控制权发生变更之日起，上市公司向收购人及其关联人购买的资产总额，占上市公司控制权发生变更的前一个会计年度经审计的合并财务会计报告期末资产总额的比例达到100%以上的”，构成借壳上市。这次交易中，西藏旅游拟向包括孙陶然等在内的拉卡拉全部股东发行股份购买其所持有的拉卡拉100%的股权，交易作价110亿元，约占上市公司2015年度经审计资产总额的594%。公司解释，孙陶然及其一致行动人不控制拉卡拉，上市公司向其购买的资产总额，合计为拉卡拉15.80%的股权，作价173,821.73万元，占公司2015年年末资产总额的93.79%，因此本次交易不构成借壳上市。

---

① 指联想控股股份有限公司。

② 《关于股东权益变动暨公司控股股东和实际控制人发生变更的提示性公告》，载巨潮资讯网，公告编号：2016－019。

③ 《关于发行股份及支付现金购买资产并募集配套资金摊薄即期回报的风险提示及公司采取的措施》，载巨潮资讯网，公告编号：2016－021。

上交所提出以下质疑：

一、联想控股虽然为拉卡拉的第一大股东，但仅为财务性投资，不参与管理，孙陶然却兼具创始人和核心管理人员的双重身份，并且戴启军等4个主要管理层直接或间接控制拉卡拉25.86%股权，孙陶然与这些管理层存在共同投资的经济利益关系，构成一致行动人的推定要件，如果西藏旅游无法提供相反证据，那么孙陶然实际上为拉卡拉第一大股东。

二、西藏旅游的总资产在2015年4季度增加4.18亿元，资金来源于短期借款，在公司负债率高，偿债压力大的情况下，该部分资金未用来偿还银行借款，由于资产总额增加，孙陶然及其一致行动人持有的拉卡拉15.80%股权的作价才未超过2015年年末资产总额的100%。西藏旅游存在以增加公司总资产规避借壳上市的嫌疑。

三、在胡波、胡彪持有公司股票是否具有表决权尚不确定的情况下，股东大会表决重大资产重组议案的合规性、股东大会决议是否有效。①

2016年5月5日，西藏旅游对《问询函》作出回复。5月13日，公司收到上交所的《关于收到上海证券交易所对公司发行股份及支付现金购买资产并募集配套资金暨关联交易报告书（草案）信息披露的二次问询函的公告》，要求对孙陶然与戴启军等4个主要管理层是否构成一致行动人以及公司于2015年年末借入大量短期借款，基本未使用且在2016年1月归还银行的原因和合理性作进一步说明和补充披露。②

交易所的连番问询让重组项目推进艰难，从2016年开始，如果构成借壳上市，那证监会对标的资产的审核标准等同IPO，届时重组过会的难度将大大提高。

三、胡氏兄弟退场，新对手接踵而至（2016年6月~2018年7月）

（一）重组问询悬而未决，夺壳之战已成定数

2016年6月15日，正当西藏旅游重组拉卡拉陷入二次问询僵局时，西藏旅游收到拉萨中院关于国风集团诉胡波及其一致行动人胡彪与公司股票、证券有关纠纷一案的民事调解书，调解书内容如下：

（1）胡波、胡彪同意在持有西藏旅游的股份期间积极支持西藏旅游通过并购重

---

① 《关于收到上海证券交易所对公司发行股份及支付现金购买资产并募集配套资金暨关联交易报告书（草案）信息披露的问询函的公告》，载巨潮资讯网，公告编号：2016－030。

② 《关于收到上海证券交易所对公司发行股份及支付现金购买资产并募集配套资金暨关联交易报告书（草案）信息披露的二次问询函的公告》，载巨潮资讯网，公告编号：2016－038。

组做大做强,并承诺:在持有西藏旅游的股份期间,在西藏旅游股东大会表决中,就西藏旅游向拉卡拉非公开发行股份、购买资产事项中的并购重组方案、再融资方案、非公开发行方案等重大事项(包含需要2/3表决通过的重大事项,及董、监事的任用议案等)均投赞成票,不采取任何可能对以上重大事项构成负面影响的行为或不行为;对以上事项之外的含特别决议的其他股东大会,胡波、胡彪如参加则须投赞成票。(2)胡波、胡彪不参加仅由一般事项为议案的股东大会。不参加由西藏旅游控股股东、董事会之外的其他方召集的股东大会。(3)胡波、胡彪放弃行使"自行或通过第三方行使其持有西藏旅游公司的提案权、召集和主持股东大会的权利"。(4)胡波、胡彪仅作减持操作,不增持西藏旅游的股份。同时,胡波、胡彪参与投资的企业以及胡波、胡彪的其他一致行动人不得买入西藏旅游的股份。(5)胡波、胡彪的委派代表刘文俊个人或其参与投资的企业、或其作为委派代表或管理人的所有企业不得买入西藏旅游的股份。(6)胡波、胡彪及上述义务的相关当事人通过信用担保户等方式间接持有西藏旅游的股份的,为胡波、胡彪及上述义务的相关当事人持有西藏旅游的股份,同样适用以上约定。胡波、胡彪及上述义务的相关当事人通过信用担保户等方式间接持有西藏旅游的股份的,胡波、胡彪及上述义务的相关当事人应自行负责协调办理股东大会投票所需手续或指示其他义务方按照上述约定实施投票。(7)以上事项履行期限为五年,调解书生效之日起计算。(8)本调解书生效后,原告及三被告应当按照调解书履行,国风集团及西藏旅游不再追究本案纠纷中涉及的事项。①

因双方达成调解协议,拉萨中院裁定:(1)解除对胡波、胡彪于本案判决生效前行使自行或通过第三方行使其持有西藏旅游公开发行股份的投票权、提案权、参加股东大会的权利、召集和主持股东大会权利的禁止;(2)解除对被告西藏旅游于本案判决生效前配合被告胡波、胡彪行使第一项中相关股东权利,并不得接受申请、不得向有关单位提交申请等行为的禁止;(3)解除对原告国风集团向本院提供的担保资金存款账户中的1000万元的冻结;(4)解除对国风集团所持有的西藏圣地222.69%股权的冻结;(5)解除对胡彪的银行存款人民币500万元的冻结。②

从调解书中可以看出胡氏兄弟彻底失去其筹码,股东大会中要么只能投赞成票要么不能参加,自行放弃提案权、召集和主持股东大会权,此后只能做减持操作,其股份只剩下空壳,可以说胡氏兄弟在这场控制权争夺战中惨败。

不过这番调解结果并不让人诧异,自拉萨中院于2015年9月的行为保全裁定

---

① 《关于诉讼结果的公告》,载巨潮资讯网,公告编号:2016-044。

② 《关于收到拉萨市中级人民法院民事裁定书的公告》,载巨潮资讯网,公告编号:2016-045。

禁止胡氏兄弟行使表决权、提案权、参加股东大会权、召集和主持股东大会权。胡氏兄弟便处于下风,之后国风集团搬来孙陶然、赵文权救场,引入拉卡拉更是压垮了胡氏兄弟的最后一丝野心,彻底断绝其争夺控制权的念头,股东权有无与否不再重要。胡氏兄弟接受这些“不平等”条款也是“顺理成章”。

(二)连番问询下,重组“流产”

2016年6月24日西藏旅游发布公告称,由于本次交易方案公告后证券市场环境、政策等客观情况发生了较大变化,各方无法达成符合变化情况的交易方案。经审慎研究,为切实维护全体股东的利益,各方协商一致决定终止本次重大资产重组。[①] 在交易所的连番问询之下,又或者是驱逐“野蛮人”的目的已经达成,欧阳旭主动放弃这次重组,或者二者皆有,总之西藏旅游与拉卡拉的重组最终流产。

2016年6月28日,停牌半年的西藏旅游终于复牌。

(三)股权争夺战终落幕

2016年6月29日,西藏旅游召开2015年年度股东大会,按照调解协议胡波及胡彪未参与此次股东大会投票。这符合上述调解协议的要求。2016年6月28日至29日,胡波、胡彪通过集中竞价方式,减持西藏旅游无限售流通A股总计9,456,960股,减持股份数占公司总股本的5.00%;此次减持完成后,胡彪不再持有西藏旅游的股份,胡波合计持有的西藏旅游股份为9,456,936股,占西藏旅游现有总股本的5.00%。

西藏旅游与拉卡拉的重组终止后,公司复牌出现了一定幅度的调整。而一年前大笔增持西藏旅游的胡波及一致行动人胡彪也开始卖出手中股票。继6月末大笔卖出西藏旅游后,胡波在7月6日又减持了100股,值得注意的是,此次减持后,胡波还持有945.68万股西藏旅游,持股比例降至4.99%。而胡彪在6月29日减持后,已经清仓了西藏旅游。对于此次减持100股,胡波在公告中表示:“因个人资金需求,通过集中竞价方式减持所持有的西藏旅游股份。”显然,之所以减持100股,这背后的真正目的无疑是避开信息披露。

国风集团与胡氏兄弟的控制权之争胜负已分。其实在拉萨中院作出行为保全裁定时,胡氏兄弟便处于明显的弱势地位,而后国风集团借助重组拉卡拉以及增持计划三管齐下,胡氏兄弟的夺壳计划显然无望。

---

① 《关于终止重大资产重组的说明》,载巨潮资讯网2016年6月24日。

(四)“麻烦”既除,巩固“城防”

2017 年 5 月安徽证监局表示,对于两年前胡彪、胡波在持股达到上市公司西藏旅游已发行股份 5% 时未及时履行信披义务,并在报告期限内继续买卖该上市公司的股票的行为,侵犯了广大投资者知情权,违反了《证券法》(2014 年修正)第八十六条,构成违规增持行为。依据《证券法》(2014 年修正)第八十六条和第一百九十三条的规定,安徽证监局决定,对胡彪给予警告,并处以罚款 50 万元。对胡波给予警告,并处以罚款 40 万元。

胡氏兄弟控制权争夺战结束,国风也开始迫切增持股权,防止出现第二位“野蛮人”,从 2016 年 8 月,国风集团通过上交所集中竞价交易系统买入西藏旅游股票 7,372,800 股,占总股本 3.89%,此次增持后国风集团持股 20%。[①]

2016 年 10 月 24 日,西藏旅游公告,控股股东国风集团股东欧阳旭、白平、欧阳莉、欧阳威分别将其持有的 31%、17%、14%、14% 国风集团股权转让给国风创投,本次股权结构变更后,国风创投持有国风集团 76% 的股权;孙陶然持有国风集团约 16.47% 的股权;赵文权持有国风集团约 4.11% 的股权;张军持有国风集团约 3.42% 的股权。国风创投成立于 2016 年 8 月 31 日,由欧阳旭及其家族出资设立。[②]

11 月 26 日,国风集团通过二级市场再次增持 0.74%;通过资产管理计划增持 4.26%,合计增持 5%,[③]增持后持股 25%。2017 年 5 月底,国风集团通过自有账户以及信托嵌套资管计划(杠杆资金)共增持 8,654,580 股,约占公司总股本的 4.58%。不到一年时间,国风集团及其一致行动人共持有西藏旅游 5593 万股,占西藏旅游总股本的 29.57%,此番增持过后,控制权暂时无虞。

(五)西藏纳铭举牌,联想系资本陆续增持

2016 年 12 月 10 日,西藏旅游终止了 2015 年筹划的非公开发行 A 股股票事项。2017 年 2 月 27 日,西藏旅游计划停牌,拟非公开发行股票募集资金不超过9.65 亿元,意图扭亏。并于 2018 年 1 月通过证监会审核,最终募集资金净额 5.69 亿元。

2017 年 8 月至 9 月,西藏纳铭[④]通过交易所集中竞价持续买入西藏旅游股票,

---

① 《详式权益变动报告书》,载巨潮资讯网 2016 年 8 月 2 日。

② 《关于控股股东股权结构变更的提示性公告》,载巨潮资讯网,公告编号:2016－066。

③ 《详式权益变动报告书》,载巨潮资讯网 2016 年 11 月 26 日。

④ 指西藏纳铭网络技术有限公司。

于9月9日达到5%,构成举牌。西藏纳铭承诺自2017年9月8日起的12个月内继续增持西藏旅游股份,增持金额不低于人民币3000万元。随后在9月至11月期间,西藏纳铭不断增持西藏旅游股票,并于11月14日达到10%,截至11月20日,西藏纳铭合计持有西藏旅游股份20,067,840股,占西藏旅游总股本的10.61%。

西藏纳铭的背后正是老朋友联想控股。工商登记显示,西藏纳铭成立于2016年11月,注册资金2亿元,唯一股东为西藏考拉科技①,联想控股为西藏考拉科技的控股股东(持有西藏考拉科技67%股权)。看来没有永远的朋友只有永远的利益这句话最终应验了。

面对新的对手,2017年12月19日,国风集团将其部分股份转让给全资子公司西藏国风文化②,2018年1月16日至26日,为了内部集中整合对上市公司持股,在一致行动人国风聚和1号集合资金信托计划面临即将到期清算的情况下,其将持有的西藏旅游股份转让给了西藏国风文化。受让后,西藏国风文化累计持股13.76%。

2017年西藏旅游由于一起建设工程施工合同纠纷负债500万元,根据公司此前发布的2017年年度报告,报告期内净利润预亏7800万元左右,而在2016年,公司净利润亏损9512.41万元。若公司2017年年度审计报告净利润为负值,那么西藏旅游将再次面临退市风险。

(六)物美系入驻

西藏纳铭的位置还没有坐热,物美系又登门了。

2018年1月西藏旅游定增事宜获通过,定增对象为京遥贸易③以及乐清意诚电气有限公司。

查询发现,京遥贸易属于物美集团旗下公司,主要从事货物及技术的进出口业务,转口贸易、区内企业间贸易及贸易代理等业务。作为华北地区的龙头商超,物美集团从零售领域进入主营景区经营的西藏旅游,跨度十分明显。

灵兽传媒创始人陈岳峰表示:"物美集团在西北地区的宁夏确实有布局,此前收购新华百货时已经明确将公司作为西北地区业务拓展平台,通过新华百货实现在西北地区的扩张。不过也仅限于此。如果是西北其他地区,即便是考虑到业态创

① 指西藏考拉科技发展有限公司。
② 指西藏国风文化发展有限公司。
③ 指上海京遥贸易有限公司。

新,也很难想象物美集团在西藏地区能有更好的发展机会”。①

截至2018年3月5日,由于定增,西藏旅游股东结构如下:国风集团及其一致行动人西藏国风文化持股比例下降至24.64%,为第一大股东,京遥贸易持股11.72%,为第二大股东,西藏纳铭持股8.87%,为第三大股东,西藏体旅持股76.29%,为第四大股东,乐清意诚电气有限公司持股4.95%,为第五大股东。

(七)新奥控股接盘

根据西藏旅游2017年年度报告,国风集团质押股份数量达到29,723,699股,占国风集团自有账户持股数的99.34%,②然而西藏旅游股价自2017年年底到2018年6月底,股价从20元下跌到不到10元,股权质押濒临爆仓。

2018年3月的景点与旅游报告书显示,与其他景区类上市公司相比,西藏旅游游客接待规模和营业收入也被远远抛在身后。不仅如此,在所有旅游景区上市公司中,西藏旅游市值排名垫底,目前仅有20亿元,在国内上市的23家景点旅游类型公司中,西藏旅游年营业收入排名倒数第二。每股收益在旅游类上市公司里也是行业垫底。③

2018年5月2日,由于近两年公司业绩持续亏损,2016年西藏旅游归属母公司股东净利润为亏损9512.41万元,2017年亏损7917.34万元,公司被证监会实施退市风险警示,“披星戴帽”成立*ST藏旅。

5月,为了不让酒店等重资产拖累业绩,西藏旅游发布挂牌转让5家酒店资产的公告,转让价为64,850万元,这5家酒店资产均为喜马拉雅酒店系列。在不考虑税金的情况下,这次转让预计为公司提供2000万元以上的正向利润。④

在2016年重组拉卡拉失败后,西藏旅游不得不面临保壳避免退市的情况,经营不善债务高垒、公司股权质押爆仓的双重危机,成为引发上市公司控制权变更的主要原因之一,终于在7月,*ST藏旅找到新的外部投资人进行债务清偿由此导致公司控制权变更。

2018年7月9日晚,西藏旅游发布控股权转让方案,以“承债式收购”方式变更

---

① 《西藏旅游募资5.8亿补血,物美系入驻,新零售跟景区如何结合?》,载微信公众号“执惠旅游”2018年3月12日。

② 西藏旅游:《2017年年度报告》,载巨潮资讯网2018年4月27日。

③ 刘小扬:《西藏旅游控制权变更之路》,载微信公众号“企业兴衰”2018年9月18日,https://mp.weixin.qq.com/s/qAsqCeyw7MFA327iUTJnag。

④ 《关于挂牌转让五家酒店资产的进展公告》,载巨潮资讯网,公告编号:2018-050。

实际控制人。新奥控股[①]将接手西藏国风文化及西藏纳铭间接持有的*ST藏旅46,158,688股股份,占上市公司总股本的20.34%,股权转让交易作价为4.12亿元,[②]公司实际控制人变更为河北首富“燃气大王”王玉锁。

公告显示,由于采用承债式收购,新奥控股需要提供6.77亿元借款用于偿还西藏国风文化以及西藏纳铭对各自原股东的负债。

7月12日,西藏旅游董事会收到董事长兼总经理欧阳旭、副总经理兼董事会秘书汝易、财务总监施洲云以及监事会主席欧阳威、监事单绍和的辞职报告。其后聘任胡峰为公司总经理并代行董会秘书职责,罗练鹰为财务总监,王曦、邹晓俊为新一任监事。

四、解析双方攻守策略

(一)胡氏兄弟的“攻”

1. 抓准时机“闪电出击”

西藏旅游作为一家老牌上市公司,在20多年洪流起起伏伏中一直低调沉默,没有想到在2015年“股灾”“举牌潮”期间自己会被盯上。存在潜在被举牌风险的上市公司一般具有以下几个特征:一是股权分散,大股东占的股份比重通常不超过10%,这样举牌容易成为第一大股东;二是股价偏低,存在破净的可能,市盈率明显低于行业平均水平,对于产业资本而言具备捡便宜的价值;三是总股本较小且不存在未解禁限售股,产业资本只需支付相对较小的成本即可完成对公司股权的控制;四是所处行业存在整合重组的大趋势,在监管层面上较易获得政策支持。[③]

以上四点西藏旅游一个不落,2014年至2015年,西藏旅游接连遭受旗下子公司两次重大车祸事故、退市风险、股灾等一系列祸事,股价一度跌至谷底。选择在西藏旅游自顾不暇之时举牌,胡氏兄弟的第一步便站上了制高点。北大出身的欧阳旭自然是个聪明人,这点在后续的争夺战中也可以看出,但国风集团掌权西藏旅游14年,营收能力不温不火,由于成本提高西藏旅游净利润连年走下坡路,2015年面临退市风险,国风集团更多地将注意力放在如何扭亏为盈,对于突如其来的举牌毫无准备。胡氏兄弟举牌之时,国风集团持有上市公司股份仅有15.72%。

翻看西藏旅游多年来对公司章程的修订,并没有未雨绸缪加入反收购条款,因

---

① 指新奥控股投资有限公司。

② *ST藏旅:《详式权益变动报告书(修订稿)》,载巨潮资讯网2018年7月19日。

③ 《西藏旅游挑战野蛮人 被举牌公司还有投资机会吗》,载中国太平洋保险(集团)股份有限公司官网,http://www.cpic.com.cn/c/2018-04-08/1418510.shtml。

此胡氏兄弟的第一次举牌后处理信息披露违规遭到监管机构的问询，上市公司本身对其的阻碍很少。

2. 精准增持，争夺话语权

能够一天之内砸下 1.9 亿元的胡氏兄弟，其背后是多年来驰骋在资本市场的隐秘“弘俊系”。在国风集团于 2015 年 7 月 27 日起诉后，胡氏兄弟对拉萨中院提出管辖权异议后被驳回，上诉至西藏高院仍被驳回。因此胡氏兄弟选择更加直接的方法，增持争夺话语权，2015 年 9 月 8 日，胡氏兄弟精准增持至 10%，触发第二次举牌机制，此次披露后胡氏兄弟可以请求召开临时股东大会、董事会临时会议对管理层进行洗牌，争夺更多的话语权，包括为后续大幅增持打下基础。此次增持是胡氏兄弟对国风集团的回应，表明“夺壳”决心，国风集团起诉并没有让其害怕。

3. 公开发声，引起舆论同情

拉萨中院同意国风集团申请行为后，胡氏兄弟这才慌了，禁止行使股东权利意味着手上的筹码等同于废纸。裁定一出，一直对外保持缄默的胡氏兄弟委托刘文俊首度对外公开发声。刘文俊联合律师在接受《莲花财经》《证券时报》等媒体采访时“喊冤”，表示对拉萨中院裁定合法性与正当性存疑，对于本就在法律上不明朗的行为保全裁定，胡氏兄弟方显然得到了更多人的支持。

（二）国风集团的“守”

1. 扮猪吃老虎，打消戒心

就在胡氏兄弟一夜之间举牌至 9.59%，大家都以为国风集团沉寂 10 天蓄着大招，然而国风集团却选择起诉胡氏兄弟。众所皆知，诉讼程序历时长，公司股权纠纷一般会以证券监管机构的处罚决定作为参考裁判，因此结果未必能够阻止“野蛮人”的进犯。况且夺权之争瞬息万变，诉讼实在算不上上策，然而，这正是国风集团的策略，在西藏旅游百孔千疮寻求外部投资者保壳之际，国风集团无法消耗高成本精力来应对胡氏兄弟，诉讼不仅能够拖延时间而且在反收购成本上也足够经济，并且在胡氏兄弟提出管辖权异议后立马追加西藏旅游为被告将战场控制在西藏境内，取得先机。国风集团起诉后，胡氏兄弟管辖权异议一计不行没有过于纠结，并没有想到国风集团会在诉讼程序中大做文章，继续增持至 10%，试图插手董事会以及股东大会。

2. 行为保全釜底抽薪

行为保全可以说是国风集团的杀手锏，虽然具有不确定性，但若成功将直接敲定正常控制权争夺战的胜负。国风集团是幸运的，股权纠纷案本就具有新颖性和疑难性，拉萨中院最终支持了国风集团的请求。胡氏兄弟的股东权利被禁止后，其持股已经失去意义。也许双方此后进行过多次洽商，显然，国风集团不打算给胡氏兄弟机会。股东权利被禁止后，胡氏兄弟提出异议但被驳回，复议仍被驳回，法律救济用尽后，胡氏兄弟似乎意识到西藏旅游这块骨头很难啃下，此后便再无动作。

3. 三管齐下，不留余地

虽然胡氏兄弟又陷入沉寂，但西藏旅游此时面对的更大的麻烦是如何“保壳”。秉持着“肥水不流外人田”的原则，国风集团找到同窗好友孙陶然，先是将国风集团24%股权转让给孙陶然、赵文权以及张军。然后拟通过收购拉卡拉将西藏旅游控制权让给孙陶然。同时西藏旅游还在筹划定增事宜，定增对象包括国风集团，虽然这次定增后被终止，但对当时的胡氏兄弟来说，面对国风集团一系列措施，又是定增，又是搬来拉卡拉，本就被禁止股东权利的胡氏兄弟只能选择放弃，双方经过磋商最终达成调解。

五、总结

（一）西藏旅游

不论有没有这场控制权争夺战，西藏旅游需要改革都是不争的事实，多年来经营能力低下，拥有顶级旅游资源丝毫没有运营出该有的水平，公司不断亏损，投资者们对于国风集团掌权下的西藏旅游颇有怨念，认为国风集团把西藏旅游拖垮。国风集团在进驻西藏旅游13年后，同样发现了这个问题。正因如此，其在2016年才会重组拉卡拉，试图将控制权让位给孙陶然。

胡氏兄弟在西藏旅游困难之际出现，并不是没有机会，只是出现的时机过早，西藏旅游的“保壳”压力还没有达到顶峰，而在2018年，西藏旅游的状况达到最恶劣的时刻，新奥控股取得控制权。况且当时存在重组拉卡拉的机会，虽然最后该重组被扼杀，但对于当时的国风集团来说，胡氏兄弟仅仅是“野蛮人”。

国风集团能够赢得这场控制权争夺战，从最初提起诉讼时将西藏旅游列为被告将“战场”控制在西藏地区，便计划好通过行为保全禁止令限制胡氏兄弟行使股东权利。

（二）胡氏兄弟

2015年股灾期间涌现一批举牌者，胡氏兄弟在那时举牌西藏旅游，很大程度有“试水”的心态，欧阳旭在西藏扎根十多年，在西藏的商界分量很重，弘俊资本虽然作为后来者，但其在西藏的资本布局不可小觑，“一山不能容二虎”，胡氏兄弟选择西藏旅游情有可原，无论是胡氏兄弟背后的弘俊资本，还是想要上市的圣核农业，其当时抱有的心态更多可能是试探，而不是坚定的想要借壳上市，这也是为什么胡氏兄弟在控制权争夺战中迅速退场。

实际上，上述股权纠纷既简单又复杂，却无意间成为A股首个禁止股东权利案，拉萨中院行为保全裁定中适用禁止令的做法在全国范围内都很新颖。

在西藏旅游大股东的保全申请获准后，类似股权纠纷案中大股东也可能会效仿这一做法，就看法院是否会受理以及如何裁定了。

西藏雪山——一块开发潜力巨大的神秘圣地，自20世纪90年代西藏第一家上市公司诞生之后，便一直是资本家们向往的"天堂"，正如欧阳旭最初决定入驻西藏旅游，缘是从第一眼看到西藏的雪山圣湖，便和它结下不解之缘。直至今日西藏雪山的"战场"上从来不缺乏"狩猎者"，只要有利益的驱使，资本家们的战争将永不停息。①

① 《徐翔背后的故事！西藏雪山——资本家们永无休止的战场》，载微信公众号"趋势财经要闻"2017年7月15日，http://toutiao.manqian.cn/wz_aSRUa6jbF5.html。

成都路桥控制权争夺战

一、实控人自由受限，李勤争夺控制权（2015 年 2 月 ~2016 年 2 月）
二、董事会全面抵抗，两度限制表决权（2016 年 2 月 ~2017 年 1 月）
三、付诸诉讼，对簿公堂（2017 年 1 ~2 月）
四、戏剧性的剧情反转（2017 年 2 月 ~2018 年 1 月）
五、系列诉讼尘埃落定、控制权花落他家（2018 年 1 月 ~2019 年 4 月）
六、解析双方攻守策略
七、总结：积极、规范行使权利

李勤靠中迪禾邦①及其背后的达州资本②，借助 2015 年股灾后低股价的良机在半年左右的时间内斥资 10 亿多元买入超过 20% 的成都路桥③股份，新晋第一大股东。但由于成都路桥董事会通过不计后果地以修改公司章程等方式坚决抵制李勤的"推门而入"，多次限制李勤的表决权，使李勤无法拥有和行使成都路桥第一大股东应有的权利。

双方围绕违规增持股份的表决权展开了激烈的斗争，虽然李勤也向法院提请了多起公司决议纠纷诉讼，但由于不够迅速、积极，有利于其的二审判决结果在 2018 年初出来后为时已晚，而在这过程中"半路杀出了程咬金"——宏义嘉华④，最终取得了公司控制权，而伊始的举牌人李勤在成为实际第一大股东的近两年时间内丝毫没有取得公司的实际控制权，不禁令人唏嘘。

---

① 指中迪禾邦集团有限公司。

② 一般指来自四川省达州市的资本利益集团，一度活跃于资本市场，又称"达州帮"。

③ 指成都市路桥工程股份有限公司。

④ 指四川宏义嘉华实业有限公司。

一、实控人自由受限，李勤争夺控制权(2015年2月~2016年2月)

(一)零元改制私有化，转年盈利两千万

成都路桥，原是1988年成都交通局设立的国营企业——成都市路桥工程公司，承担公路、桥梁的勘察设计、施工建设及技术服务。

10年后，即1988年开始进行企业改制，成都市路桥工程公司与成都市公路工程处“两块牌子、一班人马”的局面开始打破。高级管理层迅速作出改制实施方案，核心内容是成都市路桥工程公司被核算为“资不抵债”、全部产权转让价格被定为零元、由高级管理层和员工等294名股东共同持股。①

整个产权转让协议在1999年12月签署，并得到当地国资局的批复。整个改制过程能够快速、顺利完成，并得到其上级主管部门成都市交通局的核准，或许与两年前成都市路桥工程公司替成都市交通局堵了一次债务窟窿有关。

1997年，成都市交通局下属企业——成都市交通物资公司严重亏损，导致成都市路桥工程公司担保的150万元和成都市交通发展公司担保的79.5万元银行借款逾期，建设银行已对其提起诉讼。由于成都市交通发展公司也严重亏损，而成都市交通物资公司的本金和罚息也必须马上偿还，成都市路桥工程公司为成都市交通物资公司归还银行本息及罚金264.33万元。

改制1年后，经会计师事务所审计后的财务报告，成都市路桥工程公司实现净利润2000多万元。成都路桥于2011年11月，在深交所中小板顺利IPO上市交易。成都路桥与成都市交通局的深厚渊源及良好关系也成为以后成都路桥迅速发展壮大的“助推器”，现在已发展成一家集投融资、建设管理、运营基础建设项目为主业，融合多元产业发展的企业集团。

(二)官员下海变实控，涉嫌行贿被羁押

1997年1月，成都市公路工程处处长郑渝力，接管了成都市路桥工程公司。1999年年底在企业改制时“辞官下海”，成为公司的实控人。2011年11月，成都路桥在深交所挂牌上市，董事长郑渝力时年48岁。

2015年2月5日，成都路桥实际控制人、原董事长郑渝力因涉嫌行贿，被检察机关批准采取强制措施。2月6日，成都路桥接到时任董事长郑渝力的辞职报告，

---

① 《“零元私有化”成都路桥IPO前传》，载经济观察报2011年9月8日，https://finance.qq.com/a/20110908/005618.htm。

郑渝力因个人原因辞去公司董事、董事长及董事会战略委员会委员、提名委员会委员职务。2 月 9 日，成都路桥董事会召开会议，选举周维刚担任董事长。

成都路桥 2015 年半年度报告披露，截至 2015 年 6 月 30 日，成都路桥的第一大股东、实际控制人为郑渝力，郑渝力合计持有成都路桥 19.84% 的股份，其中：直接持有成都路桥 12.03% 的股份，通过其实际控制的道诚力①持有成都路桥 7.81% 的股份。

郑渝力涉嫌的行贿行为，主要有两起。一起是其个人向原成都市双流县交通局局长周伟行贿②，从家里拿出 100 万元现金用塑料编织袋装好于饭局之后送给周伟，感谢其在承建双流县双华路（牧华路）迁建工程 - 锦江大桥工程及工程款拨付等方面提供帮助。另一起是向原海南副省长谭力累计 6000 万元的单位行贿，③约占谭力受贿总金额的 70%。成都路桥向谭力行贿始于 2001 年，此后长达 10 余年间，多次向谭力行贿，在其主政过的广安、绵阳、海南国际旅游岛的诸多工程项目上得到关照。与谭力的仕途高度契合，2001 年 3 月，谭力出任四川省广安市委书记；2004 年调任绵阳市委书记；2009 年调任海南省，先后任海南省委常委、宣传部部长、副省长、海南国际旅游岛先行试验区工委书记等职。

（三）达州李勤问鼎控制权

在成都路桥实控人郑渝力遇到麻烦以后，中迪禾邦的董事长李勤开始买入成都路桥的股份，意欲争夺控制权。对于巨资举牌成都路桥，李勤在对深交所的答复中表示，认可并看好成都路桥的发展前景。有媒体报道称，李勤实质考虑的是成都路桥可获得政府 PPP 项目的资质。

2006 年，李勤在四川达州创立中迪禾邦，以房地产开发为主业。2014 年，中迪禾邦的投资总额超过 100 亿元。2015 年，公司总部由达州搬迁至成都，发展势头迅猛。④

在快速崛起的 2014 年至 2015 年，中迪禾邦悄然进行了两次股权变更。2014 年 7 月 13 日，华鑫宏利⑤进入中迪禾邦，持股 60%。李勤持股比例则由 97% 下降到

---

① 指四川省道诚力实业投资有限责任公司。

② 周伟受贿、行贿二审刑事判决书，四川省高级人民法院（2017）川刑终 11 号刑事判决书。

③ 《成都路桥涉嫌行贿原海南副省长逾 6000 万元》，载财新网 2016 年 3 月 3 日，http://companies.caixin.com/2016-03-03/100915604.html。

④ 《成都路桥争夺战：达州资本剑指郑渝力"江山"》，载网易财经 2016 年 3 月 18 日，https://money.163.com/16/0318/08/BIE58D2T00254O2B.html。

⑤ 指四川省华鑫宏利股权投资基金管理有限公司。

38.8%。2015 年 8 月 20 日,华鑫宏利退出,中迪禾邦股权变更为:李勤持股 33%,郫县贵智①持股 67%。

对于华鑫宏利及郫县贵智两家公司,华鑫宏利执行董事兼总经理为刘军臣,主要股东为浩均实业②,持股 97%;郫县贵智股东为自然人邓博文和李世界。华鑫宏利执行董事兼总经理刘军臣,曾为浩均实业法人。成立之初,浩均实业股东为自然人刘军臣与宋娇娇。2015 年 4 月,宋娇娇将所持浩均实业股份转给邓博文,宋娇娇是达州资本圈知名人士唐铭阳的妻子;11 月,李世界接手了刘军臣的股份,浩均实业变更法人为李世界,股东为邓博文和李世界。由此可见,郫县贵智及华鑫宏利背后的浩均实业股东完全相同,均为邓博文和李世界。浩均实业在 2016 年 3 月 1 日再次进行了股权变更,自然人宋俞江出资 9000 万元获得浩均实业 90% 的股权,取代李世界成为公司法人及执行董事,宋俞江与前文中提到的唐铭阳有亲戚关系。而邓博文、李世界、唐铭阳、宋俞江及李勤均为达州富商,因此李勤此次举牌成都路桥背后的达州资本色彩非常浓厚,甚至有成都路桥股东表示说“李勤实为唐铭阳的马甲之一”。

李勤自 8 月 26 日开始通过深交所集中交易系统买入成都路桥的无限售条件流通股。到 12 月 29 日,累计持股 3700 万股,约占总股本的 5.02%(见表 6-1)。

表 6-1 股票买入一览表 1

持股股东	时间	累计买入	
		股数/股	价格区间/元
李勤	2015 年 8 月 26 日	3,040,900	5.91 ~ 6.22
	2015 年 8 月 27 日	18,349,679	6.14 ~ 6.48
	2015 年 8 月 28 日	8,067,735	6.63 ~ 7.05
	2015 年 11 月 11 日	6,542,300	7.56 ~ 7.77
	2015 年 12 月 29 日	1,000,000	7.37 ~ 7.44
小计		37,000,614	5.91 ~ 7.44

对李勤的举牌,成都路桥显然是不欢迎的,在李勤持股比例尚未达到须进行信息披露的 5% 时就开始采取行动。

11 月 17 日,成都路桥召开 2015 年第三次临时股东大会,拟对公司章程进行修

① 指郫县贵智实业有限公司。
② 指四川浩均实业有限公司。

改，其中一项核心修改是将原公司章程中“董事候选人由持有或合并持有公司有表决权股份总数3%以上的股东或董事会提名”，修改为“董事候选人由连续12个月以上持有或合并持有公司有表决权股份总数3%以上的股东或董事会提名”。

而10月30日召开第三次临时股东大会进行公告时，李勤持有的成都路桥股份接近4%，成都路桥试图提高董事候选人条件，限制李勤进入董事会。但让成都路桥计划搁浅的原因是，高达近70%的中小投资者投出反对票，上述公司章程修改未获通过。

成都路桥此举虽然没有达到目的，却仍引来了深交所的关注，①成都路桥为此向深交所出具了大成律师事务所的法律意见书。

李勤分别在2015年12月29日、2016年1月14日、2016年1月26日将持有的成都路桥股份增持至约5.02%②、10.04%③、15.06%④，并按《上市公司收购管理办法》（2014年修订）编制了《简式权益变动书》在规定时间内发送给成都路桥。

李勤随后继续增持，至2月17日持有成都路桥20.06%的股份，超过郑渝力的19.84%，成为成都路桥的第一大股东（见表6-2）。

表6-2 股票买入一览表2

持股股东	时间	累计净买入	
		股数/股	价格区间/元
李勤	2015年8月26日	3,040,900	5.91~6.22
	2015年8月27日	18,349,679	6.14~6.48
	2015年8月28日	8,067,735	6.63~7.05
	2015年11月11日	6,542,300	7.56~7.77
	2015年12月29日	1,000,000	7.37~7.44
	2016年1月11日	12,260,415	6.78~7.8
	2016年1月12日	6,888,420	6.80~6.99
	2016年1月13日	13,926,031	6.90~7.69

① 深交所：《关于对成都市路桥工程股份有限公司的监管关注函》（中小板关注函〔2015〕第553号），来函对公司“2015年第三次临时股东大会审议《关于修改〈公司章程〉的议案》未获通过”表示关注，载巨潮资讯网，公告编号：2015-057。

② 成都路桥：《关于股东持股达到5%的提示性公告》，载巨潮资讯网，公告编号：2015-061。

③ 成都路桥：《关于股东持股达到10%的提示性公告》，载巨潮资讯网，公告编号：2016-006。

④ 成都路桥：《关于股东持股达到15%的提示性公告》，载巨潮资讯网，公告编号：2016-007。

续表

持股股东	时间	累计净买入	
		股数/股	价格区间/元
李勤	2016 年 1 月 14 日	3,924,549	7.24 ~ 7.57
	2016 年 1 月 21 日	15,803,171	7.82 ~ 8.80
	2016 年 1 月 25 日	10,687,050	8.57 ~ 8.98
	2016 年 1 月 26 日	10,518,795	8.64 ~ 9.07
	2016 年 2 月 2 日	9,593,932	8.42 ~ 8.85
	2016 年 2 月 3 日	10,055,881	8.63 ~ 9.51
	2016 年 2 月 4 日	10,118,955	9.40 ~ 9.76
	2016 年 2 月 5 日	1,943,000	9.30 ~ 9.48
	2016 年 2 月 17 日	5,171,200	9.30 ~ 9.65
小计		147,892,013	5.91 ~ 9.76

成都路桥于 2016 年 2 月 22 日收到股东李勤通知，通过深交所集中竞价交易系统累计买入公司股份合计 147,892,013 股，约占本公司股份总额的 20.06%；并于 3 月 2 日收到李勤提交的《详式权益变动书》，但均超过规定的期限，且披露的《详式权益变动报告书》未按照有关规定由财务顾问机构及其相关人员盖章、签字，并载明财务顾问有关意见和声明，不符合信息披露的有关要求。因此，四川证监局在 3 月初向李勤下发了行政监管措施决定书，[①]对李勤采取了"责令采取措施改正上述问题，并严格遵守法律、行政法规以及中国证监会规章等有关规定，规范行使股东权利"的监管措施。

二、董事会全面抵抗，两度限制表决权（2016 年 2 月 ~ 2017 年 1 月）

（一）修改公司章程、意欲限制表决权

在 2016 年 2 月 22 日收到李勤持有约 20.06% 公司股份以后，成都路桥董事会在 23 日发出会议通知后当天召开第四届董事会第二十九次会议，审议通过了《关于修改〈公司章程〉的议案》和《关于召开 2016 年第一次临时股东大会的议案》。

此次董事会提请修改《公司章程》的关键内容增加了限制表决权等股东权利的

① 四川证监局：《关于对李勤采取责令改正措施的决定》（〔2016〕6 号），载巨潮资讯网，公告编号：2016－031。

内容,在第三十七条公司股东承担义务中增加了第五项,核心是“(2)投资者违反上述规定购买、控制公司股份的,视为放弃表决权,其所持或所控制股票不享有表决权,公司董事会有权拒绝其行使除领取股利以外的其他股东权利。”

事实上,成都路桥董事会此举违反了公司章程第一百三十条“董事会召开……通知时限为:会议召开5日以前通知全体董事”的规定,李勤可以提请撤销该次董事会的决议,但其并未有任何举动。

但是,深交所于2月26日向成都路桥发出问询函(中小板问询函〔2016〕第90号),要求公司就修订公司章程第三十七条部分条款合法合规性作出说明并出具法律意见书。

(二)突击召开临时董事会、首次限制股东表决权

2016年2月25日,成都路桥董事会公告将于3月11日召开2016年第一次临时股东大会,本次股东大会股权登记日为3月2日,此时李勤的股份已增持到约20.06%。公司前三大股东李勤、郑渝力和道诚力分别提交了各自的临时提案,提名了各自的董事、监事候选人。

郑渝力和道诚力的临时提案毫无悬念地审议通过,而李勤的临时提案却以超过截止时间等理由被拒绝①。

3月11日,在召开临时股东大会前一个半小时(13时),成都路桥突击召开了第四届董事会第三十一次会议,以现场表决方式审议通过了《关于股东李勤所持有公司股票不得行使表决权的议案》。

这次董事会临时会议,不仅在程序上违反了《公司章程》②中关于通知时限的要求,而且在内容上也涉嫌违反《公司法》(2013年修正),引起了深交所3月14日向成都路桥发出了关注函(中小板关注函〔2016〕第43号),要求其说明“会议审议通过的议案是否在公司董事会职权范围内,本次董事会决议的合法合规性”,要求“公司律师对上述事项出具法律意见”,并要求成都路桥补充披露“本次董事会及股东

---

① 成都路桥:《关于收到股东临时提案的提示性公告》,根据《公司章程》的规定,股东提名董事、监事候选人的临时提案,最迟应在股东大会召开10日以前,以书面提案的形式向召集人提出并应同时提交有关董事、监事候选人的详细资料,即2016年2月29日为提交临时提案的最后期限;李勤的提案将导致公司董事会成员中没有独立董事,提案内容违反有关董事会成员中独立董事不得少于1/3的规定;李勤的提案资料中没有提名人以及被提名人对董事候选人任职资格的确认。据此董事会认为该临时提案不符合法律、行政法规和《公司章程》的有关规定,决定不提交公司2016年第一次临时股东大会审议。载巨潮资讯网,公告编号:2016-015。

② 成都路桥《公司章程》(2013年9月)第一百三十条:“董事会召开临时董事会会议的通知方式为:专人送出或邮件送出或传真送出或其他方式;通知时限为:会议召开5日以前通知全体董事。”

大会可能存在合法合规性等相关风险”。

下午两点半，成都路桥召开了2016年第一次临时股东大会，李勤虽然前去现场参加了该次临时股东大会，但其所持有的、约占公司股份总额20.06%的147,892,013股未被计入本次股东大会有表决权股份总数。在这种情况下，修改《公司章程》的特别决议事项得以以2/3以上的比例通过。

《公司章程》第三十七条“公司股东承担义务”中增加的“（五）(2)投资者违反上述规定购买、控制公司股份的，视为放弃表决权，其所持或所控制股票不享有表决权，公司董事会有权拒绝其行使除领取股利以外的其他股东权利”正式生效，而成都路桥也正是依据这一条款限制了李勤在第二次临时股东大会上的表决权。

（三）再度限制股东表决权

2016年12月9日，成都路桥第五届董事会第九次会议通过决议召集2016年第二次临时股东大会，决议公布后此次没有股东提交临时提案，表决的三项提案均是董事会提交。

李勤出席了本次股东大会现场，成都路桥根据第一次临时股东大会通过的《公司章程》第三十七条的规定，限制了李勤所持公司股票的表决权，李勤所持公司股份再次未计入会议有表决权股份总数。

毫无意外，深交所向成都路桥发出关注函（中小板关注函〔2016〕第217号），要求其对以下问题作出说明，并聘请律师进行核查并发表明确意见：

“一是你公司限制公司股东李勤所持公司股票的表决权是否符合《公司法》等相关法律和法规的规定，是否存在损害公司股东李勤基本权利的情形。

二是你公司本次股东大会表决结果是否合法合规。”

2017年1月9日，成都路桥董事会发出公告，于1月26日召开2017年第一次临时股东大会。

1月13日，成都路桥收到持股3%以上的股东李勤（持有公司股份20.06%）和道诚力（持有公司股份7.81%）向本次股东大会提交的临时提案，均在临时提案的截止日期之前。

但此次李勤的提案再次被成都路桥董事会蛮横地拒绝了。1月17日，深交所向成都路桥发出关注函，[①]要求其说明“董事会不将上述临时提案提交至公司2017

① 深交所：《关于对成都市路桥工程股份有限公司的监管关注函》（中小板关注函〔2017〕第16号），“请你公司说明董事会决定不将上述临时提案提交至公司2017年第一次临时股东大会审议的合法合规性。”载巨潮资讯网，公告编号：2017－015。

年第一次临时股东大会审议的合法合规性”。

1月23日，成都路桥回复深交所的第16号关注函称：“董事会作为股东大会的召集人，负有审查股东提案资格、临时提案形式及内容的合法性，甄别相关信息的真实与准确性，以使股东大会的议事程序符合公司利益最大化的义务”“李勤在买入公司股票过程中的前述违法行为已构成《公司章程》第三十七条所规定的恶意违法收购，根据该条规定，投资者违反上述规定购买、控制公司股份的，视为放弃表决权，其所持或所控制股票不享有表决权，公司董事会有权拒绝其行使除领取股利以外的其他股东权利。按照《公司章程》的规定，李勤不具备向公司提交临时提案的资格”。

三、付诸诉讼，对簿公堂（2017年1～2月）

（一）李勤提起诉讼

成都路桥两度限制李勤的股东表决权和提案权，不仅引起了深交所的多次关注，而且也导致和股东李勤的彻底决裂。

2017年1月20日，李勤向成都市武侯区人民法院提起诉讼，要求判令成都路桥2016年第一次临时股东大会作出的《关于修改〈公司章程〉的议案》的决议中关于修改《公司章程》第三十七条第五款的内容无效。

1月23日，此案获得成都市武侯区法院受理，案由为“公司决议效力确认纠纷”，案号为“（2017）川0107民初858号”（以下简称决议效力确认案）。

而且成都市武侯区法院依据《民事诉讼法》（2017年修正）第一百条，在李勤以其自持的成都路桥全部共147,892,013股股票提供担保并出具担保书的情况下，裁定支持李勤的保全申请，对上市公司采取了行为保全措施，裁定主要内容如下：

“一是暂缓成都路桥执行2016年第一次临时股东大会决议、2016年第二次临时股东大会决议事项；如需执行上述决议中的部分事项，须经本院许可。

二是自本裁定作出后，未经本院许可，成都路桥不得召开股东大会。”

随后，成都路桥向法院递交了《复议申请书》，请求撤销上述行为保全裁定。

成都市武侯区法院虽然没有同意成都路桥的复议申请，但经过沟通，法院作出了《关于李勤诉成都市路桥工程股份有限公司决议效力确认纠纷会谈纪要》。根据该会谈纪要，成都市武侯区法院允许成都路桥于1月26日正常召开2017年第一次临时股东大会，要求公司“保障李勤参加会议、发表意见的权利并将其表决结果如实记录；对决议的效力，以法院的生效判决为依据；本次股东会议后，将决议及相关材料提交”。①

(二)李勤增加诉讼请求

2017 年 1 月 26 日，在征得成都市武侯区人民法院该案件主审法官同意的情况下，成都路桥如期召开了 2017 年第一次临时股东大会。

李勤通过网络参与了本次股东大会投票，但成都路桥根据 2016 年第一次临时股东大会通过的《公司章程》第三十七条的规定，限制了李勤所持公司股票的表决权，李勤所持公司股份再次未计入会议有表决权股份总数。

2 月 3 日，2017 年第一次临时股东大会的决议公告。

2 月 8 日，李勤向成都市武侯区人民法院申请增加以下两项诉讼请求：

“一是请求撤销成都路桥 2016 年第二次临时股东大会决议。

二是请求撤销成都路桥 2017 年第一次临时股东大会决议。”

2 月 10 日，成都市武侯区人民法院针对本案作出的民事裁定书[(2017)川 0107 民初 858 号之一]。裁定如下：

“暂缓成都市路桥工程股份有限公司执行 2017 年第一次临时股东会决议事项；如需执行上述决议中的部分事项，须经本院许可。”

四、戏剧性的剧情反转(2017 年 2 月 ~ 2018 年 1 月)

(一)第一大股东再次易手

就在李勤决定通过向法院提起诉讼发起全面进攻的时候，郑渝力及其一致行动人的持股比例却戏剧性地反超了李勤，重新夺回了第一大股东的位置。

2017 年 2 月 14 日，深交所向成都路桥发出问询函(中小板问询函〔2017〕第 65 号)，②要求上市公司了解并核实江凯置业③增持公司股票的具体情况、上述增持前后公司实际控制人郑渝力及其一致行动人的持股变动情况。

2 月 17 日，成都路桥回复问询，道诚力的全资子公司江凯置业在 1 月 20 日通过大宗交易买入了成都路桥股票 1600 万股，约占上市公司总股本的比例为 2.17%。江凯置业买入前述股票的价格为每股 9.19 元，耗资 14,704 万元。此次交易完成后，道诚力公司及其一致行动人合计对成都路桥持股比例约为 24.22%。

---

① 成都路桥：《2017 年第一次临时股东大会决议公告》，载巨潮资讯网，公告编号：2017 - 019。

② 深交所：《关于对成都市路桥工程股份有限公司的问询函》(中小板问询函〔2017〕第 65 号)，载巨潮资讯网，公告编号：2017 - 024。

③ 指成都江凯置业有限公司。

成都路桥确认,周维刚、罗宣正、邱小玲、谢义、郑玥担任道诚力的董事;郭皓是道诚力董事郑玥的配偶,郑渝力是道诚力董事郑玥的父亲,陈麒书是道诚力董事谢义的配偶,故在江凯置业此次买入成都路桥股票之前,道诚力、周维刚、罗宣正、邱小玲、陈麒书、郭皓、郑渝力其实已经构成了一致行动关系。①

并且在1月20日江凯置业买入股票之前,其对成都路桥合计持股比例约为22.05%,甚至在2014年11月3日《一致行动人承诺函》有效期届满失效时,根据《上市公司收购管理办法》(2014年修订)关于一致行动人的相关规定,②郑渝力及其一致行动人持有的成都路桥股份比例就已经约为21.13%,一直超过李勤约20.06%的持股比例,并在2016年6月和8月相继增持到约22.04%、22.05%。

(二)错综复杂的一致行动关系

正是依据"在投资者任职的董事、监事及高级管理人员,其父母、配偶、子女及其配偶、配偶的父母、兄弟姐妹及其配偶、配偶的兄弟姐妹及其配偶等亲属,与投资者持有同一上市公司股份",形成了以投资者"道诚力"为核心、以其董事为纽带的一致行动人关系。

2008年8月,公司的48名自然人股东及道诚力的11名自然人股东签署《一致行动人承诺函》,承诺在公司的重大经营决策过程中与郑渝力先生保持一致行动,承诺有效期自公司上市后36个月届满之日止。上述签署一致行动承诺函并保持一致行动的股东(含道诚力)持股合计270,089,393股,约占公司总股本的36.63%。至2014年11月3日,公司上市满36个月,上述承诺函的有效期届满并失效。

根据法律法规关于一致行动人的相关规定,截至2014年11月3日,道诚力及其一致行动人持有的成都路桥股份数及持股比例如表6-3所示:

---

① 成都路桥:《关于对深圳证券交易所问询函回复的公告》,载巨潮资讯网2017年2月17日,公告编号:2017-024。

② 《上市公司收购管理办法》(2014年10月修订)第八十三条:"本办法所称一致行动,是指投资者通过协议、其他安排,与其他投资者共同扩大其所能够支配的一个上市公司股份表决权数量的行为或者事实。在上市公司的收购及相关股份权益变动活动中有一致行动情形的投资者,互为一致行动人。如无相反证据,投资者有下列情形之一的,为一致行动人:(九)持有投资者30%以上股份的自然人和在投资者任职的董事、监事及高级管理人员,其父母、配偶、子女及其配偶、配偶的父母、兄弟姐妹及其配偶、配偶的兄弟姐妹及其配偶等亲属,与投资者持有同一上市公司股份……一致行动人应当合并计算其所持有的股份。投资者计算其所持有的股份,应当包括登记在其名下的股份,也包括登记在其一致行动人名下的股份。投资者认为其与他人不应被视为一致行动人的,可以向中国证监会提供相反证据。"

表 6－3　道诚力及其一致行动人持股一览表（2014 年 11 月）

名称	持股数	股份比例/%	股份取得方式	备注
道诚力	57,600,000	7.81	原始股/增发股	2013 年 7 月道诚力参与公司公开增发，认购 540 万股（除权后）
周维刚	5,895,752	0.80	原始股	自上市以来任道诚力董事
邱小玲	3,606,548	0.49	原始股	2014 年 4 月起任道诚力董事
郑渝力	88,697,444	12.03	原始股	任道诚力董事
合计	155,799,744	21.13		

一致行动人关系如图 6－1 所示：

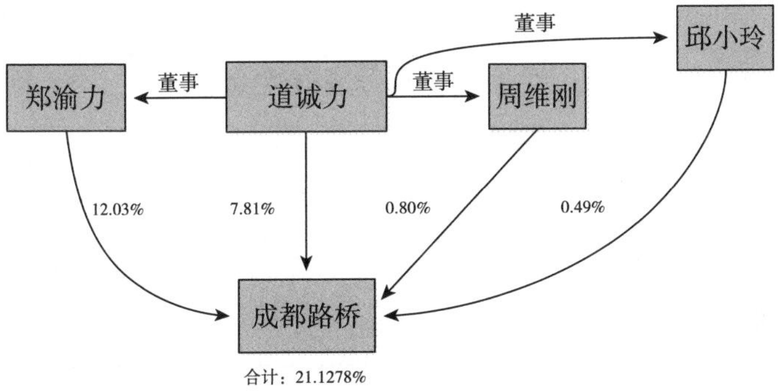

图 6－1　一致行动人关系图解（2016 年 6 月换届选举前）

2016 年 6 月，道诚力进行了换届选举，选举周维刚、罗宣正、邱小玲、谢义、郑玥为道诚力董事。道诚力及其一致行动人持股数及持股比例如表 6－4 所示：

表 6－4　道诚力及其一致行动人持股一览表（2016 年 6 月）

名称	持股数	股份比例/%	股份取得方式	备注
道诚力	57,600,000	7.81	原始股/增发股	
周维刚	5,895,752	0.80	原始股	自上市以来任道诚力董事
邱小玲	3,606,548	0.49	原始股	2014 年 4 月起任道诚力董事
罗宣正	6,500,000	0.88	原始股	2016 年 6 月起任道诚力董事

续表

名称	持股数	股份比例/%	股份取得方式	备注
郑渝力	88,697,444	12.03	原始股	道诚力董事郑玥的父亲
郭皓	200,000	0.03	二级市场增持	道诚力董事郑玥的配偶
合计	162,499,744	22.04		

注:郭皓所持股份系2015年7月通过二级市场买入

2016年8月,道诚力董事谢义配偶陈麒书在二级市场买入公司股票10万股,道诚力及其一致行动人持股数及持股比例如表6-5所示:

表6-5　道诚力及其一致行动人持股一览表(2016年8月)

名称	持股数	股份比例/%	股份取得方式	备注
道诚力	57,600,000	7.81	原始股/增发股	
周维刚	5,895,752	0.80	原始股	自上市以来任道诚力董事
邱小玲	3,606,548	0.49	原始股	2014年4月起任道诚力董事
罗宣正	6,500,000	0.88	原始股	道诚力董事
郑渝力	88,697,444	12.03	原始股	道诚力董事郑玥的父亲
郭皓	200,000	0.03	二级市场增持	道诚力董事郑玥的配偶
陈麒书	100,000	0.01	二级市场增持	道诚力董事谢义的配偶
合计	162,599,744	22.05		

一致行动人关系如图6-2所示:

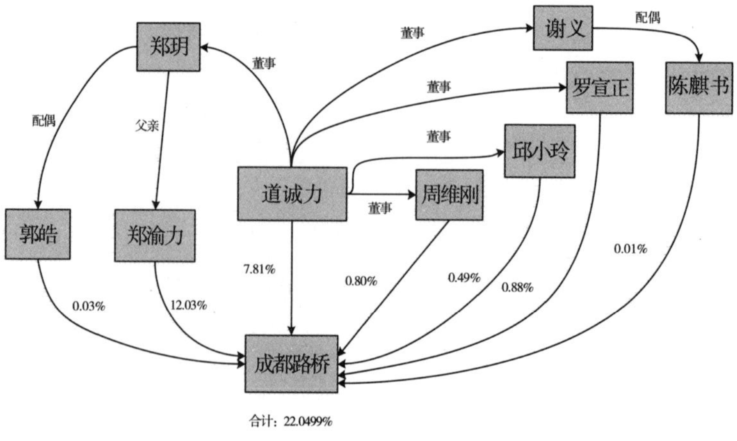

图6-2　一致行动人关系图解(2016年6月换届后)

2017 年 1 月，道诚力的子公司江凯置业买入公司股票。道诚力及其一致行动人的持股数及持股比例如表 6－6 所示：

表 6－6　道诚力及其一致行动人持股一览表（2017 年 1 月）

名称	持股数	股份比例/%	股份取得方式	备注
道诚力	57,600,000	7.81	原始股/增发股	
周维刚	5,895,752	0.80	原始股	道诚力董事
邱小玲	3,606,548	0.49	原始股	道诚力董事
罗宣正	6,500,000	0.88	原始股	道诚力董事
郑渝力	88,697,444	12.03	原始股	道诚力董事郑玥的父亲
郭皓	200,000	0.03	二级市场增持	道诚力董事郑玥的配偶
陈麒书	100,000	0.01	二级市场增持	道诚力董事谢义的配偶
江凯置业	16,000,000	2.17	二级市场增持	道诚力的子公司
合计	178,599,744	24.22		

至此，道诚力及其一致行动人在江凯置业买入股票前合计持股约22.05%，在江凯置业买入股票后合计持股约 24.22%。

（三）定期报告出错误、时间长达两年多

2017 年 2 月 17 日，深交所向成都路桥发出关注函，①就“实际控制人就上述增持事项未履行权益变动信息披露义务的原因以及合法合规性”“公司披露的实际控制人及其一致行动人持有你公司股份的情况与你公司此前披露的信息是否一致，若不一致，请详细说明原因”。

2 月 24 日，成都路桥回复了深交所第 57 号关注函，辩称“本次增持之前，郑渝力及其一致行动人周维刚、罗宣正、邱小玲、陈麒书、郭皓、道诚力公司在公司拥有权益的股份比例超过 20%，江凯置业本次增持 2.1697% 的股份，涉及的权益变动比例未达到 5%，因此，本次增持不适用《上市公司收购管理办法》（2014 年修订）关于必须履行信息披露义务的相关规定，本次增持无须根据《上市公司收购管理办法》履行信息披露义务。……郑渝力及其一致行动人就本次增持事项未履行权益变动信

① 深交所：《关于对成都市路桥工程股份有限公司的关注函》（中小板关注函〔2017〕第 57 号），载巨潮资讯网，公告编号：2017－028。

息披露义务不存在违反《证券法》及《上市公司收购管理办法》的情形”,但其解释实际上是避重就轻的,仍未承担其股份从19.84%突变到约22.05%所应有的信息披露义务。

但成都路桥在回复中承认了“公司前期对定期报告的编报规则理解有偏差……使2017年2月17日披露的实际控制人及其一致行动人持有的公司股份情况与公司此前披露的信息存在差异”,因为其于2014年10月28日曾披露《一致行动承诺到期解除的提示性公告》,声称“实际控制人郑渝力先生将与罗宣正、廖开明、赵亚平、王雨功等48名自然人股东不再构成一致行动关系”,虽然所述48名自然人股东不构成一致行动关系,但是道诚力却和一系列自然人构成一致行动关系,成都路桥的公告居然在27个多月的时间里都没有提及或披露。

(四)姗姗来迟的监管措施

2018年1月24日,四川证监局向成都路桥下发了行政监管措施决定书,①明确其“行为违反了《上市公司信息披露管理办法》(证监会令第40号,现已失效)第二条”,并“根据《上市公司信息披露管理办法》第五十九条的规定,现对你公司采取责

① 四川证监局:《关于对成都市路桥工程股份有限公司采取责令改正措施的决定》(〔2018〕2号),载巨潮资讯网,公告编号:2018-009。内容如下:“经查,我局发现你公司存在以下问题:

一、郑渝力及其一致行动人的信息披露问题

你公司股东郑渝力与周维刚、邱小玲等人自你公司上市以来一直保持一致行动关系,你公司2014年10月关于‘一致行动承诺于2014年11月3日到期后,实际控制人郑渝力先生将与……等48名自然人股东不再构成一致行动人关系’‘郑渝力先生直接和间接共实际控制公司19.84%的股份表决权’的信息披露与实际情况不符。

此后2014年年报、2015年一季报、半年报、2016年三季报在‘公司股东数量及持股情况’中未披露前10名股东中郑渝力与周维刚、邱小玲等人的一致行动关系,且2014、2015年年报在‘实际控制人情况’中未披露与实际控制人郑渝力存在一致行动关系的周维刚、邱小玲等自然人。以上情况不符合《公开发行证券的公司信息披露内容与格式准则第2号——年度报告的内容与格式》、《公开发行证券的公司信息披露内容与格式准则第3号——半年度报告的内容与格式》和《公开发行证券的公司信息披露编报规则第13号——季度报告的内容与格式》的相关规定。

二、郑渝力实际控制四川省道诚力实业投资有限责任公司的信息披露问题

你公司股东郑渝力自2016年6月后不再实际控制四川省道诚力实业投资有限责任公司(以下简称道诚力),你公司2016年半年报、三季度报告关于‘郑渝力实际控制道诚力’的信息披露与实际情况不符。你公司上述行为违反了《上市公司信息披露管理办法》第二条‘信息披露义务人应当真实、准确、完整、及时地披露信息,不得有虚假记载、误导性陈述或者重大遗漏’的相关规定。根据《上市公司信息披露管理办法》第五十九条的规定,现对你公司采取责令改正的监督管理措施。

你公司应采取措施对上述信息披露存在的问题进行整改,确保严格按照《上市公司信息披露管理办法》,真实、准确、完整、及时地披露信息。你公司应在收到本监督管理措施后20个工作日内向我局提交书面报告。”

令改正的监督管理措施”,要求其“应在收到本监督管理措施后20个工作日内向我局提交书面报告”。四川证监局这份监管措施决定书的法律法规依据是充分,只是来得已经有些晚了,离成都路桥公布这次股权变动信息已经过去了11个多月。相比2016年3月对李勤出具行政监管措施决定书时离公布股权变动信息仅1个多月而言,这次的监管措施的确是相当迟缓。

五、系列诉讼尘埃落定、控制权花落他家(2018年1月~2019年4月)

(一)提请反诉、釜底抽薪

2017年9月初,成都武侯法院受理了道诚力实诉公司股东李勤关于股东资格确认纠纷一案(川0107民初9431号),诉讼请求“依法确认被告不具备上市公司成都市路桥工程股份有限公司的股东资格”。

道诚力显然是“醉翁之意不在酒”,因为他们提起这个诉讼所列举的事实和理由“被告在收购成都路桥股票过程中,披露的相关信息与实际情况不符,也未履行相应的法定义务。被告的收购行为严重违反了……的有关规定。因此,被告不具备收购成都路桥的主体资格,其收购行为无效,不具备成都路桥的股东资格”是没有法律依据的,连成都路桥自己在2016年3月11日突击召开董事会会议审议通过的《关于股东李勤所持有公司股票不得行使表决权的议案》中也是承认李勤的股东资格的。成都路桥提起一个与自认事实相矛盾的诉讼请求,显然是想运用这次诉讼的争讼内容给李勤来个“釜底抽薪”,使李勤提起的诉讼停下来,毕竟成都路桥的控制权掌握在原来的管理层,他们占有主动权,尽量给自己争取时间。

果然在2018年2月6日控制权争夺尘埃落定后,成都路桥向成都武侯法院提出撤诉申请,法院也准许了撤诉。

(二)一审判决①

“……

一审法院认为:本案争议焦点为:一、李勤在收购成都路桥公司股份过程中的违规行为是否整改完毕;二、2016年3月11日成都路桥公司股东大会决议修改《成都市路桥工程股份有限公司章程》第三十七条的内容是否违法而无效;三、《成都市路桥工程股份有限公司2016年第二次临时股东大会决议》《成都市路桥工程股份

① 李勤、成都市路桥工程股份有限公司公司决议效力确认纠纷、公司决议撤销纠纷二审民事判决书,四川省成都市中级人民法院(2017)川01民终14529号民事判决书。

有限公司2017年第一次临时股东大会决议》是否因违反法定程序而应予撤销。

一、关于李勤违规行为是否整改完毕的争议

1. 成都路桥公司在答辩中引用《中华人民共和国证券法》第八十六条、第二百一十三条中关于收购人未按规定履行上市公司收购的公告、发出收购要约等义务的对其收购或者通过协议、其他安排与他人共同收购的股份不得行使表决权的相应规定而主张其限制李勤投票权的决议合法。

经查,李勤被责令整改及相应整改过程的具体情况显示:四川监管局《关于对李勤采取出具警示函措施的决定》《关于对李勤采取责令改正措施的决定》对李勤在收购成都路桥公司股权过程中存在的违规行为已经做出了认定。

《关于对李勤采取出具警示函措施的决定》提出的整改要求为:'现对你采取出具警示函的监管措施。你应高度重视,引以为戒,强化规范意识,严格规范股东行为,杜绝上述问题的再次发生,并于2016年2月26日前向我局提交书面整改报告',对此决定,李勤已于2016年2月26日向四川监管局提交《李勤关于四川监管局对本人采取警示函措施决定的整改报告》,对事件背景进行了总结分析,并提出整改措施。此后四川监管局未再就此事重复或者再次做出监管措施。

《关于对李勤采取责令改正措施的决定》针对'李勤……披露的《详式权益变动报告书》上未按照有关规定由财务顾问机构及其相关人员盖章、签字,并载明财务顾问有关意见和声明,不符合信息披露的有关要求'而提出整改要求。李勤在要求的期限内提交《关于四川监管局对李勤采取责令改正措施决定的整改报告》《成都市路桥工程股份有限公司详式权益变动报告书(修订稿)》《信达证券股份有限公司关于成都市路桥工程股份有限公司详式权益变动报告书之财务顾问核查意见》均符合四川监管局责令改正的要求。此后四川监管局未再就此事重复或者再次做出监管措施。

以上事实表明,四川监管局对李勤提出的整改措施是具体且期限明确的,李勤在四川监管局指定的期限内完成了指定的整改措施,且事后未再收到四川监管局的整改要求或新的监管措施,表明四川监管局已经对李勤的整改措施予以认可。而成都路桥公司在答辩中指出四川监管局未对李勤的整改措施进行最终审核等意见,既不体现在《关于对李勤采取出具警示函措施的决定》《关于对李勤采取责令改正措施的决定》的整改要求之中,也无相应规范性文件可作为依据,一审法院对此答辩意见不予采信。

2. 关于成都路桥公司在答辩中引用的《上市公司现场检查办法》①以说明李勤未能完成整改。经查,《上市公司现场检查办法》第二条规定:‘本办法所称现场检查,是指中国证券监督管理委员会及其派出机构在上市公司及其所属企业和机构的生产、经营、管理场所以及其他相关场所,采取查阅、复制文件和资料、查看实物、谈话及询问等方式,对检查对象的信息披露、公司治理等规范运作情况进行监督检查的行为。’可见该规范性文件适用的监管对象,并不适用于本案所涉情况。同时,《关于对李勤采取出具警示函措施的决定》《关于对李勤采取责令改正措施的决定》中也并未引用《上市公司现场检查办法》。故一审法院对成都路桥公司在本案中引用该部门规范性文件而做出的答辩意见不予采信。

3. 关于成都路桥公司在答辩称李勤提交的《详式权益变动报告书》中披露信息不实以及涉嫌违法犯罪的意见。一审法院认为,《上市公司收购管理办法》第七十六条规定:‘上市公司的收购及相关股份权益变动活动中的信息披露义务人在报告、公告等文件中有虚假记载、误导性陈述或者重大遗漏的,中国证监会责令改正,采取监管谈话、出具警示函、责令暂停或者停止收购等监管措施。在改正前,收购人对其持有或者实际支配的股份不得行使表决权。’对于信息披露中有虚假记载、误导性陈述或者重大遗漏的情形,其有权作出审核认定并予以处罚的监管措施主体为证券监管机构,而非上市公司自身。而成都路桥公司在答辩中指出李勤存在何种违规行为、违法犯罪行为,在未得到四川监管局依职权采取监管措施,或者相应行政、司法机关作出最终结论前,成都路桥公司显然无权自行认定李勤存在虚假披露或违法犯罪行为,继而认为该行为的延续阻却李勤表决权的行使。

综上,一审法院认为,四川监管局《关于对李勤采取出具警示函措施的决定》《关于对李勤采取责令改正措施的决定》责令李勤整改的内容已由李勤整改完毕,在无其他证据证实的情况下,当前李勤不具有丧失表决权的事由存在。

二、关于 2016 年 3 月 11 日成都路桥公司股东大会决议修改《成都市路桥工程股份有限公司章程》第三十七条的内容是否违法而无效的争议

成都市路桥工程股份有限公司通过股东大会决议,修改其章程第三十七条,增设第三十七条第五项,将违反公告、信息披露的行为设定为永久性的‘视为放弃表决权,其所持或所控制股票不享有表决权,公司董事会有权拒绝其行使除领取股利以外的其他股东权利’。

《中华人民共和国公司法》第四条规定:‘公司股东依法享有资产收益、参与重

---

① 证监会公告〔2010〕12 号,现已失效。

大决策、选择管理者等权利’，以上权利是股权作为财产权及身份权的基本权利。同时，涉案章程修正内容中的‘除领取股利以外的其他股东权利’还包括：股东会议的召集和主持权、提议召开临时股东会议权、出席股东会议权、知情权、提案权、建议和质询权、申请法院解散公司权以及股东直接诉讼和股东代表诉讼权等身份权及股东股权转让权、剩余财产分配权等财产权。以上权利均属于《中华人民共和国公司法》赋予公司股东的法定权利，而法定权利未经法定事由不得随意剥夺。

就公司章程自治的角度而言，虽然公司股东大会经法定程序表决具有订立、修改章程的自由，但股东的表决权、参与重大决策权和选择管理者的权利属于公司法赋予股东的法定权利，非依据法律规定或股东自行放弃，不应以资本多数决方式剥夺。此外，《中华人民共和国公司法》的具体规定显示，公司章程可自行议定的内容包括公司法定代表人的选举；对外投资、对外担保；股东出资期限、红利分配、增资认缴、股权转让的条件；股东会职权、召集程序、是否按照出资比例行使表决权、议事规则、表决程序；董事长的任期；董事长、副董事长的产生；董事会职权、董事会的议事规则和表决程序；股东资格的继承；公司解散；执行董事的职权；监事会职工代表比例、监事会职权扩充等，但均不包括剥夺股东的基本权利的内容。

故一审法院认为，李勤因按照《关于对李勤采取出具警示函措施的决定》《关于对李勤采取责令改正措施的决定》的整改要求完成整改措施，其因《中华人民共和国证券法》的规定而表决权受限的法定前提条件已经消失，应享有完整的股东权利即‘资产收益、参与重大决策、选择管理者等权利’。但2016年3月11日之《成都市路桥工程股份有限公司2016年第一次临时股东大会决议》之《关于修改〈公司章程〉的议案》中关于修改《成都市路桥工程股份有限公司章程》第三十七条第五项的决议内容在法定条件之外增设剥夺股东固有权利的条件及内容，并剥夺股东‘除领取股利以外的其他股东权利’。依据《中华人民共和国公司法》第二十二条第一款‘公司股东会或者股东大会、董事会的决议内容违反法律、行政法规的无效’的规定，对李勤请求判令成都路桥公司于2016年3月11日作出的《成都市路桥工程股份有限公司2016年第一次临时股东大会决议》中修改《成都市路桥工程股份有限公司章程》第三十七条第五项的内容无效的诉讼请求予以支持。

三、关于《成都市路桥工程股份有限公司2016年第二次临时股东大会决议》《成都市路桥工程股份有限公司2017年第一次临时股东大会决议》是否应予撤销的争议

《中华人民共和国公司法》第二十二条第二款规定：‘股东会或者股东大会、董事会的会议召集程序、表决方式违反法律、行政法规或者公司章程，或者决议内容

违反公司章程的，股东可以自决议作出之日起六十日内，请求人民法院撤销。’

2016年12月27日之《成都市路桥工程股份有限公司2016年第二次临时股东大会决议》以及2017年1月26日之《成都市路桥工程股份有限公司2017年第一次临时股东大会决议》，均以李勤所持公司股票不享有表决权为由，未将李勤表决情况计入会议有表决权股份总数。如前所述，以上两次临时股东会议中的表决方式亦剥夺了股东固有权利中的表决权，属违反法律规定。李勤于2017年2月4日提交《增加诉讼请求申请书》提起相应诉求，未超过六十日法定期限。故一审法院对李勤请求判令撤销上述两份决议的诉讼请求予以支持。

一审法院依据《中华人民共和国公司法》第四条，第二十二条第一款、第二款；《中华人民共和国民事诉讼法》第一百四十二条之规定，判决：一、成都市路桥工程股份有限公司于2016年3月11日作出的《成都市路桥工程股份有限公司2016年第一次临时股东大会决议》中修改《成都市路桥工程股份有限公司章程》第三十七条第五项的内容无效；二、撤销成都市路桥工程股份有限公司于2016年12月27日作出的《成都市路桥工程股份有限公司2016年第二次临时股东大会决议》、于2017年1月26日作出的《成都市路桥工程股份有限公司2017年第一次临时股东大会决议》。案件受理费100元、保全费5000元，由成都市路桥工程股份有限公司负担。

……”

（三）终审判决[①]

“……

本院认为，本案二审争议焦点为：一审关于李勤违规行为已整改完毕的认定是否正确；一审关于成都路桥公司股东大会决议中修改章程第三十七条第五项的内容无效及2016年第二次、2017年第一次临时股东大会决议应予撤销的认定是否正确；一审是否严重违反法定程序。

一、一审关于李勤违规行为已整改完毕的认定是否正确

《中华人民共和国证券法》第一百九十三条第一款规定：‘发行人、上市公司或者其他信息披露义务人未按照规定披露信息，或者所披露的信息有虚假记载、误导性陈述或者重大遗漏的，责令改正，给予警告，并处以三十万元以上六十万元以下的罚款。对直接负责的主管人员和其他直接责任人员给予警告，并处以三万元以上三十万元以下的罚款。’《上市公司收购管理办法》第七十五条规定：‘上市公司的

---

① 四川省成都市中级人民法院民事判决书，(2017)川01民终14529号。

收购及相关股份权益变动活动中的信息披露义务人,未按照本办法的规定履行报告、公告以及其他相关义务的,中国证监会责令改正,采取监管谈话、出具警示函、责令暂停或者停止收购等监管措施。在改正前,相关信息披露义务人不得对其持有或者实际支配的股份行使表决权’;第七十六条规定:‘上市公司的收购及相关股份权益变动活动中的信息披露义务人在报告、公告等文件中有虚假记载、误导性陈述或者重大遗漏的,中国证监会责令改正,采取监管谈话、出具警示函、责令暂停或者停止收购等监管措施。在改正前,收购人对其持有或者实际支配的股份不得行使表决权。’因此,对于违规增持者责令改正的事项,应由证券监督管理机构依其职权作出行政处罚决定,而是否全面履行了改正义务,也应由作出行政处罚决定的证券监督管理机构予以审查认定。

四川监管局《关于对李勤采取出具警示函措施的决定》《关于对李勤采取责令改正措施的决定》对李勤在收购成都路桥公司股权过程中存在的‘未依法在规定的期限内停止买入’和‘《详式权益变动报告书》不符合信息披露有关要求’的违规行为已经做出了认定,并分别采取了出具警示函和责令改正的措施。李勤按照两份决定要求在指定期限内向监管机构提交了相应的整改报告、《详式权益变动报告书(修订稿)》及相关财务顾问核查意见,符合监管机构决定的要求,此后监管机构并未进一步采取监管措施,表明监管机构已对李勤的改正措施予以认可。

成都路桥公司认为,李勤用于收购成都路桥公司股份的自有资金来源合法性缺乏证明,且李勤未依照16号准则向证券交易所和上市公司提交有效备查文件,其证券违法行为没有进行改正,而一审法院混淆了‘改正’和‘整改’,根据‘完成整改措施’和‘监管机构未继续要求整改’推定出‘已经改正’,属于认定错误。对此本院认为,在李勤按照四川监管局的要求完成了改正行为后,李勤就资金来源的信息披露符合相关规定,成都路桥公司关于李勤还应提交证据证明其自有资金的合法性的意见,缺乏依据;16号准则是有关上市公司收购报告书的准则,依照证券法第八十八条、第八十九条及16号准则第二条之规定,16号准则适用于持有或者与他人共同持有一个上市公司已发行的股份达到百分之三十的收购者,李勤持股最高比例为成都路桥公司总股本的20.0554%,故不适用16号准则,成都路桥公司关于李勤应依照16号准则第四十六条规定向证券交易所和上市公司提交备查文件的主张不成立;四川监管局在对李勤作出的采取监管措施的决定中,同时使用了‘整改’和‘改正’两个词语,其中‘整改’包含整顿并改正的意思,一审法院根据‘完成整改措施’和‘监管机构未继续要求整改’的情况,认定李勤已经改正,并无不当。成都路桥公司关于一审混淆了‘改正’和‘整改’而得出错误结论的意见,不能成立。

成都路桥公司还提出，深圳证券交易所于2016年5月11日对李勤作出处分决定，表明李勤的违法违规行为仍处于证券监管机构的处罚过程中，故不能认为其整改完毕。对此本院认为，深圳证券交易所不是证券监督管理机构，其根据《股票上市规则》对李勤作出的通报批评的处分，不属于证券监管机构的监管措施，不应作为判断李勤是否整改完毕的依据。

综上，一审法院关于李勤违规行为已整改完毕的认定正确。

二、一审法院关于2016年3月11日成都路桥公司股东大会决议修改章程第三十七条第五项的内容无效及2016年第二次、2017年第一次临时股东大会决议应予撤销的认定是否正确

《中华人民共和国公司法》第四条规定：‘公司股东依法享有资产收益、参与重大决策、选择管理者等权利。’股东参与重大决策权和选择管理者的权利属于公司法赋予股东的固有权利，而表决权是其中最重要内容。上述股东权利非依据法律规定或股东自行放弃，不得以章程或股东大会决议予以剥夺或限制。依照《上市公司收购管理办法》第七十五条之规定，信息披露义务人存在信息披露违法行为，由证券监管机构责令改正，在改正前，相关信息披露义务人不得对其持有或者实际支配的股份行使表决权。因此，在信息披露义务人的违法行为改正后，其表决权再受到限制的前提条件就不存在，其应享有完整的股东权利。成都路桥公司2016年3月11日股东大会决议修改章程第三十七条的内容，其中增加的第五项内容，将投资者增持公司股份过程中违反信息披露义务的行为视为永久性‘放弃表决权’，并规定‘公司董事会有权拒绝其行使除领取股利以外的其他股东权利’，该内容违反法律规定，依据《中华人民共和国公司法》第二十二条第一款关于‘公司股东会或者股东大会、董事会的决议内容违反法律、行政法规的无效’的规定，应为无效。成都路桥公司提出，深圳证券交易所对该公司上述修改章程的决议未提出异议，且其他上市公司也有类似限制违法股东权利的章程。对此本院认为，人民法院依照公司法相关规定对股东大会决议效力进行个案审查，证券交易所有无对上市公司股东大会决议提出异议，以及其他上市公司是否存在类似情形，不影响法院对案涉股东大会决议效力的判断。

由于李勤的违法行为已于2016年3月21日改正，此后李勤应享有表决权。2016年12月27日《成都市路桥工程股份有限公司2016年第二次临时股东大会决议》以及2017年1月26日《成都市路桥工程股份有限公司2017年第一次临时股东大会决议》，均以李勤所持公司股票不享有表决权为由，未将李勤表决情况计入会议有表决权股份总数。以上两次临时股东会议中的表决方式剥夺了股东固有权利

中的表决权，属违反法律规定。依照《中华人民共和国公司法》第二十二条第二款关于股东大会表决方式违反法律，股东可以自决议作出之日起六十日内请求撤销的规定，李勤请求撤销的诉讼请求应得到支持。

三、一审是否严重违反法定程序

成都路桥公司围绕李勤资金来源问题，申请一审法院调取证据及进行司法审计。鉴于李勤完成改正行为后，其关于资金来源的信息披露符合相关规定，调取证据及进行司法审计对本案的认定和处理没有必要，故成都路桥公司的申请不应得到准许。一审法院虽未就不准许上述申请的决定向成都路桥公司送达通知，但该程序瑕疵未严重损害成都路桥公司诉讼权利，也不影响案件正确处理，不属于严重违反法定程序的情形。

综上，成都路桥公司的上诉请求不能成立，应予驳回；一审判决认定事实清楚，适用法律正确，应予维持。

……"

（四）诉讼最终结果

2017 年 9 月 1 日，成都市武侯区人民法院成都路桥与股东李勤公司决议效力确认纠纷一案作出一审判决[（2017）川 0107 民初 858 号]，判决内容如下：

1. 被告成都路桥于 2016 年 3 月 11 日作出的《成都市路桥工程股份有限公司 2016 年第一次临时股东大会决议》中修改《成都市路桥工程股份有限公司章程》第三十七条第五项内容无效；

2. 撤销成都路桥于 2016 年 12 月 27 日作出的《成都市路桥工程股份有限公司 2016 年第二次临时股东大会决议》、于 2017 年 1 月 26 日作出的《成都市路桥工程股份有限公司 2017 年第一次临时股东大会决议》。

至此，李勤提起的诉讼请求均得到成都市武侯区人民法院的支持，但成都路桥不服一审法院作出的民事判决，于 2017 年 9 月向成都中院提起上诉，并于 2017 年 11 月 6 日收到成都中院送达的《受理上诉案件通知书》。

2018 年 1 月 24 日，就成都路桥与股东李勤公司决议效力确认纠纷一案，成都中院认为成都路桥的上诉请求不能成立，应予驳回；一审判决认定事实清楚，适用法律正确，应予维持。并作出终审判决[（2017）川 01 民终 14529 号]：驳回上诉，维持原判。

（五）控制权花落他家

在李勤与郑渝力激烈争夺成都路桥的控制权长达两年多、快要进入尾声的时候，与李勤同为达州商人的刘峙宏携宏义集团强势进入成都路桥，迅速成为实际控制人。

刘峙宏为资本市场老将。早在20世纪90年代末，年仅30多岁的刘峙宏就曾介入西藏药业的上市，但其后操盘的ST东源重组未能成功，投资的乐视影业亦陷入困境。

四川宏义前身系四川航空投资有限责任公司（以下简称四川航空投资），成立于1999年5月31日，注册资本为6000万元，四川航空公司是大股东，其后历经数次股权变动。

2003年11月16日，四川航空投资作出股东会决议，同意四川航空集团公司将其所持有4300万元出资额转让给刘峙宏。至此，刘峙宏实现入主。2004年5月，四川航空投资作出股东会决议，公司名称变更为四川达义实业有限公司。2007年，公司名称变更为四川宏义实业集团有限公司。①

2018年1月15日晚间，成都路桥实际控制人郑渝力、道诚力、李勤、宏义嘉华②分别签署了《四川宏义嘉华实业有限公司与郑渝力及四川省道诚力实业投资有限责任公司关于成都市路桥工程股份有限公司之股份收购协议》（以下简称《股份收购协议1》）、《四川宏义嘉华实业有限公司与李勤关于成都市路桥工程股份有限公司之股份收购协议》（以下简称《股份收购协议2》）。

根据《股份收购协议1》约定，郑渝力、道诚力拟通过协议转让方式将其持有的公司股份合计122,706,056股转让给宏义嘉华（其中郑渝力拟转让88,697,444股；道诚力拟转让34,008,612股），转让总价款1,716,657,723.44元，折合13.99元/股。根据《股份收购协议2》约定，李勤拟通过协议转让方式将其持有的公司股份36,870,810股转让给宏义嘉华，转让总价款470,000,000元，折合12.75元/股。

实际上，在2017年7月、8月，宏义嘉华通过深交所集中竞价交易系统在7.3～8.4元累计买入公司股份合计37,233,498股，占成都路桥股份总额的5.05%。

本次股东股份转让前后对照如表6－7所示：

---

① 《起底资本老将刘峙宏：曾投资乐视影业平定成都路桥乱局》，载新京报2019年4月17日，https://www.sohu.com/a/308509337_114988。

② 指四川宏义嘉华实业有限公司。

表 6－7　股东股份对照

股东姓名	本次权益变动前		增减变动	本次权益变动后	
	持有数量/股	持股比例/%		持有数量/股	持股比例/%
郑渝力	88,697,444	12.03	－88,697,444	—	0
道诚力	57,600,000	7.81	－34,008,612	23,591,388	3.20
宏义嘉华	59,442,422	8.06	159,576,866	219,019,288	29.70
李勤	147,892,013	20.06	－36,870,810	111,021,203	15.06
合计	353,631,879	47.96	—	353,631,879	47.96

本次股东股份转让完成后，宏义嘉华成为成都路桥的控股股东，持有成都路桥公司股份219,019,288股，占公司总股本的29.70%，成都路桥实际控制人将由郑渝力变更为刘峙宏。2018年8月14日，公司董事长周维刚、董事王继伟、董事邱小玲、董事冯梅及董事罗琰辞职。8月31日，成都路桥召开2018年第一次临时股东大会，审议补选非独立董事和非职工监事等议案。刘峙宏、刘其福、向荣、孙旭军、熊鹰当选成都路桥第五届董事会非独立董事，曹征、俞珈玮当选第五届监事会非职工监事。同日召开董事会会议，选举刘峙宏为董事长、孙旭军为副董事长，聘任孙旭军为总经理、李志刚为常务副总经理、王继伟为副总经理、左宇柯为财务负责人，并指定李志刚代行董事会秘书。

2018年9月，成都路桥召开干部员工大会。3个月后，刘峙宏实控的成都路桥向员工抛出“大蛋糕”。2018年12月，成都路桥发布2018年限制性股票激励计划（草案），本激励计划拟授予的限制性股票数量为2650万股，约占公司股本总额的3.59%。本激励计划首次授予部分涉及的激励对象总人数为153人，包括公司公告本激励计划时的公司董事、高级管理人员、中层管理人员及核心骨干。

2019年4月，成都路桥召开股东大会和董事会，选举刘峙宏为公司第六届董事会董事长，任期3年，其他宏义集团的人员也进驻成都路桥董事会。

（六）李勤另觅其他公司，半月谋得控制权

在成都路桥的控制权胶着战中，达州商人李勤没有表现出长久的耐心，迁延了两年之久仍迟迟无法取得控制权的情况下，李勤开始着手退出成都路桥控制权之争，而将注意力转向了另一上市公司。

2017 年 9 月 2 日,绵石投资[①]发布公告称,公司股东签署股份转让协议、表决权授予协议,李勤将成为上市公司实际控制人。而这项交易从 8 月 21 日下午绵石投资筹划重大事项停牌、9 月 1 日签署协议、9 月 4 日复牌累计才半个月时间,与花费大量时间、精力举牌成都路桥相比,李勤拿下绵石投资的过程干净利索得多,堪称“闪电战”。李勤通过中迪金控[②](见图 6-3)收购绵石投资是不惜血本,共斥资约 11.2 亿元,以溢价近 40%、21 元/股的价格从原大股东那里收购了 5329.96 万股股份,再加上郑宽、王瑞将持有的 2105 万股股份对应的表决权委托给中迪金控,中迪金控合计持有绵石投资表决权比例为 24.84%。

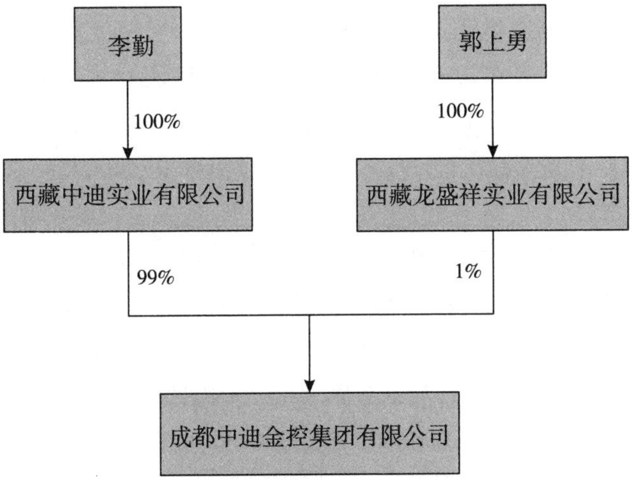

图 6-3 中迪金控股权结构

到 2018 年 3 月初,绵石投资更名为“北京中迪投资股份有限公司”,证券简称也由“绵石投资”变更为“中迪投资”。

六、解析双方攻守策略

(一)李勤的“攻”

1. 趁股灾果断“抄底”,后期增持策略欠妥

从 2015 年 6 月开始,中国 A 股资本市场因为证监会要求券商清理场外配资[③]

---

① 指北京绵石投资集团股份有限公司。

② 指成都中迪金控集团有限公司。

③ 2015 年 6 月 13 日,中国证券监督管理委员会对各券商下发《关于加强证券公司信息接入系统外部接入管理的通知》(证监办发〔2015〕35 号)。

成为压垮股市的“最后一根稻草”，触发了接下来的多轮暴跌。这为各路资本收购优质资产提供了千载难逢的好机会，2015 年下半年资本市场发生了多起上市公司收购引发的纠纷。

成都路桥的新晋第一大股东李勤正是借此东风，从 8 月 26 日开始连续三天分别买入 3,040,900 股、18,349,679 股、8,067,735 股，合计 29,458,314 股，约占成都路桥总股数的 4.0%。购买的价格也比较合适，分别在 5.91 ~ 6.22 元、6.14 ~ 6.48 元、6.63 ~ 7.05 元，①相比 6 月成都路桥股票价格最高点的 10.12 元，已经折价 1/3 以上。到 2015 年年底，李勤增持成都路桥的股份超过 5%，并在 2016 年 1 月、2 月继续增持，到 2 月 17 日李勤已增持成都路桥股份到 20.0554%，超过了原第一大股东郑渝力（持股 19.84%）。李勤在 2016 年 2 月 22 日通知了成都路桥，但并没有提交《详式权益变动报告书》，直到 3 月 2 日才并通知成都路桥并公告了《详式权益变动报告书》。

李勤 2 月 17 日最后这次增持的筹划和准备是不够周密的，根据当时的《上市公司收购管理办法》第十七条的规定，②持股超过 20% 的第一大股东需要编制详式权益变动说明书并聘请财务顾问出具核查意见；如果仅是第一大股东、持股未超过 20% 的投资者，按照第十六条第二款，③仅需要编制详式权益变动说明书。而李勤在增持股份到 20% 多以后正是因为“披露的《详式权益变动报告书》上未按照有关规定由财务顾问机构及其相关人员盖章、签字，并载明财务顾问有关意见和声明，不符合信息披露的有关要求”而被四川证监局要求“责令采取措施改正上述问题”（〔2016〕6 号行政监管措施决定书）。如果李勤当时能够合理筹划持股比例，将股权比例控制在 19.84% ~20%，则无须聘请财务顾问对权益变动说明书出具核查意见，也就可以避免像后来这样被四川证监局要求“责令采取措施改正问题”，而正是四川证监局“责令采取措施改正问题”的要求成为随后一年多的时间里成都路桥多次在股东大会上限制李勤表决权的理由，尽管这个理由不是那么充分，更像是一个借口，成都路桥在股东大会上限制李勤表决权后形成的决议的确也在随后的诉讼中被撤销。如果当时谨慎一些，安排好持股比例，则可以避免授人口实；或许为更稳

---

① 成都路桥：《简式权益变动报告书》，载巨潮资讯网 2015 年 12 月 30 日。

② 《上市公司收购管理办法》（2014 年 10 月修订）第十七条：“投资者及其一致行动人拥有权益的股份达到或者超过一个上市公司已发行股份的 20% 但未超过 30% 的，应当编制详式权益变动报告书，除须披露前条规定的信息外，还应当披露以下内容：……前述投资者及其一致行动人为上市公司第一大股东或者实际控制人的，还应当聘请财务顾问对上述权益变动报告书所披露的内容出具核查意见……”

③ 《上市公司收购管理办法》（2014 年 10 月修订）第十六条：“……前述投资者及其一致行动人为上市公司第一大股东或者实际控制人，其拥有权益的股份达到或者超过一个上市公司已发行股份的 5%，但未达到 20% 的，还应当披露本办法第十七条第一款规定的内容。”

妥计，甚至可以将股权控制在接近但不超过19.84%以内，暂不挑战郑渝力第一大股东的地位，若如此当时可以像前几次编制和提供简式权益变动报告书即可，能摆脱后来出现的一系列麻烦。

在随后激烈争夺公司控制权的近两年时间里，直到2018年1月成都路桥的实际控制权旁落他人，李勤从未再增持任何股份，特别是在2016年年中时候，成都路桥的股价已和股灾时候的价格不差上下，正是增持股份、增大话语权的好时机。但李勤在这一年多里仍一直按兵不动，对其在2016年的两次临时股东大会上进入公司董事会、介入公司管理并进一步争夺控制权没有形成有效的助力。

如果说李勤是因为资金紧张而无法加强收购攻势的话，就很难解释其为何在2017年9月愿意斥资11.2亿元收购控制了另外一家上市公司绵石投资（后更名为中迪投资）。按当时成都路桥的股价，11.2亿元的巨资差不多可以收购18%的股份，如果是早些时候股价更低时增持，能收购的股份更多；即便是仅用一半的资金来收购成都路桥，基本也可以增持到近30%的股份，既可以免于要约收购，也可以对成都路桥的原有董事会形成相当大的压力。像本书中京基收购康达尔的案例，京基方面在面对康达尔管理层眼花缭乱的反收购措施时，则是坚定地去"啃硬骨头"，坚持持久战，不断地增持股份，并采取各种手段多管齐下，长期的量变最终形成质变，水滴石穿，最终等到了康达尔管理层被刑事拘留的良机，京基迅速掌握了公司控制权。

或许是李勤在遭遇成都路桥董事会的坚决阻击后有些心灰意冷，对自己能否顺利进入并控制成都路桥完全没有把握，从而"移情别恋"在2017年时将收购的目光转移到了其他目标公司。

2. 诉讼手段初见成效，但仍显不足

2017年1月中旬，在向2017年第一次临时股东大会所提的临时提案被成都路桥拒绝后，李勤已经不再抱任何期望，开始坚定地走诉讼的道路来维护自己的股东权利。1月20日，李勤向成都市武侯区人民法院提起"决议效力确认案"诉讼，这个诉讼的目的是釜底抽薪，把成都路桥拒绝李勤的提案、剥夺李勤股份的表决权的依据彻底推翻了。2月8日，李勤又增加了两项"撤销决议"诉讼请求，撤销2016年第二次临时大会和2017年第一次临时大会的决议，形成了一个"决议效力确认 + 撤销决议"的综合诉讼，这是对成都路桥的事后防御。三个诉讼请求思路清晰、目的明确，对成都路桥董事会无疑是造成很大的压力。但李勤提起的这些诉讼也有不足之处：

首先，李勤提起"决议效力确认案"诉讼的时间还是滞后了。在2016年第一次临时股东大会上，成都路桥限制李勤的表决权，强行通过修改《公司章程》后，李勤完全就可以尽快向当地法院提起诉讼请求，同时申请保全措施，暂缓成都路桥执行

2016 年第一次临时股东大会决议事项。2017 年 1 月提起的“决议效力确认案”诉讼,完全可以提前到 2016 年 3 月,而不是拖延到 10 个月以后。尽管诉讼请求在短期内不一定会有判决,但保全措施很快就可以得到法院的批准,这已经在 2017 年 1 月得到证实,申请保全申请后 3 日法院就裁定同意。

其次,多项诉讼请求分别提起诉讼。李勤在提起“决议效力确认案”诉讼后,又于 2 月 8 日增加了两项“撤销决议”诉讼请求,增加了法官审理的内容,诉讼时间自然会延长。更有效的方式应是新发起两个新诉讼,这样每项诉讼请求分别提起一个诉讼,即“一事一诉”;不奢望“毕其功于一役”,用“零敲牛皮糖”的战术稳步推进,方便法官熟悉每个案件内容、便于审理,从而缩短诉讼时间。

2017 年 1 月 20 日提起的决议效力确认案诉讼,在随后增加了两项“撤销决议”诉讼请求的情况下,成都市武侯区人民法院在 7 个多月后也作出了一审判决,在成都路桥提起上诉以后,成都中院于 2018 年 1 月 24 日作出终审判决,整个“一审→二审”程序前后大约 1 年时间。如果三个诉讼请求分别起诉,每个诉讼的进程会更快。若李勤在 2016 年 3 月第一次临时股东大会后即提起“决议效力确认案”诉讼的话,那么可以合理推测在 8 个多月的时间里、12 月召开 2016 年第二次临时股东大会之前,决议效力确认案诉讼是会有终审判决的。

这样一来,李勤在出席 2016 年第二次临时股东大会时,成都路桥方面就无法利用修改公司章程的决议来限制李勤所持公司股票的表决权,会对成都路桥董事会形成极大的压力,打破成都路桥董事会对公司的高度掌控,逼迫其前来谈判,以争取自己股东权利得到保障。

3. 奉不可失,敌不可纵

2016 年 3 月 11 日,在召开第一次临时股东大会当天,成都路桥突击召开第四届董事会第三十一次会议,以现场表决方式审议通过了《关于股东李勤所持有公司股票不得行使表决权的议案》。

这次临时董事会会议的决议在程序上是违反《公司章程》①中关于通知时限的要求的,因为章程明确规定会议要提前 5 日通知全部董事,而这次临时董事会会议是前一天,即 3 月 10 日通知的。

而且决议的内容也涉嫌违反《公司法》,引起了深交所 3 月 14 日向成都路桥发出了〔2016〕第 43 号关注函,要求其说明“会议审议通过的议案是否在公司董事会职权范围内,本次董事会决议的合法合规性”。

---

① 成都路桥《公司章程》(2013 年 9 月)第一百三十条:“董事会召开临时董事会会议的通知方式为:专人送出或邮件送出或传真送出或其他方式;通知时限为:会议召开 5 日以前通知全体董事。”

深交所就决议向成都路桥发关注函，这就更明显地说明了问题的重要性。但就在成都路桥轻描淡写、敷衍式地答复了深交所后，李勤并没有举报或表示任何质疑，不仅是浪费了大好机会，也变相地纵容了成都路桥董事会的为所欲为。

如果李勤及时与深交所沟通此事，通过深交所向成都路桥施加影响和压力，相信成都路桥在随后的时间里绝不敢再次否决提案和限制表决权。

（二）成都路桥的"防"

1. 警惕性强

2015 年 10 月 30 日成都路桥发布公告，将于 11 月 17 日召开第三次临时股东大会，拟对《公司章程》进行修改，其中一项核心修改是将原公司章程中"董事候选人由持有或合并持有公司有表决权股份总数 3% 以上的股东或董事会提名"，修改为"董事候选人由连续 12 个月以上持有或合并持有公司有表决权股份总数 3% 以上的股东或董事会提名"。

成都路桥此举明显是为了限制李勤进入董事会，因为此时持股超过 3% 除了李勤（持股约 3.99%），只有原实控人郑渝力（持股 12.03%）及其实际控制的道诚力（持股 7.81%），而后两者都已经提名过董事候选人并当选。

李勤此时持有的成都路桥股份约为 3.99%，成都路桥试图提高董事候选人条件，限制李勤进入董事会。但因为近 70% 的中小投资者投出了反对票，使这次《公司章程》修改没有达到绝对多数而未获通过。

2. 精确把握时间节点

关于 2016 年第一次临时股东大会的临时提案，有权向公司提出临时提案的三个股东李勤（持股约 20.06%）、郑渝力（持股 12.03%）及其实际控制的道诚力（持股 7.81%）均提交了各自的临时提案，区别在于后两者的提案是 2 月 29 日提交的，而李勤的提案是 3 月 1 日提交的。

《公司章程》中要求"股东大会召开 10 日前提出临时提案"，2016 年第一次临时股东大会计划于 3 月 11 日召开，10 日前即 3 月 1 日以前，那么 2 月 29 日就是股东提交临时提案的最后期限了，成都路桥第四届董事会正是以"不符合《公司章程》关于股东提交临时提案的时限规定①"作为不将李勤提案提交股东大会的理由之一。

---

① 成都路桥《公司章程》(2013 年 9 月)第五十二条："公司召开股东大会，董事会、监事会以及单独或者合并持有公司 3% 以上股份的股东，有权向公司提出提案。单独或者合计持有公司 3% 以上股份的股东，可以在股东大会召开 10 日前提出临时提案并书面提交召集人。召集人应当在收到提案后 2 日内发出股东大会补充通知，公告临时提案的内容。"

在笔者看来，这也是董事会在答复深交所关注函时列举的理由中唯一一个能“站得住脚的”。

郑渝力及其实际控制的道诚力精心选择 2 月 29 日提交临时提案，很有可能就是为了不给李勤留下任何时间期限来提交自己的临时提案。

3. 积极争取监管部门介入

2016 年 3 月初，四川证监局向李勤下发了两份行政监管措施决定书《关于对李勤采取出具警示函措施的决定》(〔2016〕5 号)、《关于对李勤采取责令改正措施的决定》(〔2016〕6 号)，其中 5 号行政监管措施决定书中列举的理由是“你在增持成都路桥股份达到 5% 时及之后每增加 5% 时，均未依法在规定的期限内停止买入成都路桥的股份”。

但其实该理由是无法成立的，因为李勤持有股份数达到 5%、10%、15% 分别是在 2015 年 12 月 29 日、2016 年 1 月 14 日、2016 年 1 月 26 日，而下次的买入时间分别是 2016 年 1 月 11 日、2016 年 1 月 21 日、2016 年 2 月 2 日，每次间隔的时间均超过 3 日或 2 日，符合《上市公司收购管理办法》中的有关规定。①

而这个无法成立的理由与 3 月 11 日成都路桥突击召开临时董事会会议、限制李勤所持股份的表决权时提出的理由“鉴于股东李勤在增持公司股份达到 5% 时及之后每增加 5% 时，均未依法在规定的期限内停止买入公司的股份”是相同的。

能有相同的事实认知错误，很容易让外界认为是成都路桥在与四川证监局积极沟通的过程中提供给证监局的，而证监局自己也并没有去确认就向李勤下发了行政监管措施决定书。

4. 对诉讼的运用不足

2017 年 9 月 5 日，成都武侯法院受理了道诚力诉李勤关于股东资格确认纠纷一案[案号为(2017)川 0107 民初 9431 号]。在该案中，道诚力的主要诉讼请求是请求法院确认李勤不具备上市公司的股东资格。

道诚力在 8 月 28 日提请此案似乎不是为了胜诉，这在 2018 年 2 月 8 日，道诚力向法院申请撤诉可以得到证明。这次反诉只是一种策略，是为了给李勤来个“釜

---

① 《上市公司收购管理办法》(2014 年 10 月修订)第十三条：“通过证券交易所的证券交易，投资者及其一致行动人拥有权益的股份达到一个上市公司已发行股份的 5% 时，应当在该事实发生之日起 3 日内编制权益变动报告书，向中国证监会、证券交易所提交书面报告，通知该上市公司，并予公告；在上述期限内，不得再行买卖该上市公司的股票。前述投资者及其一致行动人拥有权益的股份达到一个上市公司已发行股份的 5% 后，通过证券交易所的证券交易，其拥有权益的股份占该上市公司已发行股份的比例每增加或者减少 5%，应当依照前款规定进行报告和公告。在报告期限内和作出报告、公告后 2 日内，不得再行买卖该上市公司的股票。”

底抽薪”,使李勤提起的诉讼无法推进,以便给自己争取时间。因为由于此案涉及李勤的股东资格问题,如果能在李勤所提请的诉讼做出判决之前获得法院的受理,根据《民事诉讼法》(2017 年修正)第一百五十条第五项关于“本案必须以另一案的审理结果为依据,而另一案尚未审结”时应当中止诉讼的规定,李勤起诉确认公司决议效力的案件将被中止审理。

这的确是个不错的策略,但时间晚了,因为在 9 月 1 日法院就作出了判决,道诚力案件的受理时间还是晚了 5 日,如果提前一段时间,或许给李勤带来的麻烦会更大一些。

七、总结:积极、规范行使权利

(一)达州李勤:构建诉讼体系,穷尽诉讼救济功能

参考本书中京基收购康达尔案例中京基的诉讼策略,为构建完整的诉讼体系,李勤可以对之前的诉讼进行调整,首先将“决议效力确认 + 撤销决议”诉讼分解为三个独立的诉讼:

第一个是请求确认成都路桥 2016 年第一次临时股东大会修改《公司章程》第三十七条(五)项的内容无效的公司决议效力确认纠纷案;

第二个是请求撤销成都路桥 2016 年第二次临时股东大会决议的公司决议撤销纠纷案;

第三个是请求撤销成都路桥 2017 年第一次临时股东大会决议的公司决议撤销纠纷案。

这三个诉讼都是要推翻成都路桥已经形成的损害股东李勤利益的公司决议,是对既成事实的事后防御,而这种防御措施往往都是有很长时间的滞后,不能很好地满足争夺公司控制权时的迫切需求,这就需要其他措施的配合。

其次,李勤可以再增加提起四个诉讼:

第一个是请求法院判令成都路桥在司法机关或监管部门未作出限制股东权利的生效法律文书之前,不得剥夺、限制、妨碍行使任何股东权利;

第二个是请求法院判令成都路桥第四届董事会第三十一次会议做出的“违法持股股东李勤所持有的本公司股份在股东大会上不得行使表决权”,即 3 · 11 董事会决议无效的公司决议效力确认纠纷案;

第三个是 3 · 11 董事会决议非法剥夺其表决权,请求法院判令全体董事侵权并赔偿原告股东权益的损害股东利益责任纠纷案。

其中第一个诉讼是一项重要的事前防御措施,使李勤可以在成都路桥限制其

行使股东权利的时候能够及时通过行为保全来寻求救济；第二个和第三个诉讼是对董事会成员剥夺其股东权利的追责，以给成都路桥董事足够的压力，促成其内部可能的动摇、分化，静观其变以寻求机会。

（二）成都路桥

1. 违规增持股份的股东权利

成都路桥董事会与李勤在争夺公司控制权的过程中，违规增持股份主要有两次，一次是备受关注、并引起激烈争议的李勤在 2016 年 2 月将股份增持到 20% 以上，另一次则低调的多，2017 年 2 月披露出来的道诚力及其一致行动人合计持股从 19.84% 突然变化到约 22.05%，重新夺回了第一大股东位置。

成都路桥董事会、股东大会多次以违规增持的理由剥夺了李勤的表决权，虽然当时的《证券法》并未对违规增持股份的表决权进行明确规定，但成都路桥仍然通过法律的模糊地带限制了新晋大股东的表决权，从而暂时保住了董事会席位以及公司的控制权，使得举牌人进入公司的目的落空，而且这种做法也引起了激烈争议，成为一个受各界密切关注、研究的案例，同时也引起了多起诉讼，从最终的判决结果看，法院对没有法律依据的情况下限制股东表决权的行为是不支持的，李勤提起的诉讼请求基本都得到了支持。

2019 年 12 月 28 日《证券法》重新修订，并于 2020 年 3 月 1 日正式实施新《证券法》，①其中第六十三条规定违规增持部分的股份将被限制行使表决权。如果围绕成都路桥的争夺是发生在新《证券法》的背景下，表面上对成都路桥董事会有利，因为明确了表决权被限制的情况，则限制李勤的部分表决权就师出有名了；但实际上可能是对李勤更有利，因为新《证券法》只是限制违规增持部分的表决权，即超过 15% 部分的表决权，这种情况下从某种意义上说对李勤反而是有利的，至少可以行

---

① 《证券法》(2019 年修订)第六十三条："通过证券交易所的证券交易，投资者持有或者通过协议、其他安排与他人共同持有一个上市公司已发行的有表决权股份达到百分之五时，应当在该事实发生之日起三日内，向国务院证券监督管理机构、证券交易所作出书面报告，通知该上市公司，并予公告，在上述期限内不得再行买卖该上市公司的股票，但国务院证券监督管理机构规定的情形除外。

投资者持有或者通过协议、其他安排与他人共同持有一个上市公司已发行的有表决权股份达到百分之五后，其所持该上市公司已发行的有表决权股份比例每增加或者减少百分之五，应当依照前款规定进行报告和公告，在该事实发生之日起至公告后三日内，不得再行买卖该上市公司的股票，但国务院证券监督管理机构规定的情形除外。

……

违反第一款、第二款规定买入上市公司有表决权的股份的，在买入后的三十六个月内，对该超过规定比例部分的股份不得行使表决权。"

使15%股份的表决权，使自己的其他诸如提案权、提名董事的股东权利得到保障，并很有可能在董事会中拥有相应的席位从而进入公司的组织机构，好比登陆抢滩成功，有了立足之地以后可以根据后续的事态发展进退自如。而不用像在此次公司控制权争夺过程中，李勤持有20%以上的股份，却被完全排除在公司治理以外。当然在新《证券法》的背景下，成都路桥董事会是否会保障李勤的部分股东权利仍然是未知数，但如果成都路桥董事会还像当时那样剥夺李勤的全部表决权是很难得到各方支持的，可能会受到更多的舆论压力和监管机构的关注。

相比李勤在2016年年初违规增持股份引起的轩然大波，2017年2月披露出的道诚力及其一致行动人合计持股突然变化却波澜不惊，但其实道诚力及其一致行动人的违规增持和李勤的违规增持是高度相似的，都是从持股20%以下增加到20%以上，都是被四川证监局处以“责令改正”的监管措施。

成都路桥在2016年的两次临时股东大会和2017年第一次临时股东大会上多次以李勤违规增持股份为由限制了其所持股份的全部表决权，若按照这个逻辑一视同仁的话，道诚力及其一致行动人所持有的约22.05%股份也应该不具有表决权。但成都路桥方面对道诚力及其一致行动人所持股份的表决权并未有任何限制，如此明显的厚此薄彼，实在令人难以信服。

所以这也就解释了成都路桥对道诚力及其一致行动人持股增加的情况没有进行任何主动披露的原因了，既担心引起监管部门的关注，又难以解释自己对待违规增持股份的双重标准。直到2017年2月14日深交所对其发出〔2017〕第65号问询函，成都路桥才在2月17日回复问询函时予以首次披露：

2014年11月，道诚力及其一致行动人持股约21.13%；

2016年6月，道诚力及其一致行动人持股约22.04%；

2016年8月，道诚力及其一致行动人持股约22.05%。

从2014年11月至2017年2月，长达27个月的时间里未披露，定期报告中也公开提示一致行动人，报告中的错误居然维持了两年多才在监管部门的管理下予以修正，实在是让人匪夷所思。

2. 凤凰涅槃，浴火重生

作为四川省及成都市少数资质涵盖范围广的承包商之一，成都路桥的行业资质涵盖了公路、桥梁、隧道等工程施工领域的所有资质类别且等级多为一级。但其主业桥梁、道路等工程施工相对单一，放眼川渝的路桥上市公司，几乎都在积极布局多元化。而成都路桥在转型关键期，公司实控人被查，加上李勤举牌后的控制权之争，让成都路桥的转型之路更加坎坷。成都路桥董事会和李勤在公司经营权、控制权上长期未达成一致意见，成都路桥“坚持主业、多元化并举”的发展思路遇阻。①

长达两年半的股权之争，不可避免的对业务造成了影响。成都路桥 2018 年年报显示，公司营业收入 27.26 亿元，同比增长 37.15%；实现净利润2132.52万元，同比下降4.91%。成都路桥董秘李志刚公开表示，成都路桥多年股权之争带来人才流失严重、业务拓展乏力、分子公司职能重塑效果不佳等后果，上市公司的生产经营和内部管理面临较大压力。②

宏义嘉华并购整合成都路桥后担任副董事长、总经理的孙旭军曾告诉《每日经济新闻》记者，成都路桥的资质、过去的业务基础和专业能力以及设施设备，在路桥行业当中还是具有良好竞争力的。③ 由于四川乃至西部地区多数公路项目受地质条件限制也包含了桥梁和隧道的修建，业主往往会要求竞标单位具有复合资质，像成都路桥这样具备复合资质优势的公司，将有助于更宽范围和更高层次的市场拓展。

2020 年 4 月 17 日成都路桥发布 2019 年年度报告，报告期内，公司实现工程中标 55.79 亿元，同比增长 404.43%，实现营业收入 27.95 亿元，同比增长 2.55%，实现归属于上市公司股东的净利润 4325.86 万元，同比增长 102.85%。报告期末，公司总资产 69.47 亿元，同比增长 17.01%，净资产 28.15 亿元，同比增长 3.97%。

---

① 《股东争夺控制权成都路桥战略发展、经营节奏被打断打乱》，载每日经济新闻，http://www.nbd.com.cn/articles/2016-02-25/986303.html。

② 《地产大佬刘峙宏:“摆平”成都路桥之争》，载新京报 2019 年 5 月 24 日，http://www.bjnews.com.cn/finance/2019/05/24/582819.html。

③ 《成都路桥完成董事会改组实控人刘峙宏任董事长》，载每日经济新闻 2018 年 8 月 31 日，http://www.nbd.com.cn/articles/2018-08-31/1251084.html。

鲁南制药控制权内部争夺

一、公司控制权的内部争夺(2014 年 11 月 ~2017 年 3 月)

二、双方对簿公堂(2017 年 3 月 ~2019 年 2 月)

三、漫长的诉讼过程(2019 年 2 ~11 月)

四、两方持续对峙(2019 年 9 ~12 月)

五、解析双方攻守策略

六、总结:合法依规,未雨绸缪

本书的其他案例都是有关于上市公司的控制权纠纷,而本章中的“主人公”鲁南制药[①]是非上市公司,我们为什么要展开讲述鲁南制药的前世今生、控制权争夺战的始末呢?主要考虑有三:

其一,鲁南制药的建立、壮大与发展,都是随着中国历史进程的推进而进行的,与众多国内企业一样,鲁南制药同样经历了从公有制企业改制、再到股份制企业内部高管对控制权争夺的历史阶段。应该说鲁南制药故事的林林总总,在众多国内企业中具有一定的代表性。

其二,鲁南制药虽然不是上市企业,但其股东众多、股权较为分散,这与上市公司的股权结构具有一定的相似性。所以说鲁南制药内部高管对公司控制权的争夺,在上市公司中也具有一定的典型意义。

其三,鲁南制药内部对公司控制权的争夺,先后经历了由双方各自发起的众多诉讼,但这期间双方针对对方最为重要的决议,均被法院判决撤销。也就是说,各方在历经数年的斗争之后,最终却回归到了原点。与国外企业控制权争夺通过标准化诉讼即可解决问题所不同的是,鲁南制药的内部斗争反映了当下国内企业的很多特点、具有鲜明的中国特色。

---

① 指鲁南制药集团股份有限公司。

一、公司控制权的内部争夺(2014 年 11 月～2017 年 3 月)

(一)鲁南制药:发展壮大的校办企业前世今生

早在 1968 年 7 月,山东郯南劳动大学准备筹建制药厂,并成立筹建小组,派出董允功、郭家源配合地区医药公司代表孙厚山到上海、武汉等地参观学习。1968 年 10 月 15 日,山东省临沂地区革命委员会生产管理委员会《关于郯南劳动大学筹建制药厂报告的批复》(临革生〔68〕第 176 号文)同意山东郯南劳动大学筹建药厂。1969 年 10 月,山东郯南劳动大学制药厂生产出第一批注射用水和葡萄糖注射液。

发展至今,鲁南制药是集中药、化学药品、生物制品的生产、科研、销售于一体的国家大型综合制药集团,是国家创新型企业、国家火炬计划重点高新技术企业,成员企业包括鲁南厚普制药有限公司、鲁南贝特制药有限公司、山东新时代药业有限公司、鲁南新时代医药有限公司等 7 家子公司,位列中国大企业集团竞争力 500 强,连续 8 年荣登山东省纳税 100 强榜。

回顾企业改制史,1994 年 3 月 6 日,山东鲁南制药厂改组为山东鲁南制药股份有限公司暨首届股东大会在沂河宾馆召开。480 位股东代表、临沂市公证处、中华工商时报等 7 家新闻单位出席股东大会。大会由李绍彬书记主持,会议选举赵志全为董事长;李绍彬、张则平、高希章、孔路为董事,庞建成为监事会主席;吴健、李冠忠,俞任昌、蒋延寿为监事,并由董事会推举赵志全为总经理。①

1994 年 10 月 23 日,鲁南制药临时股东大会在公司会议室召开,会上赵志全总经理报告了公司的股权转让及公司创立以来的工作情况。公司股份合计 81,705,000 股,3000 多名股东。如此看来,股权结构非常分散。据工商资料显示,鲁南制药目前的股东主要有三类,分别是社会个人股(占比 48.08%)、内部职工股(占比 26.22%)、安德森公司②(占比 25.70%)。除了外资股(安德森公司持有),社会个人股和内部职工股,只有工商登记上是这个数,但是具体谁持有的哪一块,界定并不明晰。

从现今公司治理角度来看,鲁南制药当时的股权结构非常不正常、不明晰。1700 万股职工股并没有确权登记到职工个人名下,公司还通过个人名下代持的方式持有 1600 多万股自持股。另外,占比最大的外资股处于漫长的境外司法诉讼确

---

① 《鲁南制药集团发展史》,载微信公众号“东东畅想”2017 年 8 月 19 日,https://mp.weixin.qq.com/s/VrkBoOCZP_0jrOaPWF0Iig。

② 指安德森投资有限公司。

权的过程中。上述情况给公司埋下了祸根、导致公司股权随后数年长期混乱。

鲁南制药是"时代楷模"赵志全一生的得意之笔。30 多年前，赵志全改制一家濒临倒闭的校办工厂，一手打造成了现今的鲁南制药。时至 2014 年，鲁南制药利税约 10 亿元，成为明星民企。与他一起打拼的元老张则平生于 1960 年，比李冠忠小一岁，比王步强大四岁。三人从改制之日跟随赵志全，他们是鲁南制药的权力中枢，也是跟随赵志全一路坎坷走过来的元老。

不过，董事长之位却旁落他人。

王步强称，赵志全去世后，赵志全的秘书把两份相同遗嘱分别转交给王步强和赵龙。文件提议张贵民任职董事长、总经理职务。据李冠忠介绍，1993 年，张贵民从福州大学精细化工专业毕业进厂。他从车间进入实验室，从中试试验（班长、主任、科研部部长）升任副总经理。那时候，张贵民率领的科研队伍有 1000 人，大部分是硕士及以上学历。①

2015 年 9 月 19 日，鲁南制药召开 2014 年年度股东大会，通过的决议载明张贵民、张则平、李冠忠、王步强、张理星当选为公司新一届董事会董事。朱兵峰、李兵、苏瑞强当选为公司新一届监事会监事。同日召开的董事会会议通过了董事会决议，一致推选张贵民担任公司董事长。根据董事长张贵民的提名，一致同意聘任张贵民兼任公司总经理。根据总经理张贵民提名，一致同意聘任张则平、李冠忠、王步强、张理星等六人担任公司副总经理，聘任王步强兼任公司总会计师。②

在前任老董事长赵志全去世后，鲁南制药持续的"内斗"已经让其站到了十字路口，对于鲁南制药而言，当时最大的问题，是没有一个能够控制公司的大股东。在一位鲁南制药社会股东代表看来，目前的董事会已经完全不能正常运行，已失去对管理层的监督权和任免权，长期下去对公司的健康发展和规划负面作用非常大。据悉，占鲁南制药销售额近 90% 的仿制药，至今没有一个品种获得"一致性评价"，这也基本宣告其产品不能进入国家带量采购 11 个试点城市的医药市场。

随着鲁南制药的"宫斗大戏"持续爆发，鲁南制药的董事会与企业掌控者正式分立两派。一方是在董事会中占据多数席位的元老，另一方则是企业实体的操控者。鲁南制药"宫斗"双方在对立之时，这家企业却仍在吃着赵志全留下的老本。从公开信息上可以看到，这几年鲁南制药没有新的重要药品上市，处于临床阶段的新产品也不多见。对于鲁南制药而言，药企发展所依赖的创新能力严重不足，公司

---

① 《鲁南制药"宫斗"：董事长与公司元老争夺控制权！》，载搜狐新闻 2018 年 12 月 21 日，https://www.sohu.com/a/283565772_120031714。

② （2019）鲁 13 民终 7107 号，鲁南制药集团股份有限公司、张则平公司决议纠纷二审民事判决书。

的主要盈利品种都是赵志全在世时研发的,公司在国内制药企业中的排名是下滑的。

(二)董事会"名存实亡"、四董事提议更换董事长

张则平、李冠忠、王步强、张理星这四位董事都是鲁南制药的元老,其中张则平、李冠忠、王步强早在1988年鲁南制药开始人事制度改革时就被聘任为中层管理人员。

2017年3月2日,张则平、李冠忠、王步强、张理星四位元老董事达成合意,提交了名为《关于提请鲁南制药集团股份有限公司召开董事会更换董事长、法定代表人及总经理》的提案,提议召开临时董事会会议,讨论公司董事长、法定代表人及总经理职位的人员任免。

"冰冻三尺绝非一日之寒",四位董事的提议更换董事长是因为在公司重大事宜上,董事会其他成员对董事长持有很大非议:"公司基本不召开董事会,除了年终走过场""不仅不按期开会,遇到重大事项,董事长依旧不召开董事会",他们认为张贵民升任董事长之后,鲁南制药董事会"名存实亡"。①

但仅过了4日,即3月6日,"四元老"之一的张理星就发表声明撤销4日前签字的这个提案,坚决支持前董事长、总经理赵志全的遗嘱安排。②

3月12日,张则平、李冠忠、王步强三人在北京召开临时董事会,依据《公司章程》和《公司法》的规定,经履行提案、召集程序,鲁南制药召开董事会临时会议,表决通过如下决议:一致同意免去张贵民先生担任的集团公司董事长及法定代表人职务,一致推选张则平先生担任集团公司董事长及法定代表人;一致同意免去张贵民先生担任的集团公司总经理职务,根据董事长张则平先生的提名,一致同意聘任王步强先生担任集团公司总经理。

3月14日,三位董事还函告鲁南制药的全体职工、发布《致鲁南制药集团有限公司全体股东、全体员工》书,指出监事会已丧失监督职能,并再次要求董事长尽快办理工作交接手续。

3月18日,"三元老"张则平、李冠忠、王步强上午9时在北京召开董事会临时会议,在三董事召开的临时会议中,研究讨论了张贵民违反《鲁南制药集团股份有

---

① 《鲁南制药"宫斗":董事长与公司元老争夺控制权》,载新京报2018年12月21日,https://baijiahao.baidu.com/s?id=1620397140541192724。

② 《鲁南制药官斗高潮迭起:前董事长去世2年四长老"政变"》,载新浪财经,http://finance.sina.com.cn/roll/2017-03-16/doc-ifycnikk0802656.shtml。

限公司章程》，在已被免除董事长职务情况下，继续违法履行董事长、法定代表人、总经理职权，将其他公司员工代持的员工股份及公司储备股份，违法登记过户至自己名下的问题，并讨论了目前公司董事会运行及公司管理的相关事项。

（三）董事长组织反击

作为鲁南制药现如今的“一把手”，新晋董事长怎能坐以待毙!？按照法律和《公司章程》的规定，新晋董事长张贵民接到四位董事召开临时董事会的提议通知后，本应当履行5日内发出召集开会的通知职责，但3月7日张贵民并未发出通知，却以公司名义发出鲁南药政字〔2017〕9号文即《免职决定》，内容为“根据公司发展需要，经研究决定：免去张则平的集团公司副总经理职务，李冠忠的集团公司副总经理职务，王步强的集团公司副总经理兼总会计师职务，张理星的集团公司副总经理职务”。

2017年3月12日早上7时44分——几乎是与北京临时董事会召开同步——鲁南制药挂出一份召开临时会议的通知，通知人是张贵民。“依据《鲁南制药集团股份有限公司章程》和《鲁南制药集团股份有限公司董事会议事规则》，我作为鲁南制药集团股份有限公司董事会董事长，决定召开董事会临时会议。”张贵民表示，其作为公司董事长，通知召开此次董事会临时会议，会议时间是3月18日9时开始，会议召开地点是临沂兰山区红旗路×××号。张贵民通知了张理星、张则平、王步强、李冠忠四人参加会议。

3月16日，鲁南制药召开监事会，讨伐此前提议更换董事长的三位董事。监事会会议指出，张则平、李冠忠、王步强于3月12日产生的董事会决议无效，原因是三人未履行正当手续和人员到场，故无权擅自召开董事会，并认为其罢免张贵民董事长职务的决议无效。

鲁南制药一位中层管理人员接受媒体采访时说：“我在企业工作了20年，现在生怕说了什么言论丢了饭碗。”她所说的言论指在公司看来就是反对公司现有决策探讨和与董事会的沟通行为。来自不同岗位的三位中层管理人员介绍，2018年5月，鲁南制药与公司中层以上管理人员签署一份协议。该协议显示，公司“有权在必要时对（员工电话）号码的语音通话、短信记录等进行查询”，并要求对电话内容进行陈述和解释。“要么接受，要么撤职。”上述员工称。“张贵民仍然拒绝我们回厂。”张则平表示。

（四）前董事长之女参战

正当新晋董事长张贵民与鲁南制药董事会元老们激战正酣时，又冒出来一位前董事长赵志全之女赵龙前来参战。

就目前看,赵龙似乎成为第三股争夺的力量。

先看前后时隔不到3天的股东大会,2019年9月7日,鲁南制药了召开2019年第一次临时股东大会召开,94名股东代表(委托人)参加会议。监事会主席朱兵峰主持会议,监事苏瑞强宣读《关于公司利润分配的方案》。经投票表决,大会通过了利润分配方案。

鲁南制药董事会对此并不认可,身为董事会元老之一的王步强表示,正常情况下,利润分配方案应由董事会制定,并提交股东大会审议。监事会无权制定利润分配方案,他认为9月7日临时股东大会的召集程序也不符合《公司章程》和股东大会议事规则的规定。

王步强还称:"在董事会正在履行召集程序期间,监事会违反公司章程和股东大会议事规则,强行绕开董事会召集了临时股东大会。"

值得注意的是,赵志全之女赵龙前来搅局。赵龙参加了9月7日在鲁南制药监事会召开的股东大会。而持有鲁南制药25.7%股份的外资股东授权的代理人却被监事会以授权书未经公证为由挡在了其召开的股东大会门外。

据获取的相关文件显示,赵志全妻子、赵龙之母龙广霞于8月27日在《关于提请增加鲁南制药2019年第一次临时股东大会临时提案的函》中,提到了董事会与监事会的换届人选。其中,对于董事会换届,除了保留张贵民、张理星,替换人选为王义忠、谢宇和赵龙。

面对召开时间不同的两场股东会,着急前往美国的赵龙参加了9月7日的鲁南制药2019年第一次临时股东大会。3日后,由董事会召集的会议也如期举行。

张贵民和张理星在于8月29日向监事会递交的紧急催请函中认为:临时股东大会无权直接审议董事会和监事会换届事项,而且目前状况下进行董事会和监事会换届选举将不利于公司的稳定和持续发展。另外,提请人所提的该项提案违反《公司法》、《公司章程》和《股东大会议事规则》的规定,且有损公司和广大股东的权益。

(五)社会股东的不满

争斗之后,社会股东筹集人王权(化名)建立了股东微信群。社会股东认为由于愈演愈烈的"宫斗"董事会已经不能正常履行职责,正在靠自己积极维权。王权表示,鲁南制药的运营和重大决策的决定违反了《公司法》《公司章程》等规定,公司处于非法的运行状态。

鲁南制药有2000多名社会股东,共持有2200万股。其中100多名社会股东通过授权委托方式联合在一起。这些股东持股300多万股,占股约4%。社会股东互相转告,通过微信群联系。股东们认为,“内乱根本原因是公司股权不明晰,有关人员为个人私利,任意妄为,严重损害公司利益,股东的根本利益无法保障”。

王权表示,鲁南制药目前单纯靠股东(股权分散)的力量已无法解决困局。他通过邮件接受新闻媒体采访,介绍了整个过程。

2018年8月10日,社会股东向临沂市委、市政府发出请求参与和协助处理鲁南制药内斗的公开函。相关主要领导与社会股东代表3人进行了座谈。2018年9月7日,社会股东联盟小组请求临沂市委和市政府参与和协助处理鲁南制药事件,10月18日社会股东请求临沂市委、市政府托管自持股。

王权称,鲁南制药持有本公司的股票是违法的。社会股东代表要求政府的监督,依法处理公司自持的1600万股自持股,明晰公司股权结构及股东花名册,消除违法违规股份代持现象。他们希望通过公平公正转让的方式引进大股东,根本上解决公司遗留问题,使鲁南制药具备单独上市资格。

1994年股份制改制以来,鲁南制药成为一家全国知名的大型制药企业。股东持股20多年,公司对股东并没有施以特别现金分红。社会股东称,鲁南制药每年应把净利润的30%用于现金分红。更重要的是应该“依法召开股东大会选举股东代表组成董事会,化解董事会官司,消除对公司的不良影响,使公司回归依法治理的状态,恢复董事会对重大事项、公司投资的决策权,恢复董事会对管理层的监管权、任免权和股东对公司运营状况的知情权”。

鲁南制药最初的大股东是国有股份。当时企业资金紧张,国有股份卖给了外资。“后来外资股东一直排斥赵志全,争斗不断。为此公司出资购买,委托代持这部分25.7%的外资股。”王步强称:“没有大股东做定盘星。董事长也不能谁抢了就是谁,要按照规定和制度。”赵龙始终认为这部分股权属于她,针对这部分外资股权的隶属,赵龙已经起诉。①

二、双方对簿公堂(2017年3月~2019年2月)

(一)董事长阵营提起的撤销公司决议案

2017年3月20日前后,鲁南制药股东徐炳南(持有公司25,000股)起诉被告

---

① 《鲁南制药“宫斗”:董事长与公司元老争夺控制权》,载新京报2018年12月21日,https://baijiahao.baidu.com/s?id=1620397140541192724。

鲁南制药、张则平、王步强、李冠忠公司决议纠纷，诉讼请求主要为“请依法判决撤销2017年3月12日、18日分别作出的《鲁南制药集团股份有限公司董事会决议》”。[①]

3月27日，临沂兰山区法院依法立案受理。在诉讼过程中，张则平、王步强、李冠忠提出管辖权异议，临沂兰山区法院一审、临沂中院二审（2017年9月20日）均裁定临沂兰山区法院对该案具有管辖权。[②]

关于管辖权异议的二审中，张则平、王步强、李冠忠上诉称：本案所涉及的两次董事会决议均系在北京作出，从方便查清案件事实的角度出发，应由北京市有管辖权的人民法院审理；本案系国家重点高新科技企业控制权纠纷，具有重大社会影响力，因此，本案一审应当由中级人民法院管辖。临沂中院却认为：本案系公司决议纠纷。鲁南制药的住所地在临沂市兰山区，有其《营业执照》予以证实。根据最高院《关于适用〈中华人民共和国民事诉讼法〉的解释》的规定，本案应由临沂市兰山区人民法院管辖。[③]

本案实体审理中，临沂兰山区法院将张则平、王步强、李冠忠由被告变更为第三人，[④]而张则平、王步强、李冠忠则要求以有独立请求权的第三人身份参加诉讼，并提出了具体的请求，法院也予以准许。张则平、王步强、李冠忠提出的主要请求为：请求法院确认鲁南制药2017年3月12日作出的董事会决议合法有效；确认鲁南制药2017年3月18日作出的董事会决议合法有效。

（二）股东名册记载纠纷案

与此同时，股东名册记载纠纷“硝烟又起”

鲁南制药股份合计81,705,000股，在山东产权登记有限责任公司处依法办理了股份登记托管业务。王步强为合法持有鲁南制药公司股份的股东，同时担任鲁南制药公司董事，共持有公司股份3,782,890股。

然而，2017年3月13日，在王步强不知情的情况下，张贵民委托他人前往山东产权登记有限责任公司处，违法将原登记在王步强名下的合计3,592,890股鲁南制

---

① （2017）鲁1302民初4392号，徐炳南与鲁南制药集团股份有限公司公司决议纠纷一审民事判决书。

② （2017）鲁1302民初4392号、（2017）鲁13民辖终360号民事裁定。

③ 根据《民事诉讼法》及其司法解释的规定，与公司相关的诉讼管辖法院一般均由公司住所地人民法院管辖，鲜有其他人民法院具有管辖权。

④ 最高院《关于适用〈中华人民共和国公司法〉若干问题的规定（四）》第三条：“原告请求确认股东会或者股东大会、董事会决议不成立、无效或者撤销决议的案件，应当列公司为被告。对决议涉及的其他利害关系人，可以依法列为第三人。一审法庭辩论终结前，其他有原告资格的人以相同的诉讼请求申请参加前款规定诉讼的，可以列为共同原告。”

药公司股份过户变更登记在张贵民个人名下。①

王步强认为:张贵民作为鲁南制药公司董事,在未经王步强同意的情况下,违法擅自将登记在王步强名下的公司股份过户登记至张贵民自己名下,构成侵权行为,损害了王步强的合法权益。山东产权登记有限责任公司未履行过户登记法定程序的审查义务,按照张贵民的要求违法办理了过户登记手续。两被告存在共同损害原告利益的共同侵权行为,应当立即纠正违法登记。② 将违法办理变更登记的股份恢复登记在王步强名下,同时向王步强承担连带赔偿责任。

于是,公司董事王步强就与张贵民、山东产权登记有限责任公司的股东名册记载纠纷向济南市市中区人民法院提起诉讼,法院于2017年3月29日立案。③

然而,在张贵民提交答辩状期间,却对本案的管辖权提出异议,④认为被告张贵民住所地在临沂市,双方当事人也均是鲁南制药的股东和董事,该公司注册地也在临沂市,本案又是股东损害纠纷,也应以公司注册地临沂兰山区法院管辖为宜。

济南市市中区人民法院审查后认为,鲁南制药的公司住所地是山东省临沂市,位于临沂市兰山区辖区内。该案是因变更股东名册登记行为所产生的纠纷,属于公司法意义上的股东名册记载纠纷,而并非普通侵权责任纠纷范畴。根据相关法律规定,⑤本案应由鲁南制药公司住所地法院临沂市兰山区人民法院管辖。

2017年10月16日,济南市市中区法院做出一审裁定:被告张贵民对管辖权提出的异议成立,本案移送山东省临沂兰山区法院处理。⑥

王步强却认为本案系损害股东利益责任纠纷,而非股东名册记载纠纷,依法不属于应由公司住所地法院管辖的纠纷,应依据侵权责任纠纷确定管辖法院。本案原审被告山东产权登记有限责任公司的住所地位于济南市市中区,其侵权行为实施地亦位于山东省济南市,故本案应由济南市市中区人民法院审理。故王步强不

① (2017)鲁0103民初2969号,王步强与张贵民等损害股东利益责任纠纷一审民事裁定书。

② 《公司法》第一百五十二条:"董事、高级管理人员违反法律、行政法规或者公司章程的规定,损害股东利益的,股东可以向人民法院提起诉讼。"

③ (2017)鲁0103民初2969号民事裁定。

④ 《民事诉讼法》第二十一条:"对公民提起的民事诉讼,由被告住所地人民法院管辖;被告住所地与经常居住地不一致的,由经常居住地人民法院管辖。"第二十六条:"因公司设立、确认股东资格、分配利润、解散等纠纷提起的诉讼,由公司住所地人民法院管辖。"

⑤ 《民事诉讼法》第二十六条:"因公司设立、确认股东资格、分配利润、解散等纠纷提起的诉讼,由公司住所地人民法院管辖。"最高院《关于适用〈中华人民共和国民事诉讼法〉的解释》第二十二条:因股东名册记载、请求变更公司登记、股东知情权、公司决议、公司合并、公司分立、公司减资、公司增资等纠纷提起的诉讼,依照《民事诉讼法》第二十六条规定确定管辖。

⑥ (2017)鲁0103民初2969号民事裁定。

服济南市市中区人民法院作出的民事裁定，提起上诉。

后济南中院驳回了其上诉，维持原裁定。

（三）法院审理鲁南制药免职“三元老”案

2017 年 3 月 2 日，鲁南制药四名董事提议召开临时董事会会议，讨论对张贵民董事长职位的任免。然而还未来得及召开会议，2017 年 3 月 7 日，四名董事却被张贵民免除了副总经理的职务以及王步强兼任的总会计师职务。

2017 年 4 月，张则平、王步强、李冠忠三位董事也向临沂兰山区法院起诉鲁南制药，提出主要诉讼请求：请求人民法院判令确认被告鲁南制药于 2017 年 3 月 7 日作出的鲁南药政字〔2017〕9 号免职决定依据的董事会决议不存在；请求人民法院判令张贵民于 2017 年 3 月 7 日以鲁南制药公司名义作出的鲁南药政字〔2017〕9 号免职决定无效。①

临沂兰山区法院立案受理该公司决议纠纷一案后，被告鲁南制药提出管辖权异议。经临沂兰山区法院一审、临沂中院二审均裁定临沂兰山区法院对该案具有管辖权。在诉讼过程中，临沂兰山区法院依张理星的申请追加其为第三人参加诉讼。经法院释明，原告同意法律规定将张贵民由被告变更为第三人。

一审法院认为，本案中被告仅提交了监事会的罢免建议，但未经董事会研究就作出了《免职决定》，据此免去三原告及第三人张理星的集团公司副总经理职务、王步强兼任的总会计师职务，违反了《公司法》及《公司章程》的规定，该决定应属无效。由于公司作出免职决定并未召开董事会，因此不存在董事会决议。

后一审法院判令确认被告鲁南制药于 2017 年 3 月 7 日作出的鲁南药政字〔2017〕9 号《免职决定》依据的董事会决议不存在；被告鲁南制药于 2017 年 3 月 7 日作出的鲁南药政字〔2017〕9 号《免职决定》无效。②

一审被告鲁南制药不服一审判决并提出上诉。

二审法院临沂中院认为：公司治理应严格遵守《公司法》及《公司章程》，一审法院对此认定正确。最终二审法院临沂中院驳回上诉人的上诉请求、维持原判。③

（四）损害公司利益责任纠纷案

鲁南制药是股份有限公司，股份合计 8170.5 万股，并在山东产权登记公司依法

---

① （2017）鲁 1302 民初 5908 号，张则平、王步强等与鲁南制药集团股份有限公司公司决议纠纷一审民事判决书。

② 同上。

③ （2019）鲁 13 民终 7107 号，鲁南制药集团股份有限公司、张则平公司决议纠纷二审民事判决书。

办理的股份登记托管业务。王友良等19人均为鲁南制药公司股东,并且连续180天合计持有鲁南制药公司股份1,118,660股,共计占公司股份比例为1.37%。[①]

2017年3月13日,新晋董事长张贵民在未经公司董事会授权的情况下,将原由张广政等代持的合计4,199,854股公司储备股转让至其个人名下。张贵民未经董事会授权,违法将公司委托管理人员代持的公司储备股过户至自己名下。山东产权登记公司未履行过户登记法定程序的审查义务,配合了张贵民违法办理了过户登记手续。

针对张贵民和山东产权登记公司的行为,王友良等19人于2017年5月2日向鲁南制药监事会、董事会发出书面函件,要求监事会、董事会代表公司提起诉讼,但是,监事会于30日内并未起诉。无奈,王友良等19人提起损害公司利益责任纠纷诉讼。[②]

王友良等19人的主要诉讼请求如下:[③](1)被告张贵民立即办理鲁南制药公司董事长、法定代表人以及总经理职务交接手续;(2)撤销被告张贵民于2017年3月13日在山东产权登记公司处违法办理的过户登记;(3)判令张贵民、山东产权登记公司按照鲁南制药公司董事会决议的要求,将合计4,199,854股公司储备股过户登记至张则平名下;(4)判令张贵民不得对其名下登记的鲁南制药公司全部股份行使表决权、提案权、提名权、提议召开股东大会的权利及其他股东权利;(5)撤销朱兵峰、李兵、苏瑞强于2017年3月16日以监事会名义作出的损害鲁南制药公司利益的监事会决议。

一审法院立案后,2018年5月25日,原告王友良等19人向该院提交说明一份,要求由张则平代表第三人鲁南制药公司进行应诉,依据为2017年3月12日《鲁南制药集团股份有限公司董事会决议》。同日,被告张贵民提交证据证明,2017年3月27日,案外人徐炳南向临沂兰山区法院提起董事会决议撤销之诉[案号(2017)

---

① 《公司法》第一百五十一条:"董事、高级管理人员有本法第一百四十九条规定的情形的,有限责任公司的股东、股份有限公司连续一百八十日以上单独或者合计持有公司百分之一以上股份的股东,可以书面请求监事会或者不设监事会的有限责任公司的监事向人民法院提起诉讼;监事有本法第一百四十九条规定的情形的,前述股东可以书面请求董事会或者不设董事会的有限责任公司的执行董事向人民法院提起诉讼。监事会、不设监事会的有限责任公司的监事,或者董事会、执行董事收到前款规定的股东书面请求后拒绝提起诉讼,或者自收到请求之日起三十日内未提起诉讼,或者情况紧急、不立即提起诉讼将会使公司利益受到难以弥补的损害的,前款规定的股东有权为了公司的利益以自己的名义直接向人民法院提起诉讼。"他人侵犯公司合法权益,给公司造成损失的,本条第一款规定的股东可以依照前两款的规定向人民法院提起诉讼。

② (2019)最高法民终1355号,王友良、孙丽美损害公司利益责任纠纷二审民事裁定书。

③ 同上。

鲁1302民初4392号],请求法院撤销原告王友良等19人提起本案诉讼所依据的2017年3月12日《鲁南制药集团股份有限公司董事会决议》和2017年3月18日《鲁南制药集团股份有限公司董事会决议》,该案尚在审理中。①

一审法院认为,原告王友良等19人向该院起诉的依据为2017年3月12日《鲁南制药集团股份有限公司董事会决议》和2017年3月18日《鲁南制药集团股份有限公司董事会决议》。但因案外人于本案立案之前已经对前面两份董事会决议提起撤销之诉且已进入实体审理阶段,故公司利益是否损害应以前案的审理结果为前提,被告张贵民是否为本案适格被告尚未确定。同时,因董事会决议效力待定导致鲁南制药公司意思表示不明,原告等19人是否需要提起本案之诉也需待公司意思明确后方可确定。因此,本案先行驳回原告等19人的起诉。2018年6月7日,山东高院作出(2017)鲁民初66号之一民事裁定,裁定驳回原告王友良等19人的起诉。

对于该驳回起诉的裁定,原告不服,并向最高院提起上诉。最高院依法组成合议庭并对本案进行了审理,认为本案的争议焦点为王友良等19人提起的诉讼是否具备《民事诉讼法》(2017年修正)第一百一十九条规定的起诉条件。

首先,根据《民事诉讼法》(2017年修正)之规定,本案原告是与本案有直接利害关系的公民、法人和其他组织,其具备本案原告主体资格。其次,本案原告的起诉符合"有明确的被告"的条件。本案王友良等19人向法院提供了所起诉对象张贵民、山东产权登记公司的基本情况,已满足起诉必须有明确的被告法定要求。再次,本案原告的起诉"有具体的诉讼请求和事实、理由"。如本案的审理确实应以另案审理结果为前提,则可以在立案受理本案后,先行裁定中止审理,待另案审理终结再继续进行审理本案。最后,本案"属于人民法院受理民事诉讼的范围和受诉人民法院管辖"。综上,王友良等19人上诉理由成立。

2019年8月22日,最高院作出(2019)最高法民终1355号民事裁定,撤销了山东省高级人民法院(2017)鲁民初66号之一民事裁定。本案指令山东高院审理。

据悉,本案目前还在实体审理中……

(五)占有物返还纠纷案

原告鲁南制药与被告张占山、王步强占有物返还纠纷一案,临沂兰山区法院于

---

① (2019)最高法民终1355号,王友良、孙丽美损害公司利益责任纠纷二审民事裁定书。

2017 年 4 月 25 日立案。[1]

诉讼过程中王步强提出管辖权异议，但被临沂兰山区人民法院（2017）鲁 1302 民辖初 14 号民事裁定所驳回。王步强不服，并向临沂中院提起上诉，称根据《民事诉讼法》规定，考虑本案在本辖区有重大影响，原审兰山区基层人民法院不宜审理本案。请求二审法院依法撤销原审裁定，将本案提审至中院审理。

2018 年 5 月 22 日，临沂中院经审查驳回了王步强的上诉，维持原裁定。临沂中院主要认为本案系被上诉人鲁南制药单位职工借阅其会计凭证不归还、引发的占有物返还纠纷案件，不属于在中院辖区有重大影响的案件。[2] 应由原兰山区基层人民法院审理为宜。

2019 年 3 月 23 日，鲁南制药向临沂兰山区法院提出撤诉申请。

三、漫长的诉讼过程（2019 年 2 ~ 11 月）

（一）两份公司董事会决议纠纷案

2019 年 2 月 15 日，临沂兰山区法院适用普通程序公开审理了徐炳南诉被告鲁南制药（张则平、王步强、李冠忠为有独立请求权的第三人）的（2017）鲁 1302 民初 4392 号公司决议纠纷一案。

当事人围绕诉讼请求依法提交了证据，临沂兰山区法院组织当事人进行了证据交换和质证，被告及第三人对于原告提交的源于山东产权登记有限责任公司的查询证明复印件、公司章程、董事会议事规则复印件的真实性无异议；原告及被告对第三人提交的 2015 年 9 月 19 日的鲁南制药公司股东大会决议、2015 年 9 月 19 日的鲁南制药公司董事会决议、鲁南制药公司工商登记信息、鲁南制药《公司章程》、鲁南制药公司《董事会议事规则》的真实性无异议。对于上述证据的真实性兰山区法院予以确认。[3]

对于当事人存在争议的相关证据，临沂兰山区法院认证如下："……

1. 对于原告提交的 2017 年 3 月 12 日《鲁南制药集团股份有限公司董事会决议》及 2017 年 3 月 18 日《鲁南制药集团股份有限公司董事会决议》，因作出决议的

---

① （2017）鲁 1302 民初 5813 号，鲁南制药集团股份有限公司与张占山、王步强占有物返还纠纷一审民事裁定书。

② （2018）鲁 13 民辖终 197 号，王步强、鲁南制药集团股份有限公司占有物返还纠纷二审民事裁定书。

③ （2017）鲁 1302 民初 4392 号，徐炳南与鲁南制药集团股份有限公司公司决议纠纷一审民事判决书。

第三人对上述证据的真实性予以认可,法院对决议的真实性予以确认……3.第三人提交的王步强与张贵民邮箱的邮件往来、王步强与张理星邮箱的邮件往来、《关于提请鲁南制药集团股份有限公司召开董事会更换董事长、法定代表人及总经理的提案》(2017年3月2日)、王步强将2017年3月2日董事会临时会议提案发送张贵民的电子邮件、2017年3月12日董事会临时会议决议、《董事会临时会议补充通知》,因与临沂市兰山公证处制作的两份《公证书》相互印证,法院对上述证据的真实性予以认定……5.第三人提交的鲁南制药公司董事会在法制网刊登的声明(2017年3月13日)、鲁南制药公司董事会在《法制日报》刊登的声明(2017年3月14日)、2017年3月16日王步强致山东产权登记有限责任公司的告知函,因原被告对其真实性不持异议,法院对其真实性予以认可……8.张则平以鲁南制药公司董事长的名义于2017年3月12日发出的召集董事会临时会议的通知、2017年3月17日发出的董事会临时会议提案、2017年3月18日董事会临时会议决议,因与《公证书》相印证,故法院对其真实性予以认定。

根据当事人陈述和经法院确认的证据,法院认定了如下事实:……

第三人提交的2017年3月2日《关于提请鲁南制药集团股份有限公司召开董事会更换董事长、法定代表人及总经理的提案》载明‘张贵民董事长先生:我等董事提请您于2017年3月7日之前发出召集董事会临时会议的通知,并于2017年3月12日召开董事会,免去您集团公司董事长、法定代表人及总经理职务,同时提名张则平先生为集团公司新任董事长及法定代表人、王步强先生为集团公司新任总经理’,张则平、王步强、李冠忠在提案中签名,提案中还签有‘张理星’的姓名。王步强将提案发送张贵民的电子邮箱,并载明‘经公司四位董事签名的《关于更换集团董事长、法定代表人及总经理的提案》原件,已于今日下午委托李宝杰先生转交给您,现通过本邮件将原件拍照发送给您’。2017年3月11日下午5时许,王步强通过电子邮箱向张贵民、张理星的邮箱发送了《董事会会议补充通知》,主要内容:依据《公司章程》,我(王步强)作为张则平董事、李冠忠董事共同推举的召集人,现代表三名董事通知你召开鲁南制药公司董事会临时会议。此前三名董事已于2017年3月2日向你书面发出了提请召开董事会临时会议的提案,并明确告知于2017年3月12日召开董事会临时会议。此次董事会临时会议将就如下事项进行表决……董事会临时会议时间:2017年3月12日上午8时,地点:北京市朝阳区东四环十里堡丽景湾国际酒店二楼怡聚厅。2017年3月12日上午8时7分许,张则平、王步强、李冠忠在北京市朝阳区东四环十里堡丽景湾国际酒店二楼怡聚厅召开临时会议,由张则平主持,王步强担任会议记录人。会议制作了《鲁南制药集团股份有限公司董事会会议记录》,作出了《鲁南制药集团股份有限公司董事会决议》,主要内容:一、一致同意免去张贵民先生担任的集团公司董事长及法定代表人职务,一致推选张则平先生担任集团公司董事长及法定代表人。二、一致同意免去张贵民先生担任的集团公司总经理职务,根据董事长张则平先生的提名,一致同意聘任王步强先生担任集团公司总经理。山东省临沂市兰山公证处对会议召开的全过程进行了公证。2017 年 3 月 14 日,张则平、王步强、李冠忠以鲁南制药公司的名义在法制网、《法制日报》刊登了声明。

2017 年 3 月 12 日晚,王步强通过电子邮箱向张贵民、张理星发送了《鲁南制药公司董事会临时会议通知》,内容为:根据公司章程及董事会议事规则,经王步强董事、李冠忠董事、张贵民董事、张理星董事提议,本人张则平董事长与王步强董事、李冠忠董事共同决定召集、召开董事会临时会议,讨论决定如何处理张贵民先生在公司的任职问题相关事宜,会议时间 2017 年 3 月 18 日上午 9 时,会议地点为北京××国际酒店二层××厅。3 月 17 日晚,王步强通过电子邮箱向张贵民、张理星发送了《鲁南制药 3 月 18 日董事会提案》,载明会议将就九项提案进行表决。3 月 18 日 9 时,张则平、王步强、李冠忠三人在北京×××国际酒店二层××厅召开会议,由张则平主持、王步强记录,形成董事会决议。山东省临沂市兰山公证处对会议的通知及会议的召开进行了公证。

……

本院认为,本案系决议效力纠纷,双方争议的焦点及需要解决的问题主要包括:原告提起诉讼的主体是否适格,董事会决议内容是否违反公司章程以及会议的召集程序、表决方式是否存在违反法律、法规或公司章程规定的情形,如果程序存在瑕疵是否对决议产生实质影响。”

临沂兰山区法院最终认为:“第三人张则平、王步强、李冠忠作为被告的董事于 2017 年 3 月 12 日召开的董事会会议在召集程序、通知参会人员方面违反公司法及鲁南制药公司章程、议事规则的规定,均存在重大瑕疵,足以对决议的内容产生实质性影响,原告作为被告的股东,其在董事会决议作出后的 60 日内向本院提起诉讼,要求撤销该董事会会议所作出的决议符合法律规定;2017 年 3 月 18 日的董事会会议因系张则平以董事长的名义召集和主持,且未通知监事参加,故其会议的召集程序违反公司法及鲁南制药公司章程、议事规则的规定,原告要求撤销该会议形成的董事会决议符合法律规定。由于决议被撤销后其效力及于初始,故对第三人张则平、王步强、李冠忠要求确认董事会决议有效的请求本院不予支持。第三人要求被告协助办理各项过户登记，配合第三人履行决议确定的职权，本院亦不予支持。”①

张则平、王步强、李冠忠不服一审法院的判决，向临沂中院提起上诉。临沂中院于2019年9月10日立案后，依法组成合议庭进行了审理：②

“……

《鲁南制药集团股份有限公司章程》第五十一条规定‘董事会每年至少召开4次会议，由董事长召集，于会议召开10日以前通知全体董事和监事’；就董事会临时会议，该章程第五十二条规定‘代表1/10以上表决权的股东、1/3以上董事或者监事会，可以提议召开董事会临时会议，董事长应当自接到提议后10日内召集和主持董事会会议’，该章程对董事会临时会议的通知时限并未作出规定。但《鲁南制药集团股份有限公司董事会议事规则》第三十三条则规定董事会临时会议的通知时限为会议召开前5日以前。因该议事规则是就鲁南制药公司召开董事会会议以及董事会临时会议在《鲁南制药集团股份有限公司章程》基础上所作的进一步明确规定，本着‘有法必依’的原则，该通知时限规定的效力应相当于章程，也必然对作为鲁南制药公司董事的上诉人张则平、王步强、李冠忠具有约束力。上诉人张则平、王步强、李冠忠在一审庭审举证时，亦明确认可其向其他两位董事发出通知是依据公司章程及董事会议事规则的规定进行的，其在二审期间否认董事会议事规则的效力，主张不能以董事会议事规则的规定作为撤销董事会决议的依据的上诉理由明显不能成立。

《鲁南制药集团股份有限公司董事会议事规则》第三十五条规定：‘董事会会议通知包括以下内容：会议时间和地点；会议事由及议题：逐项列出本次会议拟讨论事项的主要内容；发出通知的日期。’承上所述，上诉人张则平、王步强、李冠忠就作为董事会会议通知重要内容的‘会议时间和地点’，也应在会议召开前5日以前通知其他董事。但其却在会议召开前一日的2017年3月11日（周六）17:09，以电子邮件方式通知其他两位身在临沂的董事，于第二日8:00，到远在六百公里之外的北京市×××国际酒店二层××厅参加会议。临沂市中级法院认为，该通知不仅严重违反了董事会议事规则规定的通知时限，而且完全不符合生活常理。姑且不论张贵民、张理星两位董事周末是否正常上班，经法院调查，张理星所在的新时代药业2017年3月11日的下班时间为17:00，三上诉人于该日17:09以电子邮件方式

---

① (2017)鲁1302民初4392号，徐炳南与鲁南制药集团股份有限公司公司决议纠纷一审民事判决书。

② (2019)鲁13民终7106号，张则平、王步强公司决议纠纷二审民事判决书。

向张理星发送通知,张理星在第二日8:00会议召开时都不可能收到该通知;召开董事会议,应以董事本人出席为原则,委托他人出席或者采用电话等方式参加为例外,而三上诉人的通知方式直接剥夺了张贵民、张理星作为董事出席董事会议的权利,一审法院认定2017年3月12日召开的董事会会议在通知方面存在重大瑕疵、足以对决议内容产生实质性影响并无不当,临沂市中级法院予以确认。

上诉人张则平、王步强、李冠忠主张2017年3月11日其不仅采取了电子邮件方式通知其他二位董事,而且同时还采取了短信通知的方式。其他各方当事人对此均不予认可,且上诉人张则平、王步强、李冠忠也未在法院规定的期间内向法庭提交发送短信视频的原始载体,临沂市中级法院对三上诉人的上述主张不予认定。"

2019年11月5日,临沂中院作出(2019)鲁13民终7106号终审判决:驳回上诉,维持原判。

(二)免职"三元老"公司决议纠纷案

2019年1月30日,兰山区法院适用普通程序公开审理了张则平、王步强、李冠忠诉被告鲁南制药(张贵民、张理星为第三人)的公司决议纠纷一案:……①

当事人围绕诉讼请求依法提交了证据,本院组织当事人进行了证据交换和质证,被告对于原告提交的鲁南制药公司章程、工商登记信息、鲁南制药公司2014年度股东大会决议、2015年9月19日的董事会会议决议、鲁南药政字〔2017〕9号《免职决定》的真实性无异议,对于上述证据的真实性本院予以确认并在卷佐证。

……

对于当事人提出异议的上述证据,本院认证如下:对于原告提交的王步强被要求离开公司的现场视频,因原告是否被要求离开公司不影响对免职决定效力的认定,故对该证据与本案的关联性不予认定;原告提交的《关于提请鲁南制药集团股份有限公司召开董事会更换董事长、法定代表人及总经理的提案》,其中有三原告及"张理星"的签名,因第三人张理星未到庭质证,应视为其放弃相应的权利,故对该提案的真实性予以认定,但对其与本案的关联性不予认定;原告提交的2017年3月12日鲁南制药公司董事会决议、2017年3月18日鲁南制药集团股份有限公司董事会决议,因本院已受理对上述决议效力确认的案件,且上述决议形成于《免职决定》之后,对免职决定的形成不具有因果关系,故对上述决议与本案的关联性不予

---

① (2017)鲁1302民初5908号。

认定;原告提交了《3 月 19 日总经理办公扩大会议讲话纪要—张贵民》拟证实张贵民在公司会议中明确指出三原告不可能再参与管理,因是否允许参与管理,不影响对《免职决定》效力的认定,故对该证据与本案的关联性不予认定。关于被告提交的 2017 年 3 月 7 日的《会议纪要》,因在纪要中签名的朱兵峰、李兵、苏瑞强均认可签字的真实性,故对于《会议纪要》的真实性本院予以认定。

临沂兰山区法院认为,根据《公司法》及《公司章程》规定:"……[①]解聘公司的副经理、财务负责人应当由公司经理向董事会提出建议,由董事会作出决定;监事在行使监督权的过程中也可以提出罢免建议,由董事会决定。本案中,被告仅提交了监事会的罢免建议,但未经董事会研究就作出了《免职决定》,据此免去三原告及第三人张理星的集团公司副总经理职务、王步强兼任的总会计师职务,违反了公司法及公司章程的规定,该决定应属无效。由于公司作出免职决定并未召开董事会,因此不存在董事会决议……"

2019 年 6 月 10 日,临沂市兰山区人民法院作出(2017)鲁 1302 民初 5908 号判决:"一、被告鲁南制药集团股份有限公司于 2017 年 3 月 7 日作出的鲁南药政字〔2017〕9 号《免职决定》依据的董事会决议不存在;二、被告鲁南制药集团股份有限公司于 2017 年 3 月 7 日作出的鲁南药政字〔2017〕9 号《免职决定》无效。"[②]

鲁南制药不服临沂市兰山区人民法院的判决,向临沂中院提起上诉。临沂中院于 2019 年 9 月 10 日立案后,依法组成合议庭进行了审理。[③]

二审中,当事人没有提交新证据。

临沂中院认为,未经法定程序罢免张则平、王步强、李冠忠的相关职务,应属于无效;另外,李冠忠在被不当罢免时并未达到退休年龄,且其后来退休与否,与法院审理的公司决议纠纷一案并无关联。

最终,临沂中院作出(2019)鲁 13 民终 7107 号终审判决:驳回上诉,维持原判。

(三)重新回到"原点"

最终,张贵民方与"三元老"方各自所作出的决议或决定,同时在 2019 年 6 月

---

① 《公司法》第四十六条:"董事会行使下列职权……(九)决定聘任或者解聘公司经理及其报酬事项,并根据经理的提名决定聘任或者解聘公司副经理、财务负责人及其报酬事项……(十一)公司章程规定的其他职权。第四十九条规定,经理对董事会负责,行使下列职权:……(六)提请聘任或者解聘公司副经理、财务负责人……公司章程对经理职权另有规定的,从其规定。"《公司章程》第四十七条、第五十九条、第七十条均对董事会职权、经理职权、监事会职权作出了与《公司法》相一致的规定。

② (2017)鲁 1302 民初 5908 号,张则平、王步强等与鲁南制药集团股份有限公司公司决议纠纷一审民事判决书。

③ (2019)鲁 13 民终 7107 号,鲁南制药集团股份有限公司、张则平公司决议纠纷二审民事判决书。

10 日被临沂市兰山区人民法院判决为可撤销或无效，虽然在 6 月 10 日双方的上诉又同时向济南中院所受理，但仍相继在 11 月 1 日、5 日被驳回上诉、维持原判。

至此，双方各自的攻势都被消解了，互相罢免对方的计划落空，又重新回到了 2017 年 3 月时的局面。

四、两方持续对峙(2019 年 9 ~ 12 月)

(一)四天两次临时股东大会

2019 年 9 月 7 日，鲁南制药监事会召集的 2019 年第一次临时股东大会在鲁南制药总部召开，94 名股东代表(委托人)参加会议。虽然外资股东被拒绝参会，但出席股东代表股份比例达到 59.92%。在这部分股份份额中，包含的代持股与储备股就达到 3200 多万股，占鲁南制药总股本的比例近 40%。2017 年 3 月 13 日，张贵民将王步强及其他几人代持的 900 多万股强行过户到了自己名下，加上之前从赵志全名下过户由他代持的 2300 多万股，登记在他名下的股份比例接近 40%。

监事会主席朱兵峰主持会议，监事苏瑞强宣读《关于公司利润分配的方案》。经投票表决，大会通过了利润分配方案。在临时股东大会上，鲁南制药原董事长赵志全之女赵龙提交了改选董事会和监事会的议案。

不过对于此次会议的召集、召开和审议程序，鲁南制药董事会并不认可。公司董事王步强称 9 月 7 日临时股东大会的召集程序不符合“公司章程”和“股东大会议事规则”的规定。“我们是 8 月 17 日发出董事会会议召集通知，8 月 23 日开会作出召开临时股东大会的决议，但是我们还在履行召集程序的过程中，监事会就在 8 月 20 日发出通知要召开股东大会，这是违反章程规定的。”

9 月 10 日，由董事会召集的鲁南制药 2019 年第一次临时股东大会在临沂召开。股东大会的日程中共有十项议案，其中有多项议案涉及撤销公司党委书记张贵民名下持有对公司各类股东的代持并对张贵民任职期间的经济责任进行全面专项审计。

(二)新一波诉讼攻势

在这针锋相对的两次临时股东大会以后，公司股东徐炳南向临沂兰山区法院起诉被告鲁南制药、第三人张则平、王步强、李冠忠的公司决议纠纷案，案号为(2019)鲁 1302 民初 17562 号。主要诉讼请求：依法撤销三名第三人以被告董事会名义召集主持的鲁南制药 2019 年第一次临时股东大会于 2019 年 9 月 10 日作出的临时股东大会决议。①

临沂兰山区法院于2019年11月8日立案受理后，适用普通程序公开审理。

当事人围绕诉讼请求依法提交了证据，本院组织当事人进行了证据交换和质证，根据当事人陈述和经本院确认的证据，法院认定以下事实：

"……2019年8月24日，第三人张则平、王步强、李冠忠以鲁南制药集团股份有限公司董事会的名义发出《2019年第一次临时股东大会会议通知》，并分别向张贵民、张理星、朱兵峰、李兵、苏瑞强的电子邮箱发送了通知，主要内容包括：鲁南制药公司董事会于2019年8月23日作出决议，决定应相关股东发出的《关于提请召开鲁南制药集团股份有限公司临时股东大会的函》（下称《提请函》）中的提请，召开鲁南制药公司2019年第一次临时股东大会，现发出会议通知，就具体事宜通知如下……"

临沂兰山区法院认为，"……本案系决议效力纠纷，双方争议的焦点及需要解决的问题主要包括：原告提起诉讼的主体是否适格，股东大会决议内容是否违反公司章程以及会议的召集程序、表决方式是否存在违反法律、法规或公司章程规定的情形，如果程序存在瑕疵是否对决议产生实质影响……关于决议内容是否违反公司章程以及会议的召集程序、表决方式是否存在违反法律法规或公司章程规定的情形。《公司法》第一百零一条规定，股东大会会议由董事会召集，董事长主持；董事长不能履行职务或者不履行职务的，由副董事长主持；副董事长不能履行职务或者不履行职务的，由半数以上董事共同推举一名董事主持。《公司法》第一百零七条规定，股东大会应当对所议事项的决定作成会议记录，主持人、出席会议的董事应当在会议记录上签名。会议记录应当与出席股东的签名册及代理出席的委托书一并保存。《鲁南制药集团股份有限公司章程》第二十七条、第三十七条均作出了与公司法一致的规定。本案中，2019年9月10日召开的临时股东大会通过的决议中载明本次会议由董事长张则平先生主持，而营业执照及企业登记信息显示鲁南制药公司现法定代表人、董事长为张贵民，无证据证实张则平系被告的法定代表人，也无证据证实会议系经董事会决议召开；且第三人并未向法庭提交股东大会对所议事项的决定作成的会议记录。故应认定会议的召集、召开程序违背公司法及公司章程的上述规定，且该程序瑕疵能够对决议产生实质影响。最高院《关于适用〈中华人民共和国公司法〉若干问题的规定（四）》第四条规定'股东请求撤销股东会或者股东大会、董事会决议，符合公司法第二十二条第二款规定的，人民法院应

---

① （2019）鲁1302民初17562号，徐炳南与鲁南制药集团股份有限公司公司决议纠纷一审民事判决书。

当予以支持,但会议召集程序或者表决方式仅有轻微瑕疵,且对决议未产生实质影响的,人民法院不予支持’。据此,原告在股东大会决议作出后的60日内向本院提出诉讼,要求撤销该股东大会所作出的决议符合法律规定,本院应予支持……”

2019年12月12日,临沂市兰山区人民法院作出(2019)鲁1302民初17562号判决:“撤销2019年9月10日的《鲁南制药集团股份有限公司2019年第一次临时股东大会决议》三份。”

至于第三人是否上诉以及该判决是否生效,暂时仍没有最新的消息。

五、解析双方攻守策略

(一)“攻方”“四元老”策略解析

首先吹起进攻号角的是“四元老”一方,“四元老”的进攻策略是毫不留情、根本性地集体罢免新晋董事长张贵民。然而,“四元老”作出的董事会决议瑕疵百出、被法院判决撤销,“四元老”罢免董事长未果。

关于该董事会决议纠纷原告徐炳南的主体资格:《公司法》第二十二条规定,股东会或者董事会的会议召集程序、表决方式违反法律、行政法规或者公司章程,或者决议内容违反公司章程的,股东可以自决议作出之日起六十日内请求人民法院撤销。最高院《关于适用〈中华人民共和国公司法〉若干问题的规定(四)》第二条规定,依据《公司法》第二十二条请求撤销董事会决议的原告应当在起诉时具有公司股东资格。徐炳南持有被告鲁南制药公司股权25,000股,有权在法定期限内提起诉讼,其与张贵民之间的工作关系不影响其作为原告的主体资格。

关于决议内容是否违反《公司章程》以及会议的召集程序、表决方式是否存在违反法律法规或《公司章程》规定的情形:3月12日及3月18日的董事会决议显示的内容系对董事长任免及研究公司的经营决策问题,均未超出公司章程规定的董事会会议的职权范围,故董事会决议内容不违反《公司章程》的规定。

关于召开会议的提议权:根据《公司法》第一百一十条、鲁南制药《公司章程》第五十二条规定,代表1/10以上表决权的股东、1/3以上董事或者监事会,可以提议召开董事会临时会议。本案第三人张则平、王步强、李冠忠均在2017年3月2日《关于提请鲁南制药集团股份有限公司召开董事会更换董事长、法定代表人及总经理的提案》中签名,其中还签有张理星的名字,超过全部董事的1/3,该提案不违背《公司法》及《公司章程》的规定。

关于会议的召集权:根据《公司法》第一百零九条的规定,董事长召集和主持董事会会议;根据《公司法》第一百一十条及《公司章程》第五十二条、议事规则第33

条规定，董事长应当自接到提议后10日内，召集和主持董事会会议；根据鲁南制药的《公司章程》第50条的规定，董事长不能履行职务或不履行职务时，可以指定一名董事代为履行或由半数以上董事共同推举1名董事代为履行董事长职务。本案中，第三人于2017年3月2日发出提议，要求董事长张贵民于2017年3月7日之前发出召集董事会临时会议的通知，并于2017年3月12日召开董事会。虽然当事人对于召开会议的期限存在争议，但自3月2日发出提议至3月12日，张贵民在接到提议后10日内，并未召集和主持董事会会议，应视为其未履行董事长的该项职务，至此，半数以上董事有权共同推举1名董事履行职务。故第三人张则平、王步强、李冠忠有权共同推举1名董事履行召集和主持董事会会议的职务。而对于3月18日的会议，因系张则平以董事长的名义召集，故其召集权的合法与否取决于3月12日董事会决议的效力。如果董事会决议有效则张则平有权以董事长的名义召集会议，如果3月12日的董事会决议被撤销或认定为无效，则张则平无权行使董事长的权利。

关于召集会议的通知程序：如前所述，在张贵民未履行召集和主持会议的职责的情况下，三位第三人一致推选王步强作为召集人，其有权召集和主持会议。王步强应当按照《公司章程》及《议事规则》的规定，通知全体应参会人员召开会议，但应在会议召开前5日以前通知到每一位应参会人员，通知内容包括《议事规则》第三十五条规定的会议时间和地点、会议事由及议题、发出通知的日期。即使按第三人主张的张贵民应于3月7日前发出召集董事会临时会议的通知而未履行，此后三董事共同推举的董事王步强取得临时董事会召集和主持权，其应向各应参会人员发出召集会议的通知，会议的召开时间为通知到达的5日后，但王步强仅于2017年3月11日下午5时许通过电子邮箱向张贵民、张理星的邮箱发送了《董事会会议补充通知》，通知张贵民、张理星于3月12日召开董事会会议。如果按第三人主张该补充通知系对2017年3月2日《关于提请鲁南制药集团股份有限公司召开董事会更换董事长、法定代表人及总经理的提案》的补充，则王步强对3月12日的会议未履行召集和通知程序；如果该补充通知视为召集会议的通知，则通知次日召开会议严重不符合公司章程、议事规则的规定。因此3月12日的董事会召集程序存在重大瑕疵。

关于会议的通知方式：鲁南制药《公司章程》第八十二条规定，公司的通知以下列形式发出：以专人送出、以邮件方式送出、以公告方式进行、以电话方式通知、以传真方式通知、或以其他方式进行；《议事规则》第三十三条载明董事会临时会议的通知方式可以选择如下任意一种：电话、电报、邮寄、传真或专人送达。因此只要确保能够准确及时送达，采取包括电子邮件在内的"其他方式"送达并不违反公司章程的规定。

关于应通知参加会议的人员:《公司法》第一百一十条、《公司章程》第五十一条、《议事规则》第三十二条规定,董事会每年度至少召开两次会议(《公司章程》及《议事规则》规定为4次),每次会议应当于会议召开10日前通知全体董事和监事……董事会召开临时会议,可以另定召集董事会的通知方式和通知时限。根据上述规定,召开董事会会议应通知董事和监事,临时会议可另定通知方式和通知时限,但未规定临时会议可以另定通知参会人员,故召开临时会议也应通知全体董事和监事,因此3月12日及3月18日的董事会会议系在未通知监事的情况下召开的,程序上存在瑕疵。

关于会议的召开程序:根据鲁南制药的《公司章程》第五十条的规定,董事长不能履行职务或不履行职务时,可以指定1名董事代为履行或由半数以上董事共同推举1名董事代为履行董事长职务。王步强于2017年3月11日通过电子邮箱向张贵民、张理星的邮箱发送的《董事会会议补充通知》载明其为张则平董事、李冠忠董事共同推举的召集人,其有权召集和主持会议,但2017年3月12日的《鲁南制药集团股份有限公司董事会会议记录》载明会议主持人为张则平,明显违反了《公司章程》的规定。

最高院《关于适用〈中华人民共和国公司法〉若干问题的规定(四)》第四条规定"股东请求撤销股东会或者股东大会、董事会决议,符合公司法第二十二条第二款规定的,人民法院应当予以支持,但会议召集程序或者表决方式仅有轻微瑕疵,且对决议未产生实质影响的,人民法院不予支持"。那么程序上的瑕疵是否对决议产生实质影响?

3月12日的董事会会议形成决议的内容系免除张贵民的董事长及法定代表人、总经理职务,属于公司重大人事调整事项,虽然张贵民没有履行其作为董事长召集和主持会议的职责,但由于会议的召集系以"半数以上董事有权共同推举一名董事履行职务"的方式启动的,会议未按法定及章程规定的程序进行召集、通知和召开,亦未通知公司监事,剥夺或削弱了张贵民参加董事会应享有的董事长权利及董事权利,亦限制了监事会对于公司重大决策的监督权、对会议事项的质询和建议权。应当认定对决议产生了实质性影响。

综上,"四元老"一方张则平、王步强、李冠忠作为被告的董事于2017年3月12日召开的董事会会议在召集程序、通知参会人员方面违反《公司法》及鲁南制药《公司章程》、《议事规则》的规定,均存在重大瑕疵,足以对决议的内容产生实质性影响,原告作为被告的股东,其在董事会决议作出后的60日内向人民法院提出诉讼,要求撤销该董事会会议所作出的决议符合法律规定;2017年3月18日的董事会会议因系张则平以董事长的名义召集和主持，且未通知监事参加，故其会议的召集程序违反《公司法》及鲁南制药《公司章程》、《议事规则》的规定，鲁南制药公司股东要求撤销该会议形成的董事会决议符合法律规定。

（二）“守方”张贵民策略解析

面对攻方“四元老”猛烈的攻势，守方新晋董事长张贵民一方也发动了同样猛烈的回击，通过《免职决定》的形式免去了“三元老”各自的职务。但《免职决定》难以逃脱与前述董事会决议相同的命运，最终被人民法院判决无效。

根据《公司法》及鲁南制药《公司章程》的规定，解聘公司的副经理、财务负责人应当由公司经理向董事会提出建议，由董事会作出决定；监事在行使监督权的过程中也可以提出罢免建议，由董事会决定。

综上，董事长张贵民一方仅提交了监事会的罢免建议，但未经董事会研究就作出了《免职决定》，据此免去“三元老”及张理星的集团公司副总经理职务、王步强兼任的总会计师职务，违反了《公司法》及鲁南制药《公司章程》的规定，该决定应属无效。由于公司作出免职决定并未召开董事会，因此不存在董事会决议。

（三）鲁南制药长期“宫斗”的根源在于股权结构混乱

鲁南制药在法律性质上属于营利法人，营利法人是指以取得利润并分配给股东等出资人为目的成立的法人，营利法人包括有限责任公司、股份有限公司和其他企业法人等。鲁南制药既然是营利法人、以取得利润并分配给股东而成立，那么股东在企业中的控制权和利润分配请求权是首先应当得到保障的。

《公司法》第四条规定：公司股东依法享有资产收益、参与重大决策和选择管理者等权利。《公司法》第三十六条规定：有限责任公司股东会由全体股东组成。股东会是公司的权力机构，依照本法行使职权。《公司法》第三十七条规定：股东会行使下列职权：(1)决定公司的经营方针和投资计划；(2)选举和更换非由职工代表担任的董事、监事，决定有关董事、监事的报酬事项；(3)审议批准董事会的报告；(4)审议批准监事会或者监事的报告；(5)审议批准公司的年度财务预算方案、决算方案；(6)审议批准公司的利润分配方案和弥补亏损方案；(7)对公司增加或者减少注册资本作出决议；(8)对发行公司债券作出决议；(9)对公司合并、分立、解散、清算或者变更公司形式作出决议；(10)修改公司章程；(11)公司章程规定的其他职权。对前款所列事项股东以书面形式一致表示同意的，可以不召开股东会会议，直接作出决定，并由全体股东在决定文件上签名、盖章。《公司法》第九十八条规定：

股份有限公司股东大会由全体股东组成。股东大会是公司的权力机构,依照本法行使职权。

由以上法律规定可知,公司股东依法享有资产收益、参与重大决策和选择管理者等权利,具体地有权选举和更换非由职工代表担任的董事。鲁南制药的长期“宫斗”,主要是董事会层面上新晋董事长张贵民和“三元老”之间的激烈斗争。即便老董事长立下遗嘱选定张贵民为新晋董事长、“三元老”为董事,股东也可通过股东会行使修改《公司章程》、选举和更换能代表广大股东权益的董事等权利,这样才能从根本上维护股东自身的合法权益、避免长期“宫斗”给企业带来的无法挽回的损失。鲁南制药股权结构混乱、无法形成有效的股东会决议,这是造成长期“宫斗”局面的祸根。

(四)双方攻守动作均非明智之举

从2014年11月老董事长去世留下遗嘱,“宫斗”序幕正式拉开,到2019年年底双方各自的攻势都被消解,双方的对峙相当于回归到了原点。这说明,双方的进攻动作都不明智,这主要体现在双方针对对方的决议都没有在法律和公司章程的框架之内,导致双方针对对方的决议均被法院撤销。

对于张则平、王步强、李冠忠三董事罢免新晋董事长张贵民案,根据最高院《关于适用〈中华人民共和国公司法〉若干问题的规定(四)》(法释〔2017〕16号)第四条的规定“股东请求撤销股东会或者股东大会、董事会决议,符合公司法第二十二条第二款规定的,人民法院应当予以支持,但会议召集程序或者表决方式仅有轻微瑕疵,且对决议未产生实质影响的,人民法院不予支持”。

3月12日的董事会会议形成决议的内容系免除张贵民的董事长及法定代表人、总经理职务,属于公司重大人事调整事项,虽然张贵民没有履行其作为董事长召集和主持会议的职责,但由于会议的召集系以“半数以上董事有权共同推举一名董事履行职务”的方式启动的,会议未按法定及章程规定的程序进行召集、通知和召开,亦未通知公司监事,剥夺或削弱了张贵民参加董事会应享有的董事长权利及董事权利,亦限制了监事会对于公司重大决策的监督权、对会议事项的质询和建议权。应当认定对决议产生了实质性影响。张则平、王步强、李冠忠作为鲁南制药的董事于2017年3月12日召开的董事会会议在召集程序、通知参会人员方面违反公司法及鲁南制药公司章程、议事规则的规定,均存在重大瑕疵,足以对决议的内容产生实质性影响,原告作为被告的股东,其在董事会决议作出后的60日内向本院提出诉讼,要求撤销该董事会会议所作出的决议符合法律规定。

对于张贵民罢免“三元老”案，公司治理应严格遵守《公司法》(2013 年修正)及公司章程。本案中，鲁南制药违反《公司法》(2013 年修正)第四十六条、第四十九条、第五十三条，以及鲁南制药《公司章程》第四十七条、第五十九条、第七十条的规定，未经法定程序罢免“三元老”张则平、王步强、李冠忠的相关职务，应属于无效。

六、总结:合法依规，未雨绸缪

公司董事长是公司日常治理的最高指挥官，在公司控制权的争夺中，董事长的人选往往是重点中的重点，鲁南制药的故事情节也不出乎我们的预料，董事长席位的争夺贯穿始末。

对于“三元老”一方来说，对董事长人选的争夺可以说是失败的。那么，欲通过董事会决议撤换董事长，需要注意哪些问题呢?

在笔者梳理的大量撤换董事长失败的案例中，类似的因“董事会未提前 10 日通知董事开会”而导致决议被撤销的案件数量居高不下。对董事会开会应该提前多长时间通知董事，我国仅对股份公司的董事会的通知时限做了规定，而对于有限公司董事会的通知时限并未明确规定，一般由章程自行规定。

对于股份公司，《公司法》(2013 年修正)第一百一十条规定:“董事会每年度至少召开两次会议，每次会议应当于会议召开 10 日前通知全体董事和监事。”即股份公司的董事会常会的会议通知时限为 10 日，如果在撤换董事长的会议通知中，通知时限短于 10 日的，则会面临董事会决议被撤销的法律后果。

而对于有限公司的董事会通知时限，《公司法》并未作出明确规定。因此，判断有限公司撤换董事长的董事会决议通知程序是否存在瑕疵，主要是根据公司章程的规定。我们注意到，实务中，很多有限公司的公司章程中对于董事会通知时限的设置参照了《公司法》(2013 年修正)对股份公司的规定，同样规定了董事会常会的会议通知时限为 10 日。

需要注意的是，无论是股份公司还是有限公司，公司法对于临时董事会的通知时限并没有明确规定，而是交由公司意思自治、自行决定。因此，如果公司章程对于临时董事会的通知时限做了规定，则在罢免或者撤销董事长的董事会议进行通知时，需遵循公司章程的通知时限。

在董事会的通知程序中，除了需要按照法律规定和公司章程规定的时限进行通知程序外，还需要证明所有的董事收到通知。如果董事否认收到董事会的通知，而又没有充分证据来证明所有董事已经收到董事会会议的通知，则会被认定为没有完全履行通知义务，那么董事会会议的召集程序则存在瑕疵、董事会决议则有可能因此被撤销。

需要注意的是,在公司会议的通知中,理论界对于会议通知应采用到达主义还是发信主义存在不同的意见。采到达主义者认为,会议通知应自通知到达相对人时方生效。而采发信主义者认为,会议通知只要已经发出,就应视为已经履行了通知义务,相对方是否收到在所不问。通过梳理大量案件发现,司法实践中多采用到达主义,如果会议通知未有效送达,应视为未履行通知义务。

在攻守双方的控制权争夺中,往往在争夺最白热化的时间点,就会发起撤销或更换董事长的动作。这个时候往往需要分秒必争,然而过于急切往往欲速则不达。如果存在召集人无权召集的情况,即使召开了董事会撤换了董事长,最终决议也会因为会议召集程序存在瑕疵而被撤销。召集程序中的焦点问题在于:谁有权召集会议?

对于董事会的召集,《公司法》(2013 年修正)规定股份公司和有限公司的董事会会议均由董事长召集。当出现董事长不能履行职责或者不履行职责时,由副董事长召集和主持;副董事长不能履行职责或者不履行职责时,由半数以上的董事共同推举 1 名董事召集和主持会议。

而对于董事会的自行召集程序,需要注意区分“提议权”和“召集权”,公司法对股份公司董事会的临时召集程序做了规定,即代表 1/10 表决权的股东、1/3 以上董事或者监事会,可以提议召开董事会临时会议。但需要注意的是,此处仅仅是“提议权”,而非上述人员有权召集董事会。临时董事会会议的召集权应由董事长行使。

另外,实务中,较为常见的因“董事会因未按照法律或者章程规定提前通知董事”和“董事会议的召集人无权召集”之“召集程序瑕疵”被撤销,仅仅是董事会决议可得撤销的原因之一。在撤换董事长的董事会决议程序中,如果违反了《公司法》的其他规定,也均会面临董事会决议被撤销的窘境,一旦撤换董事长的决议被撤销,那么攻方的动作会更加于己不利、最终可能导致全盘皆输。

在撤换董事长的程序中,最大的风险无疑是董事会决议被撤销,为了企业在公司控制权争夺过程中,能够顺利地进行董事长的任免,公司章程的完善,是重点中的重点。那么如何完善?可从以下几方面入手:

第一,董事长的任免办法。在因撤换董事长产生纠纷的大量案例中,我们注意到,产生纠纷的很大一部分原因,是源于公司章程并没有对董事长的任免进行规定。对于股份公司,《公司法》规定了董事长的产生办法由全体董事过半数选举产生。而对于有限公司的董事长的产生办法《公司法》并没有作出明确的规定。

第二,董事会必须以书面通知。对于采用何种方式对董事会会议进行通知,

《公司法》并没有作出强制性规定。为了避免各董事之间就通知方式发生纠纷或者矛盾，我们认为，可以在《公司章程》中对公司召开董事会会议的通知方式进行明确规定。鉴于电话通知很难达到有效通知的效果，建议采用“书面通知”的方式较为稳妥。

第三，公告送达的适用前提。在实践中，通知程序的一个极大烦恼在于：经常会碰到无法通知到董事的情况，从而影响到董事会的如期召开。此时，我们可以将公告送达作为一种救济途径来使用。但是，我们建议，公告送达只有在书面通知无法送达的情况下才能适用。并且，对于公告送达，应在公司章程中事先规定指定的报纸或其他媒体，如当地有影响力的某报刊或者其他合适的媒体。

第四，规定董事会会议的通知时限。鉴于《公司法》仅对股份公司的董事会会议通知时限做了提前10日通知的规定，对于有限公司则没有规定。我们建议有限公司的公司章程必须规定董事会的会议通知时限，如规定在董事会会议召开之前需要提前10日通知董事，临时董事会则须提前5日通知董事。设定一个合理的通知时限可以让参加会议的董事有一个充足的准备时间，也有助于董事会会议的顺利召开。

另外，在撤换董事长的会议中，鉴于很多公司在实务中采用临时董事会的方式，而《公司法》对于有限公司的临时董事会的程序未作规定。因此，建议企业家有必要在设置章程时，完善临时董事会的提议权、召集和主持程序，以及临时董事会的通知时限等。

对于新晋董事长张贵民一方，撤换“三元老”副总经理及总会计师职务的策略也同样是失败的。

《公司法》第四十六条规定，董事会行使下列职权：决定聘任或者解聘公司经理及其报酬事项，并根据经理的提名决定聘任或者解聘公司副经理、财务负责人及其报酬事项；公司章程规定的其他职权。第四十九条规定，经理对董事会负责，行使下列职权：提请聘任或者解聘公司副经理、财务负责人；公司章程对经理职权另有规定的，从其规定。第五十三条规定，监事会行使下列职权：对董事、高级管理人员执行公司职务的行为进行监督，对违反法律、行政法规、公司章程或者股东会决议的董事、高级管理人员提出罢免建议；公司章程规定的其他职权。鲁南制药《公司章程》第四十七条、第五十九条、第七十条均对董事会职权、经理职权、监事会职权作出了与《公司法》相一致的规定。

根据上述法律规定及章程规定，解聘公司的副经理、财务负责人应当由公司经理向董事会提出建议，由董事会作出决定；监事在行使监督权的过程中也可以提出罢免建议,由董事会决定。而新晋董事长张贵民仅提交了监事会的罢免建议,但未经董事会研究就作出了《免职决定》,据此免去“三元老”的集团公司副总经理职务、王步强兼任的总会计师职务,违反了《公司法》及《公司章程》的规定,该决定无效。

那么,新晋董事长张贵民在撤换“三元老”副总经理及总会计师职务未果的同时,能否采取策略设置董事长终身制呢?

如何任免董事长,我国《公司法》对股份公司和有限公司做出了不同的规定。对于股份公司,《公司法》规定了董事长的产生办法由董事会以全体董事过半数选举产生。而对于有限公司董事长的产生办法,《公司法》并没有作出明确的规定,仅仅规定了“董事会设董事长一人,可以设副董事长。董事长、副董事长的产生办法由公司章程规定”。即有限公司董事长的任免,法律赋予公司章程自行规定的权利。公司章程可以规定董事长的任免由股东会决定,也可以规定由董事会任免。

例如,下面公司章程对于公司董事长的任免条款,从策略上赋予了董事长对董事长席位牢牢的控制权,可谓是控制权设计的经典条款,该公司章程第四条第二款规定,董事会由 5 名董事组成,五方股东各自委派 1 名董事,除非各方另有书面协议,否则董事长由现任董事长任命,副董事长由现任副董事长任命;公司章程第四条第三款规定,法定代表人由董事长担任;第四条第六款规定在章程修正事项上,董事会决议应有全体 5 名董事(本人或者委派代理人出席)在按规定程序召开的董事会会议上一致投赞成票方可通过。

按照该公司的上述章程条款,“大股东可委派一名董事”且“董事长由现任董事长任命”,那么就意味着无论现任董事长的股份是否少于副董事长,甚至于现任董事长只占有该公司 1% 的股权,现任董事长依旧可以牢牢控制该公司的董事长人选,那么现任董事长无可厚非地成为该公司永久的实际控制人。

那么,副董事长能否通过修改公司章程来变更现任董事长的“董事长委任制”呢?答案是不能!为什么呢?上述公司章程的高明之处在于:其提前采取了防御措施条款,即章程第四条第六款规定“章程的修订须经全体董事一致通过”。也就是说,只要现任董事长不同意修改公司章程,现任董事长就可以一直牢牢把控董事长的席位。

上海新梅控制权争夺之战

一、开南举牌，股权之争大幕开启（2013 年 11 月 ~2014 年 3 月）

二、上海新梅“焦土计划”，六公司结成联盟（2014 年 5 ~6 月）

三、双方僵持阶段（2014 年 7 月）

四、北京正谋半路杀出，上海新梅遭“围猎”（2014 年 7 ~8 月）

五、双方混战，斗争白热化（2015 年 1 ~6 月）

六、举牌方自行召开股东会，谋建“双头董事会”相抗（2015 年 7 ~8 月）

七、新梅董事试图“自救”，行政监管频发问询（2015 年 12 月）

八、暂停上市危机四伏，力求“自保”握手言和

九、解析双方攻守策略

十、总结

2019 年 1 月 8 日，上海新梅[①]发布公告，[②]公司将通过资产置换与发行股份的方式购买爱旭科技[③] 100% 股权，这标志着上海新梅将由光伏企业爱旭科技接盘，随之公司主营业务将由房地产开发、经营变更为研发、制造太阳能晶硅电池片。

上海新梅几经浮沉，先后经历公司控制权之争、资产重组失利，后因公司利润持续亏损被证监会责令暂停上市。上海新梅的资本更迭是公司控制权博弈下的牺牲品，长期“诸侯割据”的局面，使得公司缺少科学的发展战略引领，核心业务长期空位，经营业绩持续下滑，最终难逃“改朝换代”的宿命。

---

① 指上海新梅置业股份有限公司。

② 《上海新梅置业股份有限公司第七届董事会第七次临时会议决议公告》，载巨潮资讯网。

③ 指广东爱旭科技股份有限公司。

一、开南举牌，股权之争大幕开启（2013 年 11 月～2014 年 3 月）

（一）"尸位素餐"的守方——上海新梅

1. 上海新梅的"前世今生"

上海新梅前身是成立于 1996 年的上海港机①，公司主营港口机械制造业务。2003 年 5 月 27 日，兴盛集团②以 2.4 亿元价格受让上海港机 66.56% 股权，后经资产重组，上海港机更名为上海新梅，业务转型房地产开发与经营。

根据上海新梅披露的 2011 年度公司年报，2011 年年末股东总数 27,067 户，大股东是共持有上海新梅 55.70% 的股份。兴盛集团由张兴标控股，即上海新梅董事长张静静之父，因此上海新梅的公司实际控制人是张兴标（见图 8－1）。

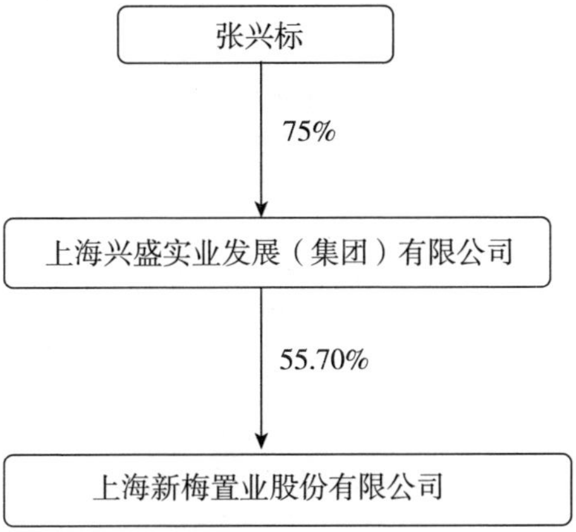

图 8－1　公司与实际控制人之间的产权及控制关系

2. 兴盛集团分立新梅股权新变化

2012 年 8 月 5 日，兴盛集团董事会决议拟以存续分立的方式派生新设公司——荣冠投资③，兴盛集团分立为新兴盛集团和荣冠投资两家公司。兴盛集团实施分立前后的股东及持股比例均保持不变，自然人张兴标、张静静和全美蘋分别持有新兴盛集团和荣冠投资 75%、20.45%、4.55% 的股权。

2012 年 11 月 10 日，根据上海新梅披露的详式权益变动报告书，兴盛集团将其所持有的上海新梅 55.70% 股权中的约 28.23% 分至荣冠公司，剩余约 27.47% 的股

① 指上海港机股份有限公司。
② 指上海兴盛实业发展（集团）有限公司。
③ 指荣冠投资有限公司。

权仍由兴盛集团保留持有。虽然本次分立完成后，上海新梅的实际控制人未发生实质变化，但第一大股东则变成了兴冠投资(见图 8－2)。

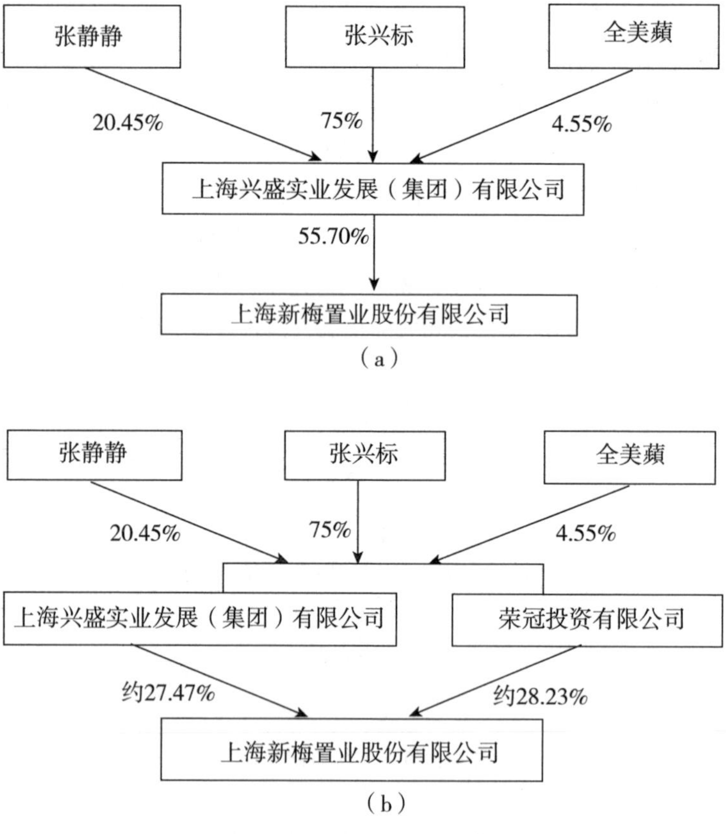

图 8－2　兴盛集团分立前后的股东结构与公司控制关系对比

2013 年 2 月 4 日，上海新梅公告：股东兴盛集团和荣冠投资因融资需要分别减持 4.86%、0.16%，减持之后兴盛集团将持有上海新梅股份 56,126,189 股，占总股本的 22.63%。荣冠投资将持有上海新梅股份 69,600,400 股，占总股本的28.07%，荣冠投资仍为上海新梅的第一大股东。

3. 上海新梅意图业务转型，股市意外回暖

2012 年 2 月中下旬，上海新梅股价突然大幅攀升，2 月 19 日、3 月 1 日，因连续 3 个交易日收盘价格涨幅累计达到 20%，上海新梅两次发布股票交易异常波动公告。在 2012 年营业收入下滑 24.02%、股东净利润暴跌 85.20% 的情况下，上海新梅的股票价格自 2012 年 12 月 3 日收盘价 6.10 元/股上涨至 3 月 2 日收

盘价 12.37 元/股，涨幅达 1 倍以上。[①] 据市场猜测，上海新梅本次股价暴涨主要得益于其在 2012 年年度报告中曾披露将选择在新材料、白酒和金融等行业实现业务转型。

根据上海新梅发布的公告，我们分析，在股票大涨前夕可能有两项资本运作对股票拉升起到了关键作用：

一是上海新梅于 2013 年 2 月 4 日披露拟向大股东兴盛集团收购其所持有的喀什中盛创投有限公司 100% 的股权，从而间接持有河南宋河酒业股份有限公司 10% 股权以及后续期权条款等事项。本次资产收购可算作上海新梅为摆脱单纯依靠房地产业务、培育公司第二主业迈出的转型第一步，为激发投资者的市场信心"打响了第一枪"。

二是上海新梅曾在 2013 年 2 月 28 日发布公告，大股东兴盛集团已与南江集团[②]签署《股份转让协议》，兴盛集团将其所持有的上海新梅 2000 万股无限售条件流通股以 10 元/股的价格转让给南江集团。也就是说，本次权益变动完成后，南江集团将持有上海新梅 8.06% 的股权。早在本次股权转让之前，对于南江集团可能要将旗下的石墨烯业务资产注入上海新梅的说法就传得满城风雨。石墨烯作为一种新型材料，学界普遍认为其在能源、生物医学和药物传递等领域具有广泛应用前景，被认为是一种未来革命性的材料，市场潜力巨大。而南江集团早在 2013 年年初就宣布买断了石墨烯制备技术，此次南江集团入股上海新梅，引发了市场的热烈想象，投资者一片欢腾，股价随之水涨船高。

4. 股东高位抛售，市场哗然

2013 年 2 月 28 日，荣冠投资通过上交所大宗交易系统以每股 11.03 元的成交价格减持上海新梅股份 1240 万股，占公司总股本的 5%。减持后，荣冠投资仍为上海新梅的第一大股东，占股约 23.07%。

2013 年 3 月 5 日、3 月 8 日、3 月 12 日、3 月 15 日，上海新梅荣连续四次发布荣冠投资减持公司股份的公告，前后共减持上海新梅 20% 的股份，此时荣冠投资剩余股本仅占上海新梅总股本的约 3.07%。

2013 年 3 月 19 日，上海新梅公告，荣冠投资不再持有公司股份，兴盛集团成为公司控股股东，占股约 14.79%。

此时，距离兴盛集团分立到荣冠投资退出持股才刚刚过去 3 个多月，就在市场

---

① 《业绩暴降股价翻番上海新梅将注入石墨烯?》，载第一财经日报，https://www.yicai.com/news/2525954.html。

② 指上海南江(集团)有限公司。

还对荣冠投资“一顿减持猛如虎”的操作“摸不着头脑”之时，兴盛集团“后来追上”，连续两次减持上海新梅，截至 2013 年 3 月 26 日，兴盛集团仅持有上海新梅 8.5% 的股权。虽然此次减持操作未使上海新梅的实际控制人发生改变，但这与三个月前第一大股东兴盛集团持股 55.7% 的“盛况”还是相距甚远。

5. 南江集团减持，业务转型难辨真假

随之而来的是投资者市场对上海新梅的质疑，业界对此众说纷纭，上海新梅股东大额减持到底是为业务转型筹措资金还是大股东借机拉高股价从中套利？南江集团到底是否具有与上海新梅合作石墨烯业务的真实意向还是借石墨烯概念炒作晃点投资者？2013 年 9 月 16 日，南江集团在 6 个月承诺期刚过就立刻减持上海新梅，自此退出公司持股 5% 以上股东的行列。这一举动似乎更坐实了业界对南江集团虚假入股、为兴盛集团操纵股市“站台”的揣测。截至 2013 年 3 月 29 日，上海新梅的股价较 3 月 5 日的收盘价大跌 30%，而兴盛集团与荣冠投资在本轮高位减持中据估至少套利 9 亿元人民币。

至此，兴盛集团并未落实任何重组承诺，而一系列重组预期使得上海新梅的股价大起大落，投资者极为愤慨。

（二）伺机而动的攻方——上海开南首次“亮剑”

1. 上海开南“闻风而动”

上海新梅股东的不断减持，引起了开南系对上海新梅控股股东地位的兴趣。

2013 年 11 月 27 日，上海新梅突然发布公告称，公司接到上海开南①通知，截至公告当日，上海开南通过上交所增持上海新梅股份 22,319,200 股，累积达到公司总股本的 5.00%。

根据上海新梅同日发布的简式权益变动报告书，上海开南成立于 2013 年 1 月 11 日，公司经营范围包括实业投资、资产管理、投资管理、企业管理咨询等。庄有才为公司法定代表人兼执行董事，曾勇、王斌忠分别任公司总经理、副总经理，三人分别持有上海开南 80%、10%、10% 的股份。本次权益变动目的是因经营需要，故增持其在上海新梅拥有权益的股份。

2. 上海新梅连续停牌回击

就在上海开南举牌的第二天，上海新梅随即宣布停牌。公告称，公司正在筹划涉及资产收购的重大事项，鉴于事项存在重大不确定性，故申请自 2013 年 11 月 28

---

① 指上海开南投资发展有限公司。

日起停牌。

2013年12月6日，上海新梅发布第二次停牌公告。上海新梅称重大资产重组事项的方案尚在讨论中，目前无法确定是否构成重大资产重组，为维护投资者利益，公司股票将继续停牌5日。

2013年12月13日，上海新梅发布第三次停牌公告。在本次公告中，上海新梅明确表示公司正在筹划涉及非主营业务资产收购的重大事项，经与有关各方论证和协商，上述事项已经构成重大资产重组。此后，上海新梅连续停牌将近3个月。

在停牌期间，上海新梅每5个工作日发布有关重大资产重组事项的进展情况，但从其披露中我们很难发现具有实质性进展的重组细节。根据上海新梅披露的公告，我们仅能从原文中找到类似如下的概括性表述，如"公司及有关各方正积极推进本次重大资产重组事项的相关工作""公司及中介机构等各方正在积极开展重组方案论证、尽职调查""独立财务顾问已完成了对交易各方的尽职调查，相关交易各方正在就交易主要内容进行谈判"等。在2014年1月13日的公告中，上海新梅曾透露拟向有关交易对方购买文化传媒类资产，重组方案可能涉及发行股票以及剥离现有房地产业务和资产，并称重组完成后，公司实际控制人不会发生变化。除此之外，我们未能找到其他更有价值的披露事项。

3. 重组方案再成"泡影"

2014年3月10日，上海新梅董事会发布复牌公告，同时宣布终止重大资产重组事项。上海新梅给出的理由是"由于各方对交易标的资产的估值存在较大差异，经审慎研究，拟终止本次重大资产重组事项"。

上海新梅以资产重组作为停牌事由在反收购案例中是惯用手法，股票一旦停牌，拟收购方则短期内无法继续买入目标公司的股票，收购方在二级市场因买入股票而带来的资金压力则会凸显。所以为阻止收购方继续增持股票从而威胁到目标公司的现有股权结构，以重大资产重组或非公开发行股票为由申请停牌是"守城方"屡试不爽的"挡箭牌"。

然而，投资者对此举却并不买单，不少投资者对上海新梅可能涉及虚假停牌事宜表示质疑与强烈谴责。2014年3月18日下午，上海新梅在上交所"上证e互动"网络平台召开网络投资者说明会，然而在全会进程中上海新梅的发言人张静静始终未能就股民最关心的交易重组具体对象及过程加以说明，也未作出让投资者相信本次停牌具有正当性的合理解释。投资者愤慨道"也许就根本没有所谓的重组，强烈要求新梅把3个半月停牌期间策划所谓'重大重组'的所有工作底稿、会议记录、董事会开会记录交给证监部门,查清是否是虚假重组”“你们只会复制公告,一点都不谈实质性问题”,更有投资者气愤的留言:“强烈要求开南再次举牌。”①

二、上海新梅“焦土计划”,六公司结成联盟(2014 年 5 ~6 月)

在上海新梅停牌期间,共发生两项人事变动:

2012 年 12 月 31 日,上海新梅监事会发布公告,监事长陈海、监事张剑锋先生向公司递交书面辞职申请,公司监事会成员低于法定人数,将在近期履行相关程序改选出新的监事。

2014 年 3 月 1 日,上海新梅董事会发布《第六届董事会第五次临时会议决议公告》,6 名董事全部出席会议,并一致同意罗某凤辞去公司总经理职务,由公司董事长张静静兼任总经理。

(一)修改公司章程,强化董事会权利

2014 年 5 月 31 日,上海新梅董事会发布关于委托经营管理和修改公司章程的公告,其中多项内容均指向上海开南的反收购措施。主要表现在三方面:

1. 强化上海新梅现有董事会职权

(1)原“须经股东大会审议通过”的事项修改为“须经公司董事会审议通过后,提交股东大会审议”。除提供对外担保行为涉及前述程序外,还增加了例如“交易涉及的资产总额占最近一期经审计总资产的 50% 以上”或是“交易的成交金额占公司最近一期经审计净资产的 50% 以上,且绝对金额超过 5000 万元”等公司重大交易行为达到一定标准后同样适用董事会审议的“前置程序”的情形。

(2)将选举董事、监事是否采用“累积投票制”的决定权赋予董事会。在原章程“股东大会就选举董事、监事进行表决时,可以实行累积投票制”的基础上增设“但须由连续持股超过 12 个月有提案权股东书面提出,经董事会审议通过后实施”的补充规定。累积投票制是相对直接投票制而言的,在累积投票制下,每一股份享有与拟选出的董事、监事人数相同的表决权,区别于直接投票制下一股一权,更加有利于保护在股权比例上不占优势的中小股东的利益。上海新梅将实行累积投票制的权利赋予董事会,且必须得由持股超过 12 个月的股东提出。换句话说,就是上海开南既没有“累积投票制”的提案权,更没有决定权。

---

① 《关于上海新梅终止本次重大资产重组相关事项的投资者说明会》,载上证易访谈,http://sns.sseinfo.com/showeasytalk.do? talkId = 19。

2. 弱化上海开南的股东权利

(1)将享有提案权的主体由“单独或者合计持有公司3%以上股份的股东”修改为“连续12个月单独或者合计持有公司3%以上股份的股东”。上海开南于2013年11月27日举牌，“连续12个月持有”的规定无疑是瞄准上海开南直接“开火”，目的是防止上海开南“滥用”股东提案权而解除现有董事职务或重新选举董事，从而在短期内改变现有董事会格局。

(2)取消章程中关于副董事长的职位设置。当出现董事长不能履行职务或不履行职务的情况时，由半数以上董事共同推举一名董事主持，而不再由副董长代为履职。《公司法》虽然将副董事长的设置交由公司自主决定，但副董事长的存在对于董事长是否有能力担任“一把手”以及能否恪尽职责起到绝对的监督与制衡。上海新梅此举是为防止出现上海开南系的董事代表与上海新梅董事“分庭抗礼”而打的“提前战”。特别是当董事长出现“不能履职或不履职”的情况，副董事长的“上位”无疑会使公司“大权旁落”。

(3)增加“董事会换届选举时，更换董事不得超过全体董事的1/3；非董事会换届选举时，选举或更换(包括确认董事辞职)董事人数不得超过现任董事的1/4，董事在任期届满以前，股东大会不能无故解除其职务”。在公司控制权争战中，收购方通常会在举牌后率先改组公司原董事会席次，从而掌握公司实际运行权利。上海新梅增加本项目的就是防止上海开南在“攻城”之后再“掠池”。

3. “冠珠”委托他人经营管理

2014年5月31日，上海新梅发布《关于委托经营管理的关联交易公告》。上海新梅全资子公司江阴新梅[①]拟将其自行开发并持有的商铺委托给关联方江阴新梅商业管理有限公司经营管理。委托经营管理期限为5年，委托经营管理期间，按每个经营管理年度所得净利润的60%作为江阴新梅商业管理有限公司的管理报酬。

根据上海新梅2014年半年度报告，上海新梅名下共有4家子公司，其中江阴新梅的净利润是其他3家子公司净利润之和的3倍之多，而商铺经营毛利率较高、资产收入稳定，当数上海新梅的优良资产。上海新梅转移“皇冠之珠”的目的非常明显，即打消上海开南的收购兴趣，击退“野蛮人”。

① 指江阴新梅房地产开发有限公司。

(二)进击的“一致行动人”

1. 六公司“武林结盟”

2014 年 6 月 9 日,上海新梅发布公告称,公司接到兰州鸿祥①的通知,称该公司于 2014 年 6 月 6 日与兰州瑞邦②、上海开南、上海升创③、上海腾京④、甘肃力行⑤签署《一致行动人协议》,兰州鸿祥及其一致行动人共持有上海新梅股份 63,523,486 股,占总股本的 14.23%(见表 8-1)。

表 8-1 兰州鸿祥及一致行动人在上海新梅拥有权益的股份获得日期、数量和比例

公司名称	买入时间	持有股数/股	所占比例/%
兰州鸿祥	2013 年 10 月 28 日至 2013 年 11 月底	3,111,330	0.69
	2014 年 6 月	11,857,500	2.66
兰州瑞邦	2013 年 11 月	1,433,800	0.32
上海开南	2013 年 10 月 23 日至 2013 年 11 月底	22,319,200	5.00
上海升创	2013 年 10 月 30 日至 2013 年 11 月底	8,459,368	1.89
上海腾京	2013 年 10 月	13,822,104	3.10
甘肃力行	2013 年 11 月	2,520,184	0.56

2. 兴盛集团大股东“交椅”不保

根据 6 月 12 日发布的详式权益变动报告书,兰州鸿祥及其一致行动人从 2013 年 10 月起开始购入上海新梅的权益股份,本次权益变动后将超过兴盛集团 11.2% 的持股,跃居上海新梅的第一大股东。一致行动人还在报告中称,权益变动主要是因为上海新梅现任董事、管理层怠于履行职责,没有能力继续推动上市公司实现转型。而上海新梅在 5 月 31 日公告的修改公司章程的议案,更被一致行动人认为是“严重阻碍了中小股东提出议案帮助上市公司摆脱困境的合理诉求”,同时表示未来 12 个月有意向继续增持上市公司的股份,并不排除未对上市公司及其子公司资产和业务进行重组的可能性。

兰州鸿祥等公司结成一致行动人后,上海新梅的股权控制关系如图 8-3 所示:

---

① 指兰州鸿祥建筑装饰材料有限公司。

② 指兰州瑞邦物业管理有限公司。

③ 指上海升创建筑装饰设计工程中心。

④ 指上海腾京投资管理咨询中心。

⑤ 指甘肃力行建筑装饰材料有限公司。

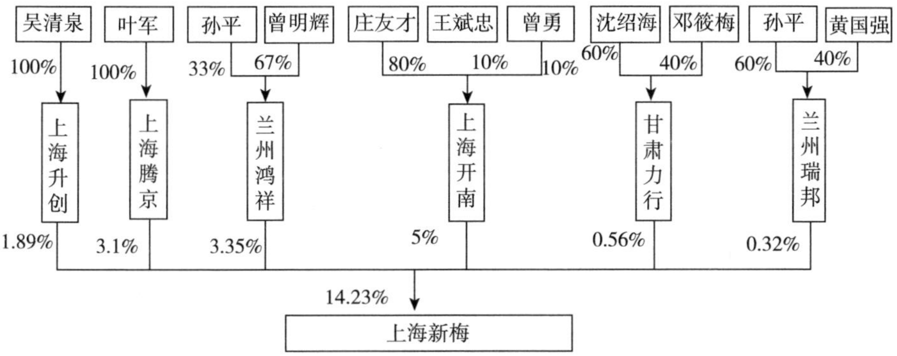

图 8－3　上海新梅股权控制图

（三）攻守双方"剑拔弩张"

2014 年 6 月，兰州鸿祥及其一致行动人提出要在上海新梅 2013 年年度股东大会中增加《关于免去张静静公司董事的议案》《关于为股东在 2013 年度股东大会提供网络投票的议案》，上海新梅董事会针对提案作出的回应可谓保持进攻兼顾防守，随之还放出了"大招"。

"守"：上海新梅否认采取现场投票是为了剥夺中小股东的投票权，现场投票是为了让关心公司健康发展的股东来现场表达建设性意见。但考虑到媒体和投资者的关注，上海新梅同意在 2013 年年度股东大会中增加网络投票表决方式。

"攻"：上海新梅宣称，股东兴盛集团于 2014 年 4 月初分别向上海证监局和上交所递交了实名举报材料，对相关股东涉嫌在股份权益变动活动中隐瞒一致行动人，信息披露存在严重虚假记载、误导市场等违法违规行为进行了举报，中国证监会已对相关股东涉嫌超比例持股未按照规定履行报告、披露义务等违法违规事项正式立案调查。

"放大招"：上海新梅认为，兰州鸿祥及其一致行动人被举报的违法行为已由中国证监会正式立案调查，依据《证券法》（2013 年修正）第二百一十三条，①相关股东的行为存在被认定为违法并受相应处罚的可能性。在这种情况下，如果接受相关股东的提案，将董事长任免等涉及公司治理的提案交由股东大会审议表决，有可能

---

① 《证券法》第二百一十三条，收购人未按照本法规定履行上市公司收购的公告、发出收购要约、报送上市公司收购报告书等义务或者擅自变更收购要约的，责令改正，给予警告，并处以 10 万元以上 30 万元以下的罚款；在改正前，收购人对其收购或者通过协议、其他安排与他人共同收购的股份不得行使表决权。

使公司股东大会在存在重大法律瑕疵的基础上做出决策,从而对公司的未来正常经营和发展造成不可逆转的严重后果,会对包括广大中小股东在内的公司其他股东的权益造成难以弥补的严重损害。上海新梅认为,在证监会对相关股东的违法行为调查结果最终确认以前,公司及公司董事会应对相关股东提出的涉及公司治理的提案暂时搁置,待监管部门出具最终调查结论后再依法办理。

上海新梅的说辞乍一看似乎有几分道理,可细想却经不起推敲。《证券法》(2013 年修正)第二百一十三条规定的是收购人已被确认存在行政违法事实的前提下,在违法行为改正前的股东权利之表决权受到暂时限制。首先,而兰州鸿祥及其一致行动人在提出议案时并未受到行政处罚,即使在将来存在着或然性,但任何人仍无权以“无罪推定”得出的结论作为剥夺他人既有权利的依据。其次,兰州鸿祥及其一致行动人在本回合中提出的议案应属履行股东权利项下的提案权,并非股东的表决权。显然,上海新梅以《证券法》第二百一十三条为由拒绝接受兰州鸿祥及其一致行动人提案的说法站不住脚。

(四)峰回路转,双方妥协

2014 年 6 月 20 日,就在股东大会召开前夕,上海新梅发布通知称,因市场对《关于修改公司章程的议案》存在不同看法,为保证公司年度股东大会的顺利召开,所以决定取消将修改公司章程的议案列为 2013 年年度股东大会的提案。同时兰州鸿祥及其一致行动人决定撤回其所递交的《关于免去张静静公司董事的议案》的临时提案。很明显这是双方互有妥协并达成私下和解的结果,第一回合的“争霸战”以双方和局收场。至此,上海新梅的控制权之争看似峰回路转,等待上海新梅的究竟是“柳暗花明”还是继续“拔刀张弩”呢?

三、双方僵持阶段(2014 年 7 月)

2014 年 7 月 24 日,上海新梅董事会召开临时会议,会议决定将控股子公司江阴新梅开发的豪布斯卡项目中的商业用房委托给迪诺曼(苏州)科技服务有限公司经营管理,委托期限为 15 年零 6 个月。这是自上海开南举牌后,上海新梅第二次企图将子公司的房地产业务委托他人经营管理。就在 1 个月前,上海新梅拟将江阴新梅持有的商铺委托关联方管理的议案未能在 2013 年年度股东大会上获得通过且反对比例高达 89.3%。[1] 这次上海新梅董事会索性越过股东大会由直接形成董事会

① 《2013 年度股东大会决议公告》,载巨潮资讯网。

决议。这一举动彻底激怒了兰州鸿祥及其一致行动人。

2014 年 7 月 26 日,上海新梅董事会办公室称收到兰州鸿祥及其一致行动人所提交的《关于提请召开上海新梅置业股份有限公司 2014 年第一次临时股东大会的函》及所附 16 项议案。16 项议案的内容主要涉及:更换上海新梅现有审计机构并对近 5 年的财务情况进行审计、修改公司章程、罢免以兴盛集团为代表的 6 名董事、选举代表一致行动人的 5 名董事和 3 名监事。上海新梅董事会回复称,相关提案材料内容尚不充分、完备,其中,部分董事候选人、监事候选人未完整披露在其他单位的任职情况、也未明确承诺符合董事、监事的任职资格等。董事会办公室要求兰州鸿翔及其一致行动人对上述材料进行补正。

2014 年 7 月 28 日,兰州鸿祥及其一致行动人就相同议案再次向上海新梅监事会提出。上海新梅董事会称内容与其之前递交材料相同,且未按照《回复函》的要求补正,督促其尽快补正提案材料。

之后,兰州鸿祥及其一致行动人未对提案材料进行补正。根据《公司法》(2013 年修正)第一百零一条的规定,[①]如果上海新梅董事会和监事会均不履行召集股东大会会议职责,则兰州鸿祥及其一致行动人可在连续持股 90 日后自行召集和主持股东大会。因此,此举是兰州鸿祥及其一致行动人为走完法律流程“重获大权”布局。

四、北京正谋半路杀出,上海新梅遭“围猎”(2014 年 7 ~ 8 月)

就在上海新梅与举牌方交战正酣之际,另一家公司半路杀出——北京正谋[②]。北京正谋首创聚中小股东之力向低效上市公司维权,宣称要颠覆现有重大资产重组的游戏规则,并致力于敦促上市公司大股东“在其位谋正业”、真正以维护股东利益为出发点改善公司治理结构。北京正谋在“插足”上海新梅与举牌方的控制权斗争前,曾因挑头逆袭金宇车城、欣龙控股两家公司而受到市场关注。

2014 年 7 月 31 日,北京正谋在其官网发布《致上海新梅股东倡议书》,呼吁上海新梅实际控制人与举牌方召开临时股东会议,修改公司章程;同时发起号召中小股东对提请召开临时股东大会并提出修改《公司章程》的议案进行授权委托的征集

---

① 《公司法》第一百零一条,董事会不能履行或者不履行召集股东大会会议职责的,监事会应当及时召集和主持;监事会不召集和主持的,连续 90 日以上单独或者合计持有公司 10% 以上股份的股东可以自行召集和主持。

② 指北京正谋管理咨询有限责任公司。

活动。[①] 北京正谋的出现,使得上海新梅的控制权之争从“二龙争霸”变为“三足鼎立”。

2014年8月4日,上海新梅向北京正谋去函,要求其对是否持有公司股票及授权委托书征集行为是否合法有效进行说明。北京正谋回复上海新梅其为公司股东,然而上海新梅对2014年股东名册记载的股东持股情况进行核查后,未发现以北京正谋名义持有公司股份的股东。此外,北京正谋认为,我国现行的法律、法规对采取公开征集的形式向上市公司全体股东征集投票权的行为并无禁止性规定。[②] 而上海新梅法律顾问国浩律师(上海)事务所则认为征集提请召开临时股东大会及提出议案的授权委托书行为不存在法律依据。

首先,投票权是否可以授权?根据《公司法》(2013年修正)第一百零六条的规定,股东可以委托代理人出席股东大会会议,代理人应当向公司提交股东授权委托书,并在授权范围内行使表决权。根据《上市公司治理准则》(证监发〔2002〕1号,现已失效)第十条的规定,上市公司董事会、独立董事和符合有关条件的股东可向上市公司股东征集其在股东大会上的投票权。结合上述规定,股东可以委托他人行使表决权,符合有关条件的股东可以向公司其他股东征集其在股东大会上的投票权。因此,投票权的授权在法律规定层面是可行的,但北京正谋并不具有上海新梅的股东身份,也无法适用征集投票权的规定。

其次,提请召开临时股东大会及提案权利是否可以授权?根据我国《公司法》第一百条的规定,单独或者合计持有公司10%以上股份的股东享有请求召开临时股东大会的权利;第一百零二条规定,单独或者合计持有公司3%以上股份的股东,可以在股东大会召开10日前提出临时提案。因此无论是提请召开股东大会抑或提出议案的身份前提必须是持有上市公司一定比例股份的股东。而股东能否将提请召开临时股东大会及提案的权利授权他人,法律并无明确规定。

可以说,北京正谋“法无禁止即可为”的答复和国浩律师事务所“法无授权即禁止”的法律意见分别代表了对行为效力的不同解读。

---

① 2014年8月6日《上海新梅置业股份有限公司公告》,载巨潮资讯网。

② 此处需说明的是,根据上海新梅于2014年8月6日发布的公告,其要求北京正谋对提请召开临时股东大会并提出修改《公司章程》的议案进行授权委托的合法性进行说明,而北京正谋回复的则是以公开征集的形式向上市公司股东征集投票权的规定,北京正谋的回复内容有文不对题之嫌。由于北京正谋的官方网站已不复存在,我们未能对北京正谋的相关回复内容予以核查,暂以上海新梅的公告为准,后续分析均建立在北京正谋的回复为真实有效的基础之上。

五、双方混战,斗争白热化(2015 年 1~6 月)

(一)举牌方增持真相“水落石出”

2015 年 1 月 4 日,中国证监会宁波证监局对王斌忠涉嫌超比例持股未公告一案作出行政处罚,责令王斌忠改正违法行为,给予警告,并处以 50 万元的罚款。

宁波证监局查明,2013 年 7 月至 11 月,王斌忠实际控制兰州鸿祥及其一致行动人、上海嘉池丰等 15 个证券账户(以下简称上海开南账户组)进行证券投资。2013 年 7 月 18 日起,上海开南账户组开始以上述账户名义一路增持上海新梅。2013 年 10 月 23 日,上海开南账户组合计持有上海新梅股票首次超过 5%,2013 年 11 月 1 日合计持有上海新梅股票 10.02%,2013 年 11 月 27 日,该账户组持有股份已高达 14.86%。需注意的是,上海新梅是于 2014 年 6 月 9 日才收到兰州鸿祥等公司结成一致行动人的通知,这也就解释了为何一致行动人买入股票的时间是如此集中。

王斌忠作为上海开南账户组的管理、使用人,也是上海开南账户组的实际控制人和信息披露义务人。在增持事实发生之后,上海开南账户组在 2014 年 6 月 13 日前,未对账户组受同一人控制或存在一致行动关系的事实进行披露,且在持股比例首次超过 5%、10.02% 时,未履行超比例持股的报告、公告义务。宁波证监局认定,上述行为违反《证券法》(2013 年修正)第八十六条、第一百九十三条,故对王斌忠个人作出责令改正、警告及罚款的行政处罚。2014 年 1 月 27 日,兰州鸿祥和王斌忠对股权变动情况进行了补充披露,从这份公告中我们还掌握到了以下几个细节:

1. 在兰州鸿祥与另外 5 家公司结成一致行动人之前,王斌忠已将其控制的自然人账户股份全部转让给兰州鸿祥,上述自然人证券账户已不再由王斌忠实际控制、管理。

2.《一致行动人协议》签署后,王斌忠将实际控制的账户移交相关主体,且不再担任上海开南副总经理一职。

3. 王斌忠已出具《关于王斌忠改正信息披露违规行为的措施报告》,对前期披露信息进行了更正、补充及公告,并向行政处罚书中的指定账户缴纳了相关罚款。

(二)以讼为攻初启动,兴盛集团诉举牌方

在王斌忠被宁波证监局处罚后,兴盛集团“趁势追击”。以举牌方违反证券监管、涉嫌证券欺诈为由,2015 年 2 月 25 日,兴盛集团将王斌忠、开南账户组共 16 被告诉至上海一中院,此为双方的首场诉讼博弈。在常见的公司控制权争夺中,以诉

讼作为攻守双方对垒的手段并不罕见，一是法院中立的第三方角色可对双方久战不决的争议问题给出一个确定的结论，相对而言，此种方式更容易被股东、投资人及市场所能接纳，影响更广，公信力更高。二是诉讼常常作为守方拖延攻方收购进程的策略，在法院未能对双方争议作出最终判决前，守方均可以其自我主张来挟制对方。兴盛集团与举牌方的对战方法就很好的印证了这一点。

兴盛集团的诉求是，请求法院判令上海开南账户组自2013年10月23日即持有新梅公司股票首次达到5%之日后的股票买入行为无效，并希望强制抛售各被告当日及后续购买的股票，所得收益需赔偿给上海新梅。兴盛集团认为，开南账户组在合计持有新梅公司股票达到5%和10%时，未依法履行信息披露义务，损害了上市公司各股东的知情权、交易选择权，且严重侵害了原告对上市公司的控制权和反收购权，构成对上市公司的恶意收购。同时主张无效法律行为自始无效，被告在持有新梅公司股票期间不应享有相应的股东权利。包括但不限于表决权（提案权和投票权）等各项权利或权能。

上海开南账户组对兴盛集团的“落井下石”分别从程序上和实体上予以回击。

程序上：(1)上海开南账户组认为本案属于证券欺诈责任纠纷案件，应以证券监督管理机构的处罚决定作为民事诉讼的前置程序。本案被告中除王斌忠符合外，其余被告均未受过证监会的行政处罚，因此被告主体不适格。(2)兴盛集团作为上海新梅的股东，提起本案诉讼的实质属于股东代表诉讼，但其未履行相应的股东代表诉讼的前置程序。

实体上：(1)对于违反信息披露义务下的股东增持行为是否无效，上海开南账户组认为证券监管机构对王斌忠的行政处罚在性质上属于行政管理性规定而非效力强制性规定，被告的违规行为并不导致交易行为必然无效。鉴于证券交易规则的特殊性，如法院确认其买入新梅公司股票的行为无效，在公开集合竞价的证券市场上将已买入的股票返还给相应的出售方并收回股票买入价款是不现实的，因此不仅无法产生达到无效返还的后果，反而会对新梅公司股票价格产生负面影响，进而威胁到证券市场交易的稳定性。(2)证券法规定的收购行为需持股比例达到30%，而上海开南账户组合计持有新梅公司股票比例与30%相差甚远，不属于证券法规定的收购行为，仅是在证券二级市场上买入新梅公司股票的普通交易行为，不存在所谓的恶意收购。(3)被告王斌忠履行了被证券监管机构责令改正的义务，目前已经合法持有新梅公司的股票，兴盛集团要求判定其在持有新梅公司股票期间不得享有股东权利，缺乏相应法律依据。(4)兴盛集团未提供证据证明其财产权益遭受损害，故要求各被告承担民事赔偿责任缺乏依据。

2015 年 9 月 16 日,上海一中院对该案进行法庭审理。从法院的裁判观点中,我们对本案,甚至说是本次控制权争夺的关键"症结"可以洞见一二。

审判重点一:在未履行信息披露义务的情况下超比例购买新梅公司股票的交易行为是否有效。法院认为证券交易行为具有特殊性,虽然从法律属性划分证券交易属于买卖行为,但其又与发生于特定交易主体的一般买卖行为存在显著差别。证券交易行为的交易主体涉及众多证券投资者,且交易双方并非一一对应。王斌忠系通过其实际控制的各被告的证券账户,按照证券交易所的交易规则,通过在交易所集合竞价的方式公开购买了新梅公司的股票,其交易方式本身并不违法。根据我国《证券法》(2014 年修正)第一百二十条第一款的规定,按照依法制定的交易规则进行的交易,不得改变其交易结果。如将交易行为认定为无效,将股票返还给相应的出售方并收回股票买入价款不具有操作可能性。因此,法院认为违反大额持股信息披露义务而违规购买上市公司股票的行为并不属于我国证券法应确认交易行为无效的法定情形,法院对上海开南账户组的持股的合法性予以确认。

审判重点二:原告兴盛集团作为大股东的合法权益是否因被告的违规行为而遭受损失。上海开南账户组未依法及时履行信息披露义务,在二级市场超比例大量购买新梅公司股票的交易行为,的确侵害了包括兴盛集团在内的广大投资者的知情权和交易自主选择权。但根据我国现行《证券法》及相关司法解释的规定,未履行信息披露义务的股东(侵权行为人)负有对遭受损失投资者的民事侵权损害赔偿责任。在本案中,兴盛集团并未主张财产性权益损失。

审判重点三:上海开南账户组的增持行为是否侵害了兴盛集团对新梅公司的控制权及反收购权。对这一问题,上海一中院对控制权和反收购权分别作出了详细阐述。首先,上市公司的控制权仅表现为投资者根据其投资比例依法享有的对公司管理事务表决权的大小,并非控股股东依法所应享有的法定股东权利。作为公众公司,为促进市场资源配置最优化,其本质的特征就在于符合条件的投资者均可依法自由买卖该上市公司的股票,因而上市公司控制权会因投资主体持股数量的变化而随时发生变更。兴盛集团主张上海开南账户组增持行为侵犯其控制权的主张于法无据。其次,兴盛集团主张的反收购权同理。反收购并非一个法定概念,也非股东的法定权利。我国《证券法》(2014 年修正)、《公司法》(2013 年修正)以及中国证监会发布的《上市公司收购管理办法》(2014 年修正)中均未赋予上市公司的控股股东享有反收购的法定权利。目前,对于反收购行为的规制只体现在《上市公司收购管理办法》(2014 年修订)第八条,[1]但这条是约束目标公司的董事、监事、高级管理人员不得滥用职权对收购设置不适当的障碍,为了一己私利而对公司收购人采取不正当的反收购措施。因此,任何证券市场主体均不享有兴盛集团所主张的所谓反收购权利,而目标公司管理层也只有在为维护公司及广大股东合法利益的前提下才可以采取合法的反收购措施。

审判重点四:上海开南账户组的股东权利是否应受限制。如前文所述,一致行动人在 2014 年 6 月结盟之后,曾提出罢免董事长张静静、在 2013 年股东大会中增加网络投票两项议案,但上海新梅董事会以已向证监会举报举牌方违规增持、存在被处以行政处罚的可能性拒绝一致行动人的提案。在本案中,法院对举牌方的股东权利是否应受限制的争议加以明确。我国《证券法》(2014 年修正)第二百一十三条规定的是证券监督管理机构对未履行公告义务的收购人依行政职权作出行政处罚决定后,在责令改正人改正前,收购人对其收购或者通过协议、其他安排共同收购的股份不得行使表决权。本案中,宁波证监局对作出责令改正违法行为,并处以 50 万元的罚款后,王斌忠于 2015 年 1 月 22 日通过中国工商银行向中国证监会缴纳罚款 50 万元,并和上海开南作为信息披露义务人共同发布《上海新梅置业股份有限公司详式权益变动报告书(补充披露)》。法院认为,宁波证监局是否全面履行改正义务应由作出行政处罚决定的证券监督管理机构予以审查认定,截至判决之日,相关证券监督管理部门并未进一步责令王斌忠或其他被告改正其他违法行为,或要求其进一步补充信息披露,故视为被告的改正行为已完成。原告提出的改正行为尚未完成的诉称意见,缺乏相应的事实及法律依据,故不予认可。

2016 年 6 月 30 日,上海一中院对该案作出判决,驳回兴盛集团全部诉讼请求。兴盛集团表示不服,向上海高院提起上诉。上海高院在审理过程中,2016 年 11 月 22 日,兴盛集团以庭外达成和解为由,撤回上诉请求。

(三)新梅董事越俎代庖,开南发起双诉讼反击

1. 更换审计机构起波澜,开南系提案表决权被剥夺

2015 年 3 月 7 日,上海新梅董事会发布《关于召开 2015 年第一次临时股东大会的通知》,会议主要是对聘请 2014 年度财务审计机构和内控审计机构的议案进

---

[1] 《上市公司收购管理办法》第八条,被收购公司的董事、监事、高级管理人员对公司负有忠实义务和勤勉义务,应当公平对待收购本公司的所有收购人。被收购公司董事会针对收购所作出的决策及采取的措施,应当有利于维护公司及其股东的利益,不得滥用职权对收购设置不适当的障碍,不得利用公司资源向收购人提供任何形式的财务资助,不得损害公司及其股东的合法权益。

行审议,拟聘任的审计机构均为众华会计事务所。早在2014年6月的股东大会上,上海新梅董事会就曾提出了聘任2014年度财务审计的议案,但股东大会以67.4%的反对比例否决了该议案。就在2015年1月,上交所公司监管一部向上海新梅曾发出《关于督促上海新梅置业股份有限公司及时聘任2014年度财务审计机构的监管工作函》,要求公司和全体董事,应本着对投资者负责的态度,采取有效措施尽快确定2014年度财务审计机构,并按要求及时履行信息披露义务。

就在新梅董事会提出议案后的两天,2015年3月9日,以上海开南为代表的一致行动人发函要求在上海新梅2015年第一次临时股东大会中增加《关于聘请德勤华永会计师事务所(特殊普通合伙)为公司2014年度财务审计机构及内控审计机构的议案》,并提出《关于免去林燕女士公司独立董事的议案》《关于推荐崔皓丹先生为公司第六届董事会独立董事候选人的议案》。3月12日,上海新梅发布第六届董事会第十三次临时会议决议公告,公司董事会对上海开南及其一致行动人提出的议案进行了初步审核,认为相关提案材料内容尚存在错误或遗漏,要求一致行动人进行补正。新梅董事会假借补正材料之名,实为变相拒绝开南系更换审计机构的要求。

此外,在3月13日,上海开南拟罢免的上海新梅独立董事林燕就年度聘任审计机构的事项发表了独立意见:众华会计师事务所从2011年度起连续受聘审计机构以来,勤勉尽责,审计结果独立、客观、公正,不存在不适合继续担任审计机构的情形,并称众华会计师事务所已初步完成了2014年度财务审计和内控审计的预审工作,如在此时改聘会计师事务所,势必会影响公司2014年度年报的按时披露。

2015年3月23日,上海新梅召开2015年第一次临时股东大会,会议在不计入上海开南账户组所持股份之后,以记名、非累积投票的方式审议通过了聘请众华会计师事务所为2014年度审计机构的议案。上海新梅称,王斌忠实际控制的开南账户组因信息披露违法行为被宁波证监局处以行政处罚,截至临时股东大会计票时,由于王斌忠及上海开南账户组未能提供任何监管部门出具的关于能够证明其已改正违法行为的相关文件,根据《上市公司收购管理办法》(2014年修订)第七十五条的规定,王斌忠及上海开南账户组对其支配的股份不享有表决权。

2. 一致行动人启动双诉讼

在股东大会中遭到拒绝的举牌方气愤又无奈,在股东大会结束的第二天即向上海市闸北区人民法院提起两项诉讼。

案件一[(2015)闸民二(商)初字第590号]:是一致行动人以上海新梅公司为被告,众华会计师事务所作为本案的第三人,请求法院撤销公司2015年度第一次临时股东大会会议决议。举牌方合法持有被告16.53%的股份,根据宁波证监局〔2015〕1号《行政处罚决定书》,行政处罚的主体为王斌忠个人,一致行动人并不是承担责任的主体,一致行动人作为股东当然享有在股东大会上行使投票的权利。被告上海新梅剥夺其表决权的行为违反了《公司法》(2013年修正)第四十二条及第一百零三条及《公司章程》第五十九条及股东大会《议事规则》第二十九条的规定。同时,一致行动人请求法院判令众华会计师事务所停止对公司2014年度财务审计。

案件二[(2015)闸民二(商)初字第591号]:举牌方认为,其于2015年3月9日向上海新梅公司提交了3个临时提案并要求在公司2015年第一次临时股东大会上增加事宜,公司董事会审议并做出不应将原告提出的提案提交临时股东大会的决议。举牌方认为,公司董事会作出并公告上述决议没有法律上及公司章程上的依据。依据《公司法》(2013年修正)第一百零二条,股东提出临时提案并书面提交董事会后,董事会应当将该临时提案提交股东大会审议,所以被告董事会无权作出不应提交股东大会审议的决议。故请求法院撤销本司第六届董事会第十三次临时会议决议。

2016年10月11日,原告、被告双方达成和解为由,共同向上海市静安区人民法院[①]提出撤诉申请。

(四)上海新梅"巧"借东风,上海开南被全面"封锁"

2015年5月6日,上海新梅作为原告,将王斌忠及开南账户组起诉至上海一中院。上海新梅认为,王斌忠自2013年7月18日起通过实际控制以上海开南账户组持续不断买卖公司公开发行股票的行为,违反了《证券法》(2014年修正)第八十条——"禁止法人出借自己或者他人的证券账户"的规定。上海新梅认为,一致行动人给王斌忠出借证券账户、供其交易的行为属于禁止交易行为,王斌忠借用他人账户交易股票的行为亦属于禁止交易行为,因此请求法院判令被告买入原告股票的交易行为无效。

2015年5月,上海开南账户组向上海新梅董事会发函,要求以持股10%以上股东身份提请召开公司临时股东大会,审议更换3名董事和选举1名监事的相关议案。2015年5月21日,上海新梅董事会发布公告称,宁波证监局在2015年1月20日下发的《行政处罚决定书》已确认王斌忠及其控制的上海开南账户组交易公司股

① 原上海市闸北区人民法院因"撤二建一"被撤销,2016年3月30日起由上海市静安区人民法院继续审理。2016年9月27日,上海市静安区人民法院作出民事裁定书,裁定(2015)闸民二(商)初字第590号、591号两案并入(2015)闸民二(商)初字第1097号案件审理。

票行为存在违法，公司也据此提起了法律诉讼，要求确认王斌忠及其控制的上海开南账户组交易公司股票的行为无效。上海新梅董事会认为，在法院最终判决前，上海开南账户组持股的法律效力处于待定状态，如果让其继续行使提案权、表决权，很可能会对公司的治理和经营造成不可逆转的严重影响。上海新梅董事会还表示，在法院作出最终判决前，公司暂不接受上海开南账户组提出的任何提案，也不认可其表决权。

其后，上海开南账户组继续就同一议案向上海新梅监事会提请。2015 年 5 月 27 日，上海新梅监事会作出与董事会同等答复。至此，上海开南账户组行使股东权利的可能性全部被堵死，这也为日后董事会格局的变革埋下了伏笔。

（五）股东大会又遭拒，上海开南再次起诉

2015 年 6 月 3 日，上海新梅董事会发出股东大会通知，拟于 2015 年 6 月 23 日召开年度股东大会，参会股东应于 2015 年 6 月 16 日至指定场所进行会议登记。开南系一致行动人在会议登记当日欲进行股东登记之时却被上海新梅拒绝。2015 年 6 月 25 日，上海新梅召开 2014 年年度股东大会。一致行动人通过交易系统平台就公司全部议案投的反对票在公司统计表决结果时未被计入，最终公司全部议案获得通过。2015 年 6 月 25 日，上海开南账户组股东将上海新梅诉至上海市闸北区人民法院，请求法院判令上海新梅 2014 年年度股东大会决议无效。原告开南系认为，其合法持有公司 16.53% 股份，根据宁波证监局〔2015〕1 号《行政处罚决定书》，行政处罚的主体为王斌忠个人，一致行动人所代表的六家公司并不是承担责任的主体，原告作为股东当然享有参与股东大会并在股东大会上行使投票的权利。

需加以说明的是，上海开南账户组于 2015 年 3 月 24 日及 2015 年 6 月 3 日诉请上海市闸北区人民法院，请求撤销上海新梅 2015 年第一次临时股东大会决议、拒绝将三项议案提交临时股东大会决议以及 2014 年年度股东大会决议三起公司决议效力确认纠纷案件，皆因兴盛集团/上海新梅诉上海开南账户组股东身份及买卖股票行为效力一案待由上海一中院作出判决/裁定而被暂停审理。①

就在上海新梅发布上述诉讼公告后的 3 日之内，上海新梅的股票价格连续 10 个交易日内累计跌幅超过 30%。显然，广大投资者对上海新梅与上海开南的斗争已逐渐失去兴趣，对上海新梅的经营能力丧失信心。

---

① 2015 年 9 月 8 日《上海新梅置业股份有限公司诉讼进展公告》，载巨潮资讯网。

（六）上海开南诉请公司高管赔偿之诉

2015 年 6 月 29 日，兰州鸿祥、兰州瑞邦、上海开南等向上海市徐汇区人民法院递交了民事起诉状，以公司董事及高级管理人员张静静、曾志锋、何婧损害上市公司利益为由，诉请法院判决上述人员赔偿上市公司人民币 612.42 万元（上市公司 2013 年度及 2014 年度亏损总额的 10%），上市公司为该案件第三人。2015 年 7 月 29 日，上海市徐汇区人民法院出具（2015）徐民二（商）初字第 5987 号《受理通知书》，受理了本案。案件受理后，张静静、曾志锋、何婧向徐汇区法院提出了管辖权异议。2015 年 10 月 29 日，上海市徐汇区人民法院出具了（2015）徐民二（商）初字第 5987 号《民事裁定书》，裁定本案移送上海市闸北区人民法院审理，目前该案件仍在审理中。

六、举牌方自行召开股东会，谋建“双头董事会”相抗（2015 年 7 ~ 8 月）

2015 年 7 月，上海开南账户组通过《证券市场红周刊》刊登了《公司持股 10% 以上股东自行召开公司 2015 年第二次临时股东大会的通知》，拟于 2015 年 8 月 10 日自行召集召开临时股东大会。上海新梅就此事先后发布澄清公告并进行三次风险提示性公告。上海新梅认为《上海证券报》《中国证券报》是公司指定的法定信息披露媒体，并不认可上海开南账户组发布于《证券市场红周刊》的公司公告。

2015 年 7 月 21 日，上海新梅收到上海证监局对公司反映意见的《答复函》，根据上海新梅发布公告内容来看，上海证监局在答复函中明确要求相关方合法合规行使股东权利，并表示尊重双方争议事项的司法裁定。[①] 上海新梅表示在法院裁定作出之前，不认可上海开南账户组的股东资格及其发布的临时股东大会通知，也不会认可该次临时股东大会所有决议的效力。

2015 年 8 月 3 日，上海新梅向上海开南账户组提出了《对开南账户组拟自行召开临时股东大会所涉议案违反禁止性行为的质询函》（详见公司临 2015 - 038 号公告），上海开南账户组未进行质询答复。

2015 年 8 月 10 日，上海开南账户组如期召开了 2015 年第二次临时股东大会。会议当天，以现场投票方式出席会议的股东和代理人共 20 人，合并网络投票方式出席会议的股东和代理人共 652 人，所持股份总数为 137,298,190 股，占公司股份总数为 30.75%。会议以至少 92% 的通过率审议通过《关于免去罗炜岚女士公司董事

① 《上海新梅置业股份有限公司关于开南账户组拟自行召开临时股东大会的第一次风险提示性公告》，载巨潮资讯网。

的议案》《关于免去曾志锋先生公司董事的议案》《关于免去林燕女士公司董事的议案》《关于选举庄友才先生为公司第六届董事会董事的议案》《关于选举朱联女士为公司第六届董事会董事的议案》《关于选举崔皓丹先生为公司第六届董事会董事的议案》《关于选举袁新健先生为公司第六届监事会监事的议案》等议案。上海开南账户组以其独有方式改组上海新梅董事会,上海新梅"双头董事会"的格局形成。

回看上海新梅与开南系的夺权大战,双方在"交战""停火"中反复,最终"战火"却愈烈不止。我们注意到,宁波证监局未对王斌忠施以行政处罚之前,上海新梅对上海开南账户组的提案多以"材料内容尚不充分、完备"为由间接拒绝举牌方行使股东权利。之后上海新梅拿到了王斌忠操控股票账户、违规增持被处罚这一张"王牌",通过一轮又一轮的诉讼"车轮战",并以司法机关裁定结果未作出为由从拒绝计入举牌方的投票结果演变为拒绝参加股东大会。最终,上海开南账户组被逼无奈只得亲自组建能代表自身利益的董事会。

然而,"双头董事会"局面的出现无疑对公司治理造成了极其严重的影响,使其公司内部控制面临重大缺陷,股东长久以来所宣称的公司转型战略似乎更加难以实现。早在 2015 年 4 月 28 日,上海新梅股票就因存在退市风险停牌警示一天。根据《上海证券交易所股票上市规则》(上证发〔2014〕65 号,已失效)的规定,上市公司最近 2 个会计年度经审计的净利润连续为负值,上交所将对其实施退市风险警示。股票被实施退市风险警示后,公司披露的最近 1 个会计年度经审计的净利润继续为负值,上交所则决定暂停其股票上市。根据上海新梅 2014 年度报告的会计数据,2013 年度归属于上市公司股东的净利润为 -26,728,499.80,2014 年度该数据继续下滑,股东净利润为 -34,514,232.68。这就意味着,如果上海新梅在 2015 年度不能实现股东净利润的扭亏为盈,则面临退市风险。可以说,从上海开南账户组发布自行召开股东大会的公告以来,上海新梅便陷入了极度恐慌与焦灼之中,在这一场战役中留给上海新梅的时间不多了。

2015 年的上海新梅正经历末路之难,以企业转型实现乾坤再造的战略规划似乎更加遥不可及。

七、新梅董事试图"自救",行政监管频发问询(2015 年 12 月)

上海开南"自立门户"不久,上海新梅即宣布停牌。2015 年 9 月 9 日、10 月 9 日、11 月 9 日、12 月 9 日,上海新梅分别以资产收购为由,接连发布重大资产重组停牌公告。眼看 2015 年即将结束,上海新梅面临持续亏损导致退市的风险,为回笼资金、改善公司捉襟见肘的财务状况,2015 年最后 1 个月的时间里,上海新梅接连进行了以下几个大动作。

(一)停止上市前的自我救赎

1. 出售办公用房,盘活存货资产

2015 年 12 月 4 日,上海新梅董事会发布公告,拟将其控股子公司新梅房地产① 拥有的新梅大厦第 5、6、7、8、9、11 层整层办公用房的产权出售,若本次拟出售的办公用房全部销售完成,预计将为公司增加净利润 4500 万 ~ 5500 万元。② 上海新梅此举是为了盘活公司的存量资产,减少房产市场的持续低迷对公司经营业绩的影响,优化资产结构及提高资产运营效率。2015 年 12 月 21 日,上海新梅 2015 年第二次临时股东大会以 98.23% 的赞成票通过上述决议。当然,上海开南账户组的持股份额依然未被计入在内。

2. 购买军工资产,拉升业务转型

2015 年 12 月 8 日,上海新梅发布《发行股份及支付现金购买资产并募集配套资金暨关联交易预案》(以下简称预案),拟通过发行股份及支付现金的方式购买江阴戎辉 100% 股权,资产作价 11.5 亿元人民币。江阴戎辉成立于 2010 年 9 月 26 日,是一家主要从事军用特种汽车研发、生产、销售的企业,持有中国人民解放军总装备部颁发的《装备承制单位注册证书》。2015 年 11 月 25 日,上海新梅董事长张静静以本次交易中江阴戎辉 100% 股权的交易价格(115,000 万元)为依据,收购江阴戎辉 16.08% 的股权。③

上海新梅从 2013 年开始主营业务虚空,公司土地开发、房产销售项目后续储备严重不足,房地产业务转型的口号沸沸扬扬,却未能取得实质性进展。本次资产重大重组,上海新梅看上了军工企业江阴戎辉。据其披露,江阴戎辉近年来与国内的军事研究开展项目研发,建立起了较为稳固的合作关系,军工业务需求持续、稳定。在上海新梅看来,江阴戎辉会成为公司的优质资产,这对于改善现有资产质量,增强后续盈利能力有很大帮助。然而广大中小股东对此却并不买单,纷纷对江阴戎辉的生产资质及盈利能力表示不满与质疑。

首先,根据本次预案披露内容,江阴戎辉 2013 年、2014 年、2015 年 1 ~ 10 月的

① 指上海新梅房地产开发有限公司。

② 《上海新梅置业股份有限公司关于控股子公司拟对外销售新梅大厦部分办公用房的公告》,载巨潮资讯网。

③ 《2015 年发行股份及支付现金购买资产并募集配套资金暨关联交易预案》,载巨潮资讯网 2015 年 12 月 9 日。

营业收入分别为756.18万元、330.19万元和377.36万元,净利润分别187.66万元、-1272.93万元和-872.13万元。作为一家资产规模较小、营业收入不佳的轻资产企业,新梅公司却以11.5亿元的巨额资金收购是否值得?

其次,根据预案披露的资产评估机构预评估情况,江阴戎辉预计2016年、2017年、2018年、2019年和2020年将分别实现净利润约6000万元、10,600万元、18,000万元、18,500万元和19,000万元。[①] 相较于2013~2015年的净利润数据翻番十几二十倍不止,试问,评估机构对江阴戎辉未来五年实现的超额、飞速的利润增长是否是出于客观、审慎的预判?预估方法是否科学、合理?

最后,根据本次预案的披露内容,2015年10月29日,南京市秦淮区人民法院作出(2014)秦执字第3075-3号《执行裁定书》,该院在审理江苏汇鸿[②]与任标买卖合同纠纷一案中,依江苏汇鸿申请执行,裁定依法通过淘宝网公开拍卖江阴戎辉公司原股东任标所有的10%的股权,买受人最终以1037.80万元的价格竞得。据此推算,江阴戎辉100%股权当时的估值应为1.037亿元。而本次重组收购交易距离执行仅过去一月有余,资产交易标的预估值却增长10倍。据当时新闻媒体报道,中小股东对上海新梅以10倍溢价购买一个资产优势并不凸显的军工企业的迷惑操作表示"既看不懂,也不理解"。此外值得注意的是,上海新梅董事长张静静在本次收购前不久突击买入江阴戎辉的股票,不知是否对本次作价存在影响?

3.新增发行股本,买入兴盛债权

根据预案披露内容,上海新梅拟向控股股东兴盛集团发行股份购买其持有的本金金额为19,300万元的委托贷款债权,该委托贷款债权的债务人均系上海新梅公司,交易价格初步确认为1.93亿元。上海新梅曾因公司资金周转问题向大股东筹措资金,尽管上海新梅声称购买兴盛集团股东债权是为保证公司转型之后能在业务、资产、财务、人员、机构等方面保持独立性,然而旁观者更倾向认为本次以公开发行股份的方式买入兴盛集团的债权,是为兴盛集团增持上海新梅股额创造机会。

4.定向募集配套资金,持股比例明显集中

根据预案披露内容,上海新梅在本次公司重组中除前述几项资产整合措施外,上海新梅还拟向张静静、王晓昱、张健、宝新投资非公开发行股份募集配套资金,配套资金总额不超过72,000万元,其中张静静拟认购金额比例最高不超过60,000万元。我们注意到,本次重大资产重组方案中,上海新梅向兴盛集团发行股份购买贷款债权、向张静静发行股份购买其持有的江阴戎辉16.08%股权及向张静静、张健

---

① 《2015年发行股份及支付现金购买资产并募集配套资金暨关联交易预案》,载巨潮资讯网。

② 指江苏汇鸿股份有限公司。

非公开发行股份募集配套资金,都将大幅拉升实际控制人的持股比例。根据预案内容显示,通过本次交易的实施,公司实际控制人张兴标先生及其一致行动人张静静女士直接和间接持股合计持有上海新梅公司股份比例将由目前的11.19%提升至27.22%;即便不考虑配套募集资金,其持有上市公司股份比例也将由目前的11.19%提升至14.77%。①

我们注意到,2015年12月9日,上海新梅董事会审议通过了上述相关议案,但根据2015年第二次临时股东大会的会议资料,在不计入上海开南账户组表决权的情况下,审议通过了《关于拟对外销售新梅大厦部分办公用房的议案》,其他议案未在股东大会进行审议。

(二)上交所介入监管,上海新梅遭遇双面夹击

1. 上海新梅意图定向增发,上交所首发《问询函》

2015年12月21日,上海新梅董事会收到上交所《关于对上海新梅置业股份有限公司发行股份及支付现金购买资产并募集配套资金预案信息披露的问询函》(以下简称《问询函》)。上交所就预案中涉及的主要风险问题要求上海新梅加以说明和披露。

上交所要求财务顾问和审计师就江阴戎辉以前年度未实现盈利的情况下,本次评估预计未来能够实现大额盈利且保持利润高速增长的原因及合理性加以说明,同时要求补充披露江阴戎辉资产在1个月时间内估值增长10倍的原因及合理性。

针对购买大股东兴盛集团委托贷款债权事宜,上交所认为,新梅公司与股东兴盛集团对上海开南账户组是否具备股东及表决权资格存在异议,在法院未能作出最终判决前,兴盛集团作为本次重组的主导方,应补充披露上述股东争议是否将对本次重大资产重组的后续进展产生重大不确定性。

针对江阴戎辉专注从事军工产品的研发、生产及销售,属于军工产品科研、生产企业。上交所要求请上海新梅补充披露将江阴戎辉的资产认定为"军工产品科研、生产企业"的主要依据。

2015年1月5日,上海东洲资产评估有限公司、安信证券股份有限公司、国浩律师(上海)事务所分别就证监会问询事宜进行了补充披露,本文在此不展开赘述。

---

① 《2015年发行股份及支付现金购买资产并募集配套资金暨关联交易预案》,载巨潮资讯网。

2. 诉讼进展选择披露，继收《工作监管函》

2015 年 12 月 23 日，上海新梅发布一则《诉讼进展公告》。2015 年 12 月 16 日，上海一中院就上海新梅诉王斌忠及上海开南账户组等 8 名被告买入股票行为无效一案，法院召集各方当事人进行质证。其中一份证据是上海一中院办案人员到宁波证监局调查并取得的《工作记录》。根据这份证据中记载的情况，宁波证监局并不认可王斌忠和上海开南账户组已经改正违法违规行为。基于宁波证监局的这一观点，上海新梅认为这是对上海开南账户组违法行为并未改正完成的有利证据，并表示在上海开南账户组改正完成前，仍将对上海开南账户组的表决权不予认可。

2015 年 12 月 28 日，上海新梅披露收到上交所的监管工作函。上交所要求上海新梅就《诉讼进展公告》披露内容是否属于法院审理认定事实，法院是否已出具相关司法裁定文书，公司是否存在以主观判断片面摘录法院庭审辩论内容的情况加以说明。此外，上交所认为法院庭审质证作为一项法定诉讼程序，可能需要涉及多份证据材料，单份证据的质证过程对最终判决认定的影响尚有重大不确定性。上海新梅应就披露的诉讼进展是否存在选择性披露的情况以及公告披露上述材料是否超出法院授权范围、是否违反法院相关要求加以说明。

2015 年 12 月 29 日，上海新梅董事会就函件提及内容进行了回复。上海新梅认为法庭当庭宣读的《工作记录》内容，是调查所得的客观事实，属于法庭依职权调查取得的客观证据，不是原告、被告双方的质证意见和辩论内容，也不是原告、被告双方的观点，因此不存在主观判断片面摘录法院庭审辩论内容的情况。此外，本案不存在涉及国家秘密、个人隐私等不应当公开的情形，当事人也从未申请要求对本案进行不公开审理。因此，依照公开审理原则，该次质证程序中所开示的证据属于公开信息，本次诉讼进展的披露不违反《民事诉讼法》，也无须法院授权。

3. "再转型"真假难辨，上交所频发问询函

2016 年 4 月 9 日，上海新梅发布 2016 ~ 2018 年转型规划纲要，提出侧重向军事装备产业、信息安全产业、综合娱乐产业转型。4 月 12 日，上交所就战略转型情况发出问询函。上交所问询，上海新梅在 2012 年年报提出"密切关注新材料、白酒和金融等行业，培育公司的第二主业并逐步实现转型"，但截至目前公司战略未有实质性进展。上交所要求上海新梅就 2016 ~ 2018 年转型规划纲要进行可行性论证以及公司主营业务调整的具体安排。4 月 16 日，上海新梅回复了迟迟未转型的原因，多归结于政策风险因素与资产重组难度上，本文在此不再赘述。

此外，在 2016 年 4 月 21 日，上交所对上海新梅 2015 年年度报告发出了事后审核问询函，要求其对房地产经营情况、营业外收入等财务情况、资产重组等情况进

行补充披露。可以说,在2015年年底至2016年年初,上交所对上海新梅额外关注,这个时间点正好处于上海新梅即将面临暂停上市前的危机阶段,可惜覆水已难收,公司混乱的治理局面已成定局。如果上交所能在上海新梅与开南系争夺控制权时及时干预,不知是否会是另一番境地。

八、暂停上市危机四伏,力求"自保"握手言和

(一)股东利润持续为亏,上海新梅暂停上市

2016年3月18日,上海新梅发布2015年年度报告,经审计的净利润继续为负值。2016年3月31日,上交所作出《关于对上海新梅置业股份有限公司股票实施暂停上市的决定》(上证公字〔2016〕84号),自2016年4月8日起上海新梅暂停公司股票上市。之后,上海新梅定期披露董事会为恢复股票上市采取的措施及工作进展情况。其中包括,加大对存量房产的销售、出租,回购河南省宋河酒业股份有限公司的股份,[①]继续推进资产重大重组工作等。

2016年6月9日,上海新梅发布公告终止与江阴戎辉的重大资产重组事项,并在之后的投资者说明会上就相关情况进行了说明。上海新梅就终止重大资产重组解释为,上市公司股权诉讼等事项影响了公司治理的稳定性,在当前公司治理现状下能否获得中国证监会的行政许可是尚需克服的法律障碍。这让人们不禁疑惑,上海新梅在宣布重组江阴戎辉之时,已处于公司股权诉讼阶段,对于证监会能否接受新梅资产重组申请必早有预判,为何还要花费将近一年的时间去验证?上海新梅将重组失败的原因归结于股权诉讼有避重就轻的嫌疑,真实的原因更可能是公司经营持续亏损,寄希望于重组军工企业只是暂时缓解停止上市的危机,借机拉升股价。不料引来了投资者的质疑与群嘲,无奈只能悬崖勒马、暂且作罢。

(二)两大股东和解,新达浦宏成为第一大股东

2016年10月10日,兴盛集团与上海开南分别与新达浦宏[②]签署《股份转让协议》,两大股东分别将其持有的上海新梅11.19%、7.07%的股权转让新达浦宏。其

---

① 上海新梅全资子公司喀什中盛创投有限公司于2012年11月与辅仁药业集团有限公司签署《股份转让协议》,受让了其持有的河南省宋河酒业股份有限公司5%的股份。根据《股份转让协议》的约定,如果宋河酒业在相关股份转让完成3年内未能完成公开发行上市,喀什中盛有权要求辅仁集团回购其所出让的全部5%股份。根据协议约定,宋河酒业相关股份的回购期于2015年12月18日届满。在回购期满之前宋河酒业并未实际完成上市工作,因此上海新梅在2015年12月21日召开董事会审议启动了回购程序。

② 指上海新达浦宏投资管理有限公司。

中,举牌方开南系转让的股权仅为开南投资本身直接持有的7.07%股份,尚不包括其一致行动人兰州鸿祥、上海腾京等合计逾9%的持股。与此同时,新达浦宏也“集结”其母公司浦东科投[1] 2.21%、浦科控股[2] 1.51%的零散股份。本次权益变动之后,新达浦宏共计持有上海新梅股份22.05%,成为上海新梅实际控制人及第一大股东。

新达浦宏成立于2016年9月2日,自成立以来主要业务是股权投资。新达浦宏主要受浦东科投管理和实际控制。而浦东科投的股东分别是宏天元[3]、上实资产[4]和浦东控股[5],三家持股比例较为接近,分别持有浦东科投40%、35%和25%的股权,但在上述股东中没有任何一个股东能够单独对浦东科投形成控制关系。值得一提的是,上实资产的实际控制人为上海市国资委,浦东投控的实际控制人为上海市浦东新区国资委,宏天元的实际控制人为浦东科投管理层。[6]

对于上海新梅而言,2016年第四季度是保壳的最后机会。但从2016年上海新梅的财务表现来看,恢复上市仍然是步履维艰、希望渺茫。在上海新梅9月29日的股东大会现场,浦东科投董事长以上海新梅恢复上市工作小组召集人的身份出席会议,并且就工作小组的成立背景、工作进展和下一步计划作出详细说明,其推动意义明显。浦东科投本次收购兴盛集团、上海开南股权颇有“救火”意味。此前,浦东科投持股比例并不高,其直接持股仅为2.21%,而子公司浦科投资持股1.58%,二者合计3.79%。无奈上海新梅两大股东陷入争斗已久,在公司已暂停上市情况下,身为除两大股东之外持股量最大的“小股东”,浦东科投在保壳关键时刻不得不出面调停。浦东科投通过股权收购成为上海新梅第一大股东,实则有利于浦东科投在恢复上市过程中理顺股权结构,推动公司治理架构的优化。参与其中的一位小股东评价:“如果没有浦东科投居中调停,这件事(恢复上市)就是奢望。”

(三)改组公司治理结构,“紧锣密鼓”力争复市

浦东科投成功“上位”之后,为上海新梅恢复上市做了一系列努力,主要有以下几方面措施:

(1)先后召开了公司职工代表大会及临时股东大会,选举并产生了公司新一届

---

① 指上海浦东科技投资有限公司。

② 指上海浦科投资控股有限公司。

③ 指上海宏天元创业投资合伙企业(有限合伙)。

④ 指上海上实资产经营有限公司。

⑤ 指上海浦东投资控股有限公司。

⑥ 2016年10月13日《详式权益变动报告书》,载巨潮资讯网。

董事会和监事会。2016 年 11 月 17 日,召开第七届董事会第一次会议,选举李勇军先生担任公司董事长,同时重新聘任了具有丰富房地产经验的公司新一届管理层,公司管理权正式移交。

(2)主张公司和兴盛集团、上海开南共同签署《备忘录》,各方按照约定提出撤诉申请,公司及上海开南提起的所有相关诉讼已撤诉。

(3)上海新梅控股子公司新梅房地产出售 8 层办公用房产权,合计人民币159,533,440元。

(4)上海新梅全资子公司喀什中盛创投有限公司与辅仁药业集团有限公司、辅仁控股有限公司签订了有关河南省宋河酒业股份有限公司的《股份回购协议》已如约收到回购款项共计 1.5 亿元。

(5)降低公司运营成本,2016 年度财务费用明显下降。2016 年度资产减值计提与上年同期相比亦大幅减少,前述事项对于上市公司利润将起到积极作用。

(6)建立并完善公司内控制度。2016 年 2 月,上海新梅先后发布一系列制度,例如,为提升公司信息披露质量、规范披露程序而制定的《信息披露制度》、为规制公司股东及实际控制人制定的《控股股东及实际控制人制度》、为防范投资风险、管理股东对外投资行为的《对外投资管理制度》,此外还有诸如《董事会议规则》《独立董事工作制度》《财务管理制度》《信息披露暂缓与豁免业务管理制度》等。

2017 年 2 月 22 日,上海新梅披露的 2016 年年度报告。公司 2016 年度实现归属于上市公司股东的净利润 1954.76 万元,归属于上市公司股东的扣除非经常性损益的净利润 1549.33 万元,截至 2016 年 12 月 31 日,归属于上市公司股东的净资产38,688.23 万元。立信会计师事务所出具了无保留的审计报告,保荐机构海通证券认为公司具备持续经营能力,具备健全的公司治理结构、运作规范、无重大内控缺陷。2017 年 2 月 25 日,上海新梅向上交所提出恢复上市的申请。2017 年 5 月 27 日,上海新梅正式恢复上市。

九、解析双方攻守策略

(一)上海开南的"攻"

在资本博弈中,人们似乎通常习惯于对掌握进攻主动权的一方嗤之以鼻,并以"门口的野蛮人""行业的强盗"等有感情色彩的称谓一以冠之。公司的实际控制人出于对公司操纵的本能、维护现有股东利益的初衷,对外来资本入侵的深恶痛绝能为常人所理解。然而在纷争止息、时过境迁之后,我们作为局外人再次回顾资本市场中这些在当时甚嚣尘上的历史时刻,如不能跳出利益的纠葛、人性的狭隘、思维的局促,我们思考很可能是片面的、无意义的,我们更希望在解析双方攻守策略的时候,能站到全局的、广阔的视野来看待。

公司治理是公司发展的命脉所在,如因其内在缺陷而使公司面临失灵的危险,那么希望通过控制权争夺而重新构造股东结构、董事会关系则对提升公司效率、改进治理结构具有积极意义。

1. 随"风"潜入,是"盾"也是"矛"

2012 年年底至 2013 年年初,上海新梅一系列的大动作——兴盛集团分立、股东陆续减持的最终后果就是引起了上海开南系的注意。2013 年 11 月,上海开南首次披露持股超过 5%,然而事实上是自 2013 年 7 月开始,以王斌忠为首的上海开南已悄然建仓,11 月只是正式吹响了"冲锋的号角",且在披露之时已实际持有上海新梅 14.86% 股份,跃居第二大股东。2014 年 1 月 27 日,上海开南对上海新梅持股比例增至 16.53%,构成第三次举牌。在公司控制权争夺过程中,像上海开南系这种违反大额持股申报义务而潜入公司内部的案例也并不少见,如西藏旅游案、万科工会诉宝能系信息披露违规案。然而,站在历史洪流中的上海开南可能万万没想到,这一举也令其在未来的 3 年里与兴盛集团卷入无休止的诉讼与争斗中,最终只能放手。

2. 团结对外,有攻也有守

从前面的案件梳理中,我们不难发现上海新梅与举牌方斗争的导火索正是 2014 年 5 月 31 日上海新梅发布修改公司章程的公告。章程中对包括董事会不再设副董事长、连续 12 个月单独或合计持有公司 3% 以上股份的股东方享有临时提案权的规定激怒了上海开南,上海开南对此并不埋单,随即结成一致行动人与上海新梅展开对抗,并提议罢免董事长张静静以及开通网络投票功能。上海开南此举是为了笼络中小股东的力量,对大股东兴盛集团展开对峙。虽之后双方有停战意向,但第一回合,上海开南表现的并不逊色。

在第二回合中,虽然上海开南因王斌忠被证监会处以行政处罚而牵制住了手脚,但在上海新梅发动首轮诉讼攻击后,上海开南也不甘示弱,先后以上海新梅剥夺其表决权及提案权向上海市闸北区人民法院提起两项诉讼。虽该诉讼因与兴盛集团发起的诉讼存在关联关系,后中止审理。但无疑对上海新梅董事会也起到了一定的威慑作用,也标志着双方正式开启了对垒。相比其与上海新梅董事会的对峙,双方诉讼中的对抗,上海开南也表现出了守方智慧。在面对上海新梅一再以上海开南未完全履行改正义务为由架空一致行动人行使股东权利,上海开南表示,上海证监局行政处罚的主体是王斌忠,而非未对一致行动人。上海新梅将王斌忠与一致行动人画等号,实为诡谲之技,于法无据。双方正值热战之时,上海开南在保持理智之时不忘毫不留情的回击,守护己方阵地。守擂方上海新梅以违规增持不具有股东权利摇旗呐喊,攻擂方则高举《公司法》大旗誓不投降。

3. 双头董事会,硬刚还是内耗?

在上海新梅明确表示不允许上海开南参与公司 2014 年度的股东大会后,上海开南不甘示弱于当日表示称"无论遇到什么阻碍都将参加股东大会,并投出反对票"。① 然而在股东大会召开当日,上海新梅以上海开南不具有股东资格而使其遭受登门却未能入门之辱。两月后,上海开南凭借其持股 10% 以上股东身份便自行召开股东大会,主要审议内容为罢免上海新梅原董事会成员,并选举"自家人"进入董事会。与上海新梅当日召开董事会的气氛相比,本次会议气氛较为平静,且上海新梅股东并未现身,也并未参与投票。"双头董事会"的出现使双方博弈达到了高潮,不少中小股东为此呼吁双方应搁置争议,尽快谋求公司转型。

"双头董事会"最早出现可追溯至 2004 年,宏智科技因股权之争出现两个股东大会同时召开并诞生两个董事会的一幕,是早期最轰动的双头典型。之后 ST 宏盛(600817)因宏普事业和西安普明的"双头闹剧"而一度拖延重组进程,导致公司面临退市风险。自 2004 年开始,双头董事会多由监管机构介入或者出面调停才息事宁人,缺乏有针对性的快速高效的司法解决途径。上海开南建立双头董事会使上海新梅内部治理面临重大缺陷,双方内耗使得公司转型战略更加难以付诸实施。

(二)上海新梅的"守"

上海新梅董事会针对上海开南所采取的防御措施和抵抗行为均可理解为是对上海开南企图收购公司的反收购措施。反收购手段通常是公司控制权争夺的重头戏。上海新梅在与上海开南搏斗过程中采用的防守策略并不具有独树一帜的特性,但因其前后争斗时间较长,且涉及违规增持股票效力等热点问题,所以具有争议。

1. 利用停牌机制拖延时间

停牌机制的设计初衷是保护上市公司的投资者因对可能影响股价的信息不对称而导致投资利益受到损失,设计初衷在于保护中小股东。现行的《上海证券交易所股票上市规则》(上证发〔2022〕1 号)详细列举了上市公司应当停牌事宜,包括应

① 《上海开南被禁入 * ST 新梅股东大会　谋建双头董事会相抗》,载新浪财经,http://finance.sina.com.cn/stock/s/20150619/011922470414.shtml。

披露的重大信息在披露前已难以保密或者已经泄露或上市公司进行重大资产重组,如可能会对交易价格产生较大影响的,上市公司应当申请停牌。上海新梅针对上海开南的收购意图,曾有两次较长时间的停牌,分别是在上海开南首次举牌的第二天以重大资产重组为由停牌3个月以及上海开南"自立门户"后再次以公司资产重组停牌4个月。上交所发布的《上市公司重大资产重组信息披露工作备忘录——第一号信息披露业务办理流程》(2012年修订,已失效)中规定,上市公司向上交所提出停牌申请时,应说明停牌原因,对连续停牌期限作出明确承诺,连续停牌时间最长不得超过30日。上海新梅两次以资产重大重组作为停牌原因,但均在停牌期限内决定终止筹划本次重大资产重组,根据上交所要求,应在终止重组事项或承诺期届满时,向上交所说明具体原因,并作出3个月不再筹划重大资产重组事项。

根据上海新梅披露在第一次停牌时对终止重组事宜的说明,我们更相信停牌的真实目的就是阻碍收购方继续实施收购行为,借由重组拖延时间,给收购方增加资金压力。上海新梅复牌后,股价一落千丈,不仅给中小股东带来了极大损失,想必也对收购方继续收购的信心大为缩减。至于上海新梅是如何向上交所就其屡次停牌作出说明,逃过上交所监管的"法眼",目前已很难通过公开渠道还原当时的信息,但以长期停牌为手段作为反收购措施,令人生疑,具体可参照康达尔案中的评析。

2. 制定"驱鲨剂"条款:修改公司章程

上海新梅在停牌后使用的第二招就是修改公司章程,主要目的是巩固现有董事会权利,防止上海开南作为收购方掌握公司控制权。在公司控制权中,此种策略称为"驱鲨剂"条款,主要是指公司为防御其他公司的敌意收购行为而采取的反接管手段。对现有董事会通常以先行召开股东大会的方式,在公司章程中增设条款,加大收购者获得公司控制权的难度。制定"驱鲨剂"条款,保障力度大,成本低,效率高,效果好,因此成为上市公司常见反收购手段。上海新梅主要采用的方式为限制上海开南这一刚"入驻"股东的提案权以及在董事会换届选举时,更换董事不得超过全体董事的1/3等,均为"驱鲨剂"的典型方法。更为详细的条款设计前文已做详细阐述,在此不再展开赘述。

上海新梅"驱鲨剂"条款带来的条件反弹,就是修改公司章程成为上海开南系结成一致行动人的导火索,并随之提出罢免现有董事长的议案。最终双方就第一轮回合的斗争达成私下和解,双方各退一步:上海新梅放弃修改公司章程,上海开南撤回提案。可见上海新梅对"驱鲨剂"条款的运用效果十分显著,但可惜的是疗效虽好，但也只是起到了缓解阵痛的效果。笔者认为，在首轮出战之后，如能继续强化对“驱鲨剂”策略的使用，例如，在承认上海开南具有投票权的情况下，可提高对特定、重大事项的投票比例，加大控制权转移难度；又或者设置交错选举董事会条款，并规定每年可更换董事的比例，可以防止收购者较快速的入主董事会；再或者可制定高于监管部门对收购方达到持股比例披露义务的标准，同样具有“击退敌军”的作用。上海新梅在第一回合之后以不承认开南系股东身份这样“一刀切”的防守方式，显得十分不灵活，以至于最终将双方都拖入僵局之中，无奈双双退出。

3. 利用司法诉讼、证监会调查实施反收购

上海新梅的第三招则是利用公权力介入来实现反收购计划，其中包括行政申诉和司法诉讼。上海新梅在提起诉讼之前，兴盛集团已向证监会提交实名举报信。最终证监会介入调查，并对王斌忠予以责令改正及罚款处罚。行政申诉和诉讼相比“驱鲨剂”条款耗时较长，但从双方攻防节奏来看，持久战对实际控制人是有利的，守方要能有效利用这两项措施，可拖住收购方的急速进攻，为反收购赢得时间。上海新梅首先以行政申诉使证监会介入，再以诉讼加持，即使在申诉结果、诉讼判决并未有确定结论之前，依然能以此为由，数次击退上海开南的进攻，暂且抛开其合法性不谈，单就反收购效果而言，这两项措施在双方的控制权博弈中效果最为显著。

上海新梅主动提起的诉讼之一，也是其中最具有影响的是兴盛集团将王斌忠、开南账户组等16被告诉至上海一中院的案件，上海开南要求法院确认上海开南账户组持有新梅公司股票首次达到5%之日后的股票买入行为无效，且在持有新梅公司股票期间不应享有相应的股东权利。上海一中院结合证券交易的无因性，认为“即使证券投资者在交易过程中存在违规行为，只要其系根据依法制定的交易规则进行的交易，交易结果不得改变”。此外，在本案中掣肘上海开南股东权利行使的关键问题是其是否改正违法行为，而对改正行为的认定标准可以说是贯穿上海新梅股权之争的关键。就这一问题，学界尚存在争议。就如本案中代表守方的上海新梅认为，宁波证监局未就上海开南是否履行完毕改正义务作出书面答复，因此应作否定理解。而上海一中院给出的判决则认为，截止判决之日，证券监督管理机构并未采取进一步指令责令被告改正其他违法行为，故视为被告的改正行为已完成。笔者浅见，其一，对《证券法》(2014年修正)第二百一十三条中和《上市公司收购管理办法》(2014年修订)第七十五条中的“改正”的解释应从法律用语的内部统一来看，责令收购人改正的行为应是前文所指的未履行公告义务，因此改正行为也必定限于补充披露，对此不应做扩大解释。股东表决权是股东基于股权享有的基本权

利,上海新梅在未有法超出律明文规定情况下,对股东核心利益予以限制,属于扩大解释,超出了法律条文的一般意义。其二,对于改正行为的判断,如只以形式要件为依据,而避开改正措施的实质不谈,既毫无道理可循又显得过于苛刻。但很显然的是,对收购人违反信息披露的行政处罚如仅限于补充披露即为改正完成,对反收购方维持公司控制权实属不公平,同时也不利于保护证券市场中小股东的知情权。

十、总结

(一)破局上海新梅

2015 年 11 月初,也就是在上海新梅正面临退市危机情况下,资本市场爆出一颗巨雷。泽熙投资管理有限公司法定代表人徐翔,因以非法手段获取股市内幕信息,从事内幕交易、操纵股票交易价格被公安机关依法采取刑事强制措施。随后在案件审理过程中查明,徐翔曾联合 13 家上市公司董事长或实控人,合谋控制上市公司择机发布"高送转"方案、引入热点题材等利好消息,拉抬股价,然后高位接盘 13 家公司大股东减持,并按照约定比例进行利润分成。这 13 家公司中就包括 2013 年上海新梅。也就是说,2013 年的上海新梅的大股东分立、减持并非偶然,南江集团在市场的疑惑中受让兴盛集团所持有的上海新梅股票也并非头脑发热,这背后是一场以石墨烯为热点的联台炒作,最终目的是帮助董事长张静静高位减持套现!

上海新梅在房地产市场如火如荼、一片利好的形势下,却连年巨亏、业务转型失败,说到底一个公司治理的好坏决定着公司能否创造更多价值。上海新梅是典型的一股独大公司,以实际控制人张兴标、张静静为首的大股东对董事会和管理层的控制异常强,导致内部治理机制对大股东的约束有效性失灵。当面临大股东控制的管理层侵吞公司利益时,小股东很难有合法有效的方式维护自身利益。从这一层面来说,公司控制权争夺如能有效展开,对于像上海新梅这样的公司是利于公司提升治理能力和运营效率的,从长远来看,有斗争更有利于公司价值的增长与实现。

(二)上海开南

上海开南的成立时间与其增持上海新梅的时间相当吻合,可以说八千里路云和月,专为新梅而来。曾有媒体报道,举牌方在一篇名为《专访上海新梅举牌方:不是恶意收购,是上市公司不作为》的文章里表露,"举牌方持股的初衷是想与上海新梅实际控制人勾兑重组,但在对方重手迭出的情况下,不得不以夺权来自救。"局外之人已难对上海开南当时收购的初衷已难以瞭如观火,但资本永不眠。无论是控制权争夺的守方还是资本收购的上海开南,他们都曾高举过实现公司价值的大旗,但却又都把精力放在了攻破对方上,在持续3年的斗争中,很难总结出上海开南对公司未来转型和发展有过何样的思路,最终双方都在“乱花渐欲迷人眼”的资本簇拥下向现实妥协。如果历史能重演,不知上海开南还是否会像最初一样坚定的选择上海新梅。

高瓴资本入主格力电器

——格力集团与格力集团管理层背后的博弈

一、父弱子强，管理层久积怨（2003 年 10 月 ~2016 年 11 月）

二、营销“女王”，登顶格力电器（1990 年 1 月 ~2014 年 12 月）

三、手机梦碎，折戟珠海银隆（2015 年 3 月 ~2016 年 11 月）

四、有惊无险，“野蛮人”来敲门（2016 年 11 ~12 月）

五、高瓴资本入局，谁的格力电器（2019 年 4 ~10 月）

六、解析格力电器攻守策略

七、总结：短期共赢是否也意味着长久的安逸？

2019 年 4 月 8 日，格力电器（00651. SZ）发布公告称，控股股东格力集团拟通过公开征集受让方的方式协议转让格力集团持有的格力电器总股本 15% 的股票。10 月 28 日，格力电器发布公告，确定珠海明骏[①]为最终受让方，珠海明骏为高瓴资本旗下的基金。12 月 2 日，格力电器发布公告，格力集团将持有的格力电器 9.02 亿股 A 股流通股，以 46.17 元每股的价格转让给珠海明骏，最终转让总金额为 416.62 亿元，占格力电器总股本 15%。交易完成后，珠海明骏背后的高瓴资本正式成为格力电器第一大股东。

正如改革开放以来，计划经济向市场经济转轨的过程中很多企业一样，格力电器也遇到了如何平衡优秀企业家与防止国有资本流失的问题。至少到目前，格力[②]是成功的，企业平稳发展，优秀的企业家继续管理着企业，国有资产也得以实现增长，格力和珠海国资委是如何做到的？

一、父弱子强，管理层久积怨（2003 年 10 月 ~2016 年 11 月）

公元 1366 年，消灭了陈友谅，攻下了张士诚的绝大部分领地的朱元璋，距离一

① 指珠海明骏投资合伙企业（有限合伙）。

② 统指格力集团和格力电器。

统江南仅有一步之遥，就在这个时候，朱元璋作出了一个决定，他要把小明王韩林儿接到应天。小明王韩林儿和刘福通的红巾军曾经威震天下，各地义军纷纷打着红巾军的旗号起义，郭子兴朱元璋也在其中，朱元璋和红巾军其实是一种“挂靠”的关系。但此时经历和元军多年的战争，红巾军消耗殆尽，韩林儿无兵无将，已经是光杆司令一个。而朱元璋地盘广大，兵多将广，如果朱元璋想称帝，那么韩林儿是他必须迈过去的坎，很显然，朱元璋这次来接韩林儿过来，肯定不是想把他打下的江山拱手相让。史料没有记载韩林儿在出发前作何感想，是欣喜，还是绝望，但显然很快他将从这个苦恼中解脱，因为负责押送的廖永忠在半路把船凿沉，韩林儿一命归西。韩林儿的悲哀在于，虽然他是领导，但是没有与之相匹配的实力。韩林儿和朱元璋像极了格力集团和格力电器。

根据《珠海格力集团有限公司2019年年度报告》，格力集团2019年合并营业收入2029亿元，而同期格力电器实现营业收入2005亿元，格力电器的营业收入占整个格力集团营业收入的98.8%。2020年第一季度是格力集团不再将格力电器并入财务报表的首个财务期间，根据《珠海格力集团有限公司2020年一季度财务报告》，格力集团实现营业收入4.46亿元，同比下降98.9%，净利润2.37亿元，同比下降95.8%。除了名义上的控股关系之外，格力集团确实没有让格力电器服气的底气和实力。

格力电器1991年成立时，隶属于珠海市国资委100%控股的格力集团。1996年，格力电器换股上市时格力集团仍持股60%，是格力电器的绝对控股股东。目前巨潮资讯网可以查到格力电器最早的年报是2001年年报，截至2001年年末，格力电器的第一、第二大股东分别为格力集团和珠海格力房产有限公司，持股比例分别为50.28%和8.38%，合计持有格力电器58.66%的股份。直到2006年格力电器股权分置改革之前，格力集团持股始终保持在50%以上。

但是，梳理双方的过往来看，作为格力电器的控股股东，在格力电器的发展历程中，格力集团并没有提供过什么强有力的支持。2016年12月，董明珠在做客海南生态软件园《我是创始人》时曾说了这样一段话：“格力遇到困难的时候找国资委，国资委不搭理，让我们自己解决。但是遇到利益问题的时候，珠海政府手就伸的很长，什么政府决定、国资委要求，可能就会出来这些。我随时准备跟他们斗，一定要坚持原则。”从董明珠这段公开抱怨中，我们看出在格力电器的发展过程中，以董明珠为代表的管理层和大股东之间在公司管理方面发生过不少的冲突，我们仅就媒体公开报道的事件进行一番梳理。

(一)格力集团“顺手牵羊”,董明珠“围魏救赵”

格力集团和格力电器的第一次冲突发生在2003年,在朱江洪和董明珠的领导下,格力电器业绩年年攀高,市场影响力越来越大,格力的品牌越来越值钱,格力集团也动起了格力品牌的脑筋,2003年10月,一篇《格力进军厨具市场》的文章被广泛转载,格力电器一度被认为要多元化了。由于小家电质量差、投诉多,连锁引发了市场对格力空调的负面印象。

“前方吃紧,后方紧吃”,格力电器在一片红海市场厮杀,股东却利用格力品牌给自己谋利益,这种行为激怒了格力电器。朱江洪要求格力小家电停止使用“格力电器”商标,但格力集团未予理会。朱江洪后又提出收购格力小家电,集团也未通过。对于集团的这种行为,11月4日,董明珠同时在全国二十多家媒体发表声明,指出格力电器只生产空调,格力小家电借用“格力电器”“格力空调”这些属于格力电器公司的商号来宣传自己的产品,误导了广大投资者和消费者,是明显的侵权行为。①

这件事可以视为格力电器和格力集团公开的第一次交恶,据《经济观察报》报道,格力电器和格力集团“在相当长的时间内双方基本达成某种默契,基本上是分权而治”。② 时任格力集团董事长徐荣曾在采访中表示“上市公司独立不等于大股东一点干预权都没有,大股东不能包揽权力搞不规范经营,但如果大股东失去控制权也意味着公司管理不正常”。尽管当时格力集团仍是格力电器的绝对控股股东,但其显然无法对格力电器形成有效控制。而另一方面,朱江洪曾经多次向珠海市国有资产管理部门打报告,公开要求撤换格力集团董事长。

2003年12月18日,一个名叫仲大军的人在《粤港信息日报》(后更名为《民营经济报》)刊登了一篇标题为“格力再现褚时健式人物”、副标题为“格力集团内部人事之争的核心是企业资产归属问题”的评论性文章。该文以点评格力集团与格力电器两者之间关系为引,提及“格力集团内部历来存在着最高领导权力之争”,将矛头直指朱江洪,批判朱江洪意欲通过管理层收购(MBO)、股权置换的方式控制格力电器,并毫无证据地诋毁朱江洪要求集团公司将所持有格力电器58%的股份分30%为他个人所有。一篇评论文章,把朱江洪描绘成一个“59岁现象”的人物,一个

---

① 苏文、陶仔:《董明珠二十九年权力交锋》,载搜狐网,https://m.sohu.com/a/315890708_120159260。

② 王东:《“父子”相争徐荣出局格兰仕欲出资购格力电器》,载经济观察报,转自新浪财经,http://finance.sina.com.cn/b/20040207/1447621938.shtml。

侵吞国有资产的"褚时健式人物"。① 把朱江洪架上了侵吞国资、造成国有资产流失的舆论审判席。朱江洪一时间被这篇文章带来的巨大压力搞得身心俱疲。此后,朱江洪决定以侵犯人格权、名誉权起诉仲大军,要求其公开赔礼道歉并赔偿精神损失10万元。5个月之后,法院判决朱江洪胜诉,风波才逐渐平息。

格力电器和格力集团的第一次"战争"以格力集团领导调任告终,2004年春节前夕,格力集团董事长徐荣被调任至珠海一家国有企业任党委书记,格力新任董事长由珠海市国资局局长郭毅兼任,其中与朱江洪交恶被认为是徐荣离职的主要原因之一。

第一次的争斗中,朱江洪的国家干部身份使得格力集团未能通过《公司法》的途径罢免,格力集团试图通过"扣帽子"的方式将朱江洪"搞"下去,但由于格力电器无可争议的业绩,最终珠海市政府以大局为重,保护了格力电器的管理层。

(二)市政府"瞒天过海",董明珠"釜底抽薪"

继徐荣调离后,格力集团副总裁高国平、梁建华、格力房产有限公司总经理梁华应又先后被捕。银行频繁上门催债,格力集团通过卖掉大环山的土地才勉强渡过难关,其拥有的格力电器的全部股权都进行了质押。

2005年,格力空调在国内的市场占有率将达到28%,国际市场占有率将突破8%,连续9年来格力家用空调市场占有率牢居国内企业之首,年销售额将第二名甩下了60亿元之多。② 2005年7月,市政府已经决定采用股权转让方案,至于出售的对象,"也有了比较明确的目标,政府有意卖给美国开利集团。"③引入开利集团这样的世界500强,无论经济利益还是政绩,对于债务缠身的格力集团和珠海市政府而言,都机会难得。或许珠海市政府已经意识到格力电器的抵触,所以一直将格力电器的管理层"蒙在鼓里",珠海一位政府官员透露,改制工作进展在市政府内部高度保密,格力电器管理层即使有所风闻,但对细节也所知甚少,"政府始终没有跟管理层就改制问题做过任何正式沟通。"直到证监会质询格力电器,格力电器管理层才知道进展,立即向珠海国资委打报告,但得不到任何回复。

显然这个时候找珠海市的领导已经没有用了,董明珠跑到广东省政府找到省

---

① 王东:《"父子"相争徐荣出局格兰仕欲出资购格力电器》,载经济观察报,转自新浪财经,http://finance.sina.com.cn/b/20040207/1447621938.shtml。

② 周一:《格力到底卖给谁?》,载中国企业家,转自网易,http://biz.163.com/05/1009/10/1VK7QA4S00021HSD.html。

③ 周一:《格力到底卖给谁?》,载中国企业家,转自网易,http://biz.163.com/05/1009/10/1VK7QA4S00021HSD.html。

里领导和省国资委,以“民族品牌”的大义陈述格力电器被卖的后果,广东省随即派驻调查组进入珠海调查格力电器收购一案。最终,以力主引入外资的主政官员被调走告终,不久之后的 2006 年 3 月 6 日,格力电器正式开始了股权分置改革。根据格力电器 2006 年年度报告,截至 2006 年年末,格力集团持有格力电器 40.84% 的股份,珠海格力房产有限公司持有格力电器 5.8% 的股份,合计占比首次低于 50%。①

(三)格力集团浑水摸鱼,董明珠将计就计

2007 年,格力集团为格力电器引入战略投资人河北京海担保投资有限公司,兑现股权激励等,持股比例降至 22.58%,河北京海担保投资有限公司跃升为第二大股东,持股比例 9.65%,珠海格力房产有限公司持股比例则降至 1.83%。②

2009 年,格力集团进一步减持,至年末持股比例降至 19.45%,珠海格力房产有限公司持股比例则降至 1.22%。③

2012 年 2 月,格力电器股票增发,增发后,格力集团持股比例稀释至 18.22%,珠海格力房产有限公司持股比例降至 1.15%。④

尽管格力集团不断减持,持股比例已经降至 18.22%,但仍为格力电器的第一大股东。2012 年 5 月,珠海市任命董明珠为格力集团董事长,兼任格力电器董事长。在珠海国资委任命董明珠担任格力集团董事长的同时,珠海国资委同时任命格力集团党委书记兼总裁、原珠海市国资委副主任周少强空降到格力电器担任董事。据新京报网披露的信息“2012 年 5 月,珠海市领导向朱江洪传达格力新一届人事安排,决定由董明珠接任格力电器董事长兼总裁,及格力集团董事长职位。”⑤很显然,珠海国资委对于董明珠非常认可,其安排董明珠兼任集团和格力电器的董事长,未尝没有想借助格力电器,将格力集团做大做强的愿景。另外,母公司派人到子公司担任董事实属稀松平常的事情,国资委负有国有资产保值的责任,对子公司进行一定的监督也是应有的责任。

然而,令人意外的是,在 2012 年 5 月 6 日召开的股东大会上,周少强作为控股股东提名的董事候选人,在董事选举中竟然仅获得了 36.6% 的票数,未能通过股东

---

① 《珠海格力电器股份有限公司 2006 年年度报告摘要》,载巨潮资讯网,公告编号:2007-07。

② 《珠海格力电器股份有限公司 2007 年年度报告摘要》,载巨潮资讯网,公告编号:2008-15。

③ 《珠海格力电器股份有限公司 2009 年年度报告摘要》,载巨潮资讯网,公告编号:2010-28。

④ 《珠海格力电器股份有限公司股票变动及增发 A 股上市公告书》,载巨潮资讯网,编号:2012-06。

⑤ 张泉薇:《朱江洪:将董明珠带入争议的“前辈”》,载新京报,http://www.bjnews.com.cn/finance/2017/07/24/451473_2.html。

大会审议,落选了格力电器新一届董事会。[①] 据《每日经济新闻》报道,有投资者在股东会现场表示,希望大股东考虑中小股东的利益,不要把公司当成资源进行抢夺。同时,企业高管只有由公司内部产生,才能保持其组织体系和文件价值的良好延续,因此不应被空降委派。周少强的落选是中小投资者发挥了作用,把大股东拒之门外。

对此,董明珠说,"周少强落选只是一次正常的市场行为结果,他落选也好或者不落选也好,都没有什么问题。外界一直把我当成是国有资产对立面的代表,而在董事会内部,一方面我需要代表大股东的利益,同时,更主要是为所有股东利益负责。"尽管董明珠说的义正词严,但极低的得票率这个苦果珠海国资委都要亲口吞下。

(四)"走为上计"

2016 年 11 月 11 日,网上传出一则《关于董明珠同志免职的通知》,通知内文显示董明珠已于 2016 年 10 月下旬被免去了格力集团董事长的职务,不再于格力集团任职。免职后,董明珠仅为格力电器的董事长兼总裁和法定代表人。很快这则流传的通知文件就被珠海国资委方面证实属实。珠海市国资委的解释是按照规定,上市公司和所属集团的董事长一般是不能兼任的。这里的"规定"是指两份官方文件:一是 2015 年 1 月去年 1 月国务院国资委发布的《中央管理企业负责人薪酬制度改革方案》,按规定,由组织行政任命的企业领导同时兼任上市公司高管的,不能兼职取薪;二是 2016 年 8 月 18 日国务院国资委印发的《关于国有控股混合所有制企业开展员工持股试点的意见》(国资发改革〔2016〕133 号),该意见规定,"党中央、国务院和地方党委、政府及其部门、机构任命的国有企业领导人员不得持股"。简单来说,董明珠女士要持股,要增持,故不能兼任格力集团的董事长。如果董明珠兼任集团和电器的职务,在薪酬分配方面就很难把握。自然,免去其集团董事长职务,是最明智的选择。这是国家级部门新出台的意见,并不是珠海政府为了针对董明珠个人而出台的文件,况且全国范围内多家企业都在调整,并非格力一家。现在国资委是在慢慢理顺这个关系,是正常的人事调整,不会影响到格力电器的经营。

对于上市公司格力电器而言,这一变动显然属于重大人事调动,尤其对象是董明珠这样的风云人物,突然被免去格力集团董事长的职务不可避免的会成为舆论的焦点。珠海国资委于 10 月 18 日下达免职通知,但格力电器却并未停牌,也一直

---

① 《珠海格力电器股份有限公司 2011 年年度股东大会决议公告》,载巨潮资讯网,公告编号:2012 - 33。

没有进行公告，显然更加令人费解。

格力电器对媒体的回复，表述方式明显与珠海国资委不同：董总基于国家的相关规定及本人意愿，主动辞去格力集团董事长一职。董明珠本人的回应更干脆："这是正常的人事调整，不需要做出回应。"

董明珠卸任后不久，2016 年 11 月 22 日，珠海市国资委网站便公布，经研究决定：周乐伟任格力集团党委委员、书记；免去孟祥凯格力集团党委书记、委员职务。同时，委派周乐伟为格力集团董事、董事长、法定代表人。2019 年格力电器董事改选，其中珠海国资委全资控股的格力电器第一大股东格力集团推荐了董明珠、黄辉、望靖东、张伟，其中仅有张伟一人为格力集团副总裁，周乐伟并不在推荐名单之列。

二、营销"女王"，登顶格力电器（1990 年 1 月～2014 年 12 月）

谈到格力电器的发展史，就不得不提董明珠女士，没有格力，董明珠依旧是董明珠，但是没有董明珠，格力恐怕就不是今天的格力。董明珠以其个人卓越的能力、无可争议的业绩、敢作敢为的魄力、大公无私的作风，牢牢树立起了自己的威信，成为格力电器当之无愧的领袖。

（一）营销天才，出道就是巅峰

根据媒体公开报道，董明珠出身于南京的普通家庭，1975 年参加工作，在南京一家化工研究所做行政管理工作，1990 年，36 岁的董明珠毅然辞掉南京的工作，南下广东，从零开始，应聘到珠海市海利空调工程有限公司（格力电器的前身），成了一名基层业务员。初入格力的董明珠毫无营销方面的工作经验，但一出手便见不凡，董明珠用了 40 天的时间，追回了前任留下的 42 万元欠款，令当时的总经理朱江红刮目相看。董明珠来到格力的第二年，她在安徽的销售额超过 1600 万元，占整个格力电器销售额的 1/8。有媒体报道认为董明珠做营销取得的成功是凭借超乎常人的勤奋和诚恳，在笔者看来，光有勤奋和诚恳是远远不够的，金庸在《天龙八部》里描写萧峰的武学天赋时是这样写的："任何一招平平无奇的招式到他手中，自然而然发出巨大无比的威力。熟识他的人都说这等武学天赋实是与生俱来，非靠传授与苦学所能获致""什么招数一学即会，一会即精，临敌之际，自然而然有诸般巧妙变化"。在笔者看来，董明珠在营销方面的天赋或可与之一较。不知道当初格力电器招聘的人员面对一个 35 岁以上，毫无相关工作经验的女性销售人员时是如何决定的，但这个决定拯救了格力。

（二）受任于“败军之际”，力挽狂澜

1994 年，时任格力电器总经理的朱江洪为平衡科技人员与销售人员的待遇，大幅降低销售人员的提成比例。这一决定导致大批销售人员出走，不少因此出走的销售人员负气放话要搞垮格力。董明珠临危受命，担任公司经营部部长，要带领格力的销售队伍拯救危局。

董明珠主管经营部不久，就推出了在空调行业历史上具有划时代意义的销售政策——“淡季返利”，格力在 1994 销售年度结束的时候宣布，从 1995 销售年度开始（空调业的销售年度一般是从 9 月开始算起的），实行“淡季返利”政策，这个政策的核心内容是销售淡季（9 月 1 日至次年 2 月 28 日）的销售价格定得较销售旺季（3 月 1 日至 8 月 31 日）价格低，经销商在销售淡季向格力打款可以拿到有竞争力的价位，而且淡季打款旺季提货也享受淡季的优惠价格；同时，在淡季的 6 个月中，不同的月份定价又有所不同，9 月的价最低，然后依次逐月上调，直到 3 月 1 日实行旺季价位。这一政策的推出，收到了“一石四鸟”的效果：一是解决了格力淡季生产资金短缺的问题；二是缓解了旺季供货的压力；三是调动了大批经销商积极推销格力空调的热情；四是使格力从此不再为应收款所累。这一政策对格力电器的影响是立竿见影的，当年格力空调的销量就由上一年的行业第八迅速上升为行业第二，并在下一年实现登顶。① 现在我们早已习惯了格力空调是国内老大，但在那个时代，在空调市场一线厮杀的品牌是三菱、松下、三洋、春兰、华宝，格力电器只是一个在旁边看戏的二流品牌。是在董明珠的带领下格力电器成为空调领域的王者，董明珠总是有这种化腐朽为神奇的能力。

此后，为了解决区域大经销商之间互相低价竞争、串货的问题，格力电器首创了渠道合伙人模式，与渠道经销商合伙成立区域销售公司，格力控股但不分红，经销商参股，不仅解决了此前经销商之间的内耗，而且将格力电器和经销商深度绑定，格力电器和经销商成为利益共同体。在董明珠的带领下，格力在市场开拓方面一往无前。

（三）铁面无私，万众归心

宋代吕本中《官箴》有云“吏不畏吾严而畏吾廉，民不服吾能而服吾公”。董明珠在格力，以权谋公，从不谋私，赢得了大家的尊重。曾经，有一个经销商通过关系

---

① 《董明珠不为人知的创举：格力销售渠道合伙人制的由来与成果》，载腾讯网，https://new. qq. com/omn/20180326/20180326G18W4Y. html。

认识了董明珠的哥哥，表示希望能够拿到 100 万元的货，事成之后给她哥哥 3% 的提成。董明珠的哥哥当时就答应了下来，找到妹妹希望她能帮他，这样他就能从中获利，发点小财。可董明珠非但没有同意反而让人断了这个经销商的货，董明珠的哥哥很不理解她的做法，为此和妹妹断交，二十多年不曾来往。后来，这个经销商给董明珠写下了保证书，再三承诺绝对不再找她的哥哥董明珠才开始给他供货。董明珠说，如果她默许了哥哥的做法，那么别人也会跟着这么做，这样会让格力失去诚信，所有人都认为跟这家企业做生意可以靠关系，这对企业而言，是最为致命的。

因为董明珠不注重个人利益，做事公平有手腕，管理有纪律，经销商又能通过卖格力空调挣到钱，所以经销商们都很服她。这些经销商们成为董明珠在后来和国美的战争，以及和大股东的控制权战争中的“嫡系部队”。

（四）“你中有我”，“我中有你”

2012 年，朱江洪因任期届满卸任格力董事长，董明珠成为新的“掌舵人”。2013CCTV 中国经济年度人物现场，在主持人的引导下，董明珠和雷军打了一个 10 亿元赌局，看小米和格力在 5 年后谁是赢家。这个赌局关于中国制造和互联网制造的 PK，在媒体和大众眼中，董明珠一下子成为“媒体宠儿”。

2014 年，董明珠上台两年后换掉了多年代言人成龙。董明珠亲自代言。把自己和格力紧紧绑在一起，对于消费者来说，董明珠就是格力，格力就是董明珠。近年来，董明珠又先后开了网店“董明珠的店”销售格力产品，直播带货，这些举措，留给大众和内部人深刻的印象。

董明珠接近不惑之年从头做起，凭借自己努力，取得了惊世骇俗的成绩。面对瞬息万变的市场，凭借出众的智慧和坚强的意志，屡立奇功，一手缔造了格力天下无敌的经销商体系。管理上，令行禁止，铁面无私，为企业“刮骨疗毒”。近年来，董明珠利用自己的名气不断为格力提高知名度，实现了与格力电器的深度绑定，格力电器和董明珠就是浑然一体，对内，董明珠是格力的绝对领袖，对外，董明珠是格力的精神图腾。

三、手机梦碎，折戟珠海银隆（2015 年 3 月 ~ 2016 年 11 月）

（一）董明珠的权力基础

毛主席在《中国社会各阶层的分析》一文开篇就提出“谁是我们的敌人？谁是我们的朋友？这个问题是革命的首要问题。”对于董明珠而言，格力电器控制权的首要问题就是谁是朋友，谁是敌人。如果对董明珠的权力进行解构，那么可以发现董明珠以及她的管理层团队是她最核心的权力基础，在这个权力核心的第二层，是以格力电器的第二大股东，持股8.91%的河北京海担保投资有限公司，该公司由格力电器的经销商组成，由于格力的经销商体系是董明珠一手搭建的，这些人与董明珠深度绑定。权力层的第三圈，则是格力的中小股东，他们依靠董明珠实现了股票资产的长期收益。这个权力层的最外围，则是格力集团这个大股东。

中国的股票市场散户众多，这些散户喜欢短线投资，并不以长期持有为目标，对企业的发展与经营既缺乏判断能力，也缺乏关注的热情，因为种种原因，他们往往沦为大股东的提款机，被戏谑为"韭菜"。虽然理论上股东是公司的主人，但实际上，小股东从来都不是公司真正的主人，他们与大股东的利益往往是对立的。由于小股东众多且分散，难以形成合力，所以不为大股东畏惧。但是格力电器却不一样，董明珠以其辉煌的战绩、强大的人格魅力，董明珠需要小股东的支持，小股东也需要董明珠为他们赚钱。有人统计过，2009年的50万元的格力股票到2020年2月的总分红数字达到了100万元左右，那么加起来总金额为669万元，当初的50万元增长了13.38倍。[①] 对于这些小股东而言，董明珠是他们的靠山，也是董明珠的基本盘。

小股东的支持是董明珠对抗大股东重要的资本，2006年的股权分置改革中，中小股东提出稳定公司高管意见并落实到股权分置改革方案中。2012年董事会换届，大股东格力集团推荐的董事周少强低票落选。此后的董事会选举中，格力集团也未再掀起波澜。

但是，无论是中小股东的支持，大股东的克制，都有一个共同的前提条件，那就是董明珠带领格力电器增长盈利，这也是董明珠控制权的基础，一旦格力这艘大船减速，那么董明珠也就失去了权力的基础。面对主营业务增速下滑，格力也在进行多元化尝试。

（二）手机梦碎

2015年3月，在参加一场大学演讲的活动中，格力集团的掌门人董明珠突然亮出一款手机，并表示格力正在研发手机。2015年3月25日，电商人士龚文祥爆料，横空出世的格力手机一代定价是1000元，2015年要销售1亿部，向小米的销售目标看齐。2015年6月1日，格力第一代手机正式开售，售价为1600元。在2015年6月1日举行的格力电器股东大会上，格力董事长董明珠谈到了外界关注的销量问

---

① 小笙资本：《傻瓜才能在股市挣钱，10年前买了50万格力电器，现在能赢利多少?》，载网易新闻，https://3g.163.com/news/article/F4S69KOT0519AEVB.html。

题,“未来相信卖5000万部不成问题。”然而,2015年7月19日,在国务院科学技术部主办的一次活动上,董明珠在接受腾讯科技独家采访时表示,“能不能卖到5000万部要取决于我们的产能,目前看来年内卖5000万部不太现实。”①

2016年,格力电器推出第二代手机,售价3200元,据业内人士爆料,格力的第二代手机一共生产了30万台,但仅在公开渠道卖出去一万台。其他的全部都是通过内部渠道消化的。②

2019年,格力电器推出第三代手机,开售的当天只卖出去16部,2019年,格力三代手机问世,依旧搭载骁龙821芯片、售价却仍然高达3600元,销量只有数万台,据爆料绝大多数仍是内部消化,在消费市场依旧没有泛起太大水花。③

很显然,与出货量动辄千万级别的华为、小米手机相比,格力的销售量连个零头都达不到,但董明珠并不承认失败,她说:“我认为我的手机现在做得很好。虽然量不大,但我不是以量来认定。我认为是未来格力手机受不受欢迎,每个人用完以后不后悔。”④但事实胜于雄辩,至少目前看来,格力手机毫无疑问是失败的。

2020年5G开启,5G换机潮是公认的行业增长机会,但并非所有入场的企业都能够分食到这块巨大的蛋糕。5G是东风,但格力能不能去乘风而上却是一个未知数,这个赛道不乏资源实力兼具的玩家,但显然其中并不包括格力。

(三)折戟珠海银隆

2016年2月19日,格力电器对外宣布拟增发股份收购珠海银隆的计划,并在2016年8月发布了有关130亿元全资收购的草案。然而,格力电器的股东们群起抱团,否定了这项方案。10月28日格力电器的临时股东大会上,格力电器发行股份收购珠海银隆病募集配套资金方案整体上未获通过;11月8日,格力电器发布继续停牌公告,拟对交易进行优化和调整,预计在不超过1个月的时间内披露优化及修订后的收购方案;11月16日,格力电器发布公告称,其调整后的交易方案未能获得珠海银隆股东会审议通过,珠海银隆基于表决结果决定终止本次交易,鉴于此,

---

① 韩依民:《细数格力手机奇葩往事:董明珠有多少没有兑现的诺言?》,载腾讯科技,https://tech.qq.com/a/20160609/005383.htm。

② 《董明珠尴尬!格力手机2销量出炉:两年仅卖了一万部参见》,载搜狐网,https://m.sohu.com/a/234698341_217431。

③ 刘旷:《格力不灭的手机梦》,载新浪专栏,https://tech.sina.com.cn/csj/2020-0714/doci-ivhuipn2857959.shtml?cre=tianyi&mod=pcpager_fintoutiao&doc=36&r=9&rfunc=79&tj=none&tr=9。

④ 方枪枪:《董明珠称从没认为格力手机失败:不以量认定,让人用完不后悔》,载澎湃新闻,https://www.thepaper.cn/newsDetail_forward_1783527。

格力电器决定终止筹划发行股份购买珠海银隆资产事宜,并承诺自公告之日起至少 1 个月内不再筹划重大资产重组事项。[①] 该收购最终以失败告终。

格力电器收购珠海银隆失败后,董明珠自掏 10 亿元投资珠海银隆,还联合 4 家公司出资合计 30 亿元收购了珠海银隆约 22.39% 的股权,之后董明珠又质押了价值 16 亿的格力电器股权,一跃成为了珠海银隆第二大股东,持股份额为 17.46%。但董明珠这次激进的投资并没有给她带来预想的回报,真相很快揭开。在董明珠成为第二大股东后,才发现魏银仓之前所说的完全就是个"骗局",除了政策上对新能源的支持外,珠海银隆远没有魏银仓当初描绘的那么完美无缺。甚至在董明珠最为信任的技术都存在明显的硬伤,此前魏银仓一直在鼓吹的钛酸锂电池技术并不先进,更鲜少使用在主流新能源汽车产品上。

而从曝光的消息来看,珠海银隆的种种问题远在董明珠入股之前就已经存在。不仅无法逾越自身技术不过硬这个难关,更是存在借高利贷维持生计、拖欠供应商货款等严重的经营问题。短短一年多的时间,董明珠和魏银仓彻底翻脸。董明珠动手更换珠海银隆的管理层,多位拥有格力背景的高官空降珠海银隆,而且都是直接掌管要害部门。这直接引起魏银仓的激烈反弹,双方剑拔弩张,战事升级,开启了旷日持久的骂战和法律纠纷。董明珠与魏银仓之间的权力之战最终以珠海银隆公告"原董事长魏银仓、原总裁孙国华涉嫌通过不法手段,侵占公司利益金额超过 10 亿元"等问题告终,这也直接引发了大股东魏银仓与董事会方面的对簿公堂。

严格来讲,这件事只是发生在珠海银隆内部的高管权力之战,与格力电器并无关系,但是这样的结果必然会对董明珠在格力电器内部造成一定连带影响。在珠海银隆的问题上,格力电器的股东们从头到尾都秉持着否定的态度。但也许是董明珠太急于证明自己的投资眼光和能力,一意孤行的将业务拓展至她并不熟悉的新能源汽车领域,甚至不惜质押自身持有的格力股权,坚持投资珠海银隆。格力的中小股东是 A 股市场上比较少见的,他们相对比较积极地参与企业的经营,在大多数的时候他们是董明珠的坚定支持者,但他们与董明珠之间终究无法做到利益完全的一致和统一。董明珠除了是出色的管理者之外,还是一个具有冒险精神的企业家,但是对于众多的中小股东来说,他们很难看到前面的暗流险滩,以为总是风平浪静,与董明珠看法不同,也是相当正常的。

通过这个事件我们发现,董明珠的权力圈当中,最核心的管理层和董明珠一致共进退,权力最为稳固。第二层的经销商和第三层的中小股东虽然都是源于经济

---

① 《珠海格力电器股份公司关于终止筹划发行股份购买资产事项暨公司股票复牌公告》,载巨潮资讯网,公告编号:2016-074。

利益关系,但二者有所不同,经销商和格力电器深度绑定,一荣俱荣,一损俱损;第三层的中小股东因为持有流通性极强的股票,可以随时买入卖出,无所谓对格力电器忠诚,只看价格是否合适。

(四)“董姐还是你董姐”

尽管格力手机和珠海银隆事件让外界对格力集团多元化产生了深深的怀疑,但此后两年格力电器业绩极为彪悍,2017 年、2018 年,格力电器的净利润增幅分别为 44.86%、16.97%,“你董姐还是你董姐”。在 2019 年 1 月 16 日召开的格力电器第一次临时股东大会上,悬而未决的董明珠去留问题在 7 个月后尘埃落定,尽管已届 64 岁的“高龄”,董明珠依然高票当选,开启了其在格力电器担任董事长的第三任任期。本届格力电器非独立董事人数从 4 人增至 6 人,除董明珠外的 5 个非独立董事分别为黄辉、望靖东、张伟、张军督和郭书战,其中黄辉是格力电器的执行副总裁,望靖东是格力电器副总裁、财务负责人及董事会秘书,张伟长期在格力电器任职,后调入格力集团,郭书战是河北京海担保投资有限公司的董事长,和张军督都来自格力电器经销商体系,六位非独立董事中,3 人来自管理层,2 人来自董明珠的“禁军”,另外一人虽说来自大股东,但实际上也和管理层有着千丝万缕的联系,从非独立董事的构成来看,董明珠再次大获全胜。

独立董事中,刘姝威的当选引起了大家的关注,2018 年 5 月 15 日,刘姝威微信朋友圈宣称“飞抵珠海,与我的闺蜜——格力电器董事长董明珠相聚”,两天后,刘姝威晒出了参加“格力 2018 再起航”晚会的照片,并极尽称赞:“格力电器是上市公司的楷模!我们应让格力精神成为中国股市的主流,让在金融市场做坏事的人付出代价!”由于其与董明珠的关系,让人对其独立董事的独立性产生了质疑。但是,作为“舶来品”的独立董事,其独立性本就是值得商榷的问题,“一个人进入董事会之后,不可避免地会在一定程度卷入公司政治,试图排除一切影响,始终保持独立立场,这既不可能也没有必要。”①根据《中国独董生存现状》一文的实证统计,33.3%的独立董事表示,在董事会表决时从未投过弃权票或反对票,35%的独立董事表示,从未发表过与上市公司大股东或高管有分歧的独立意见。② 刘姝威对格力也非常重要,2019 年 1 月 31 日广东证监局向董明珠发出警示函,要求其规范对外发布信息的行为,不久,刘姝威发文质疑广东证监局选择性执法,广东证监局很快也对美的集团董事长方洪波发出了警示函。刘姝威为格力站台发声,回击政府的

① 方流芳:《独立董事在中国—假设和现实》,载《政法论坛》2008 年第 5 期。

② 杨宇东、李彬、李明良等:《中国独董生存现状》,载《上海证券报》2004 年 5 月 24 日,第 7 版。

不公平做法,增强了外界对格力财务情况的信任,区区一年12万元请来这样的“大佬”,真的是靠董明珠的个人魅力,也是董明珠个人对格力的贡献。

四、有惊无险,“野蛮人”来敲门(2016年11~12月)

就在董明珠遭到中小股东反对,折戟珠海银隆的同时,资本市场暗流涌动,一只“黑手”正在伸向格力电器。“宝能系”旗下的前海人寿在资本市场增持格力电器。从11月17日格力电器复牌至11月28日的8个交易日内,前海人寿大量购入格力电器股票,持股比例从今年三季度末的0.99%上升至4.13%,持股排名由公司第六大股东上升至第三大股东。

宝能系此前已经在资本市场上翻云覆雨,控制了中炬高新、韶能股份、南玻A等上市公司,不过真正让宝能名声大噪的还是收购万科的事件。由于房地产行业的地位再加上王石在中国企业界“教父”级别的咖位,让这个事件一下子成为爆炸性的新闻。回想当时,王石反对宝能的理由是认为宝能信用不行,不配做万科的大股东,王石真正的担心在于不同于在万科的管理上“佛系”的大股东华润,宝能是要取代王石控制万科的。在宝能成为南玻集团第一大股东后,很快就着手替代财务总监,并要求董事会上会文件需先报前海人寿审查,最终对南玻集团的高管团队进行了彻底的换血。在成为万科的第一大股东后,宝能就提请罢免万科全体管理层。

在宝能收购万科的过程中,王石寄予厚望的大股东华润的表现并不积极,甚至引起了一些人的质疑,但笔者认为,华润的做法无可非议,华润作为国有企业,首要职责是国有资产保值,保证其持有的万科股票的价值,宝能收购万科的过程中,万科的股票价格一路走高,华润的股票价值也相应水涨船高,此时如果拿出“真金白银”去和宝能“血拼”,反而会抬高股价,一旦宝能退出导致股价下跌,那么华润反而有被套牢的风险。其次,华润虽为万科的第一大股东,实际上相当于财务投资者的角色,公司的实际经营放手交给以王石为代表的管理层,华润也不可能为了帮助王石维持管理层控制的地位而与宝能开战。在这一点上,格力和万科极为相似,甚至还有所不及,一方面格力集团自身的资产实力与华润差距巨大,另一方面格力集团与董明珠为代表的管理层之间关系微妙。即便格力集团愿意增持,那么以格力集团的实力显然不够,需要珠海国资委的支持,审批效率显然与宝能无法相比,结果也未可知。

不过格力很幸运,因为不久之后的12月3日,时任证监会主席发表“妖精论”,剑指姚振华在资本市场兴风作浪,一时“风雨突变”,12月9日,宝能宣布不再增持并择机退出。格力之所以幸免于此,笔者看来,并非董明珠认为的“网红”效应,但论网红及知名度，董明珠恐怕与王石还是存在不小的差距的，而唯一的可能是，格力是先进生产力的代表，而房地产是国家意志要调控的产业。

和之前格力集团的纠葛相比，这一次宝能的“敲门”才是真正的威胁，要不是国家出手，恐怕董明珠也难保不会如王石一般被扫地出门。基于个人能力、威望的控制权不过是空中楼阁。

五、高瓴资本入局，谁的格力电器（2019 年 4 ~ 10 月）

（一）“有一种爱叫作放手”

董明珠个人风格极为明显，可谓铁腕作风。个人意志高于企业意志，或者个人权力高于董事会权力的现象也偶有发生。由于当时的格力电器尚未建立起让投资者和股东都能够满意的公司治理结构，董明珠的个人“权威”太高将导致决策没有民主化，不符合企业发展规律。这与珠海市国资委稳健的投资想法也有所不同，而很长一段时间，作为大股东的珠海市国资委，在格力电器甚至没有一个董事席位。格力集团已经失去了对格力电器的控制。

一方面，尽管格力电器已坐稳国内空调的头把交椅，但目前，格力电器的主营业务空调产品在市场占有率和毛利率等方面均面临“瓶颈”，小家电、冰箱等业务更是一片红海，各大企业基本完成圈地，市场格局已经基本确立，如果没有更创新、优质、前所未有的产品升级和服务升级，是很难突出重围的。另一方面，由于董明珠和格力电器的流量效应，导致格力集团和珠海国资委的每一个举动都放大在全国人民的显微镜下，稍有不慎便迎来骂声一片，压力之大，可想而知。

（二）为什么是高瓴资本

格力电器于 2019 年 4 月 8 日发布公告，格力集团计划转让持有的格力电器 15% 股权，这个消息令整个 PE 圈沸腾。2019 年 5 月 22 日，格力召开投资者见面会上，与会阵容极为豪华，包括北京百度网讯科技有限公司、淡马锡控股 - 淡联投资咨询（上海）有限公司这样的行业巨头。然而，在格力提出了要求交付 63 亿元保证金，签约后 5 个工作日付 40%，在办理股份户前付清全款等极为苛刻的征集受让方条件后，最终，仅有高瓴资本及厚朴投资两家报名，其余 23 家投资机构直接退出了这一竞争。

厚朴基金成立于 2007 年，背后有高盛和新加坡淡马锡控股的资金支持。领军人物方风雷是国内投行的元老之一，先后在中国国际金融公司、中银国际及高盛高华等投行任职。高瓴资本成立于 2005 年，是一家创新型投资机构，目前管理的资金规模超过 4000 亿元人民币。高瓴资本受托管理的资金主要来自目光长远的全球性机构投资人，经过十多年的发展，已成为亚洲地区资产管理规模最大的投资基金之一。① 厚朴基金和高瓴资本无疑都可以一次性投资不少于400亿元的资金，也都有能力为格力电器引入有效的技术、市场及产业协同等战略资源条件，两家机构不相上下。厚朴基金在格力电器刚刚公布混改计划后，便在第一时间宣布参与其中的想法，再加上董明珠的力推，在当时看来，神秘却实力雄厚的厚朴基金无疑是高瓴资本的劲敌。

然而，最终格力选择了高瓴资本。根据《公开征集受让方公告》披露的公开征集方案，意向受让方应有利于提升上市公司质量，维护公司持续健康发展，且本次受让申请材料中的受让意向书要求意向受让方提出维护管理层稳定的具体措施及未来与管理层合作的具体方案。格力于2019年10月28日发布公告，称"长期持有者"高瓴资本胜出。当日，格力集团即函告公司，经评审委员会对参与本次公开征集的两家意向受让方进行综合评审，确定珠海明骏为最终受让方。合作方案待格力电器管理层接受并就合作方案达成一致，并经国有资产监督管理机构及其他有权政府部门批准生效后，珠海明骏将取代格力集团，成为格力电器的控股股东。珠海明骏背后即高瓴资本，至此，超过400亿元的格力股权转让交易终于落锤。

厚朴基金的折戟其实也并不让人意外。高瓴资本自2016年一季度起便看好格力电器，其作为格力电器的长期持有者，一直以来都有参与格力电器的投资，其旗下高瓴资本管理有限公司－HCM中国基金持有格力电器股份0.72%，作为格力电器的第八大股东，仅次于持股0.74%的格力电器董事长董明珠。高瓴资本的入局更有利于维护格力股权结构的长期稳定。考虑到此次转让条件中，远超出证监会所要求的12个月期限的"36个月的锁定期"，足以看出格力的初衷是寻找一位"长期稳定的持有者"，这也与高瓴资本的投资风格正相契合。

此外，高瓴资本对收购企业原有管理团队的包容性较高。高瓴资本在此次股权转让的博弈中，还向格力电器的管理层开出了极具诱惑力的优厚条件，借此打动了以董明珠为首的格力电器一众老臣。珠海明骏提出了在此次交易完成后，将给予格力电器管理层和骨干员工总额不超过4%格力电器股份的股权激励计划。届时，由格力电器经销商组建的河北京海担保投资有限公司实际持有格力电器8.91%的股份，而河北京海担保投资有限公司与格力电器管理层一向关系密切。加上董明珠目前持有0.74%和未来可以取得的管理层4%的股权激励，以及格力电器

---

① 张勇：《寻找伟大格局观的鉴定实践者》，载21世纪经济报道，http://www.21so.com/HTML/21cbhnews/2014/03－31－273802.html；邱智丽：《高瓴资本张磊：坚持价值投资，做时间的朋友》，载第一财经，https://m.yicai.com/news/5173946.html。

管理层实体在珠海明骏的间接持股，上述股权共计约为14%，和第一大股东珠海明骏除去格力电器管理层间接持有上市公司股份后，格力电器管理层珠海明骏实际持有的格力电器的股份相差无几。除此之外，高瓴资本还同意加强格力电器管理层在董事会中的席位。在珠海明骏拥有的3名董事会席位中，格力电器管理层实体拥有1个提名权。

除此以外，珠海明骏（高瓴资本）还向格力集团做出承诺和保证。确保在股权转让完成后保持格力电器经营管理团队的稳定，公司治理结构不发生重大变化；主动提出和确保格力电器总部和注册地不迁离珠海市；尽最大努力和能力为珠海市经济发展进行有效的产业投资和战略资源导入，并促使格力电器为珠海市经济持续健康发展做出新贡献。珠海市国资委此前就曾表示，本次格力集团股权转让可能导致格力电器控股股东和实际控制人发生变更，考虑到格力电器的行业地位、市值规模和市场影响，本次控股权转让也有望为国有企业混合所有制改革探索一条新的路径。正是因为高瓴资本投资的产业链企业在第3点上相比厚朴投资要更具有优势，珠海市国资委（格力集团）最终敲定了高瓴资本。历时8个月的格力电器混改方案终于尘埃落定，报价并不是最高的高瓴资本最终胜出，格力电器管理层也获得了“新东家”的大幅让利。

综合来看，此番格力电器股权的变更是一个多方共赢的结果，也使各方之间的力量达到了相对的平衡，能够更好的保障格力电器未来长期、稳定的发展，创造更大的价值。此外，长期以来备受外界关注的格力电器核心管理层和经营团队得到更大的话语权，也将消除影响格力电器发展壮大的不稳定因素。

（三）谁在控制格力电器？

股权转让完成后，谁将成为格力电器的新控制人？这一点连深交所都看不懂了。1月18日，格力回复深交所问询函，就格力电器自身以及第一大股东的决策权分配问题，给出了非常详细的二次说明。以高瓴资本为代表的金融资本，以董明珠等格力管理层为代表的智力资本，还有保留少量股权的格力集团、经销商组成的河北京海担保投资有限公司为代表的产业资本，形成了三足鼎立的格局。格力集团在此次混改中，只保留了格力电器3.2%的股权。根据格力电器《公司章程》，持股3%以上股东仍有提名董事的权利，①但格力集团退居二线已是定局。

没有实际控制人，意味着最大单一股东的话语权大幅下降，作为连接股东与股

① 《珠海格力电器股份有限公司章程》第4.4.2条，载巨潮资讯网2020年4月。

东、股东所有权和收益分配权的必经节点，企业管理人员的地位随之大大增强。同时，从最终的混改合作方案可以看出，以董明珠为核心的格力电器管理层在此次混改中极为强势，格力电器管理层设立的格臻投资①不仅成为珠海明俊的出资人之一，更成为珠海明俊的实控方珠海毓秀②的合伙人，并且有权委派人选成为三名董事会成员之一。综合来看，董明珠等管理层在格力电器的话语权相应增强，强力控制得以确立。

尽管格力答复深交所称珠海毓秀的决策权分配是三足鼎立，但混改方案还附加规定了珠海明骏对上市公司提名的 3 名董事候选人中应保持至少两名董事候选人为格臻投资认可的人士。对此，公众普遍应该也有同深交所相同的疑惑，难免作出格臻投资实际拥有珠海毓秀 2/3 表决权这一推断。但格力电器并没有正面回答这一问题，而是强调了方案中仅涉及董事会席位的安排，并不影响珠海毓秀三方股东各有一个董事提名的基本权利。

也就是说，高瓴资本原本占有珠海毓秀三个董事席位中的两席，但为了实现本次格力电器的股权转让，在与格力电器管理层就转让方案的后期沟通中，高瓴资本放弃了其中一席，从而失去了多数席位。最终，珠海毓秀董事会 3 席，高瓴资本、曹俊生、格臻投资各提名一席。珠海明骏可以提名格力电器董事会三席，同样由高瓴、曹俊生、格臻投资各提名一席。但是，高瓴资本和曹俊生的提名中，至少有一个要得到格臻投资的认可。除此之外，与格力电器管理层利益高度协同的河北京海担保投资有限公司，作为格力电器第三大股东，也有权提名一名董事。根据这一架构，高瓴资本在格力电器扮演的角色基本上就是一位只出钱的大股东，按照交易方案所称，高瓴资本书面承诺将维护格力无实控人的状态，未来也不谋求控制权，也就是说这一架构还被严格固定下来，为了维护格力电器的稳定发展，可以说高瓴资本作出了前所未有的让步。

实践中，收购方和被收购方原管理层之间产生矛盾甚至不欢而散的情况比比皆是，往往会对上市公司造成巨大负面影响。而格力此次股权转让，董明珠等格力电器管理层直接进入投资方的决策中枢，将双方的可能产生的矛盾扼杀在董事提名之前，这对维持格力电器未来的稳定发展至关重要，堪称一个创举。媒体各界对格力一案冠以“历史性的”“里程碑式的”等评价，这些评价并不为过。

按照前文分析的董明珠权利圈，我们发现，这次股权转让之后，由于董明珠为代表的管理层对大股东提名董事方面的影响力，原来位于最外围的大股东权力圈，

① 指珠海格臻投资管理合伙企业。
② 指珠海毓秀投资管理有限公司。

其与董明珠的紧密程度已经超过了中小股东,而成为权力圈的第三层。高瓴资本的加入使董明珠的权力更加稳固。

六、解析格力电器攻守策略

根据代理理论,公司的管理层是股东聘请的代理人,但是在中国,尤其是改革开放之后的这段时间中,实践中由国家干部蜕变成企业家的企业管理人员的定位,显然并不是国外的公司理论所能够简单解释的,由于身份定位的不清晰,也导致了管理层与股东之间的纷争,无论是纷争的特点,还是选用的策略,都具有非常鲜明的时代特征。

(一)免费的广告

在格力集团与格力电器因为“格力”商标权问题的纠纷中,对于格力集团授权旗下其他公司使用“格力”商标,对格力电器造成影响的情况,格力集团的表现就是不作为。在这种情况下,格力电器管理层首先采用的就是常规的解决办法:逐级汇报。一方面时任格力电器的董事长朱江洪也具有国家干部的身份,另一方面“格力”商标权确为格力集团所有,因此,与集团沟通解决是当然的选择。然而,无论是朱江洪提出的不允许其他公司使用“格力”的要求,还是收购其他家电公司的建议,格力集团均不同意。格力集团否决的原因我们今天无法考证,但从大局的角度,我们认为格力集团缺乏远见。在常规路径无法解决的情况下,董明珠站出来向媒体发声,作出了澄清。之所以是董明珠站出来,一方面在于朱江洪国家干部的身份,不宜公开与上级闹翻,而董明珠的身份就没有了这个顾虑;另一方面董明珠有着“中国企业女性风云人物”“全国人大代表”“南粤首届优秀女企业家”“中国十大女性经济人物”等荣誉称号,在全国具有相当的知名度,董明珠站出来发声影响力更大。尽管董明珠公开喊话之后,格力集团也迅速做了澄清,且格力的商标权归属问题也并未得到结局,但至少市场已经对此有了清晰的判断,消除了对格力空调造成的影响。董明珠的这个声明,相当于一则免费的广告,这可能是董明珠第一次运用个人影响力解决公司问题,效果相当明显。

(二)自媒体时代,“关注”就是力量

在自媒体时代,流量爆炸,人民群众的关注往往会产生巨大的影响力。以往经常在中央电视台出现的董明珠,因为和雷军的10亿元赌约,一下子成了火爆全国的“网红”。董明珠的一言一行,极容易成为全国人民关注的焦点。

在这种情况下，大股东格力集团的压力可想而知，鉴于格力集团和格力电器实力上的差距，民众心中对于董明珠和格力集团已经有了先入为主的印象，格力集团的一举一动都容易陷入“群嘲”之中，对于集团主政的领导来说，这显然是一件极为不利的事情，因此，在格力集团与格力电器关系的处理上，格力集团愈加束手束脚。格力集团最终做出减持格力电器，放弃大股东地位的决定，不知与此是否有关，但显然，格力电器和董明珠给了格力集团莫大的压力。

（三）公众影响力——一把“双刃剑”

在格力电器的发展历程中，因为格力电器自身，以及董明珠个人的公众影响，使得格力电器逢凶化吉，但是公众影响力本身也是一把“双刃剑”，因为将自己置身于人民群众的关注中同样是一件很危险的事情，“人民群众的眼睛是雪亮的”，公众人物的负面新闻，尤其是私德方面的负面新闻，会造成极大的反噬，从此身败名裂，也是极有可能的。如王石，宝能事件后，王石黯然退出，开始时大家一边倒地支持王石，但经过媒体爆料，王石常年不在岗却领取高达1500万元的年薪和公费游学的事情后，公众对王石质疑的声音也大量出现。

但董明珠不一样，董明珠极为敬业，为格力兢兢业业，甚至牺牲了家庭，董明珠虽然因为个人和格力绑定过紧遭到了网友的调侃，但无可否认董明珠处处为格力的良苦用心，除了格力，我们几乎很难找到董明珠个人生活方面的信息。尽管格力手机、珠海银隆事件对于董明珠产生了一定的影响，但并没有动摇大家对董明珠的印象。

七、总结：短期共赢是否也意味着长久的安逸？

（一）格力电器之幸

1. 地方政府的克制

格力电器的幸运之处在于，在格力电器的发展过程中，地方政府基本保持了相当程度的克制，除了少数时期，基本未对格力的经营管理过多插手，在格力集团与格力电器发生矛盾的时候，也基本做到从大局出发，对于与格力电器不和的格力集团董事长、珠海市相关领导进行了调离，可以说，总体上对于格力的发展起到了保驾护航的作用。2018年，新任珠海市市委书记郭永航就任后不久就提出各级党委政府要全力以赴支持格力发展，做到“有叫必到、有求必应、有需必供”；在5月格力电器的“梦想盛宴”活动中，他还表示“希望年轻的董明珠带领年轻的格力，继续创造辉煌”。此外，2018年10月22日下午，习近平总书记在广东考察期间来到珠海格力电器,提出把创新发展主动权牢牢掌握在自己手中的要求。[1]

2. 管理层收购计划的失败

格力电器的第二个幸运之处,还在于格力电器一直计划管理层收购计划,由于时任格力集团董事长与朱江洪交恶,导致一直未能推进。管理层收购计划是国企改革当中最危险的"险滩",因为涉及国有资产流失的问题,地方政府的任务就是防止国有资产流失,促进国有资产保值增值,地方财政想要财权事权,希望企业能够服务地方经济。但对于企业本身来说,却希望独立自主,将企业做大做强,与此同时,企业家希望除了工资之外,还能够得到公司一定的股权,以匹配自己为企业发展做出的贡献。但很显然,两者之间的诉求是矛盾、对立的,国家把股权让渡给企业家,就涉嫌国有资产流失,但是如果不给予企业家相应的激励,又不符合市场经济的规律和人的本性。这个问题是国企改革中的不得不破的局,有些企业成功颇具,蜕变重生,迸发出更大的活力,但有些企业未能破局,企业家身陷囹圄,企业泯然众人。

TCL[2] 是其中幸运的代表,当时惠州市的副市长是工业部空降到惠州的干部,1996 年,在惠州市地方政府的支持下,TCL 进行体制改革,TCL 一方面,进行管理层增资持股,通过超额利润政府奖励,认购公司股份;另一方面,引入海外大投资者,包括当时的飞利浦、东芝和日本住友商社,从一个地方国有小企业改造成一家股份制公司。这轮股权激励使公司整个管理团队和员工大约有 1000 人持有公司的股份。企业上市后,TCL 还进行了几次有管理团队参与的股权定向增发。员工持股计划给公司注入了巨大活力。随着高管层的不断增持,李东生成为 TCL 集团的第一大股东。TCL 的管理层得到了充分激励,从公司长远发展来考虑企业的经营战略,避免了一些企业短期经营行为、短期逐利行为。另外,现代企业制度的建立,也使得企业能够更加适应全球化的竞争,使企业能更加顺利地从一个中国企业发展为一个全球化企业。2014 年以来,TCL 连续 3 年实现 1000 亿元人民币以上的营收,2016 年,TCL 彩电销售突破 2000 万台,跻身全球前三;华星光电全年液晶基板投放量达到 282 万片,位列全球第五。

健力宝[3]则是其中不幸的代表,1973 年,李经纬被调到濒临倒闭的三水酒厂任副厂长。1984 年,已经 45 岁的李经纬,抓住即将在美国洛杉矶举办的第 23 届奥运会的商机,将从广州体育科学研究所购买的新式饮料命名为"健力宝",1984 年洛杉

① 陈欣:《格力电器的控制权角力》,载《企业观察家》2019 年第 3 期。

② 指 TCL 科技集团股份有限公司。

③ 指广东健力宝集团有限公司。

矶奥运会，许海峰、李宁等运动员一战封神，赞助商健力宝“一飞冲天”。巅峰时期，健力宝贡献了三水市近50%的税收，占整个三水市工业总产值的45%，时任市委书记曾说：“三水人每发100元，就有46元来自健力宝”。[①] 然而，李经纬希望把健力宝打造成走向世界的百亿企业，而三水区政府则坚持肥水不流外人田，规定一半以上的员工必须来自本地，导致了错综复杂的裙带关系。李经纬与地方政府交恶，双方互相掣肘，产品开发遇阻，人才无法引进，上市被搁置，导致健力宝止步不前，并逐渐沉沦。此后，检察院对李经纬正式提起诉讼。最终，李经纬因伙同他人利用职务之便，以购买人寿保险的形式，侵吞国有财产331.88万元，以贪污罪被判处有期徒刑15年，并处没收个人财产15万元。

实际上，在2003年的时候，仲大军在广东某报上刊登了一篇标题为《格力再现褚时健式人物》对朱江洪造成了极大的心理压力，尽管后来法院以报道中提到的朱江洪计划将格力集团拥有的50.28%的格力电器的股份分30%归其所有的说法缺乏证据为由，判决仲大军败诉。但据格力集团内部人士透露，朱江洪计划管理层收购股权的事情应该是有的。[②] 可以想象，如果当时这个计划真的推行，以当时格力集团和朱江洪关系之差，恐怕引起格力电器极大的动荡，格力恐怕会成为一个历史名词。

尽管管理层收购计划失败，但好在与朱江洪不睦的相关官员被调离，格力电器得以自由发展，并成今日的规模。

（二）高瓴资本不是“活雷锋”

和宝能系这样的“野蛮人”相比，高瓴资本可谓高风亮节，但资本绝不是什么善男信女，“资本来到世间，从头到脚，每个毛孔都滴着血和肮脏的东西”，[③]尽管高瓴资本在公司控制权方面作出了极大的让步，另外，高瓴资本不免在资本回报方面有着很高的要求。但是我相信，在媒体没有披露的文件当中，笔者曾经见到过不少私募股权的投资文件，上面对于投资回报率有着明确的要求，并且如果企业的实现利润未能达到预期，往往还需要融资人，甚至是管理层补偿相应的损失，虽然格力电器和董明珠等是否与高瓴资本约定的相关条款并未披露，但不难想象，高瓴资本在

① 《“我死了比活着舒服”，健力宝李经纬如何被搞垮至成为“罪人”》，载搜狐网，https://www.sohu.com/a/219801830_208161。

② 王东：《“父子”相争徐荣出局格兰仕欲出资购格力电器》，载《经济观察报》，转自新浪财经，http://finance.sina.com.cn/b/20040207/1447621938.shtml。

③ 卡尔·马克思：《资本论》（第1卷），人民出版社2004年版，第871页。

控制权方面作出的让步一定会在收益率方面得到更高的回报。

然而，现实情况是，伴随着房地产行业从快速发展到去库存，空调行业整体也受到了影响，格力电器2019年上半年实现营业收入983.41亿元，同比增长6.89%；利润总额164.13亿元，同比增长7.25%；增速大幅下降。

面对主营业务增速下滑，格力也在进行多元化尝试。除了打造“大松”和“晶弘”两个定位生活小家电以及冰箱业务品牌外，在2019年重庆智博会上，格力还推出了升级版“零碳健康家”智慧家居系统，将格力AI语音空调、洗碗机、蒸烤箱、新风空调、吸油烟机、燃气灶等家电新品加入全屋智能联动。此外，格力积极参与芯片、造车产业，入股闻泰科技（600745.SH）、与威马汽车达成战略合作，与银隆成立合资公司。然而，格力的多元化战略目前还没有收到成效，2019年上半年，格力空调销售收入为793.25亿元，占格力电器总营收的95.19%；空调的营业利润为285.76亿元，占总利润的96.91%。生活电器与智能装备的营业收入都有所增长，分别为25.61亿元、4.15亿元，同比增长63.6%以及16.7%。然而，上述两项产品的收入仅占格力电器总收入的2.6%、0.42%，无法与空调的收入相比较。而且这些产品所在的行业都是红海市场，未来增长恐怕不容乐观。

（三）正确看待国资

对于国资，王石和董明珠显然有不同的看法，董明珠一直对珠海国资委以及格力集团抱有相当大的敌意，固然与历史上双方的矛盾有关，另外，董明珠对国资不无偏见。

2019年11月23日，王石在新书发布会上，主动提起万科产权，强调“民企做大，一定要混合所有，国企要占大股东”。① 王石也曾经遇到过董明珠一样的麻烦，不过在摆脱深特发之后，王石迎来了华润，双方开启了长达16年的合作。2000年，在万科经历了“君安之争”之后，王石希望在股权结构上对万科进行调整，吸引有实力的财团进入。在时任华润副董事长、总经理宁高宁的主导下，央企华润战略入股，接替深特发成为万科的第一大股东。此后王石和郁亮多次公开表示，华润是万科最好的大股东，前者给万科提供了律师、会计方面的专业人士，在万科的组织建设上，在万科的整个管理架构上，在监督机构上，起到至关重要的作用。但这些都只是明面上的话，实际上，王石、郁亮等管理层最欣赏华润的地方就在于华润对万科管理层的信任乃至放任，华润变成了一个纯粹的财务投资人。郁亮甚至一度承认：

① 《董明珠逃离，王石拥抱》，载搜狐网，https://www.sohu.com/a/364754535_117373?scm=1002.44003c.1b401e6.PC_ARTICLE_REC。

“长期以来,我们从来没把股东放在眼里,同大股东几乎没有任何联系,除了让他们承担责任,让他们签字。”郁亮曾撰文称,2007 年,其向华润董事长宋林汇报万科发展战略时,宋林曾当面询问:“郁亮,你告诉我,股东在哪里? 在万科整个发展战略里面,股东在哪里?”①在王石、郁亮等人的眼里,华润这种“甩手掌柜”的股东影响力甚至已经到了可以忽略不计的程度,当然是最好的股东。

事实上,如果我们认真梳理格力集团,或者说珠海国资委与格力电器之间的矛盾的话,我们可以发现,珠海国资委或格力集团对于格力电器的管理,并没有过度插手,甚至在很多时候,格力集团更像是不作为。为了使格力电器带动整个格力集团,从 2006 年至 2016 年长达 10 年的时间里,格力电器的董事长都兼任格力集团的董事长,珠海市国资委对于朱江洪、董明珠的信任可见一斑。尤其是后期,随着董明珠以及格力电器“民族工业”的标签越发显著之后,地方政府更是大力支持。在高瓴资本入住格力电器之后,很多人认为董明珠赢得了胜利,因为他们认为董明珠获得了高瓴资本三个董事提名权中的两个,进一步巩固了管理层的控制权,然而,事实上,在刚刚过去的 2019 年股东大会上,当时的大股东格力集团提名了 4 位非独立董事,其中 3 位是格力电器的管理层成员(包括董明珠),另外一个是格力集团的高管。虽然格力集团对管理层的支持没有体现在契约当中,但格力集团在行动上给予了格力电器管理层极大的支持。

2019 年在互联网企业“996”②制度的时候,关于体制内工作和体制外工作孰优孰劣在互联网上引起了热烈的讨论,仅以笔者个人印象来说,对于体制内工作的赞美在这一次占了上风,普遍对于体制内人性化,工作相对轻松、稳定,不任意裁员,领导尊重员工等情况表达了认可的态度,反而对民营企业表达了厌恶之情。事实上,在国企和民企工作,与国资大股东还是民企大股东有颇多相似的地方,如万科,华润作为万科大股东的时候,王石游学、爬山、划船,这些显然是宝能所不能容忍的。在格力集团担任大股东的时候,格力集团也是不作为,所以格力电器管理层可以相对自由地成长。在大股东变为高瓴资本后,恐怕情况就不这么简单了。2019 年 12 月 28 日,在格力电器“让世界爱上中国造”高峰论坛上,董明珠接受新京报等媒体采访时表示,格力电器管理层谈不上满不满意,任何谈判过程不可能顺畅,顺畅就

---

① 《16 年“婚期”结束华润退出万科深铁 371.71 亿接盘》,载《新京报》,转自新华网,http://www.xinhuanet.com//fortune/2017-01/13/c_129444500.htm。

② 指互联网企业早上 9:00 上班,晚上 9:00 下班,每周工作 6 日的简称。

不叫谈判。但与高瓴资本谈判没有什么难点。[①] 从这段采访中我们可以看出,双方的谈判并不顺畅,高瓴资本作为私募基金,在控制权方面作出了重大的让步,可以想象,其势必在公司盈利、资本收益率方面要求更高。如果真是这样,那么与格力电器此前自我驱动相比,增加了资本方的压迫,显然这种感觉和过去相比,只能说甘苦自知。退一步说,如果格力电器的发展未能达到高瓴资本的预期,届时如果起了纠纷,就不像此前格力电器和格力集团,或可能提起法律上的纠纷,到时候无论董明珠名气再大,恐怕也无力对抗契约的效力。

一旦国资收购了民营企业,市场上总会有“国进民退”的讨论,事实上,这些只是表象,一些前期通过高负债扩张较快的民企,由于偏离主业,在流动性上遇到困难,国有银行或者国有企业进行帮助甚至重组,是在帮助民营企业渡过难关,国资真正起到了压舱石的作用。国资固然具有决策流程长,效率相对不高的特征,另外,这也体现了国资某种程度上具有谦抑性。

(四)反思管理层控制

公司的管理层与股东之间是对立和统一的关系,对于股东而言,往往希望股东利益最大化,尽量提高收入,减少开支;而对于管理层而言,往往希望提高管理层待遇,人员管理方面倾向于人员扩张以扩大自己的权势,开支方面倾向于提高而非控制,等等。在改革开放初期,此前一直处于压抑状态的国民经济爆发式增长,企业的主要矛盾是如何占领市场、扩大营收,这个时期股东和管理层之间统一大于对立。然而经过多年的快速增长之后,我国经济也进入了新阶段,这个时期商品市场呈现出过大于求的阶段,企业的主要锚段也从扩大增收转变为提质增效上来,管理层和股东之间对立大于统一。在这个阶段,如果没有建立清晰的产权关系,以及良好的公司管理制度,那么就存在管理层侵害股东利益的可能。

对于改革开放之后崛起的第一代企业家们,他们的身份往往是模糊的,一方面,他们是创业者,很多企业家通过自己的智慧、魄力,将一个个濒临倒闭的小厂子变成知名企业;另一方面,他们又是职业经理人,受国家的委托管理企业,为国家创造财富。但是,这两个身份中,创业者的身份往往占据了更加重要的地位,很多人没有或者只有企业很少的股份,但是仍凭借着主人翁的精神奋斗,他们甚至牺牲自己为国家的利益服务。但是这一代人终将老去,新一代的职业经理人更加务实、精致、利己,那么对于一家企业而言,股东和管理层之间的矛盾将会逐渐显现,那些没有

---

① 《董明珠谈与高瓴资本合作:任何谈判都不可能顺畅》,载新浪财经,http://finance.sina.com.cn/stock/relnews/cn/2019-12-28/doc-iihnzhfz8966174.shtml。

建立起有效的管理规则，缺乏大股东管理的公司，就有沦为管理层提款机或者其管理层牟取私利的可能。

目前空调行业已近“天花板”，格力电器多元化发展不顺，未来发展不能不让人担忧。一方面，格力电器当前的发展仍然系于董明珠一人，至今未见明确的二号人物，董明珠仍然依靠其能力、魄力、魅力推动着格力电器的发展，其一心为了格力的品格也得到了股东的信任，然而，董明珠也已经66岁了，董明珠之后，谁能堪此大任。另一方面，高瓴资本作为私募基金，不是归人，只是过客，终将在某个时间退出，届时，没有实控人的格力电器，恐怕成为资本市场围猎的对象，一旦管理真空、实控人真空，格力的控制权问题将会迎来爆发。

后　记

本书的撰写于春天时节启动，在秋季结成果实。诗人余世存先生所说的“你的职责是平整土地，而非焦虑时光。你做三四月的事，在八九月自有答案”，便是如此吧。

这里的“自有答案”，是指整个编委团队的收获与成长。

尽管在写本书之前，已阅读过诸多上市公司控制权纠纷相关的书籍和资料，其中一些上乘之作也给人带来了醍醐灌顶般的启发。但事实上，读十本关于案例的书，不如自己彻头彻尾地向身边人把这个案例讲一遍；而给身边人讲十遍这个案例，又不如用自己的理解与话语来把这个案例写一遍。授课经验丰富的老师肯定比成绩优异的学生对法律的理解要更为深刻；执业多年的律师也定然比只会讲课的老师对法律的理解更为透彻。

当然，“念念不忘，必有回响”，只有将素材粉碎并重组为知识储存在大脑中，在需要的时候才能灵活调取，写作起来才得心应手。所以本书的形成，离不开大量书籍和资料的启发，如果不是它们所带来的积累，就无法让笔者对案例的理解更加深入和充分，否则即便花再多的心思和时间，也难以难保证写作效率及本书的质量。

不过说到底，唯有实践才能产生对某一事物的真实的质感，而在没有亲身参与的情况下，作为“事后诸葛亮”，更应该用自己（而非别人）的眼光去彻底地、完整地做沙盘推演，以达到最接近现场的“人生真味的体验”。

于编委团队而言，写作本书不仅仅是对案例中各方得失的梳理，更重要的是使团队及至团队所在的北京策略律师事务所进一步形成对重大疑难复杂争议解决案件的研究氛围，提升团队及律师事务所的专业服务能力。

具体来说，通过本书的写作，至少能为编委团队带来以下收获：

一是锤炼团队成员事实陈述、摘要撰写、法条检索、法律研究、发现争议焦点等法律基本功底；

二是从案例中深研重大争议解决案件的处理方式、策略统筹、战术技巧等，继而对策略律师事务所资本市场争议解决团队的业务方向拥有更深刻的理解；

三是通过精析而非“简评”“八卦”的写作方法，训练写作者严谨细致的专业思维，继而在业务办理中有更为扎实的表现；

四是在推进争议解决业务的同时来写作，增进思维“迁移”能力，将实践总结糅合进理论指导；

五是迫使团队从案件承办者、当事人、执法者、裁判者和其他利益相关方等多视角来研究，积累宝贵的知识财富，从写作中找到案件处理的灵感；

六是通过案例汇编成书，客观上提升团队及律所的专业品牌形象。

靠着日积月累的增进，团队成员对案例的理解更加深入肌理；借由对每篇案例的重塑，使大家在解决问题的思维与方法上有所增益。于是，千里望山不怕远，日进一步亦欣然。

受国内外史学大师的影响，本书谨遵《三国史话》吕思勉先生的教诲：“战事是可以讲的，《三国演义》式的战事，却不能讲，因为这根本是文学，不是历史。”一方面，本书避免通过剪裁事实或杜撰虚构的方式去增添使人拍案惊奇的离奇变幻情节——这的确是可以追求的价值，却不是本书应当完成的任务。而另一方面，则是避免以“旁观者清，当局者迷”傍身，用上帝视角随意点评当局者。毕竟，发生过的事情，都是真实的，当局者那时的四面楚歌，十分里有八九分我们无从得知，而即便我们真的知道了八九分，也依然要受到“子非鱼，安知鱼之乐”的约束。

在“不逾矩”之下，多少能求得一点事实的真相。其意义，比演义等以满足人心理需求为目的的文字，要意义深长一些。所以，从还原全貌的角度去看案例并不会乏味，因为从这种平面中能够揭示出更多洞见。如此这般，对个人与组织的发展、与时代的互动，和对时代的观察，也许能更加有所助益。

当然，“作家有权利、甚至有义务，以生活提供给他的事件来丰富作品”。本书虽不刻意追求故事性和戏剧性，力图忠实和详细记录每个案例的整个过程；但非虚构写作依然是写作，不是写实，也不是大事记，作者有责任去避免琐碎、冗长和沉闷，力图在素描的框架下保证可读性和专业性。所以，本书既不要《三国演义》式的七实三虚，也不要《三国志》式的多为时讳。而是力求在资料翔实、条理分明、分析透彻的基础之上，让内容虽有法条但无枯燥之感，虽有针对性但也有更普遍和更长远的意义，进而去追求当代作家王蒙所说的“厚重中显出轻灵，执着中显出洒脱，命运的铁的法则之中显出忧兮惚兮的蒙胧，痛苦而又无常的人生之外似乎还别有一个理解一切俯瞰一切而又对一切无能为力的太虚幻境，有为与无为、有所希冀与无可奈何的理念和情感的融会贯通”的境界。

本书是编委会成员集体创作和集体智慧的结晶。此外，李志刚老师、张志坚先生、张昇立律师等同仁在审阅部分案例后对内容修改和增添提供了真知灼见，感谢他们对本书撰写给予的支持。

大文学家罗曼·罗兰有一句名言："真实的、永恒的、最高级的快乐，只能从三样东西中取得：工作、自我克制和爱"。若是书中的案例只是通过现在流行的自媒体创作方式的话，只需要"自酌自饮"即可。但要采取做成书籍的方式，就不得不把更多的人"卷"进来。写书难，律师写书更有其无奈。本书的形成，离不开团队、同事、客户及好友等的鼎力相助与监督催促，于是在最后，在这里向大家再一次表示感谢。

《上市公司控制权纠纷案例精析》编委会

2022 年 8 月 18 日